戦略外交原論

A Grand Strategy of Japan for the 21st Century

Kanehara Nobukatsu
兼原信克

日本経済新聞出版社

はじめに

　2009年の秋、突然、早稲田大学法学部より栗山尚一教授（元駐米大使・外務事務次官）の開かれた「外交政策の形成過程」という講座を引き受けるよう依頼を受け、政府から兼職の許可を得て、非常勤講師として同講座を引き受けることとした。本書は、初年度の講義記録を読本としてとりまとめ、次年度の学生のために教室で配布した、いわば手製の教科書である。

　幸いにして学生諸君は熱心に聞いてくれて、講義の後、1時間、2時間と質問攻めにあうこともたびたびであった。この講義録は、講義そのものの内容というよりも、学生諸君の質問によって啓発された論点を数多く含んでいる。その意味で、この講義録は、私の独創というよりも、私の講義に出席してくれた熱心な学生諸君、特に2009年秋学期のK君、S君やK嬢をはじめとする学生諸君とのディスカッションの記録と言ってよい。韓国から留学していたK君の発言にも啓発された。

　若い知性はまぶしい。学生諸君の大胆な質問や率直なコメントには、たびたび驚かされたり慌てさせられたりした。その多くは、日々の実務ではあまり踏み込むことのない、政治や外交、安全保障問題の本質にかかわるものであり、私のほうが深く考えさせられることが多かった。彼らの質問には、可能なかぎり知的にまた誠実に回答をするよう心がけたつもりである。

　私たちの世代には、安全保障論議に多くの禁忌（タブー）があった。学生諸君には、自由な議論を通じて、どういう意見でもよいから、自分が正しいと信じることのできる意見を持ってほしいと願う。毎週土曜日に、美しい早稲田大学のキャンパスで、素晴らしい学生諸君と時間を忘れて議論を楽しむことができたことは、私にとって、大きな刺激であり、また喜びであった。

　私は、早稲田大学法学部での講義以外にも、これまで米国国防大学、アメリカン・エンタープライズ研究所（AEI、米国）、ウクライナ外交

アカデミー、アゼルバイジャン外交アカデミー、ポーランド国際問題研究所、カザフスタン国際問題研究所、フランス国際問題研究所、英国のチャタムハウス、トルコ中東工科大学、バチェシュヒール大学（イスタンブール）、ノルウェー国際問題研究所など、様々な大学や研究所で、日本外交や日本の安全保障政策についての講演や講義を行う機会を与えられた。特にまったく土地勘のない場所での講演やその後のクエスチョン・タイムは、自分の発言にどれほど普遍性があるのかを知るよい機会となった。本講義録にわずかばかりでも深みがあるとすれば、それは、これら諸外国の研究者や若い外交官が与えてくれた知的刺激の賜物である。

　私は、本講義を引き受けるにあたり、学生諸君に、外交官の立場から見えてくる「国家という生き物」の考え方や動き方を伝えようと試みた。「国家という生き物」を、切り身や乾物としてではなく、生きたまま丸ごと理解してほしかったからである。外交実務を通じて感じたことを率直に伝えることで、国家という巨大な人間集団が、何に突き動かされているのかを知ってほしかったのである。

　外交では、国家という巨大な人間集団が垣間見せる、ぎらりとした動物的な生存本能を理解することが大切である。しかし同時に、決して冷酷な権力政治だけが外交に必要なわけではない。むしろ最も大切にせねばならないのは、人間一人ひとりの心の底に輝いている良心である。権力や富をどう操るかというだけではなく、人の良心の働きを理解しなければ、外交官は務まらない。なぜなら、良心の働きもまた、人の生存本能からほとばしるものであって、人間は良心が意識の上に映し出す言葉に突き動かされて生きているからである。それは、国家も同じである。そこに、国家の枠を超えて共通の公益が認識され、普遍的な倫理が生まれる可能性があるのである。

　出版に際して、本稿は少し書き加えた。なお、ここに記された見解は著者が学問の自由と大学の自治が保障された最高学府において、一講師として学生のために述べたものであって、あくまでも個人の見解であり、著者の所属する他のいかなる組織のものでもない。

本書の刊行にあたっては多くの方々から温かい励ましや真摯な助言を頂いた。特に東京大学の羽田正教授（歴史学）からは多くの貴重な御示唆を賜った。また、日本経済新聞出版社の堀口祐介氏には一方ならぬお世話になった。厚く御礼申し上げたい。

　最後に、本書を、人間にとって最も大切なものは良心の輝きであると、私に教え続けてくれる妻の敦子に捧げることとしたい。

　2011年　新春

兼原信克

戦略外交原論　目次

第1講　人間社会を認識するモデル

外交官の命は言葉である … 1／人間という生き物をどう認識するか … 3／人間の作る社会をどう認識するか … 6／実体社会の変動と表象世界の変化 … 9／発言する勇気、行動する勇気 … 10／権力と社会変動——民主主義と穏やかな経験主義の大切さ … 13／思想の急進化とは何か … 17／国際社会をどう認識するか … 20／人類に共通の意味空間は可能か … 23／第1講と後続講義との関係 … 28

第2講　国家戦略とは何か

国家戦略とは何だろうか … 30／安全保障とは何か——外交と軍事の相関 … 33／外交と軍事の結合のための制度的保障 … 36／国家戦略の階層構造 … 37／日本に国家安全保障はあるか … 39／なぜ、日本に国家戦略が存在しないのか … 41／国家と軍隊からの逃避と自己乖離 … 43／屈折した対米感情——「逆コース」と再軍備 … 46／高度経済成長と新しいナショナリズム … 49／安全保障論議における幻想 … 50／安全保障論議における禁忌 … 54／20世紀の幻想主義 (fantasy) から21世紀の現実主義 (realism) へ … 55

第 I 部　国益とは何か

第3講　国家の安全とは何か

戦略的思考とは、合理的思考のことである … 60 ／「兵（安全）」「食（繁栄）」「信（倫理・価値観）」が最高の国益である … 60 ／物理的に国を守るとはどういうことか … 62 ／日本をどうやって攻めるか … 66 ／核攻撃されれば日本は滅びる … 66 ／日本は海と空を取られたら必ず負ける … 67 ／大陸勢力の渡海と侵入経路 … 70 ／歴史的に見た日本周辺地域（1）—朝鮮半島と樺太島 … 71 ／帝政ロシアの南下と北方の守り … 73 ／冷戦期におけるソ連の脅威と北海道 … 76 ／歴史的に見た日本周辺地域（2）—台湾島をどう見ればよいか … 76 ／現代日本にとっての台湾の戦略的価値 … 79 ／国際的な権力関係の安定—外交の要諦 … 79 ／権力均衡論は、国際関係を不安定化させるか … 81 ／日本に影響を与えた権力均衡の変化とはどういうものか … 82 ／明治維新の頃の欧州大陸 … 83 ／日露戦争と英露関係 … 85 ／日本と第 1 次世界大戦 … 86 ／戦間期における日本の戦略性喪失 … 87 ／二つの致命的な失敗—バルバロッサ作戦と真珠湾攻撃 … 88 ／戦後の戦略環境と日本の選択 … 89 ／外交における原状回復（status quo ante）の法則 … 90 ／地球的規模の権力均衡に目を開く時 … 91

第4講　いかにして繁栄するか

産業国家が近代国際政治の主役である … 92 ／海洋国家の利点とシーレーンやメガ・ポートの重要性 … 94 ／新興国市場の登場と自由貿易 … 96 ／自由な交換行為の倫理性 … 97 ／エネルギー資源の偏在と資源ナショナリズム … 99 ／政治的に不安定な中東地域 … 100 ／石油備蓄、

エネルギー資源および輸入元多角化の戦略性 … 102／投機マネーによるエネルギー価格の高騰 … 102／国際エネルギー市場の安定こそ日本の国益 … 103／原子力の平和利用と核不拡散の努力 … 104／減りはじめた日本の人口 … 107／産業空洞化への対処 … 109／日本は破綻するか … 112／気候変動問題への対応 … 114

第5講　価値観を守るとはどういうことか

価値観のない国家などあり得ない … 116／なぜ、価値観を守るのか … 116／価値観の抹殺も「ジェノサイド」である … 117／「兵」よりも、「食」よりも「民の信」… 118／「7つの衰なき法」… 119／国家の掲げる価値観は、政治力に直結する … 119／東アジア史における力と道徳の関係 … 120／日本の国際政治論における倫理の欠落 … 121／弱肉強食だった帝国主義時代の経験 … 122／戦後日本における「国家からの逃避」… 125／価値観を守るとは、突き詰めれば「命」を守ることである … 126／神格化の誤謬 … 128／統合の象徴としての指導者 … 129／統合の象徴としての理念 … 130／思想の急進化とその危険 … 130／自らの良心の声を聞くには、どうすればよいのか … 131／古典や仏典を読むに際しての注意 … 133

第6講　日本の価値観とは何か

日本人の自然な道徳感情とはどのようなものか—万葉集と源氏物語 … 138／日本の伝統的価値観とは何か（1）—仏教の受容 … 141／日本の伝統的価値観とは何か（2）—儒教の受容 … 146／江戸期儒学が準備した近代日本と民主主義 … 150／明治以降流入した西欧近代政治思想をどう見るか … 153／啓蒙思想の二つの機能—「国民」と「市民」の誕生 … 154／啓蒙思想を日本の思想に統合することは可能か … 156／

日本の近代化経験から抽出する、人類に普遍的な倫理基盤 … 157／社会あるところに法あり──「天」の思想と「法の支配」… 159／「仏道」や「天」の地理的、人種的、宗教的限界 … 162／人間を大切にする──「愛民」と「人間の尊厳」… 165／西欧思想がもたらしたもの──「抵抗者の視点」と「市民の誕生」… 167／民主主義制度──「穏健な経験主義」の制度化 … 169／国際社会における暴力の規制──「平和」「義戦」「集団安全保障」… 172／勤労は報われるという原則と自由な交換──「勤労」と「市での商い」… 176／日本はどこで間違えたのか … 178／新しい日本の価値観と新しい日本の自画像 … 181／世界史に対する日本の使命 … 186

第Ⅱ部　国際情勢を戦略的に読む

第7講　国際戦略情勢概観（1）
地球的規模の権力関係はどうなっているか

3つのレベルから地球的規模の国際関係を見る … 190／自分の「重さ」と「軽さ」を知る … 191／軍事力をどう比較するか … 192／核兵器をどう考えるか … 192／相互確証破壊と核の安定 … 194／第二撃能力の死活的重要性 … 195／核戦略を支える情報網 … 196／戦術核の「ＮＡＴＯ」化 … 196／これからの核の世界 … 198／通常兵器における軍事力の比較 … 199／経済力をどう比較するか … 202／国際基軸通貨はドルであり続けるのか … 204／政治力をどう比較するか … 205／現代国際政治における第1基層──戦勝五大国（Ｐ5）… 206／現代国際政治における第2基層──先進民主主義国（Ｇ7）… 207／現時点で地球的規模の権力関係はどうなっているか … 209／「上海協力機構（ＳＣＯ）」をどう見るか … 214／インドをどう考えるか … 216

第8講　国際戦略情勢概観（2）
東アジアの地域情勢をどう見るか

東アジア地域の戦略概観 … 217／米中露三国志の展開 … 218／中露関係をどう見るか … 223／北朝鮮の核問題をどう見るか … 225／朝鮮半島をめぐる軍事情勢 … 230／台湾人のアイデンティティ問題をどう見るか … 231／台湾海峡をめぐる軍事情勢 … 234／台湾問題の平和的解決と「誤算」の危険 … 239／近代の「北方重視」から古来の「南方重視」へ … 240

第9講　国際社会の倫理的成熟（1）
啓蒙思想と国際法の登場

近代欧州の価値観とその普遍性を問う … 243／近代欧州諸国の精神的覚醒 … 245／「啓蒙思想」の登場 … 250／「国際法」の発展 … 253／15世紀および16世紀における東アジアの国際秩序 … 256／非キリスト教世界との接触 … 257

第10講　国際社会の倫理的成熟（2）
19世紀以後の倫理の退潮と再生

19世紀は「光の世紀」か … 262／「乱の時代」の始まりと国際倫理の退潮 … 264／「文明伝搬の使命」という傲慢 … 268／産業国家の登場―工業化による世界秩序の変貌 … 269／「国民」国家の登場―近代的「国民」の誕生とナショナリズム … 271／「殺すな」の思想―国際社会における法の復権 … 275／国際人道法の発展 … 276／正戦論の復活と集団安全保障体制の構築 … 277／啓蒙思想の展開―自由主義、社会主義、共産主義 … 279／民族自決の始まり―ウィルソン米大統領と東欧諸国

…281／アジアおよびアフリカにおける植民地の解放—啓蒙主義の復讐…283／人権思想の国際化—啓蒙思想のさらなる展開…285／20世紀後半の独裁体制—共産党独裁と開発独裁…286／途上国側から見た人権問題…288／「人類愛」を主張したアジア、アフリカの偉人たち…290／正当な勤労への報酬—自由貿易体制の確立…292／地球的規模の倫理社会を構想する…294／現代国際社会の普遍的価値観とは何か…297／普遍的価値観のうちの何が受け入れられていないのか…302／人類史を書くことは可能か…304

第Ⅲ部 国益を実現するための課題

第11講 守れる国益、守れない国益

日本は、一人では生きていけない…308／日本は、自分だけで国民と国土を守れるか…308／核の恫喝にどう対応するか…309／自主核武装はなぜ難しいのか…309／核戦略の核心—第2撃能力の確保…310／情報衛星網の運用…311／原子力の平和利用との関係…311／核不拡散体制離脱と政治的・経済的孤立…312／「ミサイル防衛」は完全か…313／「お金がない」という現実—破綻した吉田ドクトリン…313／米国の核抑止力は万全か…315／核をめぐるドイツの苦悩…316／日独核政策の比較…322／通常兵力の世界—日本は独力で海や空が守れるか…325／「海を取る」とはどういう意味か…326／北西大西洋における海軍力の比較…327／現代海戦の実際と米海軍の実力…328／シーレーンの安全…330／日本は大陸勢力の着上陸侵攻を阻止できるか…330／大陸勢が日本を侵攻すればどうなるか…332／米陸軍の不在がもたらす戦略的脆弱性…334／国連安保理で決議を通すにはどうしたらよいか…336／地球的規模での権力均衡を維持するにはど

うしたらよいか … 338／関与政策の成否が地球規模の安定を左右する … 339／自由貿易をどうやって守るか … 340／シーレーンと海賊対策協力 … 341／巨大消費市場の存在 … 341／エネルギー安全保障のための協力 … 342／日本の政治力だけでは人類社会をリードできない … 343

第12講　日本の大戦略はどうあるべきか

大戦略の考え方 … 348／世界観を持とう―「21世紀の地球社会のヴィジョン」とは何か … 350／基本的倫理観や価値観の共有 … 353／日本の大戦略はどうあるべきか … 356／二国間関係を束ねても大戦略にはならない … 356／日米同盟に代替策はあるか（1）―国連は頼りになるか … 364／日米同盟に代替策はあるか（2）―「バランサー論」をどう考えるか … 365／日米同盟に代替策はあるか（3）―マルチラテラリズムをどう考えるか … 366

第13講　日米同盟をどう運用するか

同盟とは何か … 368／米国とはどういう国か … 369／米国の世界戦略 … 373／米国の海軍戦略（太平洋とインド洋）… 376／同盟運営の基本的考え方 … 378／沖縄に海兵隊の常駐は必要か … 382／どうして米国にとって沖縄が戦略的に重要なのか … 384／「沖縄の海兵隊は、日本のためにいるのではない」という議論をどう考えるか … 386

第14講　対等な日米関係を目指して

米国と対等になるとはどういうことか … 388／「平和を創造する国」

と「平和を享受するだけの国」… 390／現在の日米同盟は「甘えの構造」… 391／日本は瓶の中の小鬼か、在日米軍が瓶のふたか――米国の対日警戒感の消失 … 393／日本は基地を貸しているから対等なのか … 394／まず対米依存心を捨て、自分のことは自分でやる … 395／積極的平和主義への道（1）――湾岸戦争の衝撃と国連ＰＫＯへの参画 … 397／ＰＫＯ参加と武器使用権限問題 … 398／積極的平和主義への道（2）――第1次北朝鮮核危機とガイドライン法 … 399／積極的平和主義への道（3）――9.11同時多発テロの衝撃と海上自衛隊のインド洋派遣、陸上自衛隊のイラク派遣 … 400／積極的平和主義への道（4）――アデン湾での海賊対策 … 402／防衛費を切り続けて「対等」は難しい … 403／自分だけ守ってもらうという虫のいい話は続かない … 405／武器輸出政策をどうするか … 409／「盾と矛」の役割分担は見直さなくてよいのか――攻撃能力獲得の是非 … 414／「地球の果てまで米国に付き合うのか」という議論をどう考えるか … 419／恒久法の制定について … 422／日米同盟が対等な同盟になったらどうなるか … 423／新しい日米同盟と基地使用の目的 … 428

第15講　関与政策とは何か

関与政策とは何か … 430／関与とは強制ではなく説得である … 431／新興国に見られる主権の絶対性とナショナリズム … 431／近代日本の黎明期との比較 … 432／他の後発近代国家の場合――ドイツとロシア … 435／後発国家は、当初は先発国の作ったシステムに責任感を感じない … 436／関与政策は長期的には成功する … 437／関与政策の核心的論点――先進民主主義国の価値観は普遍的か … 440／日本の文明史的立ち位置――東西の結節点、近代と伝統の結節点 … 442／抵抗者の視点――東洋思想に欠けているもの … 443

第16講　対中・対露関与政策の論点

市民社会の成熟と中国およびロシア … 446／中国、ロシアと主権の実質的平等 … 448／中国に対する関与政策 … 450／過渡期における中国人の心理—主権の絶対性 … 451／過渡期の中国が直面する3つの問題 … 454／増大する国力とハイパー・ナショナリズムが突きつけるもの … 457／中国はどこまで大きくなるか … 459／G2の将来—米国が世界覇権を中国に譲ることがあり得るか … 461／ロシアは現状維持勢力ではないか … 463／資源大国としてのロシアの復権 … 464／ロシアは故郷の欧州に戻るか … 466／ロシアと市民社会 … 468／ユーラシア勢力圏を固めようとするロシア … 469／ロシア人から見た冷戦後の世界 … 469／アジア太平洋地域へのロシアの統合 … 471

■【補講】　近代欧州の覇権—その成立過程　　　　　　　　475

■ 読書案内　　　　　　　　　　　　　　　　　　　　　483

■ 巻末資料　　　　　　　　　　　　　　　　　　　　　496

装丁●間村俊一
カバー写真提供●Alamy／PPS通信社

第1講 人間社会を認識するモデル

外交官の命は言葉である

　外交官は、言葉が命である。軍人の武器は銃弾だが、外交官は言葉が武器となる。世界の政治は、稀に戦争によって大きく動かされるが、ほとんどの場合が言葉によって利益を調整し、価値観を整えることによって動かされている。

　言葉は通じなければ意味がない。では、どういう言葉が通じるのであろうか。

　外国では、自分が当たり前と思っていることがまったく通じない場合がある。逆に外国の人が当たり前と思っていることが、日本人を驚かせることがある。時には国と国、民族と民族が激しい敵対的な感情を抱くことがある。オリンピックがあれば、やはり自国を応援して熱狂する。その一方で、例えばニューヨークの国連代表部のようなところに勤務すると、200近い国の外交官と毎日、議場で会うことになる。そこでは、何の違和感もなく外交官同士が、同じ人間として付き合っている。民族や国境を超えて、一人ひとりの人間はみな、同じなのだということを確信できる。

　人間は、一人ひとりが友人になれても、国家のような大きな集団を作るとコミュニケーションに問題が出てくる。それはどうしてだろうか。それを考えるのが外交官である。民族を超え国境を超え、時間さえ超えて、人の心に深く入っていくことのできる言葉を探す。そうして、異なる集団間の利益を調整し、感情的対立を和らげ、共に生きていく言葉の空間を作り上げる。それが、古来、外交官の使命なのである。

　どうすれば、それは可能なのだろうか。そもそも人間に、普遍的に共通の言葉というものが存在するのだろうか。答えは存在する、である。

なぜならそもそも言葉というものは、人間が共に生き、個としての生存のみならず家族の生存を確保し、国家の生存を確保し、種としての生存を確保するために与えられた道具だからである。その言葉を生むものは何か。それは、良心である。良心は、群れで生存を確保する動物である人間に与えられた機能である。良心が言葉を生む。その言葉が踏み固められて信条に変わり、やがて体系と化して価値観となる。そこから制度が生まれる。信条や価値観や制度は個別的である。国による。民族による。宗教による。しかし、良心は機能であり、普遍的である。

「常に自分の良心に戻る」ことを忘れなければ、誰とでも通じる共通の言葉を探していける。それが、外交官の真髄である。このことに気づかない者は、言葉にしばられて、違う言葉を使う者を理解できない。場合によっては、相手の言葉をつぶすために、武器を手にしたりする。神の名をもって無辜の民を殺戮したりもする。自らの良心に迫ることのできない人間は、魔にはまる。人間はこれまで、何度も同じ過ちを犯してきた。

さて、それでは、今地球上にいる60億の人々と共通の言葉を探すには、どうしたらよいだろうか。自らの良心に戻って、そこで感じたことを、60億の人々と分かち合うための言葉に転じるには、何が必要だろうか。そのためにはまず、人間という生き物をどう認識するか、人間の作る社会をどう認識するか、社会変動をどう認識するか、そして最後に国際社会をどう認識するか、ということを考えなければならない。その思索を通じて、可能なかぎり普遍性の高いモデルを持つことが重要である。

人間は往々にして、自分の所属する社会のイメージを投射して、他者の社会を理解しようとする。しかし、そうすると、非常に独善的になることが多く、また、視野の狭さから誤解や争いを招きがちである。外交をはじめとして国際社会で活躍するためには、普遍度の高い、かつ、ある程度抽象的な人間、社会、国際社会のイメージを持っておくことが必要なのである。

人間という生き物をどう認識するか

　それではまず、人間という生き物をどう認識するべきであろうか。
　紀元前2000年頃、インドに侵入したアーリア人が伝承した、宗教哲学の奥儀とも言うべきウパニシャッド哲学をご存じだろうか。聖書のように一冊の本ではなく、仏典のように徐々に書き足されていった諸文書をとりまとめた壮大な哲学体系である。その中に、有名な「馬車の喩え」がある。この喩えは、仏教、西洋哲学、倫理学を学ぶ際のみならず、人間を考察する上で、柔軟に応用の利く有益なモデルなので、覚えておくとよい。辻直四郎先生の翻訳をお借りしたい。そこには、こう記されている。
　「我を車に乗るものと知り、身体を実に車と知れ。しかして覚を御者と知り、また、意を手綱と知れ。人は諸根を馬と呼び、その対境を道と呼ぶ。我と根と意の結合を、賢者は『享受者』と称す。（略）知識を御者とし、意を手綱とする人は、行路の終極、すなわちヴィシュヌの最高処に達す」（『ウパニシャッド』辻直四郎、講談社学術文庫）
　馬車の喩えでは、肉体が車体、眼耳鼻舌皮膚といった感覚器官が馬、意思が手綱で、意識と知識が御者、自分自身が乗客である。眼前の道が、外界の現実である。この喩えの中でウパニシャッドは、意識は御者にすぎないと言う。客車の中に座っている真の自我が、意識とは別物と考えられているところに、古代アーリア人の独創性がある。
　西洋哲学に慣れた私たちは、意識を自分（我）と考えがちである。しかし、果たしてそうであろうか。意識を体の中からコントロールする何かがあるのではないか。それは、フロイトの言う無意識の暗闇だけなのか。その中には、食欲や性欲のような生物的欲求しかないのか。理性は、所詮、肉体という生物的機械が分泌するホルモンや化学物質の奴隷なのか。
　そうではないであろう。ウパニシャッドは、意識の後に本当の自我が潜んでいると教える。御者に正しい知識が与えられれば、乗客である「我」は、御者を従え意思の手綱を操らせて、ヴィシュヌの最高処、すなわち

悟りに至ると述べる。では、この「我」とは何なのか。正しい知識とは何なのか。ヴィシュヌの最高処とは、一体、何なのか。

真の「我」とは、良心である。良心とは、先天的に与えられている道徳心である。良心とは、たいていの辞書には、善悪を識別する道徳心であると定義されている。では、善とは何か。再び、辞書を引けば、道徳にかなったことであると定義されている。

では、道徳にかなったこととは何か。原始仏典（ウダーナヴァルガ）を見ると、仏陀の真実の言葉として、「もしもある行為をした後に、それを後悔して、顔に涙を流して泣きながら、その報いを受けるならば、その行為をしたことは善くない。もしある行為をした後に、それを後悔しないで、嬉しく喜んで、その報いを受けるならば、その行為をしたことは善いのである」（第9章「行い」中村元訳、岩波文庫『真理の言葉・感興の言葉』所収）とある。釈尊の言われる通り、善悪は、先天的に自分自身の中にある倫理にかかわる感情が教えてくれるのである。

それは、群生を習性とする人間の生存本能に根ざしている。人間は、あたかも発酵臭と腐敗臭を自然とかぎ分けるように、善と悪を本能によって識別するのである。人には、その機能がある。それが、良心である。人は、倫理感情の噴出によって良心の働きを知る。

倫理感情とは、静かで穏やかな、悲しみに似た感情で、無限の優しさと慈しみを湧き出させる人間の根源から出てくるものだと思う。人類愛と言ってもよい。人間であれば、必ず見つけることのできる感情である。

この倫理感情が、人類に普遍的に存在し、正しい方向を「善」として指し示す。というよりも、むしろ、良心が示す方向を「善」と呼ぶと言うほうが正しい。だから、すべての宗教も哲学も、善に向かうことを教える。アリストテレスは、人間のすべての活動は「至高善」に向かうと言っているし（『ニコマコス倫理学』）、仏教に広く伝わる七仏通戒偈は「諸悪莫作、修善奉行」と教える。儒教では、「仁」である。孟子の喩えを使えば「惻隠の心」（他人の子でも、井戸に落ちようとすれば、駆け寄って抱き止めようとする気持ち）である。孟子は、人の本性はみな「善」であると説き、人はみな惻隠の心を有しており、それは外から飾るので

はなく、生まれた時から人間に固有のものであると述べている（「惻隠之心人皆之有」「我固有之也」孟子・告子篇）。

個別の事例にかかわる善悪の判断は、知識を通じて後天的に習得するものであり、その内容は文明、民族によって大きく異なる。しかし、善悪を判断するための機能である良心は、普遍的に存在し、人類全員に先天的に与えられている。価値観や常識が個別的であり、良心が普遍的であるということが、重要な点である。

したがって善悪の判断において、他人によりかかることは許されない。必ず最後には、自分の良心と直面する必要がある。釈尊は入滅の直前に「自らを島とし、自らを頼りとして、他人を頼りとせず、法を島とし、法を頼りとして、他のものをよりどころとしない」との教えを遺されている［大パリニッパーナ経、第2章、『ブッダ最後の旅』（岩波書店）］。有名な「自灯明、法灯明」「自帰依、法帰依」の教えである。

では、なぜ、人間には良心が与えられているのか。私は、良心とは種としての生存本能に深くかかわっていると思う。人間は、個体として生き延びるだけではなく、種として生き延びようとする。そのために、人間は群れを作る習性を持つ群生の動物なのである。人間には、他者を思いやり、助け合う本能がある。強く賢い者が群れを統率し、弱い者を指導し、庇い、助ける。老人や女性や子供を守る。また、他の力ある者は、強く賢いリーダーへ忠義を誓い、戦い、働く。これらはすべて、群生動物である人間の生存本能の表れである。

良心は、人間集団の生存をよりよくする行為を善と判断し、集団としての生存を脅かす行為を悪と判断する。それは、DNAに刻まれた先天的な力による判断である。そして、長く豊富な経験によって蓄積された知識を参照することによって補強され、補正される。知識は、世代を超えて引き継がれる。このようにして世代の記憶を知識というかたちで次世代に引き継ぐのは、あらゆる動物の中で人間だけである。知識はしばしば、社会の木鐸となった聖人の言動や、社会を救うために悲劇的な困難と闘った英雄の物語（英雄譚）として語り継がれる。

この良心と知識の結合が、「人間」を作る。この結合をよりよいもの

にすることによって、人類は生存を図るのである。だからこそ人間は、アリストテレスの言うように倫理的完成を求める動物となる。人を道徳的完成に駆り立てるものは良心であり、その根源にあるのは種としての生存本能である。また、世代を超え、長い年月をかけて積み重ねられ、美しい言葉に結晶した知恵が、その道標となる。孟子は、「仁」の心を五穀の種に喩え、修行によって熟させなければ無意味であると述べている（「夫仁亦在乎熟之而已矣」孟子・告子篇）。

厳しい努力の果てに得られる道徳的な完成が、ウパニシャッドの言うヴィシュヌの最高処なのであろう。それは、70歳を迎えた孔子の説いた「心の欲する所に従いて矩を踰えず（従心所欲不踰矩）」（論語・為政篇）という境地と同じであろう。また、釈尊は、原始仏典［スッタニパータ、第一　蛇の章、八　慈しみ、『ブッダのことば』（岩波文庫）］の中で、究極の心理に到達すれば平安の境地に住し、「一切の生きとし生けるものは、幸福であれ、安穏であれ、安楽であれ」と願うようになると述べている。

良心を磨き上げていくことで、種としての生存本能が、すべての生物の命そのものに対するいとおしさや、宇宙に満ちるエネルギーそのものへのいとおしさにつながり、生きている、生かされているという自他不二、梵我一如の実感につながっていくとすれば、釈尊の悟りもまた、ヴィシュヌの最高処に到達した境地そのものなのではないだろうか。

人間の作る社会をどう認識するか

それでは、次に、人間社会をどのように認識すればよいのであろうか。引き続きウパニシャッドの「馬車の喩え」を借りて、私たちのモデルを発展させてみよう。

人が馬車であるとすれば、人が作り上げる社会は馬車の群れである。馬車が、生存という共通の目標に向かって走るためには、言葉が必要である。群生の動物はすべてコミュニケーションの方法を持っているが、言葉という表象を用いてそれを高度に発展させているのは人類だけである。

言葉は、良心から出てくる。私たちは集団の生存を全うするために、各々の馬車の主人である良心が善と判断することを言葉にし、御者である意識が他の御者とその言葉を分かち合うことによって、共通の表象世界を作っている。それは、御者たちに共有された地図のようなものと考えればよい。その言葉の集積からなる意味の空間を、知識と呼ぶのである。それ自体、種としての生存のための必要から生まれたものであり、すでに倫理の色を帯びている。

　人間が、相互に分かち合おうとする情報とは、例えば危険を知らせるような生存に必要な情報である。テレビのニュースを見れば、事故や災害の報道が多いことでもわかるだろう。危険情報を分かち合い、危険を避ける情報を分かち合うことが、コミュニケーションの基本である。それに加えて、食糧や、水の在り処など、生存に適した場所の情報が有益である。それを記したものが、地図である。

　各々の御者から、生存に必要な情報が、共通の意味空間に放り込まれる。その中で最も重要なものが沈殿し、結晶していく。やがて人間は、集団生活を維持するために相互の関係を律する約束事を作り出し、掟を生み、制度を生む。御者の交通規則のようなものである。

　御者たちが地図と交通規則を共有しているから、みなが同じ方向に進むことができ、ぶつかったり争ったりすることなく、共に走ることができる。逆に、地図や交通規則を無視して勝手に走れば、事故も起こすし、他人を事故に巻き込んだりもするから、社会的悪として非難され、罰せられる。地図と交通規則に熟達した者は、人々の尊敬を集め、馬車の群れを統率し、指導する。彼が克服した様々な困難は、その解決策とともに記憶され、英雄として、また時には神として語り継がれ、書き留められていく。歴史の誕生である。

　この共有された表象世界が広大であり複雑であるほど、人間の群れは大きくなり、克服できる困難も大きくなって種としての生存がより確実となる。

　さらに人間は、表象世界に合わせて自然を作り変えていく。便利な道具を作っては名前をつける。名前をつけたものをさらに作り出すことに

よって、表象世界と同じ世界が自分の周りに物理的に存在するようになる。例えば机は、自然界の物ではない。人間が作り出して「机」と名前をつけ、机とはこういう物だとイメージし、そのイメージが共有される。そして次に、机という名前に合わせて木材を削り、机を作り出しているのである。実は、私たちはほとんどの時間を、本来の自然の中ではなく、共通の表象世界と表象世界に合わせて作り上げた人造の空間の中で過ごしているのである。

　それは、物だけではない。政治、経済、社会の仕組みもそうである。大切なことなので、もう一度繰り返すが、群生を習いとする人間は、個体としてだけではなく、種としての生存本能から集団を作る。種としての生存本能の働きの中に、助け合って生きようという機能がある。それを良心と呼ぶ。

　良心とは、何度も言うように、遺伝子に刻まれた機能であり、普遍的存在である。そして人間は、良心が発する言葉を共有して、人間社会を構築する。その過程で良心が生存のためによいことだと判断することが「善」であり、その逆が、「悪」である。同じような事象に対して善悪の判断が繰り返され、固まってくると信条（belief）と言われるようになる。信条が体系化されたものが価値観（values）である。倫理体系と言ってもよい。

　そこからルールが生まれる。ルールを共有することによって社会が維持される。ある時代の価値観やルールは知識として積み上げられ、次世代に再解釈されることによって、時代を超えて受け継がれる。そして、幾多の試練にさらされ、さらに磨かれていく。ルールを守るために、道徳や慣習や法や制度が生まれる。道徳も慣習も法も制度も、幾多の試練を積んで成熟していく。これら一群のルールは、表象世界の中でも特段に規範性が強い。法律の次元になると、違反者は反社会的として制裁や刑罰を受けることになる。そして、個人が経験を積んで倫理的に成熟していくように、人間の集団も倫理的に成熟していく。それは、すべての人間集団に共通の現象である。私たちは、このような人造の空間を、「自然」に対比する観念として「社会」と呼び習わしてきたのである。

実体社会の変動と表象世界の変化

　それでは、現実の社会が大きく変化し、表象世界と現実の社会が乖離してしまった場合は、どうすればよいのだろうか。共有されているイメージの世界と現実の世界がかけ離れることは、十分にあり得ることである。数百人であればともかく、億単位の人間が活動する人間社会の総体を、常に客観的に正しくイメージすることは難しい。世の中はこうなっているはずだと思っていても、実際には、現実のほうがはるかに先に進んでいることが多い。若い読者にはわからないかもしれないが、50年も生きていると、世の中に取り残されそうだと思うことがある。日進月歩の科学技術の世界は特にそうであるが、政治意識や社会の仕組みも、10年単位で大きく変わっていく。

　人は、表象の世界を実在の世界と誤解しやすい。実際、表象の世界に合わせて人造の社会が作られており、その中で生きていると、表象と実在を同じものと誤解しやすい。しかし、本当に存在するのは、地球の上に存在する60億の人間である。もしたった今、60億の人間が一斉に言葉を失ったとしよう。言葉が失われれば、テレビのスイッチを切った時のように、一瞬ですべての表象の世界が消える。

　杜甫の「春望」に、「国破れて山河あり」という有名な句があるが、国という制度もまたフィクションの一部であり、儚いものである。戦争で敗れたりすれば、跡形もなく蒸発することがある。インカの遺跡やルクソール（エジプト）の遺跡を見ればよい。残っているのは巨大な石の建造物だけであり、そこに生きた人々の考え、彼らが生き生きと感じたこと、あるいは彼らが共有していたはずの複雑な意味空間はあとかたもなく消え去り、21世紀の私たちには知るすべもない。実在しているのは人間の集団であって、人間の頭脳が操る言葉でできたフィクション、つまり人間の集団が共有している表象の世界ではない。それは、影絵にすぎない。血の通った肉体の世界こそが現実であり、実在なのである。

　また、たとえ言葉を失ったとしても、それでも人間は、種としての生存本能に突き動かされ良心に突き動かされて、猿や狼やイルカなど他の

群生の動物と同様に、素朴な社会を作るであろう。その素朴な社会が、私たちが言葉を覚える前に存在したはずの人間社会なのである。そこで人をつなぎ止めるのは、良心であり、良心が助け合って生きていくことを人間に命じるのである。助け合うために言葉が生まれ、生存を確保するために言葉はますます複雑になる。人類は、こうして言葉やその他の表象の世界を共有して生きているのである。

では、表象の世界と現実世界が乖離すれば、人はどう対応するだろうか。誰かがまず、表象の世界がすでに現実から乖離していることに気づくであろう。地図や交通規則に喩えて考えてみよう。直進の標識があってもそこに道はなく、逆に滝や急流ができていることに気づいた人は、他の御者に知らせようとするか、危険な場所だと、徐行を呼びかけるであろう。

しかし、多くの馬車が全速力で走っているのであるから、突然に地図を改変すれば、大きな混乱を引き起こす。けが人が出るかもしれない。地図の改変は、集団の生存にとって必要であり、善であることは疑いがない。しかし、それが混乱を引き起こし多くのけが人を出す危険があれば、少なくともその瞬間は悪と判断され得る。特に、平坦な道が続き、多くの御者が緊張感を失ってのほほんと走っている時は、そうである。

そのような時、変革を唱える者は、最初はたいてい、厳しいバッシングにあう。ここで、「やはり、何とかしなくては」と思う人は、宗教家か革命家になる素質がある。そして、宗教家、革命家と言われる人々にとって、先駆者が殺されることは、決して稀ではない。世の中は、前衛の一割が前に出て、その半分が報われることなく斃れ、後衛の一割が踏みとどまり、その半分が切り捨てられることによって変わっていくからである。

 発言する勇気、行動する勇気

「何とかしなくては」と考える人が、戻らねばならない原点がある。それは、真実の自我、すなわち良心である。良心の光を通して目の前の現実風景を眺め直し、最善の解決策を考えれば、必ず似たような解決策

が見えてくる。馬車の群れが、新しい環境の中でも走り続けることができるようにするには、各々の馬車の御者が客室の扉を押し開けて、自らの主である良心の光を自らに照射することが必要なのである。そうすれば、不思議と同じ答えが出てくることが多い。何となれば、道徳的判断は先天的な能力から出てくるものであるからである。

　人の群れが大きな困難に直面した時、良心が強く刺激される人が出てくる。良心が働きはじめると、その人の心の底から悲しみに似た優しさが無限にあふれ出し、意識が刺激され、強いコミュニケーションの衝動を生む。道元は、瞑想と直観によって悟りを開いた後に、自らの良心から言葉が噴き出す様を、「蓋天蓋地、覚えざる言葉のごとし。地より噴き出ずる声のごとし」（正法眼蔵）と述べている。そもそも意識は、群生動物である人間が、言語という複雑な表象を用いてコミュニケーションを実現するための機能である。良心は、よりよい生存への方法と危険回避を伝え、人の群れ全体を導こうとする本能である。だから良心は、意識を活性化させ、強い発信と行動の意欲をかき立てるのである。

　良心を吐露するには、勇気がいる。特に、自分以外の社会の構成員に危機意識が共有されておらず、現状に満足している時にはそうである。平地に波を立てる者として、疎外され、迫害されることも覚悟せねばならない。良心について『オックスフォード英々辞典』を引くと、「善悪を識別する心」という一般の定義に加えて、「たとえそれが問題を起こすと分かっていても、自分が正しいと信じることを実行すること」という強い定義が置かれている。

　孔子も「仁者は必ず勇あり」（「仁者必有勇」論語・憲問篇）と説く。また、「義を見てなさざるは勇無きなり」（「見義不為無勇」論語・為政篇）とも教えている。孟子は、良心に基づいて正義と人道を実践しようとする人間には、天と地を満たすほどの大いなる気力が湧き上がるとして、それを「浩然の気」と呼んだ（孟子・公孫丑篇）。

　良心の内なる声は、言葉に転じて志ある者の口から飛び出し、行動によって証明される。それが、言行一致である。日本の武士は、特にこの言行一致を尊んだ。言葉とは良心から出るものであり、それは行動によっ

て実践されねばならないと考えたのである。そして、行動する者は、抑圧されたり弾圧されたり、場合によっては炙られたり斬首されたりしながら、それでも、やがてすべての人々を揺り動かして、歴史を動かしてきた。なぜならば、良心は人類に普遍的に存在する先天的資質だからである。だからこそ、正しい善悪の判断は、必ず他者に通じるのである。

　中国戦国時代の儒家である孟子は、善を知るための良心を活性化させた状態を「誠」と呼んだ。誠とは、天与の資質であり、誠に思いをめぐらせることこそ人の道であり、誠を尽くされて感動しない人はいないと述べている（「誠身有道、不明于善、不誠其身矣、是故誠者、天之道也、思誠者、人之道也、至誠而不動者、未之有也」孟子・離婁篇）。

　この「至誠にして動かされざる、未だ之有らざるなり」という言葉は、幕末の思想家であり行動家でもあった吉田松陰を激しく揺さぶり、松陰の「至誠」の一書が残されている。松陰が松下村塾で教えたのは、洋学でも蘭学でもない。孟子である（『講孟劄記』講談社学術文庫）。松陰は、儒家らしくかぎりない優しさ（仁愛）を持ちながら、過激とも言える発信と行動の人であった。

　そのメッセージは、自分が正しいと思うことには命をかけよ、という一点に尽きる。それが、時代の荒波をかぶった長州藩の若者を、倒幕へと駆り立て、時代を動かしたのである。松陰は、また、物事を始めるのは狂者であり、それをやり抜くのは勇者である（「道を興すには狂者にあらざれば興すこと能はず、此の道を守るには、狷者にあらざれば守ること能はず」関厚夫『吉田松陰・人とことば』所収）と述べている。

　ところで、言葉は、良心と不可分である。良心の裏づけのある言葉は、すべての人にとって価値がある。他人の言葉を封殺することは、他人の良心を封殺することである。個人の良心は、人間が集団として生存を全うするための根幹的機能である。それを封殺することは、大きな誤謬により、集団そのものの生存を危うくする危険がある。したがって、社会悪そのものである。だからこそ、言論の自由が重要なのである。五箇条のご誓文に言う「万機興論に決すべし」という民主主義の大義は、ここから出てくる。

権力と社会変動 —— 民主主義と穏やかな経験主義の大切さ

　社会の流動化が一定のレベルに達すると、必ず社会構成員全体で議論をしようとする動きが出る。江戸幕府が崩壊した時、日本には百家争鳴と言うべき思想状況が出現した。それは、当然の現象である。言葉とは、種としての生存本能、群生の本能から出てくるコミュニケーションのための道具である。言葉を噴き出させるものは、良心である。

　体制を支える既存の言葉の体系が、良心の照射に対して輝きを失った時、意味を失った言葉の世界や表象の世界を捨て、新しい現実に合わせた新しい言葉の世界を構築しなければならないという欲求が社会構成員の多くから吹き出すことになる。特に、社会規範の根幹を構成している道徳、慣習、法、制度を作り変えようとする動きが出る。

　これは人間だけに与えられた特権である。蟻の巣を壊せば、蟻は再び本能に従って新しい巣を掘り上げ、そこには、前の巣とあまり変わりのない巣ができるであろう。なぜならば蟻は、DNAに刻まれた本能に従って巣を作るからである。その巣の姿は、何万年も変わらない。人間も、社会が崩壊すれば、蟻と同様に本能に従って新しい社会を作る。しかし人間は、本能が命じる簡潔な群れの構造を超えて、言葉によってはるかに複雑な社会を作り上げていく。その姿は、以前の社会と似ても似つかないものであり得る。そしてでき上がった社会も、刻々と姿を変えていく。

　未だ書き言葉を使いはじめて一万年にすぎない人類にとって、実体社会の変化に合わせて表象の世界——特に道徳、慣習、法、制度——を随時に適合させていくことは、容易ではない。21世紀の現在でも、言葉を操る人類が抱える最も難しい政治的作業は、社会を支える規範的な言葉の世界——道徳、慣習、法、制度——を、古いものから新しいものへと入れ替えることである。実在する人間社会が着ているフィクション（擬制）を着せ替えることである。これは、あらゆる動物の中で言葉を操る人間だけが直面する作業である。

　世の中が移ろう以上、道徳、慣習、法、制度を変えることは、不可避

である。特に、世代が代われば、社会は変動しやすくなる。新しい世代にとって、古い道徳や慣習や法や制度は、自分たちが生まれる前から存在し、押しつけられたものにすぎない。彼らは、先行する世代が、いかなる状況で、なぜ特定のルールを規定し倫理的に正しいとしたのかを、実際に体験し、納得しているわけではないからである。しかし、道徳、慣習、法、制度を変えることは、やさしいようで、実は決して簡単ではない。

　社会変動は、議論を通じて、経験と英知を生かし、穏やかに進むことが望ましい。理論上は、その通りである。しかし、現実はそう簡単にはいかない。流血や暴力が伴うことが多い。なぜなら人の群れには、他の群生動物と同じように、権力構造や階層構造がビルトインされているからである。そして権力は往々にして、社会の変動に抵抗する。

　それでは、権力とは何であろうか。ウパニシャッドの「馬車の喩え」に戻って考えてみよう。馬車の群れは、やみくもに走るのではない。個の生命と種の生存の保持という、大きな力に導かれて走るのである。そのために、人間という馬車は群れを成して走る。その中で、洞察力に優れ、強くて賢明であり、先達の残した知恵を使いこなし、かつ他人の面倒をよく見る優しさを持つ者が統率者（リーダー）として選ばれる。統率者には、多くの者が自発的に服従する。権力の本質は、優れた統率と自発的な服従が半々であり、一方的な強制ではない。その目的は、集団の生存であり幸福である。

　群生による生存を確実なものにするために、群生動物には、統率と服従の本能がDNAの中に埋め込まれている。もちろん、時には暴力による支配や制裁も行われるが、社会秩序は暴力だけによって担保されているのでは決してない。社会秩序は、むしろ社会構成員の優れた統率者に対する自主的な忠誠と服従、すなわち権力の受容によって担保されている。それは、中江兆民が喝破したように、君主制であろうと共和制であろうと関係がない。いかなる体制であろうと、兆民の言う「君民共治」が権力の実際なのである。権力行使の過程は、決して上から下への一方通行ではない。下からの信頼と服従という要素がなければ、権力はただ

の暴力に堕する。暴力だけで人を支配することはできない。日本だって、25万人の警察官と24万人の自衛隊だけで、1億2700万人の日本人を支配することはできない。日本人の多くが、政府に権力を信託することを受け入れているから、日本の国は治まっているのである。

　統率者は、群れの構成員の自主的な忠誠と服従を基盤として、群れの安全を確保し、秩序を維持し、食糧などの希少資源を公平に分配する仕事を引き受ける。政治は富を生まない。政治の本質は、秩序の維持と希少資源の分配である。

　また、集団の生存を確保するために、社会構成員の中には序列が生まれ、分業が始まり、ピラミッド型の階層ができ上がる。人間の社会にこのような権力構造ができ上がるのは、第一義的には本能によるものであって、知的選択によるものではない。知性は、言葉によってこの群れの権力構造や階層構造にかたちを与え、あるいは飾るのである。それは、古代も今も変わらない。

　このような権力構造や階層構造は、必ず権力者とその周辺の人間の利益を固定化し、構造化する。権力は、集団の生存維持のための機能であるという本来の姿が忘れられ、それを保持する少数集団の既得権益が当然視され、既得権益を貪る人々の周辺が聖域化されるようになると、腐敗が蔓延する。権力は、時間が経てば必ず腐敗する。権力が、私の目的のために使われるようになる。そうなると、社会構成員の中に不満が溜まり、実体社会における秩序が流動化しはじめる。

　社会構成員一人ひとりの良心がうごめき、輝きはじめる。一人ひとりの善悪の判断が声になり、行動になる。大多数による判断が一定の方向性を持つ時、それが民意となり、社会の一般意思が誕生する。そして、権力者とそのとりまき集団から、支配の正統性が引き剥がされる。新しいリーダーが現れ、これに新しく正統性を付与しようとする動きが出る。古い社会のルールが壊れ、古い表象世界が壊れていく。これまで共有されていた表象の世界、道徳、慣習、法、制度が、人々に共有されなくなり、まるでスイッチを切った後のテレビの映像のように瞬時に消えていく。その後には新しい社会のルールが生まれ、新しい表象の世界が生ま

れていく。

　この過程で、権力を保持している旧勢力が、物理的に反抗しようとすることがある。混乱と流血が始まる。その結果、古い体制が暴力で変更されたり、あるいは逆に革新勢力が一掃され、旧秩序に服するというようなことが起きる。このような暴力による体制の変更やそれに対する反動は、人智の限界が露呈した場合に現れる蛮行である。人間が、まだ言葉による共同表象の世界を種の保存のために上手に使いこなせていない証拠である。むしろ、恒常的に良心を活性化させ、社会の動きに合わせた不断の議論によって、社会の道徳や慣習や法や制度を変えていく「穏やかな経験主義」こそが、人類の持つべき本当の知恵である。

　それでは、言葉によって、言い換えれば議論を通じて社会を変えていくにはどうしたらよいだろうか。人間の集団が小さければ、それは難しいことではない。顔を見ていれば、誰が何を考えているかがわかる。どこの家のおじいさんが、どういう病気で寝ているかを村中の人が知っているような小さな集落では、大人たちがいろりを囲んで話し合えば、だいたいのコンセンサスはできる。小さな集団なら、世間の常識に合わせてゆっくりと社会の掟を変えていけばよいのである。

　しかし、現代産業国家になると、そうはいかない。例えば日本には、1億2700万人の国民がおり、高度に発展した社会を反映して、その利害は様々に分裂している。社会変化のスピードも猛烈に速い。また、職能、政治的主張など、様々な種類の団体が対立、あるいは連合して、政府に要求を通そうとする。政府から見れば、これほど巨大な人間の集団を相手に、その考えを推し量ることは不可能である。このような巨大で複雑で動きの速い産業社会において、「民意こそが天意である」と言うとすれば、天意を聞く特別な方法が必要になる。

　したがって、現代国際社会の多くの国が採用している、民主主義という制度が重要になる。民主主義を実施するには、思想の自由、言論の自由、集会の自由が保障され、複数政党が存在し、自由な普通選挙が実施されて議会が行政府をコントロールし、かつ司法が独立していることが必要である。民主主義制度とは、このような一連の制度の集合体である。

どのパーツが欠けても、民主主義は機能不全を起こす。

　民主主義によってはじめて、世論が定期的に活性化され、社会の慣習、道徳、法制度が穏やかに経験則に基づいて変容することが可能になる。流血と暴力が否定され、一人ひとりの良心に基づく意見が同じ価値を持つものとして尊重され、議論と多数決を通じて社会が変わっていく。それが民主主義社会の最大の美徳である。そして、民主主義制度は、現代産業社会のような高度に複雑で対立する利害の存在する巨大社会の運営には、もはや、不可欠の制度なのである。

思想の急進化とは何か

　ここで、社会の激変と思想の急進化という問題に触れておきたい。言葉の使用は、人間だけの特権である。あらゆる生物の中で、人間だけが巨大な意味空間を共有し、そのお陰で地球の覇者となった。しかし、よく考えてみよう。先にも述べた通り、人間が文字を使いはじめたのは、メソポタミアのシュメール文明以来であり、わずか一万年程度のことにすぎない。地球の歴史や生物の歴史、また、そもそも人類の歴史に比べても、ほんの一瞬と言うべき短さである。私たちは本当に、この複雑な表象の世界を操ることによって、「種としての生存を最も確実なものとした生物」になっているのであろうか。私たちはこの複雑な意味の空間を、種としての生存のために、本当にうまく操れているのだろうか。

　そうではないであろう。現実社会は、表象の世界の変化が追いつけるスピードで変わってくれるとはかぎらない。特に、表象世界が固陋(ころう)であるがゆえに現実社会の変化に追いつけず、表象世界と現実世界の乖離が極限まで開けば、ある日突然、表象世界が意味を失うことがある。あるいは、社会に大きな力が加わって物理的に崩壊する時も、その社会を映していた表象の世界は消滅する。その時、人間は個に戻り、社会は流動化し、政治体制や経済の仕組みが崩壊する。

　多くの専制主義体制が、突然崩壊する例を見ればわかるであろう。フランスのブルボン家による専制は、革命の勃発によって一夜にして倒れた。フランス革命を、民衆の暴動が物理的な力で政府を倒したとだけ見

るのは一面的である。権力が支えてきたフランスの政治社会自体が、突然意味を失ったのである。権力とは、巨富と暴力を独占した組織にすぎない。それは、政治社会という意味空間を支える骨組みにすぎないのである。政治社会自体が正統性を失えば、権力は裸の力となり、倒壊する。実際、ソ連邦は、巨大な赤軍を抱えたまま内側から崩壊している。

　政治社会が急激に流動化する時には、既存の意味空間が意味を失っていく。激しく流動化し不安定化した社会の中で、多くの人々が何かにしがみつかなければ生きていけない心理状態となり、溺れる者が藁にもすがりつくようにして、新しい思想や新しい原理を求める。すでに指針とならなくなった経験則から切り離されて、創造により新しい意味世界の構築が求められるのである。ここに思想が急進化する理由がある。

　思想の急進化とは、具体的には何を意味するのだろうか。先に、表象世界が現実についていけない場合があると述べた。思想の急進化とは、逆にあり得べき表象世界を掲げて、そこに現実を引っ張っていこうとする知的営為を言う。表象世界と現実世界の二者は、鏡に映る虚像と実体の関係である。両者が整合していることが必要である。現実世界がゆっくりと変わり、十分な経験に基づいて、表象世界を少しずつ変えていくことが望ましい。現実世界があまりに急激に流動化し表象世界が意味を失う時、新しい表象世界を作り出し、それに合わせて現実世界を作ろうとする動きが出る。そこに思想の急進化が生まれる。「運動論」とか、「イデオロギー」と呼ばれる類の知的営為である。

　「第9講　国際社会の倫理的成熟（1）——啓蒙思想と国際法の登場」で詳しく述べることとなるが、例えば近代民主主義思想について、現実の変化を後追いした経験主義の英国政治と、旧体制を暴力的に破壊してゼロから創造しようとした急進的なフランス革命を比べてみればよい。

　ジョン・ロックの議会制民主主義思想は、英国らしい経験主義に基づく穏健な政治思想であった。彼は、名誉革命の後にジェイムズ2世が放逐され、貴族議会によってオランダのオレニエ公が迎えられた後の政治状況を、合理的に説明せねばならなかった。日本で言えば、源氏と平家が手を組んで武家連合を創設し、天皇家に号令したようなものである。

その正当性はどこにあるか。ロックは、日本で言えば徳川家光時代の人である。もとより、ロックが天意は民意による指導者の選択を通じて現れると喝破した孟子の思想（孟子・万章篇）を知っているはずもない。そこでロックは、市民（といっても当時は貴族であるが）の構成する立法府の意思が、執行府の意思に優先するという「市民自治」の考え方を編み出したのである。これが今日、世界中に広まった近代民主主義思想の原点である。

　ところが、ロックの思想はフランスに渡ると、折から欧州大陸全土を覆っていた啓蒙主義の知的な雰囲気の中で、たちまち急進化した。清教徒革命や名誉革命後の混乱を経て王権が制約されていた英国と異なり、専制主義の伝統が強い欧州大陸では、「市民自治」と言っても、どうしても頭でっかちで理念先行の議論になる。ルソーやモンテスキューがそうである。大陸欧州諸国には、「社会契約論」や「法の精神」が説くように、権力の正当性を国民の同意に求めたり、権力を分割するという考え方は、あくまでも隠者の夢やユートピアの類にすぎなかった。現実政治を後追いした英国の民主主義理論とは逆に、啓蒙思想は、フランスでは社会不満を爆発させる触媒となったのである。

　特にルソーの思想は、急進化しやすい。ルソーの説くように、社会を個人の「同意と選択」によって構成するという主張は正しいが、それはあくまでも恣意的な権力に対する抵抗の理論として正しいのである。人間が「選択と同意」によって社会をゼロから構築できると考えることは、神慮を無視した神の冒瀆である。私たち人間は、動物と同じように、言葉という道具を使う以前から群れを成して生きており、社会を作っていたはずである。

　私たちは、半分は、群生の本能に命じられて社会を作っている。それは種としての生存のためであり、またそれが良心の声になるのである。知的で傲慢な権力者が、良心の声を聞くことを忘れて、己の欲するがままにゼロから社会を構築しようとすれば何が起きるか。そこに現出するのは、地上の楽園ではなく、この世の地獄となる危険がある。

　既存の社会を破壊しゼロから作り直そうという政治的情熱は、ルソー

以降、多くの革命家や政治家の心をとらえてきた。フランス革命の旗を掲げたナポレオン然り。国家社会主義の旗を掲げたヒトラー然り。ロシア革命の旗を掲げたレーニン然り。スターリン然り。また中国共産革命、大躍進、文化革命の旗を掲げた毛沢東然り。そして、数百万の同朋の命を奪ったカンボジアのポル・ポト然りである。

このような伝統社会の抹殺と新人類社会の創世という夢に取り憑かれる独裁者の存在は、必ずしも近代的現象とは言えない。秦の始皇帝の「焚書坑儒」などは、毛沢東の文化大革命や、ポル・ポトによる知識人虐殺と同根の発想に立つものと言えるであろう。

18世紀末以降、急進的な社会改革の犠牲となって死んだ人々は数知れない。何千万の単位に上るであろう。彼らの名前を、誰も覚えていてはくれない。ただ、歴史の闇の中に流れ去ったのである。人間は、まだ決して表象世界を生存のために十分に使いこなせているとは言えない。

群れを成す動物は、突然大量死することがある。世界の各地で時折、鼠が大群を成して海や川に飛び込んで集団自殺したり、イワシの群れが数万匹の単位で突然海岸に打ち上げられたりする。きっと同じような間違いを犯したのであろう。人間も、まだまだ彼らを笑うわけにはいかないのではないだろうか。

ところで、英国やフランスの啓蒙思想に影響されて、英国王権のくびきを外した米国が、内政的に急進化して不安定とならずにすんだのは、原住民の社会を破壊して植民を進めた経緯から、そもそも急進思想と対立する伝統社会が存在しなかったためであろう。また、かつて刑法を専門とされる東京大学教授から、制度と現実社会の平仄(ひょうそく)をぴったりと合わせながら制度を修正していく能力は、米国や英国といったアングロサクソン族の国々において傑出していると聞いたことがある。そう言えば、英国は成文憲法を持たない。むしろ、そのほうが正しい説明なのかもしれない。

国際社会をどう認識するか

それでは、国際社会は、どのようなモデルを使って認識するのがよい

だろうか。各国を馬車の群れに見立てて、いろいろな馬車の群れが、色とりどりの国旗を立て、同じ地図を持ち、同じ交通規則によって併走していると考えればよいと思われるかもしれない。しかし実際は、そう簡単ではない。

先に、良心は普遍的であり、知識は個別的であると述べた。良心はDNAに刻まれた機能であり普遍的であるが、知識は経験から得た教訓を言葉で伝えたものにすぎない。つまり、各国を馬車の群れに見立てるとすると、御者が持っている地図は、実は、群れごとにバラバラなのである。交通規則も、基本的なところは同じであることが多いが、細則は異なっている。

人間が特定の集団の中で共有している表象の世界は、極めて個別的である。それは、共に生きていこうとする人間だけが表象世界を共有するためである。人の群れは、自分の群れの生存に関心を持つのであり、他の群れには関心を示さない。NHKのニュースを見てもわかる通り、外国の事故や災害は、あまり報道されない。逆に、外国の重大政治ニュースよりも、日本の豪雨や猛暑のほうが大きな扱いになることがある。同様に、CNNでは、日本のニュースが少ない。関心がかぎられているからである。表象世界は、群れの生存のために必要な情報を放り込む言語空間であり、そもそも、他の群れと共有することを目的としてはいないのである。

世界像についても、初めから共通のものがあったと考えてはいけない。今でこそ私たちは、地球と言えば丸いと思っているが、全人類が丸い地球の上に五大陸が乗っていると思いはじめたのは、それほど古いことではない。最近では衛星情報のお陰で、物理的に、地球が青い水球である様を見ることができる。今日では、人類のほとんどが共通の世界像を持っていると言える。

だが近代以前の、日本人にとっての世界とは、日本、朝鮮、中国、インド（天竺）であった。同様に、欧州諸国を凌駕していた時代のイスラム諸国は、イスラム教徒の住む世界だけを意味のある空間として認識していた。近代以前の欧州人は、欧州の東にイスラム帝国があり、その外

にはインドがあって、そこには極楽のようなキリスト教国があると信じていた。このように、みな、自分に関係のある空間を、勝手に想像していたのである。それが、ようやく青く美しい水球という世界像に統一されたのである。

　物理的に目にすることができる3次元の空間イメージに比して、4次元となる歴史軸は、あくまでも主観的であり続ける。歴史は、特定の民族が生存のために記した人生の記録である。旧約聖書がその典型である。また、多くの大帝国は、優れた歴史家を生み、大部な歴史書を残した。中国の王朝史はその典型である。激しいナショナリズムが現れた19世紀には、「国民」国家が登場して、「国民」のアイデンティティを確立するために、民族の栄光の歴史を語る史書が多く出た。これから、多くのアジアの国々で「国民」の歴史が書かれるであろう。なお主権の壁の壊れたヨーロッパでは「ヨーロッパ人」という民族を超えたアイデンティティを作ろうとして「ヨーロッパ史」が書かれはじめている。アジアでも今世紀中葉には、東アジア史や西アジア史を「東アジア人」としてあるいは「西アジア人」として書く者が現れるであろう。

　歴史を書く者は、しばしば、自らの栄華を伝えようとするが、後世、それを読もうとする者は、自らの生存に役立つ教訓を得ようとする。歴史を残そう、あるいは歴史を読もうという欲求は、実は、私たちの生存の欲求と不可分に結びついている。突き詰めれば、歴史とは、二つの知的営為の合体である。第1に、ある人間の集団が、自分たちが生存のために得た教訓を書き留めて後世に伝えようとする。第2に、後世の世代が、おびただしい数に上る歴史記録から、何かを取り出して、自らの意味空間に汲み上げていく。この二重の営為が歴史を作る。畢竟、歴史とは、今を生きるために、過去を創造することである。そこに主観が入ってくるのは当然であり、人間の集団ごとに大きく異なる歴史観が表れるのも当然である。また集団が大きくなれば、歴史観も大きくなる。

　国際社会と一口に言うけれども、国ごとに、その国民が持っている共通の意味空間は大きく異なっているのが普通である。したがって、これほど大量の情報が世界中を駆け巡っていても、それがすべて同じように

いろいろな国に入っていき、そこで多くの人々が同じような反応をするということはない。ある国民が広げるアンテナは、その国民が関心を持つかぎられた情報しか拾わない。グーグルの検索と同じである。

今、地球上を走り回っている電子情報の総体に関心がある人は、極めてかぎられるであろう。みな、自分の関心事項しか検索しない。国も同じである。自分の関心事項にしか、目や耳を向けない。したがって、国際社会とは、一つの巨大な意味空間があると考えるよりも、国ごとに大きく異なる意味空間が存在し、それが併存していると考えたほうが、現実に適合している。

外交官になると、まず最初に叩き込まれるのが知的謙虚さであり、「無知の知」である。自分の属している意味空間の狭さを知ることが、外交官という職業の第一歩である。他国、他民族の意味空間の構造を推し量れるようになるには、20年くらいの修練が必要である。実は、このように国ごとに異なる意味空間が分立していることこそ、古来、外交が必要とされてきた所以なのである。

実際、外交官とは、まったく異なる二種類の観衆が座っている劇場で芝居をする俳優のようなものである。笑うところ、泣くところ、怒り出すところが、A国の観衆とB国の観衆でまったく異なることは、日常茶飯事なのである。そのようにまったく異なる観衆を前にして同じ意味を伝えるのが、職業外交官の演技であり、技術なのである。

人類に共通の意味空間は可能か

最後に、21世紀の人類は、人類社会全体を包摂する意味空間が作れるかという点に触れておこう。かつて東京大学の堀米庸三教授が、人類の進歩を測る尺度として、どれほど大きな集団を作ることができるか、ということがあると書いておられた（『歴史を見る眼』NHKブックス）。現在の国際社会において、依然として主権国家が最も重要で大きな集団であることは間違いない。その多くが、言語と歴史を共有する民族国家である。

先に述べたように、その国ごとに独特の意味空間が作成され、その中

で多くの国民が幸福に暮らしている。しかし、その意味空間が国ごとに異なるのであれば、誤解や争いが生じることは不可避である。争いを避けるためには、より高次な表象の空間が必要となる。民族国家という枠を超えた、人類社会という大きなくくりである。

後に詳しく説明するが、19世紀は、欧州、中東、インド、中国などを中心に世界各地域に分立していた意味空間が、地球的規模で一気に流動化した。イスラム世界、ヒンドゥー世界、仏教世界、儒教世界といった道徳的に高い完成度を誇っていた非欧州文明圏が、次々と崩壊していった。産業革命と国民国家の実現を成し遂げた近代欧州が、巨大な国力をもって地球を征服し、覇権を確立したからである。

特に19世紀の帝国主義時代は、産業機械と国民を総動員した総力戦が行われ、欧州主要国および日米両国を巻き込んだ覇権争いの結果、産業化に乗り遅れた非欧州地域は植民地に貶められ、欧州勢を中心に全地球の分割と植民地化が行われた。国際秩序の再編期には、古くなった倫理や道徳が後景に退き、力がものをいう時代が来る。「乱の時代」である。

19世紀は、地球的規模で伝統的な倫理や道徳が廃れた時代である。欧州列強は、自由や平等が叫ばれた国内政治とは裏腹に、対外的には弱肉強食の世界へと突入していった。そこでは、自然法のような、国家の意思を超える存在を拒絶する考え方が蔓延した。

人類の歴史の中で、社会秩序が流動化し共通の意味空間が失われ、闘争が常態化した時代を「戦国時代（warring era）」と呼ぶ。日本では、室町戦国時代がそうである。中国では、周が衰えていった春秋戦国時代や、漢滅亡後の三国時代や五胡十六国時代がそうである。近代欧州では、ウェストファリア会議から冷戦終了までの数百年、ほとんど切れ目なく戦乱が続いた。このような時期には、武力がものをいうようになり、冷酷な権力政治が跋扈する。倫理を担保する共通の意味空間が壊れ、人は道徳を失い、禽獣と同様になる。戦国の思想家・孟子は、天下に道がある時は徳のある者、賢いものが上に立ち、天下に道がない時は大きな者、強い者が上に立つと述べた（「天下有道、小徳役大徳、小賢役大賢、天下無道、小役大、弱役強」孟子・離婁篇）。孟子はさらに、これは天道

であり、これに逆らう者は滅びると断じた（「天道順者存、天道逆者亡」）。

しかし、人間の世界には、このような「天下無道」の世界から「天下有道」の世界に戻ろうとする力が必ず働く。良心が存在するからである。良心に従って人は、種を保存し個体を保存するために、共通の意味空間を作り群れを作る。ようやく20世紀中葉から人類社会は、19世紀および20世紀を覆った大規模殺戮や植民地支配を反省し、徐々に倫理や道徳を取り戻しつつある。20世紀の後半には、国家間の暴力が規制され、自由な貿易が制度化され、植民地に貶められたアジア、アフリカの多くの人々が次々と独立を果たした。特に、アジア、アフリカの人々は、欧州人から押しつけられた意味空間に対して彼ら自身の良心の声を響かせることによって、その矯正を主張している。今、人類史上初めて、地球的規模で、共通の意味空間、倫理空間が誕生しつつあるのである。

しかし、それはまだ、端緒についたばかりである。依然として、主権国家という個別の強固な意味空間が、はっきりとした特徴を残したまま併存している。今日の欧州連合のように、国境や国籍の溶融した共同体を目指すポストモダンの集団はむしろ稀である。世界の大多数の国々は戦後生まれた新興国であり、これらの国々は、逆に、これから国民国家、産業国家として興隆しようとして熱いナショナリズムが漲っている。

この新しい時代に、人類共通の意味空間をどのようにして統合し、構想すればよいのだろうか。それは、21世紀前半を担当する若い世代が背負う大きな課題である。

19世紀のような武力や政治的圧力による統合は、あり得ない。人間は、信念や信条を差し出すことはないからである。むしろ、逆に人は、自らが拠って立つ意味空間を暴力で否定されようとすると、生存そのものを否定されると感じ取って、戦いを決意し武器を手にすることがある。極端な排外主義の根源は、ここにある。幕末の攘夷運動などに見られたテロ行為はそうであろうし、現在、西アジアに広がっているテロリズムにも、同じ要素があろう。巣を襲われた蜂が、一度敵を刺せば自分も死ぬとわかっているにもかかわらず、総出で敵に襲いかかる時と同じような本能が、刺激されるのではないだろうか。

共通の意味空間は、暴力や圧力ではなく、対等な話し合いによって生まれる。人類社会全員の良心が、共通の意味空間の創設に向けて活性化されてきているのである。現在、曼荼羅のように多彩で複雑なかたちで併存している個々の宗教的、民族的意味空間も、人間に等しく存在する普遍的な機能としての良心がその根に存在していることに気がつけば、もう一段高次な人類全体を包含するような意味空間を創造することは可能なはずである。

　その基盤となるのは、19世紀に地球的規模で覇権を確立した欧州の政治思想である。実際、18世紀の末以降、自由主義、ブルジョワ精神（勤労・正直・貞節・質素など）、フランス革命、米国独立革命、労働者運動、共産主義、ロシア革命、毛沢東主義とあらゆる思想の奔流があった。今や、多くの急進的思想よりも、結局のところ、古典的な自由主義や民主主義の思想が最も強靭な生命力を持っていたことが理解されつつある。

　自由や民主主義といった政治理念を国民統合の原理として据えた国は、フランスと米国である。フランス革命もアメリカ独立戦争も、啓蒙思想華やかなりし18世紀の末の事件である。フランスは、周辺の保守的な専制国家や国内の牢固とした階層社会の存在に阻まれて、革命後100年近く政治体制が急進的に左へ右へと動揺するが、これに対して米国は、孤絶した新大陸において峻厳な宗教社会から出発し、独立当時に欧州の啓蒙思想を吹き込まれた。それが持ち前のアングロサクソン的な経験主義と結びついて、おおらかな民主主義制度が根を下ろした。独自の歴史を持たない米国は、近代化、国民国家化の過程で人為的に作り上げた「栄光の歴史」に呪縛されることもない。移民が多く、人種、宗教、信条による差別を原理的に否定する国であったことが、国民統合のために必要不可欠な条件を備えていたということも指摘できるであろう。

　フランスのナポレオンは、当時、英国を除けば欧州最強であったフランスの国力と偉大な軍事的才能をもってフランス革命の理念の普及に努めたが、敗退した。しかし米国は、20世紀の後半、軍事力、経済力、政治力のいずれをとっても比類のない国力を手にし、自らの政治的理念をもとにして、国際社会の構築に乗り出した。国際連合の集団安全保障体

制、国連による国際法の法典化、国際司法裁判所、国際通貨基金、世界銀行、世界貿易機関など、多くの戦後の国際機関は、米国の生み出してきたものである。

　人類が始まって以来、国際社会全体を包み込む規模で国際社会を構築しようとしたのは米国が最初である。建国後わずか200年の米国が、第2次世界大戦後、突出した国力を持っていただけではなく、地球社会を構想する力をも持っていたことは、特筆に値する。英国もフランスもドイツも日本も、みな、日本の室町時代に各地に割拠した多くの戦国武将のように、自らの地域覇権を確立することを目指していた。天下を平定し地球社会をどう構想するかなど、考えたこともなかった。

　中国も、世界帝国となったことは一度もない。中国文明は常に卓越した文明であったが、ヒマラヤ山脈、ゴビ砂漠、タクラマカン砂漠、天山山脈の外側に影響力を及ぼしたことも、及ぼそうとしたこともない。8世紀に唐が一度だけ試みたが、タラスの戦いでアッバース朝に敗退した。

　ロシアは世界共産革命を唱えたが、団結した労働者が勝利すれば国家が消滅して楽園が誕生するというのは、あまりに非科学的な主張であった。ソ連共産主義体制は、その過激な急進性と人間性の抑圧によって、逆に内側から崩壊し、新生ロシアが誕生したのである。

　米国の政治的主張は、基本的人権の尊重、民主主義の実施と、単純そのものである。では、米国の主張の中で、何が、どうして、普遍的なのだろう。この問題に関して、アジア、アフリカの国々に先駆けて近代化を遂げた日本、韓国、台湾は、先駆者として特殊な使命を負っている。

　日本人、韓国人、台湾人は、比較的早期に近代化に乗り出し、伝統と近代の狭間に苦しみながら、欧州や米国の政治思想について、自国の豊かな伝統的倫理感と比較しつつ、その中の何を普遍的な価値観として受け継ぐべきかを、1世紀以上にわたって考え続けてきた民族である。トルコもまたそうであろう。

　これらの国々は、近代的価値観を押しつけた欧州の側ではなく、それを押しつけられたアジアの側から考えている。それは、これからアジアやアフリカの多くの国の人々が悩み苦しまなければならない問題なので

ある。この点についてはまた、価値観に関する講で触れることにする。

第1講と後続講義との関係

　以上に述べたことは、外交とは関係がないように見えるかもしれないが、実は、以後の内容と深く結びついており、特に価値観や倫理に関して述べる後続の講を理解する上で、多くの視角や切り口を提供してくれる。ここで、読者の便宜のために、価値観や倫理に関する後続の講の流れを簡単に説明しておこう。

　まず、「第5講　価値観を守るとはどういうことか」において、なぜ価値観という抽象的なものが国益となるのか、その理由を説明する。次に「第6講　日本の価値観とは何か」において、日本の価値観を、主として仏教、儒教の伝統に照らして考えてみる。その後に、伝統的な日本の価値観と西欧から流入した啓蒙思想との間に、倫理的な共通基盤があるかどうかを探究する。そこでは、本講で述べたように、様々な価値観も倫理観も、人類に普遍的に存在する良心の動きから出てくる善悪の判断を、個々の宗教や民族や文明に応じて個別に言葉に落としたものにすぎないことを説明し、日本の近代化経験から、人類社会に共通の普遍的な倫理基盤を抽出することを試みる。東西の狭間で、アジアの国として初めて近代化の苦しみを経験した日本は、この知的営為において、人類の歴史に貢献し得るものを必ず持っているはずだからである。

　「第9講　国際社会の倫理的成熟（1）——啓蒙思想と国際法の登場」および「第10講　国際社会の倫理的成熟（2）——19世紀以後の倫理の退潮と再生」では、今日の国際社会の基礎を作ってきた西欧諸国や米国の掲げる価値観がどのようにして生まれたのかを観察し、その根底にあるものは何かを考える。彼らの倫理的成熟を追体験するのである。そして欧米政治思想の源流から抽出される基本的な倫理基盤は、実は、第6講で述べる日本人が東西文明の双方から抽出した倫理基盤と同じものであることを確認する。

　最後に、「第15講　関与政策とは何か」において、中国やインドをはじめとする新興の工業大国や、あるいは、共産主義から自由主義に大き

く舵を切ったロシアなどの国々に関与していくにあたって、先進民主主義国が掲げる価値観が彼らに真に受け入れられる普遍性を持っているのかを検討する。上述の普遍的倫理的基盤は、いかなる国にも文明にも存在する。しかし、市民社会の成熟がない段階の国々では、権力の牽制と統制を目的とした民主主義制度の構築が困難な問題となっている。

　関与政策の問題は、関与される国々による普遍的な価値観の受容というよりは、政治参加を保障する制度の構築にある。これは、政治的伝統の問題であり、その解決の方法は、彼らの自覚を促すことしかない。しかしながら、産業化によって巨大な政府と成熟した市民社会が対峙する時、政治参加を保障する政治制度は必要不可欠になる。そこに関与政策の成功の可能性が開けてくるのである。

第2講 国家戦略とは何か

国家戦略とは何だろうか

　国家戦略とは何だろうか。外交戦略を説明する前提として、まず国家戦略について説明するとしよう。

　その前に読者のみなさんには、生き物として、生きていることの緊張感を思い出してほしい。多くの外交官にとって、それが思考の原点だからである。

　すべての動物は、命を持っている。命とは、「燃え続ける意思を持った炎」である。炎は常に、いつ、何によって吹き消されるかわからないという不安を抱いている。緊張感と言ってもよい。そこから生存への欲求が出てくる。いかなる動物も、生存に対する困難に直面すれば、生存本能が反応し、困難を乗り越えようとする。

　すべての生物は、生き延びるために、例えばかたちを変え、性別を分け、陸に上がり、空を飛び、そして群れを作り、協力し、あるいは戦い、さらには、高度な社会を作ってきた。人間も、例外ではない。生き延びるという本能が、すべての生物の行動と思考の源なのである。

　生存本能の薄れた生物は滅亡する。人間の作る国家も例外ではない。安逸に馴れ、国家の生存本能を忘れた国は、必ず滅びる。2300年前に生まれた孟子は、「敵国外患なくば、国、恒に滅ぶ。憂患に生があり、安楽に死ぬることを知れ」と言っている（「無敵国外患者国恒亡」「生於憂患而死於安楽」孟子・告子章句篇）。孟子は、平和呆けした国は、必ず滅びると言っているのである。

　人間は、群れを成すことによって種としての生存を確保するように作られている。人の群れには、群れとして生き抜く本能が与えられている。国家も人の群れである。国家の生存本能を、古い言葉だが、国家理性と

呼ぶ。それは、国という一つの生き物に備わっている生存本能そのものである。生存本能は、合理的思考を生む。

　それは、何も難しいことではない。単純な３段階の思考である。第１に、外界の環境や情勢を正確に認識し、第２に、自らの生存と繁栄にとって死活的な利益を定義し、第３に、その実現のための手段を合理的に組み合わせる。それだけのことである。それは、人間だけではなく、すべての動物が原始的な方法で、日常的にやっていることである。人間が動物と違うところは、知性を有していることだけである。国もまた、知性を使って生存を確保する。このような３段階の合理的思考を、戦略的思考と呼ぶ。国家にとっては、特に外交・同盟政策と国防政策を組み合わせた生存と繁栄のための方策が、国家戦略あるいは国家安全保障戦略と呼ばれ、通常、国家における政策の中での最高位を与えられている。

　第１講で説明した良心も、群れで生きる動物の生存本能の一つの表れである。だから良心は、「苦境においてこそ最も輝く」のである。だから人は、苦境においてこそ助け合うのである。同様に、人間の戦略的思考も生存本能に直結している。良心と合理的思考は、双方とも人間の生存本能から出てくるものであり、人間が生きていく上で最も必要なものである。これと同じく、倫理と戦略的思考は、双方とも人間のDNAに根ざしたものであり、国家が生存していく上で最も必要なものなのである。

　ところで人は、若いうちは体力にものをいわせることができるから、なかなか世故に長けた知恵が回らない。直球勝負が多くなる。しかし、壮年期になると、様々な人間関係や複雑な社会の仕組みに精通して、自らの利益を守るようになる。社会的な責任も、ますます重くなる。国も同じである。明治以来、一貫して伸びてきた日本の国力も、ようやくピークを迎えた。人口も明治の3000万人から、平成の１億2700万人に増え、ついに減りはじめた。寂しいことだが、大英帝国、フランス、ドイツなど、欧州の大国も、みなそうだった。日本も、もうこれからは若さにまかせた生き方はできない。賢明で、知恵のある外交戦略が求められる。

　私たちの世代やその前の団塊の世代の人々は、戦後半世紀にわたって、

日米同盟の分厚い皮膜の中でのお独り様の平和を当然視し、また右肩上がりを続ける日本経済の繁栄が永続するかのように考えてきた。そのため、生存本能が弱くなっているのかもしれない。
　今、台頭する中国を前に、日米同盟は漂流し、防衛力は骨粗鬆症のごとき様相を呈し、一部世論からは「平和ボケ」という揶揄の声さえ聞こえてくる。産業に目を向ければ、優良な日本企業はみな海外に流出し、産業は空洞化し続けている。財政に目を向ければ、放漫財政の末に平然と1000兆円近い借金を、次の世代に残そうとしている。それは、まともな親が子にすることではない。不幸なことに若者は、財政に関するかぎり、巨大な世代間闘争に敗退したのである。しかも不戦敗である。世界最速の老齢化社会を迎えて年金や介護費用が国家を圧迫しはじめているが、高度経済成長時代の後に残っているのは、この巨大な借金だけである。イソップ寓話に出てくる蟻とキリギリスの喩えではないが、バブル経済以降の日本はキリギリスの時代だった。
　これほど国家の屋台骨が揺らいでいるのに、不思議と切実な危機感がない。やはり、私たちの世代やその前の団塊の世代は、国家理性が大きく鈍麻していると言わざるを得ないのではないだろうか。
　明治の思想家、中江兆民は、自由と民権が行きわたり繁栄を遂げた後の理想社会について、「恐ろしい大病根」が一つあると言っている。兆民は、太平の世が続くと「大病根」が現れるとして、学者も芸術家も士農工商も、「脳髄の働きが次第に萎縮して、五尺の身体はたんなる飯袋にすぎなくなってしまい」、学者の文章も、芸術家の技術も、士農工商の仕事も、「生気もなく、変化もなく、国の中のすべてが、ただもぞもぞごそごそした、ぬるぬるの肉の塊となってしまう」と述べている（『三酔人経綸問答』岩波文庫）。兆民は、生存本能、良心の輝きや戦略的思考能力を失った人間は、単なる「肉の塊」になると言っているのである。兆民は、それが千年、万年の太平の世に現れると言っているが、それはそのまま、明治以降わずか150年しか経っていない今の日本社会に対する警鐘なのではないだろうか。
　しかし、今後の世代は、私たちの世代や団塊の世代のようにはいかな

い。なぜなら、今後は宴の後の世代だからである。沈みゆく日本丸に盲目的にしがみついていれば何とかなるという内向きの発想では、もはや日本は立ちゆかない。気の毒に思うが、今の若者は、物心ついてから日本が堕ちるところしか見ていない世代である。いわば、日本が果てしなく堕ちていくという実感を有し、骨の髄で身震いせざるを得ない戦後初めての世代である。「ロスト・ジェネレーション」と呼ばれる今の若者こそ、日本を再生させるために、生存本能の炎をかき立てざるを得ない世代なのである。それは、必ず魂の奥底から良心の輝きを解放する。そこから新しい生命のエネルギーが噴き出し、戦略的思考のスイッチが入る。新しい日本のために、思想家や真の改革者を生み得る世代でもある。一部には、「草食系男子」などという意地の悪い批判も聞くが、私は、今の若者たちに期待している。

　国は、死なない。国は、一個の動物ではない。国には、個体と異なり死のDNAは埋め込まれていない。国は、進化することはあっても、死ぬことはないのである。生存本能と良心が活性化され、命のエネルギーが内奥からあふれてくるかぎり、国は、無限に細胞分裂を繰り返し新陳代謝を繰り返して、生き続ける。いつの日か、新しいよりよい国を共に作ろうという意欲を、私たちの中に再び呼び起こすことができるはずである。それは、これからの世代の仕事である。

安全保障とは何か ── 外交と軍事の相関

　では、戦略論の基礎に入ろう。まず、外交と軍事は連続している、ということを覚えておいてほしい。「外交が平和担当で、軍事が戦争担当」と言えるほど、世の中は単純ではない。かつて帝国海軍軍令部が翻訳したカステックス仏海軍提督の戦略論は、「戦略は、太陽スペクトルのようなものである。戦略は、恰（あたか）もスペクトルが、感知し難き遂次遷移を以（せんい）て、赤外線から紫外線に連続するが如く、政略の領域と戦術の領域に結合し、これらと融合する」（1931年）と述べている。この、外交と軍事の交わる部分を安全保障と呼ぶ。日本では、安全保障を狭義の国防と考える人が多いが、それは戦前の軍国主義につながる危険で誤った認識で

ある。

　外交も軍事も、国際的な権力闘争の一環である。両者が連携してこそ、孫子の言う「戦わずして勝つ」ことが可能になる。戦わずして勝つことこそ最善である。無手勝流に勝るものはない。中国の戦国時代を生きた孫子は、「百戦百勝は、善の善なる者にあらざるなり。戦わずして人を屈するは善の善なる者なり」(「是故百戦百勝非善之善者也不戦而屈人之兵善之善也」孫子・謀攻篇)と述べて、いかに戦わずに勝利を導くかが重要であると述べている。

　また孫子はその方法として、「上兵は謀を伐ち、その次は交わりを伐ち、その次は兵を伐ち、その下は城を攻む」(「故上兵伐謀其次伐交其次伐兵其下攻城」同・謀攻篇)と述べて、敵の戦略を破り敵の同盟を断つことこそ、兵を動かすことよりも重要であると述べているのである。孫子の第三篇は、「謀攻篇」と名づけられているが、「攻」という文字の前に「謀」という文字がついているところが、中国人の孫子らしい。

　武士の伝統が強く尚武の気風の強い日本人には意外かもしれないが、安全保障戦略の大半は外交戦略である。すぐに手が出るのでは、チンピラと同じである。大国は、戦わない。長期にわたって覇権を維持するためには、戦わずして勝つことが重要なのである。そもそも戦争は、おおかた誰と組むかで初めから勝敗が決まる。ビスマルク外交のように、知恵の輪のような複雑な同盟政策は、結局のところ、不安定である。長期にわたり安定した同盟政策を用いて、戦わずして国益を最大にすることこそが、外交の要諦なのである。無手勝流こそ上策である。この点が、非常に重要なのである。

　その正しさは、古今東西を問わない。柳生宗矩（やぎゅうむねのり）は、兵法家伝書の中で中国の古典(『漢書高帝紀』)を引いて、「策を帷幄（いあく）の中に運（めぐ）らして、勝つことを千里の他に決す」と述べている。また、かつてブッシュ政権下のNSCで、大統領副安全保障補佐官を務めたJ.D.クラウチ氏は、現役の頃私に、「米国の国家安全保障評議会(NSC)の仕事の7割は外交だ」と述べていた。それでは、どうすればよいか。3000年前に周を興した武王を補佐した太公望が、対外誠意策の要諦として、最強の大国とは同盟

し、周辺国とはいつも助けてくれるように友誼を結べと述べている（六韜・豹韜・第四九・少衆）。これは、剣道で言えば青眼の構えであって、時を超えた外交の黄金律である。ちなみに、「六韜」は、武経七書の一つで、藤原鎌足が愛読したと伝えられている。それを日本外交に当てはめればどうなるか。具体的には、後の戦略論のところで説明しよう。

　逆に、いったん軍が本当に動きはじめれば、これは、大統領、国防長官、統参本部議長という単線的（リニア）な「軍令（軍事作戦指揮）」の世界に入る。日本で言えば、総理大臣、防衛大臣、統幕長のラインである。この段になれば、軍事作戦の遂行を職業軍人にまかせて、勝敗に国家の命運を託し、指導部や文民は口を出さないのが戦争の常識である。指導者の役割は、戦争目標を明確に限定し、国民の支持を取りつけ、軍隊の士気を鼓舞しつつ、開戦や終戦のタイミングなど、大局的、政治的事項を統制することにある。また、文民すなわち国防官僚の介入は、軍の予算や調達などの軍政事項にかぎられる。

　戦争は、プロの仕事である。軍事作戦の戦術レベルで素人が口を挟むと、勝てる戦も負ける。孫子も、「将の能にして、君の御せざるは勝つなり」（「将能而君不御者勝」孫子・謀攻篇）と述べている。政軍のバランスのよい判断が、シビリアン・コントロールの要諦である。広い意味では政治と軍事のバランス、また、狭い意味では軍政と軍令のバランスが重要である。

　かつて、日本では、政治家もマスコミも、PKOに出す自衛隊に持たせる機関銃を１丁にするか、２丁にするかというような問題や、インド洋に給油作業に出撃する補給艦の護衛にイージス艦をつけるかどうかというような問題を、あたかも国家最高レベルの軍事事項であるかのごとく、口角泡を飛ばして議論していた。そのような事項は本来、戦術事項であり、軍の下僚が判断する事項である。このような議論は政治の過剰な軍事介入であって、シビリアン・コントロールを強化せず、むしろ腐食させる危険があることを肝に銘じるべきである。

外交と軍事の結合のための制度的保障

　職業外交官と職業軍人は、文化系サークルのESS（英語研究会）と体育会の剣道部のようなもので、まったく異業種の人間である。実際付き合ってみると、国家戦略といった大づかみのところでは意気投合することが多いが、現実に仕事の中身となると、専門的すぎてなかなか理解し合えないのが実態である。

　外交と軍事の判断を、政治が最高レベルで統括してはじめて、国家安全保障が機能する。外交工作が崩れて軍事に移っていく、軍事作戦が終わりに近づいて外交的処理に移っていく、あるいは軍事作戦の開始直前に外交交渉に引き戻す、こういった外交と軍事の狭間を国家最高レベルで調整する必要がある。

　例えば、ある国が国連制裁を受けているとしよう。国連制裁に従わなければ、多国籍軍による武力行使が行われる。期限のデッドラインがどんどん近づいてくる一方で、外交交渉は継続中である。最後の瞬間に、制裁対象国がもう一日待ってほしいと言ってきた。彼らの言い分は、本国に帰って直接最高指導者の判断を仰ぎたいというものである。外務省は、もう一日待とうと言うだろう。そこで、国防省が、予想を超える敵軍の大規模動員が始まっており、予定通りに開戦しなければ巨大な損害が出ると主張したとしよう。開戦か、交渉継続か。この待ったなしの決断が、安全保障の判断である。この決断を下すことができるのは、外務大臣でも、国防大臣でもない。国家最高指導者として外交と軍事を統括する総理大臣だけなのである。

　外務省と軍隊は、もともと相性のよい組織ではない。動き方が違うからである。軍は、重く、慎重である。ところが、逆にいったん動きはじめたら、作戦指揮の面からも士気の面からも兵站の面からも、なかなか止まらない。機を逸すれば、負けるからである。ところが外交は、風にはためく旗のように機敏に国家の向きを変えようとする。両者を統括できるのは、最高指導者だけなのである。

　もとより、総理大臣は多忙である。外交、軍事の決断は、突然に求め

られることが多い。そのために、専門性の高い外交問題、軍事問題に精通した者に、最高指導者を補佐させることが多い。多くの国で国家安全保障評議会（NSC）が設置され、そのトップに安全保障補佐官か外交顧問という名の補佐官が置かれ、その任に当たっている。NSCやNSCに相当する組織は、米国だけではなく、英国にも韓国にも中国にもある。ないのは、日本ぐらいである。安倍政権の時に作りかけたが頓挫した。

　現在、日本の内閣官房では、外交担当の副長官補と安全保障（防衛）担当の副長官補が分かれている。しかし、外交と防衛の交錯する真の安全保障問題で総理に進言するには、やはり、その上にさらに一人いないと、外交と防衛が統括できない。諸外国では、外交顧問という名であれ（フランス）、安全保障補佐官という名であれ（米国）、一人の人間が、外交と軍事を統括して、最高指導者への進言に責任を持っている。

　また、残念であるが日本人は、「積み上げ」の意思決定方式が主流で縦割り意識が非常に強いために、神経中枢が脆弱になる。そのため、全体をきちんと見て戦略的に機敏な行動を取ることが苦手である。実は、これは官民を問わず、日本型組織に共通の弱点である。このような中央集権を嫌う権力構造は、蒙古来襲以来、これと言った外敵に襲われたことのない島国の日本人に、独特の政治文化なのかもしれない。

国家戦略の階層構造

　国家戦略には、階層がある。外交や軍事は、必ず大きな枠から小さな枠のほうへ移りながら考える。自国の都合から出発して、望ましい国際社会を夢想してはいけない。外交は、逆順には考えないのである。

　第1に、外交・同盟政策が来る。これは、将棋で言えば、将棋盤を作る作業である。どの国と同盟するかで、何個師団、何個艦隊、何個飛行隊がどこにどう配置されるかが決まってくる。それだけではない。

　同盟政策とは、便宜的な軍事協定だけではない。本格的な同盟政策とは、より長期的な国家間の基本関係を規律するべきものである。確かに、いったん有事となれば、総合火力だけが国力の関数として重要となるが、総合火力に代表される軍事力は、実は、短期的なものである。20年、30

年経つと、総合国力が大きく入れ替わり、また技術進歩を反映して兵器の性能も劇的に変わる。どんなにたくさんの兵隊と兵器を抱えていても、国力が衰微し、兵器の近代化に遅れれば、巨大な軍隊もあっという間に時代遅れの鉄の塊になる。目先の軍事力だけではなく、政治力、経済力を含めて、長いスパンでの総合国力の盛衰をよく観察し、安定した強力な同盟相手を選ぶことが重要である。

先に述べた通り、誰と組むかで、はじめから戦争の勝敗は決まる。また、長期にわたって国際社会の主流派として安全と平和を享受するか、非主流派に転落して大国の間を右往左往することになるかも、同様に決まってくるのである。

外交・同盟政策は、100年の単位で大きな構図の変化を考えながら作るものである。そして、10年単位で力関係の揺れをチェックする。そうすると、DVDの早送りをするように、星座のように動かないと思っていた国際的な力関係の構図が、大きくかたちを変えていく様が手に取るようにわかる。大国の盛衰は激しい。世紀をまたいで生き残るのは、賢く強い真の大国だけである。大日本帝国もソ連邦も、100年持たなかった。国際権力関係の分析については、戦略論のところで、詳しく述べることとしよう。

第2に、防衛戦略が来る。防衛戦略とは、一定の同盟政策の枠組みの中で、可能な紛争を予測し、必要な兵器の体系を組み立てる、あるいは開発していくことが主体である。調達政策と言ってもよい。予算を獲得し、議会を説得し、軍隊の戦闘能力を涵養し、維持していくことである。これは、国防官僚の仕事である。将棋に喩えれば、駒をそろえる作業である。

戦車や戦艦のような近代軍隊の駒は、一度買うと20年は使わなければならない。勢い、防衛官僚の思考サイクルは20年程度ということになる。米国防省には、ネットアセスメントと呼ばれる部署がある。世界的にも珍しい部署で、数十年の長い将来にわたって生起し得るあらゆる国際紛争を予測し、そこで米軍の行動を制約する要因を予測することによって、新兵器の開発や調達に大きな指針を出している。日本には、このような

組織はない。相変わらず、陸海空の3幕が縦割りで予算編成権を持ち、統幕にそれを統合する権限はない。これでは、そもそも陸海空の3軍の統合運用のために最も効率的な装備を実現することもできない。また、防衛省の調達部門に調達する兵器を審査するための人員が不足しているのも、大きな問題である。さらに、後に日米同盟のところで詳述するが、武器輸出三原則という絶対禁輸政策を取っているために、日本の防衛産業が衰退し切っていることも調達上の大きな問題である。

　第3に、軍事戦略が来る。軍事戦略とは簡単に言えば、実際に紛争が発生した後に、いかに素早く敵の戦闘能力を破壊し、いかに味方の損害を最小限にし、いかに早く敵の戦闘意思を奪って講和に結びつけるか、ということである。将棋に喩えれば、駒の運用そのものである。

　当たり前だが、駒の運用は、敵によって異なる。基地の運用もそうである。例えば、日本を守るに際して、強大な海軍国を相手にするのであれば、海上優勢を取られた時点で日本の敗色は決定的になる。敵は、飛び石伝いに日本列島を攻めることができるし、いずれかの段階で日本周辺の島々に東京などへの空襲用の軍事空港を開設できる。海軍の運用が、決定的に重要になる。

　大陸側の陸軍国家を相手にする時は、海上優勢を簡単に渡さないという前提で、陸伝いの侵攻路の防衛が重要になる。ロシアから見れば、樺太島は日本列島を攻略するための戦略的要衝である。日本としては、北海道に精鋭の空軍と陸軍部隊を置かざるを得なくなる。

　可能なかぎり多くのシナリオを考えて、頭の体操をしておくことが必要である。米国防省では、仮想敵国に色で名前をつけて、頭の体操をしていることはよく知られている。日本は、よく知られている通りオレンジであった。実際、安全保障を担当する者は、外交・同盟政策、防衛戦略、軍事戦略のすべての次元を行き来しながら、自国が将来かかわり得るであろう国際紛争を鳥瞰し、判断ができなくてはならない。

日本に国家安全保障はあるか

　現在、日本に、国家安全保障戦略はあるだろうか。残念だが、戦後、

日本政府は、「国家安全保障戦略」と名づけた文書を策定したことがない。1957年に策定された「国防の基本方針」があるが、これは、その名の通り、50年代の国際情勢を前提に、国防体制構築の前提となる項目を抽出しただけのものである。そこには、（イ）国連の集団安全保障体制、（ロ）愛国心の涵養、（ハ）防衛力整備、（ニ）日米同盟、の4項目が列挙されている。これは、実際には現状の国際的枠組みの追認と、遅ればせながら行われた自衛隊創設宣言に近いもので、日本の安全保障にとっての手段が列記されているのみであって、何を国益として守るのかが明確ではない。したがって、なぜ日米同盟なのか、なぜ国連が重要なのかが説明できていない。これでは、国益と、その実現手段としての防衛力整備と日米同盟や国連の集団安全保障体制を、どう補完的に組み合わせればよいのかという肝心の点が見えてこない。この文書は、したがって、とても国家戦略と言えるような代物ではない。

また、日本政府は折に触れて、「防衛計画の大綱」というペーパーを作成する。その中には、通常、国際情勢、防衛政策、調達・購入する武器のリスト（「別表」と呼ばれる）が記述されている。この文書は、実際のところ、各幕が購入する装備をまとめた「別表（調達リスト）」に力点がある。（イ）国際情勢の分析や、特に日本周辺の脅威分析、（ロ）外交政策との関連、特に日米同盟における補完的な役割分担の具体化などに関する十分な論述があるとは言えないであろう。さらに言えば、「別表」に関しても、先述の通り統幕に予算権限がないため、統一された戦略を欠いた各幕バラバラの予算要求が行われ、チグハグな正面装備が構築される危険が常にある。これも、国家戦略と言えるような性格のペーパーではない。

なお、昨今は、政府が「防衛計画の大綱」を執筆する前に、有識者からなる総理の私的ブレーンを集めて報告書を提出させることが慣例化している。東京大学の田中明彦教授、北岡伸一教授が報告書を担当されるようになってから、この報告書のレベルが格段に上がっており、最近では国家戦略と言えるレベルにある。また、麻生総理時代の勝俣報告書は、後世、評価されてよいものだし、さらに、菅総理時代の報告書は、非常

に優れた報告書となっている。ただし、これはあくまで民間有識者による報告書であり、政府の戦略ペーパーではない。その内容は、しばしば時代に先駆けるものとなっているが、政府がこれにそのまま従うことはない。

なぜ、日本に国家戦略が存在しないのか

日本政府が国家戦略を策定しなかった理由は、いくつかある。それは、戦略の完全な不在を意味しない。外交戦略に関しては、サンフランシスコ講和条約によって、政府は自由主義陣営に軸足を置き、日米同盟を安全保障の根幹に据えることを鮮明にした。そして、高度経済成長を遂げてからは、「西側の一員」として先進民主主義国家との協調という大戦略を立てた。それによって、自らの主権・生存と経済復興を確保し、その上で、ソ連、東欧諸国や中国などの旧共産圏諸国や、旧植民地である韓国との関係正常化を果たしてきた。

明確な文書こそないが、これらは、戦後日本の生存と復興・繁栄を実現した立派な外交戦略と言える。また価値観の面でも、共産主義ではなく自由主義を選択したことは、大きな幸いであった。

問題は、極めて現実主義的であったこの外交上の大戦略が、なぜ、防衛戦略、軍事戦略と融合した国家基本戦略へと発展し、成熟していかなかったかである。その理由は何だろうか。

第1に、日米同盟が与えた分厚い庇護膜が、国家理性をまどろませたことが挙げられる。冷戦当時、核兵器を持たない総軍わずか28万人の自衛隊は、極東に40万人を配備したソ連軍と対峙していた。紛争が始まれば、北海道で陸上自衛隊と航空自衛隊の大半は失われ、数週間で東京は赤軍の手に陥落する恐れがあった。しかもソ連は核兵器保有国であった。しかし、日本人はその軍事的重圧を感じることはなかった。朝鮮戦争に際しても、日本人は特需に湧きはしたが、戦火が日本に及ぶかもしれないとは誰も考えなかった。2度にわたる1950年代の台湾海峡危機に至っては、日本人の多くはその存在さえ覚えていない。

それは、日米同盟、米韓同盟、米華同盟（台湾）、米比同盟を締結し

た米国が、核兵器を含む巨大な軍事力を西太平洋に前方展開し、共産圏の軍事的重圧を支えたからである。米国は、戦後、自らが滅ぼした大日本帝国領の大半と旧米領フィリピンの防衛に責任を負ったのである。そのお陰で、日本は経済成長に邁進することができたわけだが、反面、自らをとりまく厳しい安全保障環境から目を背けたままとなったのである。皮肉にも、米国の軍事的皮膜が、外的脅威を見えなくし、それゆえに、戦略的な生存本能が薄れたのである。

第2に、終戦後、しばらく続いた米国および近隣アジア諸国の対日警戒心である。数百万の兵員を抱えた帝国時代の日本の軍事力は強大であり、日本が軍事的に完全に復活することは、旧ソ連のみならず、米国にとっても利益ではなかったのである。1980年代まで、在日米軍を「瓶のふた」と呼ぶ米国人がいたが、それは日本という鬼を瓶に封じ込めておくという趣旨であった。このような雰囲気の中で、日本が自立した国家戦略を立てることは、米国から自立した防衛戦略に踏み込み、再び強大な軍事国家へと進むのではないかという誤解を生みかねない、と考えられたのである。工業化の遅れたアジア近隣諸国が、軍国日本の復活と復讐主義を恐れたことは言うまでもない。

もとより、それは50年前の話であり、現在、米国の見方は大きく変わっている。米国は今、英仏独のように工業化の過程で成熟し切った日本の国力を見切り、将来の戦略的なライバルは日本ではなく中国であると判断した上で、むしろ日本には、いつまでも引きこもっていないで、もう少し肥大化した国力に見合った防衛努力をしてほしいと考えている。中国も、急激な人民解放軍の増強を経て、国防費は自衛隊の2倍を超えていると思われる。中国はもはや、自衛隊を深刻な脅威とは思っていないであろう。

第3は、日本の平和主義の特色の一つである、強い孤立主義が挙げられる。読者は、孤立主義と言うと、米国のモンロー主義を思い出すであろう。日本の戦後平和主義の中にある孤立主義的傾向は、米国のモンロー主義と同根である。米国は、若き理念主義の国らしく、18世紀末の独立後しばらくの間は、冷酷で陰湿な欧州権力政治の伝統をひどく嫌った。

「巻き込まれたくない（no enganglement）」という気持ちが強く働いたのである。戦後日本の平和主義にも同様に、この「巻き込まれたくない」という衝動が強く働いている。

日本は、明治維新の後、鎖国時代から続く300年の孤立を抜け出して、複雑怪奇な欧州列強の帝国主義戦争に飛び入り参加した。武断の対外政策が失敗した後、日本は、当時七千数百万だった人口のうち、300万人を失った。3分の1が文民である。日本国民が「二度と戦争に巻き込まれたくない」と考えたのは、当然であろう。

戦後の日本人は、モンロー主義時代の米国が切望したように、複雑怪奇な同盟網や、冷酷な利益の錯綜や、残虐極まりない産業機械を持ち込んだ戦場のない世界で、誰ともかかわらずに静かに平穏に生きたいと夢想したのである。孤立主義とは、現実逃避の隠遁主義であり一種の鎖国政策であって、極東の島国である日本や新大陸に弧絶していた米国のように、地政学的に恵まれ、侵略されたことのない辺境に時々現れる現象である。

孤立主義的傾向の強い中で、同盟の必要性を説いても、正反対を向いた議論としてとらえられ、なかなか受け入れられない。この状況は、ちょうど第2次世界大戦前の米国によく似ている。戦間期、強い孤立主義の伝統のゆえに、ウィルソン大統領は米国の国際連盟加盟に失敗しているし、またルーズベルト大統領は、日本の真珠湾攻撃まで、第2次世界大戦に米国を参戦させることができなかった。当時の米国人は、複雑にからまる欧州権力政治の同盟網に巻き込まれることを、忌避したのである。このあたりの事情は、リップマンの『アメリカの外交──共和国の盾』（*American Diplomacy-Shield of Republic*）に詳しい。

国家と軍隊からの逃避と自己乖離

第4に、戦前、戦中の軍国主義への自己陶酔に対する反省がある。反省というより、自己回帰への恐怖と言ってよいであろう。戦後日本のアイデンティティには、戦前の自己を激しく否定するがゆえに、ほとんど自己乖離と言ってよい現象が見られる。この点は、戦後日本の外交論を

考える上で、とても大切である。

　これは、明治以降の日本の「国民」国家化と、日本史始まって以来の大規模な敗戦の衝撃を理解しなければわからないと思う。明治以降、日本は近代化と中央集権化を強力に推し進めた結果、伝統的社会を崩壊させ、封建的な藩制度と士農工商という身分制を廃して、社会を流動化させた。急激な工業化と都市化は、日本に一定の格差社会を持ち込んだが、ロシア革命の衝撃をもってしても、社会階層間の闘争を一定程度以上に激化させることはなかった。なぜなら、弱小なまま弱肉強食の帝国主義競争の渦中に飛び込んだ日本では、対外的な緊張感とナショナリズムの高揚によって、社会階層間の対立よりも国民統合のエネルギーのほうが強く働いたからである。

　20世紀の前半に、日本ではナポレオン時代のフランスのような強固な「国民」意識が生まれた。ジョルダーノのオペラ「アンドレア・シェニエ」には、家族の中で残った最後の男子である少年を、老母が革命軍に自ら差し出す悲痛な場面がある。母が子や孫を喜んで戦場に差し出す。これが登場したばかりの「国民」の姿である。近代国家における「国民」の登場については、改めて説明することになる。この「国民」意識の高揚は、あらゆる国家が近代化し、産業化し、国家としてのアイデンティティを再構成して「国民」国家化する過程で、一度は必ず出てくる現象である。

　当時の「国民」は、現在の成熟した「国民」とは違う。その特殊さは、先に述べた「アンドレア・シェニエ」に出てくる母親の話や、あるいは日本の戦争宣伝に使われた「非国民」という言葉から逆に「国民」という概念を類推すれば、ある程度想像がつくであろう。国民の一人ひとりが、士族であろうと農民であろうと漁師であろうと、日本という国家や民族と自分を同一視し、国のために命を投げ出す熱狂的な「国民」に変貌したのである。日本国は、典型的な「国民」国家になり、日本人は日本「国民」となった。

　これは、動物で喩えれば、芋虫が蛹の中で完全に変態して、成虫になったような激変である。日本人全員が高揚した「国民」となり、やがて一

気に軍国主義に突き進み、文字通り「一億火の玉」となって大日本帝国を崩落させた。その結果日本は、有史以来いかなる天災も及ばない300万人という数の死者を出した。この衝撃は、広く、深い。日本史の上で、これほどの惨事はない。しかも、人災である。阪神・淡路大震災でさえ、数千人の犠牲者だった。第２次世界大戦では、全日本人のほぼ二十数人に一人が死んだことになる。軍部の横暴はあったにせよ、激しい愛国主義や軍国主義にあたかも陶酔したかのようにして自ら戦争を選んだという事実は、日本人にとって深い心の傷となって残った。

　ホーチミンはベトナム戦争で300万人の同胞（100万の軍人と200万の民間人）の命を犠牲にして、フランス、米国と戦い抜いた。ベトナム人の心は壊れなかった。民族自決と祖国統一という大義があったからである。同じく300万人（200万の軍人と100万の民間人）の命を失って太平洋戦争を戦った日本は敗けた。多くの日本人はなぜ、これほどの犠牲を払って死闘を繰り広げなくてはならなかったのか、わからなかった。そして日本人の心は折れたのである。

　ここから、戦前・戦中の過剰な国家主義の対極に位置する、戦後の過剰な国家否定の衝動が生まれる。国家と軍隊の否定が、アイデンティティの中核に滑り込んだのである。日本人が負った心の傷は、深層心理において、強い自己逃避の衝動を生んだ。戦後の日本人は、「軍国日本は、本当の日本ではなかった」と信じようとした。自己逃避は、自己乖離を生む。日本人の心の中で、戦前と戦後の自己が乖離してしまったのである。だから戦後の日本人はあたかも他人を否定するように、戦前の日本を、何の痛みも感じないまま、容赦なく全否定できる。戦前派、戦中派の日本人が「では君たちは何人なのか」と言うのもわからなくはない。

　この点を理解しないと、戦後日本人の屈折した心理はわからない。新しい日本人のアイデンティティの中では常に強い自己逃避の衝動が働いており、それが戦後日本人を、「軍隊と国家の否定」へと向かわせている。このような心理状況では、国家戦略がどうのこうのと言われてもピンと来ない。むしろ国家戦略と聞いただけで、戦前の自己（軍国）への回帰ではないかという恐怖感が出てくる。そこから、国家戦略への反発とい

うよりも、国家や軍隊そのものに対する激しい感情的な反発が出るのである。

　日本に国家戦略が欠落している原因はいろいろあるが、最大の原因はここにあるのではないか、と私は思う。実際、私たちの世代や団塊の世代の「平和主義か、日米安保か、自主防衛か」という議論は、冷静な政策論議と言うよりも感情的な激論になりがちになる。それもおそらく、こうした自己逃避の衝動に原因があるからだと思う。

　このままでは、日本人は分裂したままのアイデンティティに苦しみ続けることになる。21世紀前半を担当する若者たちは、戦前の日本と戦後の日本という二つの日本を、新しい一つの人格の中に統合する初めての世代となる。

　統合を成し遂げるためには、戦後世代がやってきたように戦前を否定するだけではだめである。なぜなら、戦前の自己を他者ととらえて否定するだけでは、ただ自己逃避をしているだけであって、決して戦前の自己を超えることはできないからである。自己を他者として批判しても意味はない。それは欺瞞である。自己を自己として批判してこそ意味がある。戦前の日本も現在の日本も、同じ一つの日本という国であると認識した上で、改めて批判し直し、今を生きる一個の人格（自分）の中に統一することによってのみ、乖離した戦前と戦後の自己を統合することができる。それは、日本人のアイデンティティ再構築作業であり、世界観と歴史観の再構築にもつながる。本講は、そのささやかな試みでもある。

屈折した対米感情 ──「逆コース」と再軍備

　第5は、屈折した対米感情である。日本の外交戦略を描く際に、日米欧中露印韓豪およびＡＳＥＡＮといった国々は外せない。特に、西太平洋で最大の国力を持ち、日本と同盟関係にある米国は、日本がどのような外交戦略を取るにしても、その中核的地位を占める。しかし、日本人の対米感情は複雑であり、それが同盟論議を難しくしている面がある。

　一般的に日本人の対米感情は、おおむね良好である。世論調査を見れば、7、8割の日本人が、米国に対して好意的な印象を持っている。実

際、大多数の国民は、日米同盟を支持し続けたし、戦後日本人の多くは、自由で豊かな米国のライフスタイルに憧れていた。ところが、安全保障問題になると、複雑に屈折した対米感情が顔を出すことが多い。

　戦前・戦中世代が時折見せる厳しい対米感情は、敗戦国となった国民のナショナリズムを考えればわかりやすい。彼らの中には、明治以降の近代日本のアイデンティティに強い愛着がある人が多く、戦後民主改革の行きすぎということで占領軍だった米国を批判する。あるいはまた、勝者の裁判ということで東京裁判を批判する。

　しかしながら、戦後世代の対米感情は、戦前・戦中世代の対米感情とはまったく異なった様相を見せる。代表的なものが、いわゆる「逆コース」が生んだ反米感情である。

　「逆コース」とは何か。戦後、日本人の多くは、まったく異なる国として生まれ変わることを誓った。それが戦後日本の赤心であり、戦後民主主義の原点である。先に述べたように、戦後世代は、軍国日本への強い自己嫌悪と自己逃避の衝動に駆られて、まったく新しい平和日本のアイデンティティを求めた世代である。多くの若い日本人が、敗北を抱きしめ、マッカーサー将軍の率いてきた米国民主党のニューディーラーズの急進的民主改革を受け入れて、新生日本の再起を誓い、非武装を誓った。その理想は、戦後日本の骨格を定めた1947年憲法に書き込まれた。日本がまだ、占領中だった頃のことである。

　ところが、米国の方針は、1950年に勃発した朝鮮戦争を契機に大きく変転する。旧ソ連、東欧圏、中国、北朝鮮を含む共産圏諸国は、戦後も動員を解除せず、欧州正面だけで175師団以上の赤軍師団が残っていた。ギリシャやイランでのソ連の動きは冷戦の到来を予兆させ、ベルリン封鎖は西側の指導者に「鉄のカーテン」の実在を実感させた。そんな危うい状況の中で朝鮮戦争が勃発した。朝鮮戦争には中国が参戦し、おびただしい死傷者を出したが、結局、米国が主導した国連軍の辛勝に終わる。冷戦初期に起きた朝鮮戦争の衝撃は大きい。冷戦が、熱い戦争に転化し得ることを証明したからである。

　このような歴史の文脈の中で、日本では1951年、吉田総理がサンフラ

ンシスコ講和とともに、日米同盟を選択した。1953年には、自衛隊が創設される。自衛隊は、朝鮮戦争中、希薄になった在日米軍の穴埋めに立ち上がった警察予備隊が発展したものである。55年には保守合同が実現し、自由民主党という巨大保守政党が立ち上がり、60年には、岸総理による安保改定へと進んだ。

　吉田茂の評価が定まった今日、読者は素直に彼の決断は正しかったと思うであろう。しかし当時、新生日本を夢見た戦後の日本人の多くは、この米国の動きを「裏切り」ととらえ、吉田の英断を、無節操な対米追随として反発した。「軍隊と国家の否定」を原点に据え、新生日本、民主日本、平和日本を夢見た戦後の若い世代は、冷戦という新しい戦略環境に備え、日本再軍備を進めようとする米国の動きとそれに追随する日本政府の動きを、「逆コース」と呼んだのである。

　ここから、自衛隊創設と日米安保体制に対する強い反発が生まれた。「逆コース」が生んだ反発の激しさは、先に述べた戦後日本人の自己乖離現象がわからないと、理解できない。「逆コース」に進む過程で、否定し去ったはずの戦前の自己が、まるで悪夢のように自分の中に戻ってくる、といった恐怖感が出てくるのである。それは、当事者には、心理的な激痛であったはずである。

　「逆コース」批判は、当初、一点を指し示していた。それは、非武装の理想への回帰である。つまり、日本の再軍備過程を逆行させることであり、いわば「逆コース」の「逆コース」を取らせることである。この主張が戻ろうとしている原点は、実は、米国の軍事的庇護の下でのみ可能であった心地よい平和である。しかし、現実は、幻想とは違う。1947年における日本の非武装は、日本が米国の占領下にあり、事実上の保護領であったからこそ可能であった。新生児が二度と母の胎内に戻れないように、52年に独立を果たした日本は、二度と米軍の占領時代には戻ることはできない。ましてや、戦後60年を経て大国となった日本が、決して戻れるところではないのである。

　かと言って、戦後日本人は、米国の強力な軍事的庇護を捨て、ガンジーのような徹底した非暴力主義に身を捧げる覚悟は持たなかった。米国の

庇護の下を去れば、結局、自主防衛に向かわざるを得ないことを本能的に直感したのであろう。また敗戦国の屈折したナショナリズムが後から滑り込んで来たという面もあるであろう。ナショナリズムは、次に述べる通り、高度経済成長の後、新しい展開を見せ始める。

高度経済成長と新しいナショナリズム

　第6に、冷戦後期、特に日本が経済復興に成功した後に現れた、自信に満ちたナショナリズムがある。経済力が復興し、国際的な市民権が回復されると、日本にも「アメリカ、何するものぞ」という気概が出てきた。このような現象は、日本のみならず西側諸国の中でも幅広く現れた現象である。東西二極による冷戦下の厳しい核対峙の下で、同盟諸国にかかる政治的重圧は大きく、外交的自由度は大きく制限された。一定程度の反発が現れるのは当然である。

　このようなナショナリズムは、ドゴール治世下のフランスでも現れたし戦後復興を果たした西ドイツにも現れた。日本では、経済規模で、英国、フランス、西ドイツを追い抜いた1960年代末から、「経済大国」という自負が生まれ、そこから「米国から自立したい」という願望が出てきた。

　自立願望それ自体は、健全なことである。本来ならば、そこから真の自立心が生まれ、客観的な戦略状況の認識が始まり、身震いするような生存本能の覚醒を経て国家戦略が生まれてくるはずである。そうなれば、乱暴な自主防衛論だけではなく、日米同盟の中での日本の役割を強化するというような現実的な政策にも目が向くはずである。実際、多くの欧州諸国ではそうなっている。

　しかし、日本ではそうはならなかった。国力の急激な増強は戦略的均衡感覚を狂わせることがある。日本は、日露戦争の後に一度それを経験している。そこから必ずしも現実主義が出てくるわけではない。高度経済成長以後、特に冷戦後半の日本が特殊であるのは、経済復興後に新しく出てきた経済大国としてのナショナリズムが、反米というプリズムでいったん屈折した後に、改めて平和主義と非武装の方向に向かったこと

である。冷戦の前半期に出た「逆コース」批判は、革新派、リベラル派を中心に出てきたものであるが、冷戦の後半期に現れた新しいナショナリズムを基盤とする反米の気運は、リベラル派と保守派とを問わず幅広く現れた現象である。それは、おそらく今日まで続いている。

　現実主義に立った自立へ向かうのではなく、平和という理想主義に追いやられたナショナリズムには出口がない。なぜなら、米国による再軍備に反発しようとして平和主義と非武装の方向に向かえば、厳しい戦略的環境の中でますます米国の軍事的庇護に依存せざるを得なくなるからである。それは、「逆コース」批判の時代から一貫して存在する矛盾である。対米自立を目指して非武装に向かえば向かうほど、対米依存は深まる。それが現実である。米国から自立したいから武装を拒否するというのは、明らかな論理矛盾である。その矛盾に目をつぶろうとすれば、日本は絶対的に安全であるとか、日本の周りには敵がいないと思い込むしかない。ここから、米国に対する甘えと反発が入り混じった幻想が深まっていく。幻想の支配するところ、現実主義はない。現実主義のないところに、国家戦略はない。

　皮肉なことに、現実には、日本が自らの経済力に自信を深めれば深めるほど、米国からの自立要請や防衛分担の要請は強くなっていく。日本が自信を深めるほど、国力に見合った責任を果たしてほしいという国際的な要請が強くなっていく。独りで平和の夢を見ようとしても、肥大化した日本の国力がそれを許さなくなっていくのである。

安全保障論議における幻想

　戦後日本の安全保障論議を彩るのは、この幻想主義である。リアリズムから切り離された理想主義は、幻想主義とか空想主義と呼ばれる。それは、決して日本に特有の現象ではない。経験の幅がかぎられやすい国際政治の場においては、広く見られる現象である。英語では、「fantasy」と呼ばれる。第1講で述べたように、世の中が激変する時に、経験主義がついていけなくなると、現実離れした急進主義が出てくることはよくあることである。例えば米国も、戦間期には、孤立主義と現実主義の狭

間で悩み続け、国際的な責任を引き受けることに消極的であった。当時の米国では、強い平和主義の雰囲気の中で、ちょうど戦後の日本のように、一方的な軍縮や同盟否定論などが幅を利かせていたのである。

　戦後日本の幻想主義は、米国への強い反発と同時に、濃厚な甘えと依存心を下敷きにしている点に特色がある。「幻想と依存」は、戦後日本の外交論調の特色である。先に述べたように米国から独立して非武装で平和を実現したいという幻想と、厳しい戦略環境の中で武装を軽くすればするほど米国に依存するという現実は、相容れない。この幻想と現実の乖離に直面することを避けるために、一層深い幻想への逃避が生じるという悪循環が生じている。

　この幻想の特徴は、次のような点である。

　（イ）日本の軍国主義さえ復活しなければ、アジアが、ひいては世界が平和になる。だから日本は武装するべきではない。

　（ロ）日本は、米国の庇護がなくても平和で安全である。なぜなら、ソ連、中国、北朝鮮は、日本が敵視しなければ日本の安全を脅かすことはないからである。こうして、日本周辺の脅威は減少できる。

　（ハ）日本は、米国の核の傘から出るべきである。そうすれば誰も日本を核攻撃することはない。

　（ニ）日本は、米国と同盟するべきではない。日本は、世界中で嫌われている米国と結んでいるから、米国と同じように世界中で嫌われる。

　（ホ）米国は、日本を、米国主導の戦争に世界的な規模で巻き込もうとしている。

　（ヘ）在日米軍は、日本から追い出すべきである。在日米軍がいると、日本は戦争に巻き込まれる。在日米軍が出ていけば、日本が戦争に巻き込まれることはない。平和な日本を攻撃するような国は存在しないからである。

　（ト）在日米軍が出ていっても、米国は、決して日本を見捨てることはない。なぜなら米国は、日本を必要としているからである。日本が外国から攻撃されれば、米国は必ず日本を助けてくれる。

　（チ）米国の圧力を排して非武装化した日本は、世界中から尊敬され、

そのような日本を、米国もまた見直し、尊敬してくれる。そうしてこそ、日米間に真の友情が生まれる。

（リ）中国と韓国が日本の武装に反対している以上、平和国家としての日本だけが、中韓両国と友好を維持し得る。そうしてこそ、日本は、米国とアジアの架け橋となり得る。

（ヌ）米国は「日本が防衛努力をしなければ、日本から引くかもしれない」などと言うが、そんなことはあり得ない。米国は、日本を利用しているからである。したがって、そのような「恫喝」に屈してはいけない。

これは、幻想である。それは、日本が非武装でさえあれば、誰も攻めてこないという幻想であり、日本は安全であるという幻想であり、また、世界は平和になるという幻想である。

なぜ幻想かと言えば、日本の非武装化が、どうして日本の安全を確保し、世界平和を実現することになるのかという、現実的で合理的な議論の裏づけがない。能力的な裏づけも制度的裏づけもない。戦前の外交論議と同じように、昂ぶる感情と精神論しかないのである。

確かに非武装の理想は、1947年の時点では現実であった。なぜなら、日本が占領下にあり、米国の軍事的庇護があったからである。この時点で、日本に与えられていた米国の庇護という外的条件を無視したならば、日本は非武装と安全保障を両立しているように見える。しかし、それは幻想である。まさに、「依存の中の幻想」と言ってよい。日本人の多くは、米国占領下で非武装の幻想を抱いたのである。

その一方で、北東アジアの戦略環境は日々厳しさを増しており、日本を含めて、ユーラシア大陸の西側海浜部において大日本帝国の勢力圏をほぼ引き継いだ米国に、厳しい軍事的重圧がかかっていた。日本の独立直前の1950年に、朝鮮戦争が勃発する。その時期に日本が米国から独立すれば、占領軍の庇護はなくなる。当時の指導者は、この厳しい戦略環境の中で日本の安全保障をどうするかという問題から、逃げられるはずもなかった。

現実的な選択肢は、二つしかなかった。独立後も、引き続き米国の庇

護に重心を置いた安全保障政策を取るか、あるいは自主防衛に重心を置いた安全保障政策を取るか、である。

　朝鮮戦争が勃発して2年後の1952年に日本が独立した時に、吉田総理が選んだのは、自衛隊は作るが軽武装にとどめ、米国の庇護に依存しつつ、なけなしの財政資源を経済復興に当てるという前者の道であった。後世、「吉田ドクトリン」と呼ばれる路線である。

　欧州正面では冷戦が進行するにつれて、西ドイツ政府がハンブルクの目と鼻の先に強大な赤軍師団を突きつけられ、急速に現実主義に転じていった。これに対して日本の国民世論は、政府の現実的な日米同盟の選択とは裏腹に、独立後は、米軍という庇護膜なしでも非武装が可能であるという深い幻想に引きこもっていった。現実から目を背けたのである。

　私には、そこに、先に述べた自己乖離の心理が大きく作用しているように見える。その結果、「依存の中の幻想」が、次第に「依存を無視した幻想」に変貌するのである。そうして、「米国がいなくても日本は安全である」とか、逆に「米国がいるから日本は戦争に巻き込まれる」といったまったく根拠のない幻想が国民世論の中に深く根を下ろすことになった。

　その後の日本の世論では、一方で自分を守っている米国に対する批判が自己目的化し、他方で旧ソ連、中国、北朝鮮といった共産圏の軍事的な脅威が視界から消え、厳しい戦略環境に対する緊張感が希薄化するという奇妙な現象が起きた。まるで法華経に出てくる火宅に遊ぶ子供のように、周囲に存在し得る危険が見えなくなったのである。実際のところ、「軍隊と国家の否定」という夢を見続けるには、米国に軍事的に依存せざるを得ない。そして、米国の庇護という厳しい現実と直面せずにすませる方法は、現実からの一層の逃避、すなわち幻想だけであった。

　この幻想は、日本の国力回復に応じて米国が日本に軍事的自立を促せば、そのたびに必ず壊れかかる。逃げ場がない。チェック・メイトである。現実に目を向ければ夢が壊れかかり、心理的に激痛が走る。否定したはずの戦前の自己が、心の底に顔を出す。「米国に追随するな」という反発が出る。しかし実態は、対米追随と呼ばれている防衛努力こそが、

米国の一方的な軍事的庇護からの自立なのである。その現実に目が向かない。これでは、東京駐在の欧州諸国の外交官たちが批判するように、「アメリカに守ってもらっておいて、アメリカに反発するだけとは。日本は、一体自分の安全保障をどう考えているのかわからない」と笑われても仕方がない。それは、母親に甘えながら反発する反抗期の子供に似て、明らかに論理的ではない。

安全保障論議における禁忌

　幻想は、禁忌（タブー）を生む。禁忌が、幻想を守るからである。70年代には、軍事・安全保障に関する基礎的な知識が、日本の意味空間から抹消されるという事態が起きた。私の若い頃を振り返ってみても、小中学生だった1960年代までは、子供向けに「決断」と題された太平洋戦記に関するテレビアニメが放映され、また大手出版社から子供用の太平洋戦記が出版されていた。しかし、私が高校生になった70年代後半には、テレビ、新聞といったマスコミはもとより、日本中の本屋の書架から、戦争物、軍事物が「滅菌」されるという事態が生じた。軍事や安全保障に関する議論が、まるで禁忌（タブー）であるかのように扱われはじめたのである。

　その結果、岡崎久彦大使がよく指摘されるように、政治家、官僚、マスコミを含めて、広い意味での政治エリート層が、軍事問題に関する思考を拒否し、軍事や軍事史に関する知識を極端に欠落させることになったのである。自国の主力軍艦の名前も言えないような政治エリートや知的エリートは、日本の外には存在しない。

　それは、とても危険なことである。自国の軍事力や、軍事史に対する知識を欠落させれば、過去の戦略的、軍事的失敗に学び、今日の安全保障政策に生かすことができなくなる。「どこでどう間違えたのか」というような、将来に役立ち得る知的反省や省察が出てこなくなる。それは、自分で自分の安全保障政策を考えるという自立心と責任感の欠落を生み、やがて国民全体の戦略的な生存本能の退化を促すことになる。

　国家安全保障戦略は、現実主義の結晶である。目的は理想主義でもよ

い。それを現実主義の手段と組み合わせてこそ、実効的な戦略が生まれる。手段を夢想する者からは、何も生まれてこない。そのような政治エリートは、無責任と言わざるを得ない。かつて猪木正道先生が読売新聞に書かれていたように、20世紀の前半、日本には幻想的軍国主義が跋扈したが、戦後は逆に空想的な平和主義が横行している。幻想も、平和主義ならば安全だろうというわけにはいかない。一国の安全保障政策における幻想は、それ自体が危険だからである。

　どこの国にも、「リベラル対保守」の対立軸がある。「タカ派対ハト派」の対立軸がある。「国防重視派対財政規律派」の対立軸がある。今日の日本のように、戦略環境がどんどん悪化し、かつ財政破綻が心配される国では、「バターか、大砲か」という議論がないほうがおかしい。現実主義に立ち、開かれたかたちで議論を尽くして国民の生存本能と良心を活性化させ、国民の選択に長期的決定を委ねるのが、民主主義国家における安全保障政策である。そこから国民的合意に立脚した安全保障政策が生まれ、それがさらに国際社会の現実との接触によって鍛えられていく。そこに国民的英知が生まれ、国家戦略が生まれるのである。幻想と禁忌（タブー）からは、何も生まれない。竹内まりやの「五線紙」という歌に「あの頃のぼくらは、美しく愚かに、愛とか平和を詞(うた)にすれば、それで世界が変わると信じていた」というフレーズがある。幻想と禁忌を破砕しなくては、新しい日本は生まれない。

20世紀の幻想主義（fantasy）から 21世紀の現実主義（realism）へ

　もう一度、安全保障の原点に戻って、論理的に考えてみよう。中露のような核武装した軍事大国や北朝鮮のような不透明な軍事国家がきびすを接するのが北東アジアであり、日本の戦略環境である。1952年の日本独立の時点で、このような厳しい環境の中、日本の安全を保障するには、論理的には次のような考え方しかなかったはずである。

　第1に、米国の影響力から独立し、核武装を含めた自主防衛に踏み切る。

第2に、米国と協調して、米国と補完的な防衛力を整備する。その分、財政資源を経済復興に当てる。

　第3に、ガンジーのように、「死をかけても、どんなに血を流しても、戦争はしない」という絶対平和主義を掲げる。

　日米同盟も自主武装も憲法の平和主義も、日本国と国民の安全を守るための手段である。本来の目的を忘れて、手段を絶対視するような議論をしてはならない。それでは、戦前と同じ過ちを犯すことになる。本来、どの選択肢が日本国民の安全と幸福を守る最善の手段であるかを論じるべきである。第1の路線は、対日警戒心が強い戦後の時代には、政治的なコストが高すぎたであろう。このような路線を選べば、ナショナリズムを満足させることはできても、孤立と困窮を強いられた可能性が高い。第3の路線は、国民を犠牲にして平和を守るということに他ならない。現実の安全保障政策としては、無責任であろう。そこで日本政府が取ってきた路線は、第2のものである。この路線こそが、戦後日本の安全を確保し、また繁栄を実現したのである。

　私たちは、現在大きな指導力を振るっている米国も、同じような経験をしていることを忘れるべきではない。米国は、20世紀前半に色濃く残っていたモンロー主義の残滓を乗り越えて、20世紀後半に世界のリーダーとして躍り出た。米国も、同じように、幻想と現実の間での葛藤に苦しんだ時期があったのである。20世紀冒頭には米国もまた、独立後100年にすぎない国際政治の経験に乏しい田舎の国であった。戦間期の米国には、国際権力政治に巻き込まれることを忌避したいという孤立主義的な傾向が根強く残っていた。戦間期の米国における同盟の拒否や一方的な軍備縮小といった主張は、戦後日本の非武装中立の主張を彷彿とさせる。

　しかし、米国は前掲の第2次世界大戦を経て、現実主義の外交に目を開いた。興味のある人は、前掲のリップマンの『アメリカの外交――共和国の盾』という1943年に書かれた本を読んでほしい。日本海軍の真珠湾攻撃が米国を孤立主義の夢から覚ました直後に書かれた、リップマンの自己批判の本である。米国も辺境の国から身を興し、国際政治を支える大国へと成長したのである。米国人にできたことが、日本人にできな

いはずがない。

　人間は、生きていくためには、現実に直面する必要がある。逃避や幻想からは、何も生まれない。そして、幻想の殻を打ち破って外に出るためには、外の世界を客観的に知る必要がある。また、自分たちの過去を異化し、他者として批判するのではなく、自分自身の過去として向き合い、そこから未来への教訓を汲み取らなくてはならない。なぜ、あの戦争をしたのか。どうして負けたのか。私たちに正義はあったのか。あの戦争は、戦略的に正しかったのか。軍事的に正しかったのか。そうではないのではないか。そういったことから目を背けていては、未来はやってこない。

　現実主義に立った国家戦略が必要である。それでは、21世紀の日本の国家戦略とは、どのようなものだろうか。日本の国益はどこにあるのだろうか。その国益を実現するために、本当に日米同盟が正しい選択なのであろうか。他に選択肢はないのだろうか。それを、これから見ていくことにしよう。

第Ⅰ部

国益とは何か

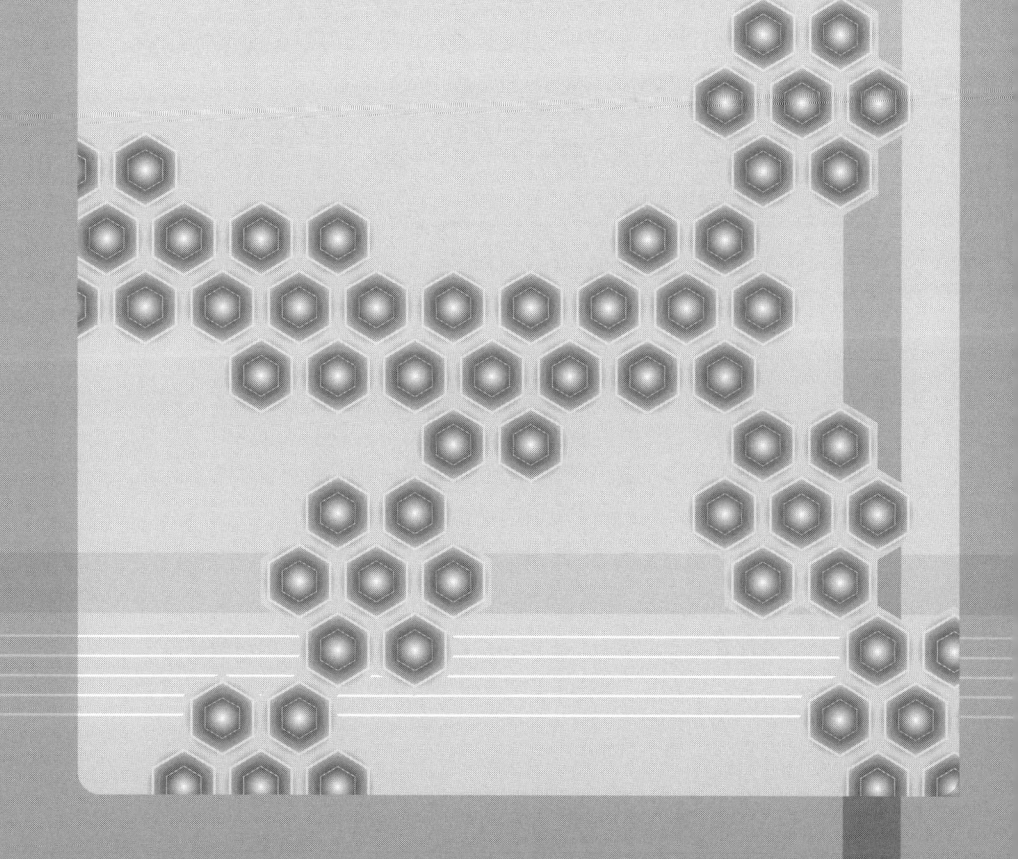

第3講 国家の安全とは何か

戦略的思考とは、合理的思考のことである

　戦略とは、第２講で述べた通り、（イ）死活的利益の定義と、（ロ）情勢の認識と、（ハ）利益実現の手段の３者を組み合わせて考えることである。戦略という用語は、日本語や中国語（zhanlue）では軍事に引きつけて使用されるが、英語の「strategy」は、より広い概念であることに留意を要する。実践的思考とか、合理的思考と呼んでも差し支えない。

　戦略で設定される目標は、最高次元のものである。戦略的目標の実現に貢献するために設定される下位の目標は、戦術的（tactical）目標と呼ばれる。戦術的目標を実現するためにも、情勢を認識し、目的実現の手段を考える。それを戦術（tactics）と呼ぶのである。

「兵（安全）」「食（繁栄）」「信（倫理・価値観）」が最高の国益である

　それでは、日本国の死活的国益とは何であろうか。そもそも国益という言葉が復活したのは最近のことである。読者のみなさんは驚かれると思うが、私が外務省に入った80年代には、「戦略」とか「国益」という言葉はタブーだった。軍国主義のにおいがするということだと思う。しかし、思考停止は、何の解決も生まない。他者の発言を封じる者は、自らの魂をも殺すことになる。他者との良心の交流を阻むからである。タブー思考は、思考そのものの退廃、良心の自殺である。

　国益を正面から論じてみよう。国益とは、日本国最高の利益である。外交交渉をやっていると、特定の農産物の輸入禁止といった個別利益が国益と唱えられることが多い。実際、国益とはそのような個別利益の総体と考えることもできる。しかし、それだけではない。国でなければ実

現できない利益、国でなければ守れない利益もある。それは何だろうか。私たちは、税金を納めている国に、何を守ってもらおうと期待しているのだろうか。そもそも私たちは、何のために国を作っているのだろうか。国を作る目的は何か。

孔子の論語には、政治の要諦として「兵」「食」「信」の三者が出てくる（顔淵篇）。「兵」とは、物理的な国家の安全である。恣意的な暴力や恫喝を退けることである。「食」とは、国民が食べていけることである。国民がみな、自らの能力を生かして働き、正当な対価を得て子供や老人の面倒を見、国が富み栄えることである。「信」とは、自らが倫理的に正しいと信じる国としてのあり方を貫くことである。

儒仏の教えによって人格を陶冶し、良心を磨いてきた日本人には、「敬天」と「愛人（人を愛する）」が価値観の根底にある。儒学者のような言葉を使わずに、日本人にとってより普遍的な言葉を用いるとすれば、それは、「お天道様」と「優しさと思いやり」である。

このような国家運営の要諦は普遍的であり、孔子の生きた中国春秋時代も21世紀も変わらない。現在の言葉で言い換えれば、安全、繁栄、価値観である。私なりに言えば、自分たちの倫理体系や意味空間を守り、その中できちんと食べていけること、物理的に脅かされないことである。

ここで、自国のことだけに目を向けてものを考えてはいけないということに注意を促したい。上記の三者は、より平易に言えば、「強くなりたい」「お金持ちになりたい」「偉くなりたい」ということであって、そのままでは子供の願望と変わらない。責任ある大人は、社会全体の利益を増進する中で、自分の利益を最大化することを考える。国家も同じである。自分のことばかりを言いつのる人間が、信用も尊敬もされることがないように、自国の利益だけに拘泥する国が、他国の尊敬を集めることはない。そういう国は、結局は損をすることが多いものである。

常に全体の利益と個の利益を共に最大にしようと考える国が信頼され、尊敬され、最終的には最も得をすることが多い。人間の世界も、外交の世界も同じである。

自らの国益のわからない国に、外交はできない。外交の世界では、こ

の国益の調整が主たる仕事になるからである。外交官の教科書として欧米の外交官の間で広く読まれているトゥーキュディデースの『戦史』は、スパルタとアテネの死闘を描いたペロポネソス戦争史であるが、スパルタとアテネが、自分たち以外の都市に同盟を働きかける様子がまざまざと描かれている。

　共和制の多かったギリシャ時代の都市国家の話であるから、多くの場合、公民館で、アテネの使者とスパルタの使者と、それから当該都市の市民による弁舌が繰り広げられる。その内容は、いずれの側に立つにせよ、論理的なギリシャ人らしく、第1に、利益の共同から始まり、第2に、貸し借りへと移り、第3に、強制の恫喝へと続く。ここには、現代欧米諸国の外交技術のほとんどが展開されている。『戦史』は、岩波文庫から3分冊で出版されているので、興味のある人は読んでみてほしい。自国の国益がわからなければ、外交の世界に足を踏み入れることは難しい。それは、あたかも子供が大人の世界に首を突っ込むようなものである。

物理的に国を守るとはどういうことか

　まず、安全の話から始めよう。孔子の言う「兵」である。国を守るとはどういうことだろうか。何を守ればよいのだろうか。最も大切なものは、国民であり、国民の財産である。また、国民が住む領土である。そして、国民を守るためには政府が必要である。統治機構のないバラバラの国民では、外部からの侵略に抵抗できない。中国戦国時代に生きた孟子も、国にとっての宝は、土地、人民、政治であると言っている（「諸侯之宝三土地人民政治」孟子・尽心章句篇）。今日の国際法の常識と、孟子の発言がきれいに重なっているのがおもしろい。

　また、この3つのうち何が大切かと言えば、第1が国民、第2が領土、第3が政府の順番となる。同じく孟子は、「民を貴しとなす。社稷これに次ぐ。君を軽しとなす」（「民為貴社稷次之君為軽」孟子・尽心章句篇）と述べている。その通りである。

　国民、国土、政府を守るには力がいる。国家の力とは、軍事力、経済

力、政治力であるが、軍事力はそのうちで最も物理的な力である。有事になれば、政治力も、経済力も、軍事力にはかなわない。総合火力の強さだけが、勝敗を決することになる。

　軍事的に突出した国が現れると、世界史の流れが変わる。特に軍事力が世界史を大きく動かした例としては、アレキサンダー大王の東征やチンギス・ハーンのユーラシア大陸制覇などがある。アレキサンダーのペルシャ征服は華麗なヘレニズム文化を生んだし、チンギス・ハーンの大帝国はやがてキプチャック汗国（東欧）、チャガタイ汗国（中央アジア）、イル汗国（中東）、元（中国）へと4分裂し、さらにその後もチムール帝国、ムガール帝国という巨大帝国を輩出した。ちなみにムガールとは、モンゴルの意味である。帝政ロシアも、16世紀にイワン雷帝がカザンでモンゴル軍をようやく押し返しはじめるまでは、モンゴル帝国の下にあった。

　また、大英帝国やフランスなど、近代欧州諸国の世界覇権と地球分割も、産業革命後に突出した経済・技術力を背景とした軍事力の賜である。さらに言えば、日本も軍事力によって世界史の流れを変えたことがある。明朝を自滅に追いやり清朝の支配を招いたのは、豊臣秀吉の朝鮮出兵であった。当時、50万と言われた秀吉軍は、地球上で最強の部類だった。日露戦争はロシア革命の遠因となったし、その後に行われた韓国併合は戦後の朝鮮分断につながり、満州建国と日中戦争は戦後、中国を分裂させ、中国大陸の共産化を招いた。さらに言えば、欧州列強のアジア植民地帝国を一気に破壊したのも、大日本帝国の軍事力である。軍事は、世界史の流れを変え、国家の死命を制する。今も昔も、「兵は国家の大事なり、死生の地、存亡の道、察せざるべからざるなり」（「兵者国之大事死生之地存亡之道不可不察也」孫子・計篇）なのである。

　政府が守る空間的範囲は、基本的に領土、領海、領空である。現在のように、一定の空間を一つの民族が排他的に支配するという民族国家ができ上がったのは、つい数百年前のことである。チンギス・ハーンに代表される遊牧民族は、国境を持たず草原を移動する人々であり、おそらく非常に他とは異なった空間の意識を持っていたであろう。歴史の中で、

遊牧民族国家は徐々に姿を消し、近代国家はすべて領土、領海、領空を、国家空間の基本単位としている。

最近では、これに加えて200海里の排他的経済水域の設定が認められるようになった。その上、200海里を越えても、大陸棚の自然延長がある場合には、その大陸棚にも国家の主権的権利が及ぶ。ただし、排他的経済水域や大陸棚に及ぶ国家の管轄権は、その中の生物、鉱物資源に対する探査、開発に関する権利にかぎられている。

それでは、私たちの守らねばならない日本をイメージしてみよう。日本は、どんなかたちをしているだろうか。どこに人口が密集しているだろうか。また、日本の周りの地形はどうなっているのだろうか。ここでは、日本の空間的なスケールと地政学的な特徴の理解を進めたい。

日本の国土面積は37万平方キロメートル強で、世界でも第60位前後である。ほぼカスピ海の大きさである。ちなみに、世界で一番大きな国ロシアは、日本の45倍の面積を持つ。その3分の2くらいの大きさで、米国、中国、カナダ、ブラジル、オーストラリアがある。インドは、さらにその3分の1くらいの大きさである。

肥沃なインドを除いて、大きな国は、実際は、砂漠か凍土か密林といった居住不能な巨大空間を有していることが多い。中国領土も、肥沃な中原を除けば、北と西の大半は、明王朝を征服した満州族が持ち込んだ乾燥地帯である。これらの国々は実は、工業化が始まる前には、居住にも農耕にも適さず、意味のない空間を占拠した国と思われていたのである。そうした国々が「資源豊かな国」と羨ましがられるようになったのは、国際経済の工業化が進んだ後のことである。

さて日本は、さほど面積的に大きくはないが、細長い国であり、また中小の島嶼を多く抱えている。北海道から九州までの4大島だけで2000キロの長さがある。2000キロは長い。日本は小さいと思われるかもしれないが、そのまま東へ移動すれば、米国の西海岸を塞ぐ長さである。そのまま南西へ移動すれば、中国の海岸線の大部分を塞いでしまう。これに第1列島線と言われる鹿児島から沖縄を経て台湾へつながる長い島嶼の列と、第2列島線と言われる伊豆半島から硫黄島を経てグアム島へつ

ながる長大な島嶼の列がある。

　本州、九州、四国、北海道といった4大島からなる日本列島と二つの列島線は、つなげれば長大な海岸線となる。稲作中心であった農業国家時代の長い日本人は忘れがちであるが、日本の海岸線の長さと200海里水域の広さは世界有数であり、工業化が進み、海上貿易に大きく依存している今日の日本は、堂々たる海洋国家と言ってよいのである。

　この二つの列島線の中央に、ぽつりと沖ノ鳥島があり、西太平洋の真ん中には、やはりぽつんと南鳥島がある。この二つの鳥島の周囲には、360度の方向にほぼ完全な円形の200海里水域が設定されている。その面積は、それぞれが日本列島よりも広い。

　日本の人口は、1億3000万より少し少ない。それでも、依然として世界で10指に入る巨大な人口である。人口は減りはじめているとは言っても、当面は世界の20指には残り続ける。世界標準では、5000万前後の人口でも十分な大国であり、1億を超える国はそう多くはない。国土には山岳部が多く、平野は希少である。急な山から豊富な水が、多くの短い川を流れ下る。入り組んだ海岸線には、深い入り江の良港が多い。海洋貿易に便利な臨海部に工業地帯が発展し、東京、名古屋、大阪、福岡などの主要都市（政経中枢）に人口が集中している。

　この日本列島は、東側が広大な太平洋に向かって開かれ、西側はユーラシア大陸とほぼ接する位置にある。日本列島は、もともと氷河期が終わって海面が上昇するまで、大陸の一部を構成していた。太平洋プレートと大陸側のプレートが衝突してできた大陸外縁の山脈が日本列島の原型であるから、ユーラシア大陸にへばりつくようなかたちをしているのは当然である。

　北海道が日本海とオホーツク海を挟んで極東ロシアに面し、本州が日本海を挟んでロシアの沿海州に面し、九州が東シナ海を挟んで中国に面している。沖縄の島々は、台湾以北の中国の海岸線にふたをするように覆いかぶさっている。そして、樺太島と千島列島が北海道と北方四島に向かって、朝鮮半島が九州と本州南端に向かって、大陸から日本列島に突き刺さる陸の橋のように伸びている。

日本をどうやって攻めるか

　では、日本を物理的に守るにはどうしたらよいのか。それは、逆に、どうやって日本列島を攻めるかという観点から考えればわかりやすい。日本は、「四面環海」という地政学的な特徴を有している。いかなる国とも陸上国境を接していない。海は、古来、日本の守護神であった。島国であるということは、秀吉の大阪城のように、何層にも巨大な堀をめぐらせているようなものだからである。

　この国を落とし、あるいは、屈服させるにはどうしたらよいだろうか。

核攻撃されれば日本は滅びる

　第1に、弾道ミサイルなどによる核攻撃である。現代において、日本を屈服させる最良の手段は、核兵器をはじめとする大量破壊兵器を用いて攻撃し、あるいは使うぞと恫喝して屈服させることである。

　大量破壊兵器を運搬するには、弾道ミサイルやステルス戦略爆撃機などが用いられる。弾道ミサイルやステルス爆撃機は、極めて防御しにくい兵器である。核兵器が戦略兵器と言われる理由は、その破壊力だけではない。その運搬手段に対抗する防御手段がほとんどなく、一気に勝敗を決し得る兵器だからある。将棋に喩えれば、一撃で敵の王将を砕いて、戦局を決定的にする駒なのである。このような飛び道具に対しては、蒙古来襲さえ阻んだ大海原も、まったく役には立たない。

　ちなみに戦前は、海軍それ自体が戦略兵器であった。レーダーのない時代、海軍は、突然相手国の政経中枢近くの水平線上に姿を現すことができた。首都近辺の海岸近くに、ずらりと並んだ軍艦が各々100門近い大砲を並べて艦砲射撃を行えば、首都は壊滅する。日本では、ペリー提督来航の際に、徳川幕府がこの恐怖を味わった。軍艦数隻の運ぶ大砲の数は、陸軍数個師団に匹敵する。レーダーの発明された今日、戦略兵器としての海軍は退場し、代わって核兵器などの大量破壊兵器と高速で飛翔する弾道ミサイルやステルス戦闘機が登場したわけである。

　残念ながら、核兵器を持たない日本単独では、核の恫喝に対して相互

確証破壊をもって対抗することはできない。最近導入したミサイル防衛システムにしても、十数発までのミサイルならば打ち落とせるであろうが、数十発、数百発となると完全防衛は難しい。ミサイル防衛は、防弾チョッキでしかないのである。核戦略の本体は、今も弾道ミサイルや巡航ミサイルによる反撃である。核戦略については別途詳しく説明する。

　なお、核兵器を搭載していなくても、弾道ミサイルや巡航ミサイルは大きな脅威である。それは、撃墜しにくいというだけではない。昨今の情報技術の進歩により、非常に高い精度で目的に命中するからである。そもそも核兵器のような破壊力の大きな兵器が開発されたのは、通常の自由落下型の空爆では、なかなか目的に当たらないからである。

　1個の目的を破壊するのに100個の爆弾を落とさなければならないとしたら、その爆弾の破壊力を100倍にすることによって、1発落とせばすむようにすればよいというのは、軍人の自然な発想である。逆に言えば、必殺命中のミサイルが数多くあれば、核弾頭は不要になる。紛争初期に通常弾頭のミサイルだけで、敵の政治・軍事中枢を叩きつぶし、敵の軍事施設とその中の兵器を壊滅させることができるからである。

　紛争の初期に、多くのミサイルが一気に飛び交うのが、現代戦の特徴である。早期警戒のためのリードタイムは非常に短くなった。1カ月前に敵陸軍の動員を察知し、その後戦争の数時間前に敵の進軍を察知するというようなのどかな戦争の時代は終わったのである。現代戦では、早期警戒のためのリードタイムは数分と考えられる。防御の難しいミサイルの問題は、現在、日本の防衛政策にとって深刻な懸念となっている。この点については、改めて触れることとする（「第13講　日米同盟をどう運用するか」参照）。

日本は海と空を取られたら必ず負ける

　第2に、大きな海上兵力をもって海を押えることである。四面環海の日本は、海を押えられると逆に、著しく脆弱となる。大阪城の喩えを再度持ち出せば、お堀の中を敵兵が自由に船で行き来しているような状況となる。それがどれほど無残なことかは、米国という強大な海軍国と戦

争をした経験を思い出せばよい。海を押えられると、次には日本列島に連なる島嶼を押えられる。どこを攻めるかは、攻めるほうが決めるので、非常に守りづらい。太平洋戦争で米軍が取った「飛び石作戦」は有名で、日本の防御の厚い島を飛び越して、手薄な島から次々と落とした。広大な海原に点在する島嶼は、いったん海上優勢を失えば守りようがない。

　周辺の島嶼を失えば、本土は脆弱である。「三国志」などによく出てくる中国の諺に、「唇がなくなれば、歯が寒い」というものがあるが、その通りとなる。東京などの政経中枢を爆撃圏内に収め得る飛行場を有した島が敵の手に渡ると、集中的な本土爆撃が始まる。そこで航空優勢を失ってしまえば、本土の諸都市は裸も同然である。さらに敵は、どこからでも本土に着上陸できることになる。人口の密集した日本での着上陸戦は悲惨である。日本が唯一経験した近代的着上陸戦は沖縄戦であるが、日本側だけで10万の軍人が斃れ、10万の民間人が犠牲となった。幸いにして、日本政府は本土に着上陸作戦が実施される前に屈服したが、仮に米軍が日本本土に着上陸作戦を敢行していれば、山岳の多い日本の国土は陸軍の戦略機動には向かない地形であり、どこから上陸してくるかわからない米軍を相手に、さぞ苦戦を強いられたことであろう。陸幕関係者がよく言うように、縦深性がなく山岳に富んだ島国である日本は、陸軍的な発想で見れば、戦略機動の難しい守りにくい国なのである。

　また、海を押えるということは、シーレーンを押えることでもある。島国に対して兵糧攻めが有効であることは、説明するまでもない。戦争法では、交戦国に海上封鎖の権利が認められている。封鎖線を突破しようとする船舶はすべて撃沈される。それは、軍艦、商船を問わない。海上封鎖は、禁制品の差し押さえを目的とした生やさしい中立法規の世界ではなく、武力衝突そのものを規律する交戦法規の世界である。日本のような海上国家にとって、海上封鎖は、即、資源が入ってこなくなると同時に、外国産の食糧の輸入も止まることを意味する。日本のような島国が、海上で孤立させられれば、生存を否定されるに等しいのである。

　海を押えるには、海上だけを押えればよいというものではない。海の上にある空と海中を押えねばならない。水上艦は、戦闘機と潜水艦によ

る攻撃に脆弱であるからである。空母の有用性はここにある。空母を用いた海戦の実際については後に詳しく述べる。

　さらに海や空などの媒体（media）は、全部を押えるのが基本である。紛争が始まれば、海上優勢と航空優勢は「総取り」が基本である。海や空には、山や川といった自然の障害がない。取るか取られるかしかないのである。海を取られれば、第2次世界大戦で米軍が日本本土に殺到したように、敵が自国の海岸線に迫ってくる。逆に、海を取れば、敵の海岸線まで突入できる。これが、海戦が死活的に重要な理由である。

　戦前は北東アジアの外に植民地を持たず、また戦後は専守防衛の日本人にはなかなか理解できないところであるが、海をすべて押えるには、世界の要所に中継基地を置かねばならない。

　真の海軍戦略とは、7つの海を支配する戦略である。インドを経営した英国は3Ｃ政策（カルカッタ、カイロ、ケープタウン）を押えたし、戦後、欧州や中東と並んで極東を押えた米国は、米大陸西海岸から太平洋インド洋にかけての海外基地（ハワイ、グアム、沖縄、シンガポール、ディエゴ・ガルシア）を押えている。これが、大海軍を持つ国の戦略である。旧ソ連のオホーツク海聖域化に見られるように、自国周辺海域を聖域化するのは、真の海軍国家ではない。弱者の戦略である。

　ちなみに、中国海軍が現在、急速に力をつけており、南シナ海を「核心的利益」と呼んで、西沙、南沙諸島を押えて、聖域化を図っている。中国はさらに、米英海軍にならって、インド洋沿岸に「真珠の首飾り」と言われる軍港（パキスタンのグワダル、バングラデシュのチッタゴン、ミャンマーのシットウェなど）を整備しようとしていると言われている。中国が、日米英のような真の海軍国家になるのか、ソ連やフランスやドイツのように基本的には陸軍国家にとどまるのかは、これから明らかになるだろう。

　なお、シーレーンに関しては、海賊やテロ攻撃との関連で、「第4講いかにして繁栄するか」において、もう一度詳しく説明する。

　最後に、敵が海を押えて海岸線に殺到してくれば、まず本土から発進する味方の航空兵力が最後のバリアとなる。防空戦力が崩されれば、着

上陸進行してくる敵兵力との陸上戦闘となる。紛争がここまで進んだとすれば、太平洋戦争の例を引くまでもなく、敗色濃厚である。陸上兵力の侵入については、次項に譲ろう。

大陸勢力の渡海と侵入経路

　第3に、大陸側の戦略的要衝から、大きな陸上兵力をもって侵入することである。いくら海が巨大な堀であると言っても、絶対に渡海して攻撃することが不可能なわけではない。海上優勢を取れない国は、海上で侵略用の陸上部隊を撃沈されることを恐れて、最短の海路を選択して日本への侵入を図るであろう。とすれば、大陸勢力の日本への侵略経路は、樺太島経由か朝鮮半島経由となる。

　北から攻めるのであれば、樺太島から北海道最北端へと宗谷海峡を渡るであろう。冷戦中、ロシア軍が日本に侵攻するとすれば、この最短経路を取ったと思われる。米第七艦隊と我が海上自衛隊という世界屈指の海軍力に、貴重なロシア軍地上兵力をさらす時間は、最短にしたいだろうからである。

　もう一つの侵略経路は、朝鮮半島である。日本に対する唯一の外国勢力の侵攻は、元寇すなわち、1274年の文永の役と1281年の弘安の役である。文永の役では、高麗の合浦から約3万数千の元・高麗軍が対馬、壱岐、平戸を経由して博多に攻め込もうとした。弘安の役では、約4万2000の東路軍（元・高麗軍）が同じ高麗・合浦から対馬、壱岐経由で来襲し、これに約10万の江南軍（元・南宋軍）が上海の南、杭州湾の寧波から東シナ海を渡って加勢している（『真実の「日本戦史」』家村和幸、宝島社）。ただし、朝鮮半島は文禄・慶長の役に見られるように、歴史的には日本から大陸へ向かう侵攻経路でもあったことに留意を要する。

　海上優勢を日本が敵勢力に完全に渡さないかぎり、日本への侵略経路が樺太島と朝鮮半島であるという事情は、今も昔も変わらない。日本は縦深性がない狭隘な島国で、しかも山岳に富んだ国土を有しており、陸上兵力の戦略機動に向かない国である。正直なところ、陸上自衛隊には守りにくい国であろう。しかも、陸上自衛隊は15万の規模であり、数

十万から100万近い陸軍兵力を要する大陸勢力の本格的侵入に対抗することは難しいと考えられる。

　以上のように見てくると、日本の守り方が見えてくるであろう。日本を物理的に守るには、核の恫喝に屈しないこと、海（シーレーンを含む）と空を押えること、そして戦略的要衝である樺太島および朝鮮半島からの侵略に備えること、の３点が基本となる。なお、最近は中国軍の台頭との関連で、西南諸島の防衛が大きく重要性を増しつつある。

歴史的に見た日本周辺地域（１）―― 朝鮮半島と樺太島

　前節で、朝鮮半島と樺太島が日本の戦略的要衝であると述べたが、ある地域が戦略的要衝となるか否かは、地形だけではなく、当然ながら、その周辺にどのような国家や民族が登場するかによる。

　少し歴史を振り返ってみよう。古代から日本にとっての戦略的要衝とは、圧倒的に朝鮮半島であった。中国と韓国のみを隣人としていた日本にとって、最大の潜在的な脅威は中国であった。卑弥呼の邪馬台国が『魏志倭人伝』に現れ、ようやく日本文明の目が開いた頃と言えば、中国では、「レッドクリフ（赤壁の戦い）」の映画で有名になった三国志の時代である。その頃の中国は漢王朝が崩れた後の長い小国乱立の時代にあり、日本が統一中国を目の当たりにするには、隋と唐の登場を待たねばならない。やがて強大な隋の台頭を見た聖徳太子の反応は早く、早速遣隋使を派遣し、仏教やその他の文物、学問を積極的に導入して日本の近代化に努めている。日本の国家としての基礎は、この頃できたと言っても過言ではない。

　しかし、東アジア史を戦略的に概観すれば、その基軸は、万里の長城を挟んで、漢民族と北方騎馬民族が織りなした2000年を超える興亡史である。漢民族にとっては、万里の長城を越えて侵入する北方民族から、東アジアで最も肥沃な中原を守ることが第一の戦略的課題であり、日本列島への領土的野心は一貫して希薄であった。

　日本が中国勢の侵攻を懸念したのは、むしろ滅亡した百済再興のために自らが朝鮮半島に出兵し、白村江において新羅と唐の連合軍に大敗し

た後である。立ち上がったばかりの大和朝廷は、防人を大挙して九州に送り込まねばならず、引き裂かれた家族や恋人たちの悲歌が多く万葉集に収録されている。この当時、日本人の戦略観としては、政経の中心として飛鳥を中心とした近畿地方があり、戦略的要衝は朝鮮半島に直面した太宰府（北九州）であるというのが相場観であったはずである。穏やかな瀬戸内海は、大宰府と近畿地方を結ぶ運河の様な内海である。大陸勢力が北九州に攻め入って大宰府を落とせば、彼らは波静かな瀬戸内海を滑るように東進し、大和朝廷は速やかに滅ぼされたであろう。

　大陸側で日本征服の野心に燃えたのは、漢民族の中国ではなく、実はユーラシア大陸のほとんどすべてを征服し、高麗をはじめ南宋さえも飲み込んだモンゴル族の元であった。チンギス・ハーンの孫であるクビライは、従属させた高麗軍を朝鮮半島南端に結集させて、東シナ海経由の南宋軍とともに北九州へ送り込んだ。結局元寇は、北条時宗をはじめとした鎌倉武士の抵抗で挫折する。元の敗北は、よく台風のせいにされるが、それだけではない。特に、15万近い大軍の来襲した弘安の役では、時宗が石垣を築いて、2カ月にわたり蒙古勢の上陸を阻止した功績が大きい。15万と言えば、今の陸上自衛隊の数である。しかし秋の深まる中、日本周辺で2カ月も海に浮かんでいれば、台風の餌食になるのは必定であった（家村和幸前掲書）。元寇失敗の後、中国大陸には、日本人はみな大刀で武装しており、屈強で征服できないというイメージが生まれた。

　16世紀末には、豊臣秀吉が、逆に明攻略を目指して中国大陸に攻め込もうとして、朝鮮半島経由の進路を取った。天下を統一し、戦国時代を終わらせたばかりの秀吉は、総勢50万と言われる武装勢力を有しており、しかも、欧州伝来のマスケット銃などで武装していたため、軍事的にも非常に強力だったのである。内戦終了直後の荒ぶる日本人が、アジアの中で近代化に先んじ、強力な先進武器を獲得して大陸を攻略するという図式は、明治以降の日本の大陸進出と重なるところがある。

　文禄・慶長の役で、日本側は各々15万程度、朝鮮側は急ごしらえの軍隊ながら17万程度、天兵と呼ばれた明軍が数万の援軍を出している（家村和幸前掲書）。戦いは、最終的に明・朝鮮連合の勝利で終わるが、そ

の結果、明は衰亡して李自成の乱で自滅した。北方にいたヌルハチの満州族が、この機に乗じてわずか5万騎で中国を征服し、以降300年に及ぶ大清帝国の基礎を築いたのは、歴史の皮肉である。当時の満州族は、人口数百万人と言われた小国であった。

　なお、朝鮮民族自身は、新羅による朝鮮半島統一以降、高麗、李氏朝鮮と中国風の王朝が交代したが、みな仏教や儒教の影響の強い文人政府であり、尚武の気風に薄く、日本征服の野心を示したことはない。中国と日本をつなぐ陸橋とも言える朝鮮半島に、文明的に優れた穏やかな気風の王朝国家が、新羅、高麗、李氏朝鮮と入れ替わりつつも1500年もの間、賢明な対中外交をもってその存在を確保してきたことは、日本にとって計り知れない戦略的利益をもたらしてきたことを忘れてはならない。

帝政ロシアの南下と北方の守り

　19世紀に入ると、北方周辺地域の戦略的重要性が一気に高まる。この頃、地球の規模で欧州列強の帝国主義が熾烈となり、東アジアの戦略環境も大きく変わりはじめていたが、日本と直接の領土的確執を生じたのは北方のロシア勢だけであった。綿織物と香辛料の宝庫であったインド、東南アジアに植民地を獲得した英仏などの欧州列強は、軍事的に強大であった日本や中国にまで手を伸ばそうとはしなかった。中国が欧州列強の毒牙にかかるのは、アヘン戦争、日清戦争の後である。これに対して帝政ロシアは、19世紀中葉までに中央アジア、コーカサスを押え、トルコや中国・朝鮮・日本への南下を狙っていた。この帝政ロシアの南下のゆえに、極寒の蝦夷地でしかなかった北方の守りが、急速に重要になったのである。

　19世紀以前のロシアの東漸は、探検家や逃亡農奴によるもので、それ自体が脅威だったわけではない。しかし、帝国主義時代の幕が開けると、近代国家として国力を増したロシアは、ユーラシア大陸を一気に南下した。中央アジア、コーカサスなどが次々と征服され、ロシアの領土に編入されている。中国も、ロシアに屈して、ウスリー川以東とアムール川以北の広大な領土を差し出した。

ロシアの南下を押しとどめたのは、クリミア戦争で勝利したトルコと、日露戦争で勝利した日本だけであるが、共に直接的あるいは間接的に、ロシアの南下を懸念する英国の支援を受けていた。英国はまた、「王冠の宝玉」と言われたインド亜大陸の安全のため、ロシアに対抗して中央アジア、アフガニスタンにおいて、グレート・ゲームを繰り広げている。
　このように、ロシアがユーラシア大陸の内部を席巻して、周辺の日本、中国、イラン、トルコといった古い大国を圧し、それに対してインドおよびユーラシア大陸外縁部の交易拠点を押えていた英国が、要所でロシアに抗するというのが、19世紀のユーラシア大陸における英露対決の構図であった。
　斜陽の清からアムール北河畔と沿海州を割き取ったロシアが間宮海峡に出れば、日本人がすでに入り込んでいた樺太島は目と鼻の先となり、ロシアの樺太侵入は、時間の問題であった。ロシアはまた、カムチャッカ半島から千島列島を南下し、ウルップ島に植民地を構える。太平になれて衰亡しつつあった徳川幕府は、それでも択捉島や国後島を直轄地とし、北の守りに備えた。1855年の徳川幕府と帝政ロシアが合意した日露修好条約では、択捉以南が日本領、ウルップ以北がロシア領とされたが、樺太は国境画定がまとまらず、「混住の地」とされた。
　ロシア勢力の急激な南下は、北方の戦略環境をますます厳しいものとしていった。1875年には、幕臣から明治政府に転身した榎本武揚の英断で、樺太島は千島列島と交換され、ロシア領となることが確定した。この結果、樺太島の領有権をめぐる紛争は消滅した。
　その後、日露両国の焦点は朝鮮半島へ移る。帝政ロシアの南下と日本の近代化は、朝鮮半島をめぐる力の実態を複雑にしていた。これまでの清朝と朝鮮王朝の宗族関係だけでは、規律できなくなっていたのである。新しく登場した力関係は、日中露の三角関係であり、かつ近代的な権力関係であった。まず、日本と清が衝突するが、清が敗退し、その力はますます弱体化した。ロシアは、力の真空を狙って、満州、モンゴル、朝鮮半島への進出機会を狙っていた。残念ながらこの間、大韓帝国宮廷では一貫して内紛が絶えず、近代化に舵を切ることができずにいた。さら

には、宮廷内の諸勢力が日露の両勢力を宮廷内闘争に引き込んでいた。

日露戦争は、このような文脈で勃発した典型的な帝国主義型の戦争である。日本は、セオドア・ルーズベルト米大統領の仲介もあり、革命前夜の政情不安を抱えた帝政ロシアをかろうじて下すことになる。日本では、小村寿太郎のポーツマスでの対露交渉や、東郷平八郎の日本海海戦での勝利、乃木希典の203高地での陸戦などが有名であるが、ロシア陸軍の戦略的機動力を決するシベリア鉄道が、バイカル湖までしか敷設されていなかったという点は、天佑と言うことができる。ロシア兵は、橇と徒歩で戦場に到達したわけである。

日露戦争の後、日本政府は、ポーツマス条約でロシアから南樺太の割譲を受けた。樺太島で、日本とロシアは陸上国境を接することとなったが、日露戦争で日露間の角逐には一応の決着がついたことになる。

日露戦争から5年後の1910年、日本政府は、朝鮮半島の併合を決意した。この時、日本が戦後の米国のように、時代を先取りして、植民地支配ではなく韓国と相互防衛条約を結ぶということを考えていれば、韓国人の民族の誇りを傷つけ、世紀をまたぐ「恨」を残すようなことはなかったかもしれない。しかし、最も遅れて帝国主義競争に参加したばかりの若い大日本帝国には、残念ながらそのような発想はなかった。

逆にもし日本がロシアに敗れていれば、朝鮮半島のみならず、日本海から黄海、東シナ海への出口を扼する対馬、九州北部、山口県西端には、ちょうど英国がジブラルタル海峡を押えたように、ロシアの影響力が及ぶことになっていたであろう。実際ロシアは、対馬に関心を示し、幕末の1861年には軍艦ポサトニックが島を一部占拠したことがある。英国は、ロシアの対馬略取に強い危機感を有していたと言われている。

この後、第1次世界大戦とロシア革命の混乱期に日本のシベリア出兵があり、また30年代にはノモンハン事件が勃発するが、総じて日露関係自体は安定していた。ロシアは、第1次世界大戦と革命後の混乱の収拾に力を割かれ、ヒトラーの率いるドイツの復活によって、戦略的重心のある欧州正面に関心を移さざるを得なかったのである。

東アジアの戦略的構図は、第2次世界大戦後、再び決定的に変化した。

大日本帝国が崩壊したのみならず、東アジアの欧州諸国の植民地はすべて日本によって破壊されつくし、欧州植民地勢力が徐々にアジアから退場したからである。香港とマカオを除けば、ベトナム戦争から撤収したフランス軍が、欧州最後の軍勢となった。大日本帝国に代わり米国が、日本、韓国、台湾、フィリピンといったユーラシア大陸海浜部を勢力圏として押え、大陸側には、ソ連、中華人民共和国、北朝鮮という巨大な赤軍ブロックが立ち上がった。

冷戦期におけるソ連の脅威と北海道

第２次世界大戦後の日本は、強大な核兵力と海軍力を保有する米国と同盟した。1950年、大日本帝国軍が武装解除したまま放置されていた韓国に、大挙して北朝鮮軍が侵攻し、韓国は大きな被害を受けた。米軍が国連軍を糾合してただちに反撃したが、今度は中国が参戦して、結局、北緯38度で朝鮮半島は分断され、南北朝鮮という分断国家が固定されることになった。その後、日本は自衛隊を創設して日本列島における「力の真空」を埋め、朝鮮半島は米国にまかせ、自らは北海道に陸軍と空軍の精鋭を集めて在日米軍とともに日本防衛に当たることになった。

もし敵勢力の北海道侵攻があれば、自衛隊と米空軍、米海軍および米海兵隊の力で、米陸軍来援まで東京が陥落しないように持ちこたえるという防衛態勢を取ることになったのである。日本の冷戦期の戦略的重心は、朝鮮半島を米国にまかせて、圧倒的に樺太島と宗谷海峡に振り向けられていたのである。

日本の目が朝鮮半島に戻るのは、冷戦後、旧ソ連が崩壊して北朝鮮が核開発に踏み切った1990年代の中葉である。朝鮮半島情勢については、「第８講　国際戦略情勢概観（２）――東アジアの地域情勢をどう見るか」で、もう一度詳しく見てみよう。

歴史的に見た日本周辺地域（２）―― 台湾島をどう見ればよいか

これまで、朝鮮半島と北方の樺太島について話をしてきたが、南方の台湾島は、どう考えればよいだろうか。実は、古代から近代まで、台湾

島が日本の安全保障の要であると考えられたことはない。理由は簡単である。日本は、江戸時代にすでに中印両国に次ぐ世界第3位の人口を擁した大国であり、武士の政権掌握以来、軍事的にも強力で、東南アジア方面から日本を脅かす勢力は存在しなかったからである。

東南アジアは、16世紀以降の欧州勢進出によってその容貌を変えていく。バスコ・ダ・ガマの喜望峰経由インド航路の発見やマゼランの世界一周航海の結果、インド洋貿易に半ば暴力的に参入した西欧勢は、ポルトガル、スペインといったイベリア半島の国々からオランダ、英国、そしてフランスといった国々へと主役を変え、東インド会社を作って巨利を上げはじめる。東インド会社は、やがて地方行政にさえ手を出しはじめた。英仏蘭などの海洋勢力の関心は、東インド会社が深く支配の根を下ろしたインド亜大陸、インドシナ半島、インドネシアといった地域に集中した。19世紀には、東インド会社を通じてアジア貿易と一部行政に携わっていた欧州諸国が、産業革命後の巨大な国力をもって一気にアジア、アフリカの直接支配、すなわち植民地化を本格的に進めていった。

これに対し、欧州勢の中国、日本への侵入は遅れる。徳川幕府前半期と言えば、西欧では未だオスマン帝国がハプスブルグ帝国を苦しめていた頃である。所詮、総合商社にすぎない東インド会社の実力では、はるか遠くの極東で、しかもオスマン帝国に匹敵する軍事力を備えた中国や日本といった国々を武力で隷従させることは難しかったのである。インドネシアではスパイスを求めて狼藉三昧であったオランダも、平戸では腰の低い商人として振る舞っていた。中国が欧州勢の毒牙にかかり、租界を提供しはじめるのも、大清帝国がアヘン戦争で英国に敗れ、日清戦争で日本に敗れ、ようやく「眠れる獅子」のイメージが壊れた後である。

欧州勢が東南アジアに進出してきた頃、台湾島はまだ中国領ではなかった。インドネシアにオランダが入り、フィリピンにスペインが入り、台湾にははじめポルトガルが入った。台湾を英語で「フォルモーサ」と呼ぶのは、ポルトガル語で台湾が「イル・フォルモーサ」（美しい島）と呼ばれていたからである。ポルトガルは、スペイン、オランダと戦って敗れ、台湾にはオランダが勢力を定着させる。オランダの拠点は、ゼー

ランド城であった。

　余談であるが、ゼーランドとは、16世紀のオランダ勃興期にオランダ南部で栄えた地方の名前である。台湾のゼーランド城は、後述の通り、やがて鄭成功に滅ぼされるが、南半球でオランダ人が到達したニュージーランド（新しいゼーランドの意）のほうは、今日まで名前が残っている。

　この台湾島に中国勢力を押し込んだのは、間接的ではあるが、豊臣秀吉である。秀吉の朝鮮侵攻によって明は衰亡し、滅亡する。満州族の侵入によって清王朝が建てられるが、その時逃げ出した明王朝の王族の一部が、台湾島へ逃亡した。この逃避行を支援したのが、著名な海賊の鄭成功である。鄭成功は、中国人の父親を持つが、母親は平戸の日本人であった。鄭成功は、台湾島に明の亡命政権である海上王国を建て、短期間であるが明朝を復興する。20世紀における蒋介石の台湾逃亡は、明王朝の台湾亡命を彷彿とさせる。この鄭成功の物語は、江戸時代に近松門左衛門の「国姓爺合戦」という浄瑠璃の演し物になり、大変な人気を博した。鄭成功の海上王国はやがて清朝に滅ぼされ、ここに台湾島の中国領有が確定するのである。しかし、北方騎馬民族出身の清朝にとっても、台湾島はいわばお荷物であり、あまり関心を払って統治していたとは言えない。台湾島の中では、福建省あたりから渡来した漢人と客家と原住民族が、抗争と対立を繰り返していた。

　だから日清戦争の後、清朝の李鴻章が陸奥宗光に対して、台湾島を日本に譲渡すると約束したのである。その結果、台湾島は日本領となり、日本が近代化を進めることとなった。台湾は、1945年の敗戦とともに日本から切り離され、その後大陸から国民党が侵入して中華民国政府を移し、大陸側の中華人民共和国と対峙するという構造ができ上がった。

　台湾統一を目指す中国の国力増大と、時折独立志向を見せる台湾島の緊張から、日本は米国とともに、台湾島に戦略的関心を払わざるを得ない状況となってきている。特に、中国が史上初めて本格的な海軍国家として登場しつつあることから、台湾島をめぐる緊張は高まらざるを得ない状況にある。

現代日本にとっての台湾の戦略的価値

さて、それでは、現在の日本にとって、台湾の戦略的価値はどこにあるのだろうか。台湾島は、日本の先島諸島の目と鼻の先であり、中国大陸よりもはるかに近い。また、台湾島は尖閣諸島や沖縄本島にも近いことを考えれば、その戦略的重要性は言うまでもないであろう。しかも、日本のシーレーンを扼する場所にある。

ただし、台湾問題を考える時に忘れてはならないことがある。それは、台湾の運命は、周辺大国の利益が大きくからむといえども、第一義的には台湾人が決めることであるということである。もう一つ忘れてはならないことは、日本は戦争の終結時に、台湾島を無責任に放り出したということである。台湾島の人々は半世紀にわたり、日本とともに近代化を進めてきた。日本人として戦争に参加した人も多い。私たちは、日本の戦略的利益を云々する前に、まず台湾島の人々の平和と幸福を祈る責任があることを忘れてはならない。

なお、台湾の問題が、今世紀、北東アジアの戦略問題として重要性を失わないとすれば、台湾に隣接する我が国の南西諸島の戦略的位置づけが変わってくる。中国の海空戦力は著しい増強を見せており、南西諸島はその正面に立つことになるからである。

国際的な権力関係の安定 ── 外交の要諦

さて、これまで日本を物理的に守るとはどういうことか、という角度から日本列島のかたちを眺め、次いで日本周辺を眺め、中国、朝鮮、米国、ロシアという隣国との関係で、日本の戦略的要衝がどこにあるかを見てきた。

しかし、日本本土の安全だけに目を向ける、あるいは日本周辺地域の安全に目を向けるだけでは、日本の安全は守れない。それでは、台風が来てから右往左往するのと同じである。天気予報をよく聞いて、大雨警報をよく聞いて、どこに台風が発生したのか、どこを通って来るのか、いつ頃日本に来るのか、を予測するのが現代の災害対策である。外交も

同じである。いきなり黒船が来て驚いたのは、19世紀のことである。21世紀の日本外交は、それではいけない。常日頃から、地球全体を見渡し、どの国とどの国がどう動き、それがどう日本の利益にかかわるかを判断できる外交でなくてはならない。

　また、状況に対応するだけでは、大国の思惑に振り回される運命を受け入れざるを得ない小国の外交になる。大国には、周辺地域、さらには地球的規模で国際的な権力関係を安定させる力がある。日本には、自らの行動により国際関係を変える力があるのである。そのことを知り、自分の重さや力をどう使うことが、国際社会全体の均衡にどのくらい影響を与えるかをよく考えねばならない。国際社会全体の安定こそ、大国外交の最優先目的である。国際的な権力関係が不安定化すると、国際政治は乱れて地域レベルでも紛争が生じやすくなる。そうすれば、己に火の粉が降りかかってくるのである。

　外交の実務に携わる者が、最も高いプライオリティをもって常に心にとどめておかねばならないことは、地球的規模の、少なくとも域内の権力均衡が、自分に有利なかたちで安定するように計らうということである。逆に言えば、少なくとも自分に敵対する勢力が、自分に不利なかたちで権力関係を崩し、圧倒的な優位を確立しないようにするということである。このような外交は、北大西洋の小島から欧州大陸の権力関係を維持した大英帝国の外交や、新大陸から旧大陸の権力関係を維持した米国の外交においてよく見られる発想である。島国の本能と言えるかもしれないが、同時にこれは、大国間外交の要諦でもある。

　なお、国際的な権力均衡を実現するには、当然ながら自分が国際的権力関係の中で意味を持ち得る重さ、すなわち一定以上の国力を保持していることが前提となる。ロシアが、2009年に出した「国家安全保障戦略」の中で「国際社会の戦略的安定に貢献できる地位を確保する」と言っているのは、まさにこの点なのである。ロシアは、凋落する国力を回復することが世界的規模の権力均衡ゲームにとどまる最低条件であることを、正確に認識している。逆に、日本は自己に対する過小評価がすぎて、自分の重さがわかっていないところがある。

実際、大国にとっては、およそすべての地域の安全保障環境が、自国の安全保障と不可分である。大国が動けば、必ず地球的規模の影響が出る。一カ所での地震が地球の裏に津波を起こすようなものである。大国は、水平線のはるか彼方に目を凝らし、地球儀を回しながら、常に大きな力関係の安定を考えねばならない。北極星から地球を見下ろすつもりになって、主要国がどう動いているかを把握できなくては大国は務まらない。そうすることによってはじめて、自国の安全を保障し、同時に国際社会全体の安定を図ることができるのである。残念ながら日本は、20世紀後半まで地域大国の次元を脱したことがなく、このように地球儀をくるくると回して世界情勢を読み取るのが苦手であった。しかし、日本も国力が増大し、好むと好まざるとにかかわらずグローバルな責任が重く肩に食い込む時代となった。もはや、甘えたことを言っていられる時代ではない。視野をグローバルに開く時代が来ているのである。

　特に地球的次元で、あるいは地域的次元においても、利害の反する国から包囲されることに対しては、神経を研ぎ澄ませておかねばならない。ある程度以上の国々が力を合わせれば、日本は確実につぶされてしまう。隣の中国は、国境線が長く外敵の侵入に悩まされ続けたため、自分の周りの国々の連携には猛烈な反発を見せる。囲まれることに対する恐怖感が非常に強い。一方、孤立した海上王国であった日本は、そのような研ぎ澄まされた感覚がない。日中両国の戦略的感度の違いは、野生動物と飼い猫ほどの違いがある。この日本のナイーブさは、国家の生存本能という点から見ると、かなり大きな欠陥である。

権力均衡論は、国際関係を不安定化させるか

　権力の均衡と言うと、「権力均衡策は、国際関係の不安定化を招来しやすい」と主張する人たちがいる。実は私も、学生時代にそう教わってきた。しかしそれは、ウェストファリア体制が成熟し、帝国主義に移る頃の話である。典型的な例は、19世紀の欧州である。確かに当時は、暴力が是認され、便宜的な合従連衡が繰り返され、国際関係は安定しなかった。しかしそれは、室町戦国時代の戦国武将間の協定のようなものであ

る。武田家と北条家と今川家が結んだ和議の約定が、一体何年持ったかという次元の話である。

今日の権力均衡は、19世紀のものとは異なる。国際社会に道徳が復権し、人類社会の制度化が進んでいる。その中で利益と価値観を共有する安定した基本的な国家間関係が築かれ、国際秩序の梁となっている。

国際社会が分権的であることは、今も昔も変わりはない。大小200の国家に分裂している国際社会の中では、共有する利益や価値観ごとに、半ば必然的に派閥ができる。その派閥間の均衡を求め、安定を求め、平和を求め、利害を調整するのは、人間の本能のなせる業である。しかし、日米同盟や北大西洋条約機構などのように、基本的利益と価値観を共有する20世紀後半以降の同盟関係は安定しており、国際社会全体の安定にも貢献してきている。

世界政府は人類の見果てぬ夢であろうが、人間の社会は必ずしも一つの権力を頂点として、必然的にピラミッドを作るようにはできていない。巨大すぎる集団は、最適な集団規模に分裂するのが通例である。人間の最適な集団規模がどのようにして決められるかはよくわからない。何か生物学的な要請があるのかもしれない。

歴史を眺めれば、人類社会全体がより大きな倫理体系の下に徐々に包含されつつあることは事実であり、また、欧州連合のように、主権国家が溶解してきている例もある。しかし、未だに国際社会で主流を占めるのは、主権国家という集団である。主権国家間の関係の安定が、国際関係全体の安定に直結する。私たちは、その現実をしっかりと踏まえて、外交戦略・同盟戦略を練る必要がある。

日本に影響を与えた権力均衡の変化とはどういうものか

国際的な力関係が変わると、日本外交に大きな影響を与える。外交を司る者は、国際的な力関係の変化に常に意を用いねばならない。では、具体的にどうすればよいのだろうか。日本の場合を考えてみよう。

近代以前の日本の国際環境を理解することは、それほど難しいものではなかった。役者の数が少なかったからである。卑弥呼の時代から明治

時代までの北東アジアの力の実態は、中国、北方騎馬諸民族、朝鮮、日本であった。日本列島の北方および南方に侵入する勢力はおらず、日本は、朝鮮半島や東シナ海を通じて大陸からの脅威に備えておけばよかった。近代以前の日本人は、本朝、朝鮮、唐（中国）の動きを見ていれば、およその国際関係は理解できたのである。

　また、北東アジアは、中国の玉門関以西の峻厳な山塊や広大な砂漠に阻まれて、天山山脈以西の主要文明と大規模かつ直接の接触を持たず、同時に西からの大規模な侵略もなかった。チムール大帝の中国遠征は、チムールの死で頓挫している。中国を中心とした北東アジア世界は、ある程度完結した戦略空間だったと言える。

　しかし19世紀に入ると、産業革命で力をつけた欧州勢が国際秩序を大きく変えはじめる。東アジアの単純な戦略構図に慣れた日本人が、突然、変数の多い欧州権力政治の連立方程式に直面したわけである。また、産業革命後の世界史の動きは急速であり、かつその流れは、様々な列強の利害や噴き出すナショナリズム、王政復古、自由主義や社会主義、共産主義などの思想的奔流が複雑にからみ合った濁流であった。東アジアの単純な戦略環境に慣れ、鎖国の眠りに浸っていた日本にとって、欧州権力政治の動態を理解することは容易ではなかったはずである。

明治維新の頃の欧州大陸

　明治維新の頃、世界政治の中心であった欧州政治はどういう状況であったであろうか。私たちになじみの深い、ヴォルテールやルソー、ポンパドゥール夫人やマリア・テレジアやモーツァルトなどに代表される典雅な啓蒙専制君主時代は、遠く過ぎ去っていた。コスモポリタンな空気が充満し、啓蒙思想が普及して退廃した貴族文化の裂け目から自由思想が噴き出していた18世紀の面影は、とっくに消えていたのである。その後欧州では、フランス革命が勃発し、ナポレオン戦争の動乱を経て、反動的な神聖同盟が欧州の秩序を支えていた。明治維新の頃の欧州は、ちょうどこの神聖同盟の秩序が綻びはじめていた頃の欧州なのである。

　当時、欧州は様変わりしていた。ロンドンなど、産業革命に先駆けた

国々では、すでに都市に工場の煙突が林立し、煤煙を噴き上げていた。欧州では、私たちがイメージしがちな優美な貴族社会は面影をひそめ、産業機械が登場し、鉄道が走ってガス灯が灯るなど、伝統的な社会が巨大な国力を持った工業社会へと大きく変貌を遂げていく最中であった。神聖同盟体制下でひっそりと私生活にこもっていた新興有産階級が、政治力のある新しい階層として再び自由を叫びはじめる。同時に、社会格差が大きく開いた結果、都市労働者が自らの悲惨な生活改善のために悲痛な声を上げはじめていた。

その一方で、民族国家が近代的な国民国家へ変貌し、ナポレオンの侵略に刺激されて激しいナショナリズムが噴き出していた。戦場には産業機械が持ち込まれ、「国民」国家化した国同士の戦争では、国民総動員の下で総力戦が戦われるようになる。また、工業化によって巨大な国力を得た国々は、未開のアメリカ大陸だけではなく、気候の厳しいアフリカや、これまで多くの巨大帝国が林立していたアジアさえも征服して自らの植民地に組み込んでいった。帝国主義時代の絶頂期が始まろうとしていたのである。

この頃の欧州権力政治の構図は、次のようなものである。産業革命に先駆けた英国が圧倒的な国力を誇示し、欧州大陸の外側で「栄光ある孤立」を貫いて、大陸側の一勢力が大陸を支配することを常に牽制していた。フランスは、王党派、富裕層、無産層が激しい権力争いを続けつつも、ナポレオン戦争の傷から立ち直りつつあった。ブルボン家と大陸の覇を争ったハプスブルグ家のオーストリアは、近代化を進めながらもハンガリーやセルビアを根城とする少数民族の覚醒に苦しみ始めていた。

英国、フランス、オーストリアが主軸だった欧州政治に、新しく割り込んできた勢力がプロセインである。プロセインは、ビスマルクの辣腕でオーストリアを破り（普墺戦争）、次いでフランスを下し（普仏戦争）、ヴェルサイユ宮殿に入城してドイツ統一を宣言した。明治維新の二年後のことである。30年戦争以来、二級国家の地位に甘んじていたドイツは、19世紀初頭にナポレオンの侵攻を受けて、ナショナリズムをたぎらせていたのである。

また17世紀から18世紀にかけて、ピョートル大帝の下、北方大戦争において宿敵スウェーデンを下し、欧州への復帰を遂げていたロシアも、18世紀のエカテリーナ大帝による啓蒙専制君主時代を経て、19世紀後半には北方の大国としての地位を確立していた。

　19世紀後半の欧州権力相関図の作者は、ビスマルクである。ビスマルクは、普仏戦争後のフランスの復讐心を封じ込めるためにロシア、オーストリアと提携し、その結果欧州秩序は、英国が海上で栄光ある孤立を保ち、大陸側ではビスマルクが墺露両国と結んで宿敵フランスを孤立させることで、安定が保たれるという格好となった。陸奥宗光が苦しめられた日清戦争後の三国干渉は、アヘン戦争によって英国が中国を蹂躙し、中国の弱体が明らかになった後、日本に権益をさらわれることを嫌った後発の独露二国が提携し、これに同じく英国に出遅れたフランスが相乗りしたものであろう。

日露戦争と英露関係

　それでは、日露戦争当時のグローバルな情勢はどうなっていたであろうか。当時、ユーラシア大陸全般の情勢を見れば、英露衝突の構図が浮かび上がってくる。ロシアは、トルコを圧し、中央アジア、コーカサスを侵し、中国北部を席巻し、同時に樺太を侵して日本を圧し、南下を続けていた。これに対抗して英国は、インドと香港の権益を守るべくユーラシア大陸の外縁からロシアの南下に対抗した。まずクリミア戦争でトルコを支援し、アフガニスタンを挟んでのグレート・ゲームでロシアを北へ押し上げ、日英同盟で日本を支援したのである。

　この点、明治の思想家である中江兆民は、「要するにプロシアとフランスとはヨーロッパで競り合い、ロシアとイギリスはアジアに進出して優位を争う。これが今日の世界情勢です」(『三酔人経綸問答』洋学博士の言）と極めて正確な理解をしている。

　結局日本とトルコは、英国の世界戦略の恩恵を受けて、ロシアの毒牙をまぬがれたことになる。日露戦争は、朝鮮半島の権益をめぐる日露の激突であり、その結果は日本による韓国併合へとつながっていくが、よ

り広く英露対立の文脈で戦われた戦争であることを忘れてはならない。日英同盟は、敵国が複数になった時の参戦義務と、敵国が単数であった時の中立義務を定めていたので、英国は直接には対露戦に参戦はしなかったが、特にバルティック艦隊が日本に向かった海路では、陰に日向にロシアを苦しめたはずである。

日本と第1次世界大戦

20世紀初頭になると、ハプスブルグ家領であったセルビアでスラブ民族主義が高揚し、スラブ族の宗主をもって任ずるロシアの対墺感情が先鋭化する。その結果、ハプスブルグ家（オーストリア）とロマノフ家（ロシア）の関係が険悪になった。老練なビスマルクを更迭した若きウィルヘルム2世は、オーストリアに肩入れして短兵急にロシアを切り捨て、ロシアの仇敵である老大国オスマン・トルコとの提携を深めていく。

ドイツの急速な台頭に危機感を持った英国は、フランスおよびロシアと提携する。英国は栄光ある孤立を捨て、北アフリカの権益を調整してフランスと手を握り、ユーラシア大陸の要所をめぐって対立しがちであったロシアとも手を握ったのである。これが、第1次世界大戦前の三国同盟と三国協商の対立の図式である。

そしてそれが、サラエボのオーストリア皇太子殺害事件を契機として、第1次世界大戦に発展する。戦争の結果、ドイツ、オーストリア、トルコが敗れ、ハプスブルグ帝国とオスマン帝国は解体された。また、ロシアは革命の混乱に沈むこととなった。

日本は、当初は逡巡したものの、開戦から2年経ってから日英同盟の義務に従って参戦した。すでに、英国には、アジアで台頭する日本に対する警戒心が出はじめていたが、強力なドイツをつぶすために背に腹は代えられなかったのであろう。第1次世界大戦では、マルタ島に基地を置いた日本海軍の第2特務艦隊が地中海で目覚ましい活躍を示し、これが戦後、日本を英仏伊と並ぶ国際連盟四大国の地位に押し上げた。

しかし、当時、日本自身の戦略は、相変わらず中国大陸に目が行っており、秀吉による「大陸進出の夢」以来の狭い枠を超えるものではなかっ

た。日本の積極的な大陸政策は、第1次世界大戦とロシア革命によって欧米の関心が欧州に集中したのを利用したものであった。しかしこの政策は、アジア、特に中国市場の門戸開放を掲げて積極介入姿勢を取った米国と衝突する運命にあったのである。

戦間期における日本の戦略性喪失

　戦間期に国際社会の潮流が大きく変わる。一方で、1899年のハーグ平和会議、ウィルソン米大統領の理想主義、1917年のヴェルサイユ講和会議と続く流れの中で、くっきりと国家間における暴力の規制という考え方が出てくる。戦争の違法化、軍縮、国際人道法、国際司法の流れである。これに強く反発したのが、後発の近代国家であるドイツ、日本、イタリアであった。ドイツ統一は1870年、イタリア統一は1861年、明治維新は1868年である。帝国主義競争に後から参画した国々は、このような新しい流れを「持てる国」による「持たざる国」の封じ込めと受け取った。日本でも1918年に後に首相となる近衛文麿が、「英米本位の平和主義を排す」と題した論文を発表している。またドイツには、強い対独復讐心に彩られたヴェルサイユ体制への反発があったことは疑いがない。

　この頃ロシアは、ロシア革命の急進的イデオロギーのゆえに世界の中で孤立していた。日独伊の三国同盟が、対ソ防共協定として始まったことはよく知られている。しかし、米英という現状維持派の大国と対決するためには、ドイツはソ連と手を握って後顧の憂いを断つ必要があった。そうした事情から、ドイツは旧ソ連と不可侵条約を結んだのである。独ソ不可侵条約の報を聞いて、「欧州情勢は複雑怪奇」と言って平沼騏一郎総理が辞職したが、権力関係の推移を理解していなかったという他はない。日本もその後、松岡洋右外相が日ソ中立条約締結に動いている。

　ただし、日独伊には感情的な英米に対する反感以上に、真の利益の共有などあろうはずもなかった。ソ連も同様である。松岡が演出した三国同盟およびソ連との中立条約は、長期的国益と戦略を忘れた空疎な条約であり、室町戦国時代の武将の約定のような便宜的軍事取り決めの次元を出なかった。こうして第2次世界大戦前には、「持てる国」である米

英仏が連携し、これに反発する「持たざる国」である日独伊が同盟を結び、旧ソ連は日独双方と中立条約を結んで局外に立つ、という図式ができ上がったのである。

二つの致命的な失敗 —— バルバロッサ作戦と真珠湾攻撃

　1939年のナチス・ドイツによるポーランド侵攻で幕を開けた第2次世界大戦では、マジノ線を突破されたフランスがただちに降伏し、英国が窮地に陥る。米国は、依然として国内の強い孤立主義と平和主義のために参戦できず、チャーチル英首相の苦悩は深かったはずである。

　この局面を変えたのは、第1に1941年のドイツによるバルバロッサ作戦である。ナチス・ドイツが独ソ不可侵条約を破って旧ソ連に侵攻したことで、英国は一息つくことができたからである。ドイツが、旧ソ連を戦争に引きずり込めば、戦局が悪化することは誰にでもわかる。敵が増えるからである。古来、二正面作戦が成功することはあまりない。日本は、ここで慎重になるべきであったが、残念ながらナチス・ドイツの華々しい動きに幻惑されて、「バスに乗り遅れるな」という動きに出た。愚かな話である。

　次に局面を変えたのは、同年の日本の真珠湾攻撃である。これによって孤立主義的な世論に悩む米国が、第2次世界大戦に本格的に参入できたからである。この日本の決定は、ドイツとはまともな軍事的連携もなく、中国大陸で泥沼にはまったまま、しかも当時最大級の国力を有していた米英ソをまとめて敵に回すという、戦略的な愚挙としか言いようのないものだった。しかも、第2次世界大戦が始まって2年が経過し、戦局が大きく変転する直前に行われたことである。

　冷静に考えれば、この時、日本中立の戦略的価値は非常に高いものがあったはずである。むしろ三国同盟廃棄を取引材料にして、英国、ソ連、さらには米国の勢力を引き込んで満州統治を国際化し、中国から撤収するくらいの戦略的判断ができていれば、日本は、無傷で第2次世界大戦をすり抜けたかもしれない。もしそうなれば、逆に中国は戦後、租界地を抱え続ける欧州列強と難しい関係を強いられたであろう。中国からの

欧州租界の撤収は、日本が欧州諸国と戦端を開いたために、欧州が日本の敵国である中国に配慮したものだったからである。常に、敵の敵は味方である。

　しかし、ナショナリズムに浮かれた日本には、そのような冷静な判断をする指導者が出ることはなかった。もし、日本が戦勝国あるいは中立国になっていれば、その後の日本は国連安保理に常任議席を占めたであろうし、オホーツク海を半分日本の海として、西太平洋の委任統治地域さえも勢力圏の下に置いたであろう。東京大空襲も、沖縄地上戦も、広島、長崎の悲劇もなかったであろうし、そもそも300万もの同胞が戦争で落命せずにすんだであろう。だが同時に、日本が敗戦を経験しなければ、20世紀後半には、フランコ独裁下のスペインのように、強力な軍部と内務省の下で近代化の遅れに苦しむことになっていたに相違ない。また、強大なソ連陸軍と面した樺太島陸上国境の安全確保や、朝鮮半島での激しい独立運動に国力を消耗し、さらには、誰の核の傘にも頼れないまま、核兵器開発の遅れに焦燥したに違いない。

戦後の戦略環境と日本の選択

　それでは、戦後はどうだったのだろうか。戦後の日本は、冷戦が厳しくなる中で、吉田総理によって、西ドイツと同様に自由主義陣営の中で経済復興を目指す路線が敷かれた。その後、ニクソン政権下でキッシンジャーによる対中国交正常化が動いた時、田中総理も、間髪を入れずに対中国交正常化に動いた。ソ連がアフガニスタンに侵攻し、レーガン大統領が西側の団結を訴えた時、中曽根総理は迷わずに日本は「西側の一員」であると宣言した。優れた総理を得た日本外交は、戦後の節目節目において、正しい判断を下したと言ってよい。

　日本の近代外交史を通観すると、岡崎久彦大使がよく指摘されるように、近代以降の日本の外交政策の大きな軸は、軍国の情熱に浮かされた戦間期を除けば、20世紀前半は英国に、後半は米国に歩調を合わせ、南下するロシアから安全を確保することにあったことがわかる。ロシア革命でソ連が混乱した戦間期の初期を除いて、明治以来21世紀まで、日本

の対外政策は、北方の大国であるロシアを念頭に英国や米国との協調政策によって大きく規定されてきたのである。

外交における原状回復（status quo ante）の法則

　最後に、一言述べておきたい。乱暴な観察であるが、外交の世界では、常に安定を求める力が働くということである。国際的な秩序に、何らかの力が加えられると、物理学で言う反作用が起きる。例えば、ある国が急速に台頭すれば、周りの国が団結する。

　実際、19世紀初頭以来、欧州では順番に現状変更を唱える新興国家が登場し、そのたびごとに周りの国が連携して均衡を回復してきた。まず、大きな人口と高い文化を誇ったフランスが、ナポレオンという軍事的天才を得て一気に台頭しようとし、反仏同盟、反革命勢力として集結した神聖同盟諸国がナポレオンを押しつぶした。

　ドイツ統一後、ビスマルクとヴィルヘルム2世の下でドイツが著しく台頭した時、欧州諸国は新興米国の力を借りてこれを押しつぶした。その後に登場したヒトラーによる狂気の復讐主義も、同様にして叩きつぶした。スターリンが、共産主義を掲げて、巨大な軍事力を盾に共産圏ブロックの中に立てこもった時、米国と欧州諸国を中心とする西側諸国はこれを封じ込めて自壊させた。

　同様に、近代日本がアジア太平洋地域で強大な軍事力を誇示しはじめた時、力をつけつつあった米国が、日英同盟を断ち切って日本を4カ国条約体制に押し込め、日本の満州事変、日華事変、仏印進駐と進むに応じて、アジアの欧州植民帝国とともに対日包囲網を固め、ついには押しつぶしたのである。

　19世紀以降の欧州権力政治を見れば、常に現状維持勢力は大きな犠牲を払って台頭する勢力をいったん押しつぶした上で、現状（status quo）に統合してきたと言える。それが、19世紀から20世紀前半にかけての欧州権力政治の動態であった。敗れた国はその後、先行する集団の後尾に加わっていった。日本も同様である。

　これに対し、英国と米国というアングロサクソン系の国は、賢明にも

常に欧州権力政治の局外に立ち、大陸制覇の夢を持たず、崩れかけた大陸の均衡を元に戻す役割に徹して、自らをつぶすほどの強敵が現れることだけを回避してきた。島国という国民性から来る本能的な戦略なのであろう。日本も見習うべき点があると思う。

地球的規模の権力均衡に目を開く時

　以上のように見てくると、国際関係全体の力関係の推移を把握し、自分がどこに位置するのかを考えながら外交政策を立案することが、いかに重要であるかがわかるであろう。夜郎自大は、古来、外交の世界では嘲笑の的である。自分の重さと軽さをわきまえて、地球の反対側で生起したことが自分にどのような影響を与えるか、常に神経を研ぎ澄ませておかねばならない。

　地球的規模の国力を持ちながら、戦略眼に関しては地域大国の次元を脱していない日本は、地球全体の権力関係を見抜いたり操ったりすることに慣れていない。300年の鎖国の影響もあるのかもしれない。また、比較的孤立した東アジアの戦略環境の中で、1500年もの間、基本的には中国と朝鮮半島だけを見ていればよかったという単純な国際政治観が抜け切らないためかもしれない。さらに言えば、戦後の日米同盟の庇護膜が厚すぎ、心地よすぎて、自分で考えることを放棄しかかっているのかもしれない。しかし日本も、明治時代に複雑な連立方程式の外交に転じてからすでに150年の経験を有している。そろそろ、目が開かれてもよい頃である。

　現在日本は、ロシア、米国、中国の三大国の狭間にいる。また、韓国が急速に力をつけてもいる。このような国際環境は、近代以前にはなかったものである。地域を超えれば、欧州諸国は欧州連合として再生を果たしつつあるし、インドやブラジルはその巨大な姿を見せつつある。この中で日本は、21世紀にどのような構図を築こうとするのか。それが問題である。この点については、第7講、第8講の国際戦略情勢概観の講でさらに詳しく見ていくこととする。

第4講 いかにして繁栄するか

産業国家が近代国際政治の主役である

　二つ目の国益に移ろう。それは、繁栄である。もっと率直に言えば、孔子の言う「食」、食べていくことである。1億3000万近い人口が、飢えずに食べていけるということは、大変なことである。幸いにして日本列島は、もともと温暖な気候と海の幸に恵まれているが、縄文時代中期に稲作が伝来してから日本人は、稲作を中心とした農耕に頼って人口を維持してきた。ちなみに米は、カロリーが高い上に、水田耕作は土壌を肥沃に保ち、何年でも続けて収穫できるという優れた基本食材である。

　農業が主体の時代には、人口の大きさと耕作可能な農地の広さが国力の基礎となる。基本的には、国土の広さよりも人数の足し算で国力が決まると言ってよい。徳川時代の前半、日本の人口は、清（中国）とムガール帝国（インド）に続いて世界第3位であり、徳川幕府自身は気づいていなかったであろうが、実際には大国であった。イスラム帝国の末裔として栄華を誇ったオスマン・トルコや、サファヴィー朝イランといった帝国よりも、日本の人口は多かったのである。当時の日本人の、唐（中国）、天竺（インド）、朝鮮、日本という世界観は、決して辺境のものではなかった。

　しかし、今日の世界で日本が大きく繁栄している理由は、工業化のお陰である。英語では、「industrialization」であり、産業化と訳してもよいが、実際には工業化のことである。18世紀の末に英国で起きた産業革命以降、国力の指標として、農業よりも工業が決定的に意味を持つようになる。工業の世界は掛け算である。産業機械を導入した工場は、田畑とは比較にならない巨富を生み出す。以降、それまで世界の辺境にすぎなかった英国が、世界の富の半分を生むようになる。その後を、フラン

ス、ドイツ、米国、ロシア、日本などが、必死で追いかけることとなった。これらの先発工業国家が、巨大な国力を得て、よくも悪くも19世紀以降、200年にわたって国際政治の枠組みを作ってきた。そして、現在の先進民主主義国家（Ｇ８）となったのである。

　経済力、特に工業力は国力の基礎である。先に、有事には軍事力だけが意味を持つと述べたが、軍事力を拳（こぶし）とすれば、経済力は基礎体力である。たとえ現時点で、強大な軍事力を持っているとしても、経済が停滞すれば、半世紀後には自慢の軍事力も鉄屑の塊になる。技術の進歩は早い。これに追いつくには、軍事研究所だけでは足りない。経済全体の技術水準が低ければ、先端軍事技術レベルを維持することは難しい。

　また、経済成長は急速である。経済規模で抜かれれば、軍事予算規模の点でも抜かれるのは当たり前である。台頭する中国の軍事予算は増え続け、公表ベースですでに６兆円（2008年）に上り、実際にはその２倍、３倍の規模と言われている。経済停滞の続く日本は、このところ５兆円を切っている。経済力は、必ず軍事力の差となって表れる。経済力が、国力の基礎という所以である。

　18世紀後半の工業化の第一波に、唯一アジアから乗り込んだのが日本であった。文明は、決して波紋状には広がらない。技術水準の高いところに飛び火する。鉄砲がまたたく間に室町末期の日本で広まったように、技術力の基礎があるところは、模倣が早い。東アジアは一貫して、数千年にわたる世界史の中で重きを成してきた地域である。その文明の程度は高く、明治期に欧州の先進技術が瞬時にして日本に移植されたのも、さほど不思議はない。

　ただし、なぜ日本だけが、中国や朝鮮半島よりも先んじたのかという点は、実はよくわからない。日本では、馬関戦争や薩英戦争の衝撃で攘夷論が一気に萎み、開国、文明開化、脱亜入欧が決定的な流れになったが、中国、朝鮮では、牢固として完成された儒教社会が新しい技術の導入と、それに伴う社会変革を拒んでしまったということなのかもしれない。

海洋国家の利点とシーレーンやメガ・ポートの重要性

　日本が、工業国家として繁栄するには、いくつかの基本条件がある。次に、この基本的な条件が満たされているか、あるいは、阻害される危険があるかという点を見ていこう。

　第1に、日本列島が、海に向かって開かれていることである。海路は、陸路に比べて、量を運べるという観点からは圧倒的に有利である。特に、石油のように嵩張りしかも水より軽いものを運ぶには、とても便利である。かつ、海には陸上で遭遇する山や河のような、天然の障害がない。海上では、360度、最短コースを結ぶことができる。海とは、実は、人、物、金、情報が大量に行き交う巨大なコミュニケーション媒体なのである。

　海底ケーブルの設置など、海洋の開発はますます進んでいるが、海の主役は今も昔も船舶である。例えば、日本の貿易の9割は海路が占める。空路は、わずか1割にすぎない。また、常に海運との競争を運命づけられているシベリア鉄道は、価格面とサービス面で海運業界に差をつけられ、未だに海運を圧倒したことがない。スエズ運河経由の欧州航路よりも、シベリア横断のほうがはるかに時間的にも距離的にも短いにもかかわらず、である。

　工業地帯は、たいてい臨海地域に発展する。良港がそばにあれば、資源の積み入れや製品の積み出しに便利だからである。内陸国がどれほど不利であるかは、天然資源に恵まれながらその搬出に苦労している中央アジアの国々を見てみればよい。

　しかし、海洋国家にも弱点はある。まず、シーレーンを扼するチョウク・ポイント（隘路）の存在である。日本のシーレーンは、太平洋をまたいで北米大陸へ、あるいは南シナ海からインド洋を抜けてスエズ運河を通り欧州大陸へ、はたまた、南シナ海からインド洋を抜けた後、ホルムズ海峡を通ってペルシャ湾の油田地帯へと向かう。太平洋のシーレーンには、チョウク・ポイントなど存在しようもないが、インド洋経由のシーレーンには、チョウク・ポイントが多い。

このうち、マラッカ海峡とアデン湾を通過する船舶は、長年、海賊に苦しめられてきた。前世紀の末には、マラッカ海峡で年間200件近い海賊による事件があった。今世紀に入ってからは、マラッカ海峡の海賊の出没は年間数十件レベルにまで下がったが、逆にアデン湾のほうは、年間200件を数えるに至っている。

　マラッカ海峡は、シンガポールとインドネシアの間を通る非常に狭い海峡である。実際に、シンガポールに行ってみればすぐにわかるが、目の前の狭い海峡を、何百というタンカーや貨物船が目白押しにゆっくりと通り過ぎていく。その姿は圧巻で、まるで高速道路の交通渋滞を見ているようである。この逃げ場のない狭い海域の中で、夜間に乗じて武装した海賊が襲撃してくる。またマラッカ海峡は、次に述べるアデン湾経由の貨物船とホルムズ海峡経由のタンカーの双方が通る海峡であり、日本にとっては死命線と言ってよい。ここを通れなければ、ロンボク海峡、スンダ海峡と大回りせざるを得なくなり、それは海運業界にとって、大きな損失である。

　アデン湾は、紅海とインド洋とを結ぶバーブアルマンデブ海峡の出口にある。欧州に向かうために、紅海を経てスエズ運河を渡ろうと思えば、必ずアデン湾を通らなければならない。ところが、対岸のアフリカの角にあるソマリアは、長い内乱の後、実効的な政府が成立していない無法地帯である。ここから食い詰めた海賊が出撃してくる。

　現在、国連の要請を受けて、多くの国々が海賊対策に海軍を派遣している。遅ればせながら、日本の海上自衛隊も参加した。日本経済は、東アジア経済の中で、中国経済と並んで突出して大きい。日本は、東アジアと欧州を結ぶシーレーンを最も頻繁に利用する国の一つである。欧州諸国はもとより、中国も韓国も、海軍を投入している。海上自衛隊の派遣は、当然と言わねばならない。

　最後に、ホルムズ海峡である。日本の石油依存度は100％に近いが、そのほとんどが中東産である。ホルムズ海峡が通れなければ、同海峡の外側に港を持っているイランしか石油の供給先はなくなる。ホルムズ海峡での海賊騒動はあまり聞かないが、政情不安な地域である。特に、イ

ランの核開発をめぐり、国連安保理が石油の全面禁輸を課したりすれば、イランが対抗策としてホルムズ海峡を封鎖する恐れがある。そうなれば、日本への石油の道は閉ざされることになる。

また、このようなシーレーンと並んで、各地域にあるメガ・ポートと呼ばれる巨大なハブ港湾の脆弱性も指摘しておかねばならない。故江畑謙介氏が、かつて力説しておられた点である。シンガポールや釜山のようなハブ港湾がテロ攻撃されれば、海運の物流は一気に停滞し得る。そこから仕分けして、域内の各国に貨物が散らばるからである。ちなみに、日本は、震災前の神戸がハブ港湾の役割を果たしていたが、震災後その地位を釜山に奪われている。

最後に、第3講の「日本は海と空を取られたら必ず負ける」でも述べたが、遠洋海軍を擁する国と矛を交える事態になれば、シーレーン上で互いの商船を攻撃することになる。水上艦艇で海上優勢を取れない国は、潜水艦を多用して商船攻撃をかけるであろう。ドイツ軍のUボート作戦がそうであったし、米国も同様の作戦で、第2次世界大戦において日本を兵糧攻めにした。現在、海上自衛隊は、米海軍とともに世界最強の海軍力を構成する。日米海軍に対抗しようとする国は、水上艦同士の海戦を避けて、海の忍者とも言うべき潜水艦を多用することにならざるを得ないであろう。

新興国市場の登場と自由貿易

第2に、世界の中で、自由貿易が広く行われていることである。日本のように、優秀な人材以外にこれと言って資源のない国が、優れた工業製品を作りそれを先進国市場に売りさばいて生きていこうとすれば、自由貿易の原則が守られていることは必須の条件となる。ところが、自由貿易の原則とは、それほど普遍的なものではない。特に、近代において覇権を唱えた北西部欧州諸国（英仏独など）の国々にとっては、そうである。

日本が発展できたのは、比較優位に従って優れた製品を先進国市場に売りさばいてきたからである。日本は、近代化の初期、優秀で廉価な労

働力を駆使し、繊維などの労働集約性の高い製品を作っていた。その後徐々に技術革新を続けて、今では世界で最も高度な技術を駆使した製品を作るようになった。これらの製品も、世界市場で売れなければ意味がない。

世界市場とはこれまで、実質的には北米市場と欧州市場であった。産業革命以降、毎年、世界の富のほとんどを生んできたのは、この二大市場であったからである。現在でも、米国市場や欧州市場の規模は、日本市場よりはるかに大きい。最近、この伝統的な米国市場や欧州市場に、韓国企業や中国企業が参入し、日米欧中韓の企業が鎬を削ってかぎられたパイを食い合う状況になってきている。

冷戦後、共産圏の崩壊と優れた情報技術によって、世界中が単一市場に統合された。グローバリゼーションである。現在、中国、インド、ブラジルといった巨大市場が新たに登場し、世界経済を牽引しはじめた。これは、18世紀末の英国の産業革命から始まった地球的規模の工業化が、最後のフェーズを迎えたことを意味する。今や、工業化した中国やインドなどが、ちょうど70年代に日独経済が米国経済とともに世界経済を牽引したように、世界経済を引っ張りはじめているのである。そして、中印伯などの牽引する世界経済がエネルギー価格を高騰させ、それによってロシアが復活している。

世界経済を見ると、2008年の時点で、ＥＵ27カ国で世界経済（名目GNP）の30％、米国が23％、日本が８％であるのに対し、中国が７％、インドが２％、ブラジルが2.7％、ロシアが2.7％を占めている。これからは、米欧市場のみならず、中印露伯といった新しい大市場に自由に物や技術が売れなければ、日本は生きていけなくなる。

自由な交換行為の倫理性

交換は、人間が考え出した最も優れた経済行為である。文字のない太古の昔から、古代人は優れた鏃や釣針を求めて、長距離を歩いて交換が行われたことがわかっている。特定の優れた能力を持つ者が、他人にできない物を余計に作り、それを交換することによって人間の生活がより

豊かになり、より生存を確たるものにする。そこに、市場原理の根本的な倫理性がある。自由な交換が保障されれば、市場が適正な価格形成によって、資源の最適配分を実現してくれる。市場では、買い手の必要性の度合いと売り手の供給能力の程度に応じて価格が決まる、というのが市場原理の根幹だからである。少なくとも、理屈の上ではそうなっている。そして、原則としてそれは正しい。

　だが、現実の世界はそう単純ではない。まず、潜在的な能力はあっても、先発国家の産業に後発国の産業が圧倒されてしまえば、産業を興す芽自体が摘まれてしまう。したがって、少なくとも産業が育ちはじめているうちは、保護主義が認められるという主張がある。後発の近代国家に多く見られる主張である。

　しかしながら、そもそも他人より優れた物が作れるようにならなければ、保護主義を取る意味はない。その是非を判断するのも、実は市場の力である。ある国が、現在、他人より優れた物を作っているとしても、その比較優位は永遠に続くものではない。例えば、日本を含む多くの後発近代国家では、工業化の初期段階において、優秀で廉価な労働力をもって競争力を支えてきた。しかし経済力の向上に従って、労賃は必ず上がる。その結果、資本は廉価な労働力を求めて海外に流出する。追い上げる国々に資本が集まり、技術が移転し、先進国では産業の空洞化が始まる。そこで生き残るには、新しい比較優位分野を探すしかない。それが自由競争の要請である。

　自由貿易制度は、決して普遍的な制度でも、万古不変の制度でもない。近代欧州諸国の中で自由貿易を正面から唱えたのは、工業力で圧倒的な国力を得た英国である。しかし英国の自由貿易論も、1929年の大恐慌で一気に萎み、世界はブロック経済化する。後発の日本は、廉価な綿製品などが、大英帝国をはじめとする大規模経済圏から閉め出されて、苦しむことになった。現在の自由貿易制度は、米国が主導してできたものである。その背景には、第2次世界大戦を無傷で抜け出した米国経済の圧倒的な強さがある。米国が、技術革新をもって、次々と新しい地平を開き続け、リーダーシップとその裏づけとなるダイナミズムをもって自由

貿易にコミットしたことは、自由貿易を命綱とする日本にとっては僥倖としか言いようがない。

　もとより、市場経済も万能ではない。競争は格差を生む。富の偏在が固定化されて格差が構造化し、社会的流動性が奪われれば、社会は不安定化する。なぜなら、能力に応じた正当な報酬という勤労の基礎倫理が失われ、不公正な社会が現出したと考えられるようになるからである。特に、社会全体が底上げされている間は不満が出にくいが、社会の底上げに失敗して格差が上下両方向に開きはじめると、不安定化の速度は速まる。近代化や工業化の初めは、特にそうである。社会主義や急進的な共産主義は、ここから生まれた。現在、共産主義に基づく計画経済を放棄したロシアや中国が、資本主義化を進め格差に悩みはじめているのは、歴史の皮肉と言うしかない。

エネルギー資源の偏在と資源ナショナリズム

　第3に、資源の確保である。特に、エネルギー資源の確保である。自由貿易があり、先進国市場や中国、インド市場が開かれていれば日本は安泰かと言うと、そうではない。資源、特にエネルギー資源が手に入らなければ万事休す、である。エネルギー安全保障の基本は、世界経済が市場経済原理に従って健全かつ持続的に発展することにある。資源は、市場原理に従って、より高い付加価値をつけてくれるところへ流れていく。戦後日本の成長を支えたのは、中東からほぼ無制約に流入した廉価な原油であり、またオーストラリア、カナダ、インドネシアといった資源大国からの資源輸入であった。

　しかし、エネルギー安全保障という言葉が示す通り、市場原理をゆがめる多くの要因があり得ることには留意を要する。残念ながら、エネルギー資源は偏って存在している。化石燃料のうち、石油は圧倒的に中東地域に偏在している。天然ガスは、ロシア、イラン、カタール、アルジェリア、トルクメニスタンなどに偏在している。

　太陽光、風力、潮力など、環境に優しいエネルギー源が開発されていることは喜ばしいが、今世紀は、石油、天然ガス、原子力の3本柱が、

世界経済のエネルギー源となることは間違いない。産業革命以降、19世紀の間は石炭が、20世紀に入っては石油が、そして、20世紀後半からは原子力と天然ガスが、石油とともにエネルギー資源の主役の座を占めてきた。産業革命以降原子力の登場まで、エネルギーの歴史は、化石燃料時代と言ってもよい。原子力を含めて、この200年のエネルギー革命を牽引したのは、地球的規模での工業化を主導した欧米主要国であった。

　欧米諸国が主導してきたエネルギーの世界を揺るがせたのは、新興独立諸国による資源ナショナリズムであった。かつて19世紀には、植民地主義が横行し、宗主国であった欧州の企業などは、植民地の資源を収奪し、あるいは廉価に買い叩くことが可能であった。その間、植民地の人々は、当然強い反発を感じていた。

　20世紀中葉の資源ナショナリズムは、次々と独立した多くのアジア、アフリカ諸国の、旧植民地住民の中にマグマのように溜まっていた恨みが噴き出したものである。それ自体は、不可避の流れであったと言える。多くの資源関連の企業が、新興独立国政府によって国有化された。石油メジャーの保有する油田の多くは、現地で国有化された。

　資源ナショナリズムが、日本を含む先進国に大きな政治力を見せつけたのは、1970年代にOPECが団結し、石油価格をつり上げた時である。その後、ホメイニ師の主導したイラン革命が勃発し、結局日本は、2度の石油危機に見舞われた。売り手が偏っている以上、一定程度寡占の力が働くことは市場の力学上、仕方がない面もあるが、急激な価格上昇は先進国経済を混乱させる。

　現在でも、石油や天然ガスの埋蔵量の多い国の中で、ロシア、イラン、ベネズエラなどが、反米という政治的軸でまとまったりする。またロシアには、豊かな資源を政治力に転化し、外交の道具にしようという魂胆がうかがえる。ただし、幸いなことに今のところ、彼らだけでは世界的規模での価格操作の力は小さい。

政治的に不安定な中東地域

　また、資源の偏在は、政治的文脈で突発する紛争が、突然、世界経済

に大きな影響を与える危険があることを意味する。特に中東地域は、世界の石油の大部分を埋蔵しているが、もともと古代アケメネス朝以来の典雅な文明を誇るアーリア系のイラン人、イスラム教の正統を自認するアラブ人（サウジ・アラビアやエジプトなど）、北方騎馬民族の流れを組み、中国新疆ウィグルから中央アジア、コーカサス地方に広がるチュルク族の盟主を自認するトルコ人という三大民族が織りなす三国志さながらの世界であって、紛争の種には事欠かない。また、同じイスラム教の中でも、シーア派のイランと、スンニ派のアラブ（特に、対岸のサウジ・アラビア）という対立軸もある。ここにユダヤ教のイスラエルとの対立軸が加わる。この複雑な中東地域は、第1次世界大戦後、オスマン帝国によって維持されていた秩序が破壊されて以来、誰も安定させることができないのである。

　地政学的に重要で、かつエネルギー資源の宝庫である中東地域は、域外の諸大国も放ってはおかない。彼らの利益や思惑も大きくかかわってくる。域外の大国として、まずイスラエル・ロビーの圧力を受けながらも、伝統的なサウジ・アラビアとの関係を軸に世界石油市場への影響力を確保したい、米国の思惑がある。次に、オスマン・トルコ崩壊に乗じ、委任統治地域経営を通じて勢力を伸ばした英国、フランスの影響力も残っている。さらにまた、英国のインド統治以来、アフガニスタンの北側に押し上げられていたロシアは、常に中東への影響力確保を狙っている。ただし、植民地帝国としての命運の尽きた英仏両国の力はかぎられており、現在のロシアも、アラブ・ナショナリズムと反シオニズムを利用して米国に対抗した、冷戦中のような力はない。

　現在、中東地域に大きな影響力を有しているのは、米国だけである。この米国に対して、多くの国の国民が、鬱屈した反植民地感情がからんだナショナリズムの矛先を向けている。米国の力が突出する中で、戦後一貫した流れであった反植民地主義の矛先は、英国やフランスから米国に向かいはじめたのである。これからは、さらに民主化の胎動が、中東地域や北アフリカ地域を大きく変えていく可能性もある。

　このような中東情勢の中で、戦後、スエズ動乱、累次の中東戦争、パ

レスチナ紛争が起き、イラン革命があり、イラクとイランが矛を交え、さらにはイラクによるクウェート侵攻が起きた。今は、イランの核開発が大きな問題となっている。また、パレスチナの地方政治に根を下ろしたハマスや、イランとの関係の深いレバノンのヒズボラなど、正規軍として戦えない人々が地下に潜ってテロリズムに手を染めている。最も衝撃的であったのは、アフガニスタンのタリバーンに庇護されたアル・カイーダである。彼らは、米国本土で、9.11同時多発テロ事件を引き起こし、日本人を含む数千人の命を奪った。その後米国は、アフガニスタンを武力攻撃してタリバーン政権を倒し、またイラクのフセイン政権も打倒した。このように、20世紀後半の中東地域は、混乱、戦乱に明け暮れた。

石油備蓄、エネルギー資源および輸入元多角化の戦略性

　先進国は、1970年代の石油危機の教訓に学んで石油の戦略的備蓄を始めた。日本も3カ月分の石油が備蓄されている。中国も、急ピッチで石油の戦略的備蓄を開始している。

　また、多くの先進国がリスク分散の観点から、エネルギー資源の多様化とエネルギー輸入元の多角化戦略を取っている。日本の石油輸入が中東に偏っているのは、中東の石油に硫黄分が多く、そのために廉価だからである。日本の石油業界は、脱硫装置に大規模投資しており、硫黄分の少ない高価な（英語で「sweet」と呼ばれる）石油よりも、安い中東の石油を買う傾向にある。エネルギー輸入元の多角化は、リスク分散の費用が余計にかかることに留意を要する。

投機マネーによるエネルギー価格の高騰

　エネルギー市場には、資源市場撹乱要因として、資源の偏在という問題に加えて投資マネーの存在がある。これは市場機能をゆがめるというよりも、むしろ市場経済の行きすぎが問題を起こす例である。国際金融危機以前、バブル・マネーが世界中を駆け巡っていた頃、中印経済の成長をあてにした大量の投機マネーが石油市場などの資源市場に流入した。レバレッジという高度な金融技術で実勢をはるかに超えて膨れ上

がった投機マネーは、またたく間に石油の値段をバレル当たり150ドルに押し上げた。冷戦終了時、バレル当たり10ドル程度まで下がったことを思えば、文字通り、ロケット並みの上昇である。

　国際総金融資産は、金融バブル崩壊前は1京数千兆円とも言われた。その一部が、数百兆円規模で流動化して国際金融市場を駆け巡る。巨額の利潤につられて、民間のファンドだけでなく国家が運営する主権ファンドまでもが現れた。国際金融市場の規模に対して、商品市場の規模は小さい。石油市場といえども、バレル60ドルで換算して、約10兆円規模の市場である。投機マネーの奔流が流入すれば、すぐに沸騰する。

　技術の粋を凝らした金融工学は、不良債権をミンチ状にして優良債権と混ぜて売るところまで進んだ。信用が限界まで膨らんだところで、米住宅市場の底が抜けた。市場の復讐である。その結果、国際的な信用の収縮が起こり、世界規模で金融危機が到来した。

　巨額のバブル・マネーは消えたが、年金ファンドなど、伝統的で健全な金融資産は数千兆円の単位で残っている。世界経済が復調すれば、一定の資金は再び先物を含めて資源市場やエネルギー市場に向かうはずである。今後、エネルギー価格は、先物市場を中心にある程度の高止まりを続けるであろう。

国際エネルギー市場の安定こそ日本の国益

　以上、エネルギー市場の攪乱要因と、それへの対策を見てきた。エネルギー安全保障の基本的考え方は、国際エネルギー市場を正常に機能させることであるとわかるだろう。世界各地でのエネルギー争奪戦が新聞各紙を賑わせている。それはそれで正しいのだが、日本としては、さらにその一つ上に国際エネルギー市場の安定という国益があることを忘れてはならない。

　現在、世界的経済低迷を背景に、エネルギー資源価格はある程度の落ち着きを見せてはいるが、今後の世界エネルギー市場の動向はどうなるのだろうか。需要と供給について、それぞれの逼迫要因や緩和要因を見てみよう。

需要側の関数として、逼迫要因としては、中国、インドに代表される新興工業国家の経済成長があるが、緩和要因としては、先進国および新興工業国のエネルギー効率の上昇、太陽光、風力などの再利用可能エネルギー源へのシフトなどが、ある程度効いてくるであろう。

供給側の関数として、まず緩和要因には、サウジ・アラビアに比肩する巨大産油国としてイラクが復活することが大きい。イラク復活には、「真打ち登場」と言ってよいくらいのインパクトがある。次いで、新規の油田・ガス田の開発などがある。石油やガス田の埋蔵量は、いつかかぎりが来る（peak out）とはいえ、未だに新規探査の結果、大きく伸びることが多い。また、技術が向上すれば、これまで探鉱できなかった地層へも石油開発の手が伸びる。

さらには、石油価格が上昇すると、カナダのオイル・サンドのようにこれまで顧みられなかった場所にある資源が採算に乗るようになる。天然ガスも、これまで利用できなかったシェール・ガスが新規技術によって利用可能になったりする。ただし、技術革新による新規開発は費用が嵩むので、エネルギー価格は、一層押し上げられることになる。

総じて言えば、今後、当分の間、エネルギー価格は徐々に上昇するであろうし、石油価格は、先物価格も含めて、ある程度高止まりの傾向を見せるであろう。しかし、枯渇によってパニックを引き起こすような需給関係にはならない、と言えるのではないだろうか。

なお、エネルギー問題に関心のある方には十市勉氏の名著『エネルギー地政学』（産経新聞出版）を参照して頂きたい。

原子力の平和利用と核不拡散の努力

エネルギーとの関連で、最後に原子力について触れておく。原子力は、20世紀に入ってから実用化されたエネルギーである。原子力は、核兵器と切り離すことができない。この点、特殊なエネルギーである。

当初、英国のチャーチルなど、主要国の指導者は原子力の威力に驚き、原子力を制する者が20世紀後半を制すると考えた。そのため、その管理が、20世紀中葉に大きな国際問題となった。最初に核兵器を開発したの

は米国である。そして、最初に使われたのが、日本の広島と長崎であった。途中まで米国についていった英国は、米国に振り落とされて自前の核兵器を開発する。ロシアは、徹底した情報収集によって、英米両国に追いついた。この3か国が核先進国である。60年代に入ると、フランスと中国が追いつく。中国の核実験は1964年で、東京オリンピックの年である。

　ここで、安保理の常任理事国すべてが核保有国となり、それ以降の核拡散を止めねばならないという考えが力を得て、核不拡散体制（NPT体制）が構築された。1968年のことである。この体制の下では、核兵器保有国以外の加盟国の核保有が禁止され（水平不拡散）、核保有国の核軍縮が奨励され（垂直不拡散）、核保有国の非核保有国への核不使用が宣誓された。インドは、これにわずか遅れて74年に核実験に成功した。インドは、爾来、核不拡散体制の外側に立ち続け、98年に再度核実験に踏み切った。

　この核不拡散体制の下で、非核兵器保有国となることに同意した国々は、どのようにして原子力を平和目的に利用すればよいのか。あるいは逆に、非核兵器保有国が秘密裏に核兵器を開発することを、どのようにして阻止すればよいのか、といった問題を解決するために作られたのがウィーンに本部を置く国際原子力機関（IAEA）である。IAEAは、原子力の番人とも呼ばれる。現在、事務局長は、天野之弥大使が務めている。IAEAは、加盟国の原子力利用を厳しい査察制度の下に置き、地球上のすべての核物質の動きをフォローして、核物質が兵器に転用されないよう、厳しい監視の目を光らせている。

　旧敵国であった日本とドイツによる原子力の平和利用は、非常に厳しい監視の下に置かれた。ドイツは、環境政策とのからみもあり、1998年に将来、原子力発電から撤退することを決定した。日本は、厳しい査察に半世紀耐えて、現在では非核兵器国でありながら、唯一、原子力サイクルを保有する国となっている。日本では時折、核兵器を保有すべしという非現実的な議論が飛び出すが、こうした議論は、米英仏露中といった戦勝連合国が取り仕切る核の世界で、強い猜疑心を向けられながらも

平和利用に徹して、原子力の火を日本に灯し続けた原子力関係者の血のにじむような努力を無視していると言わざるを得ない。

今後は、気候変動問題に関する意識が高まるので、当然さらなる原子力へのシフトが課題となる。燃料のウランとて無限にあるわけではなく、国際金融危機前には、ウラン市場は原油市場と同様に急騰した。しかし、石油や天然ガスに比してウランの明らかな利点は、二酸化炭素を排出しないことである。二酸化炭素増加による地球温暖化と放射性有害廃棄物の処理問題とを秤にかければ、原子力のほうが害が小さいという議論には説得力がある。これまで有害廃棄物の処理をめぐって頑強に原子力発電に反対していた「グリーン・ピース」のような環境団体さえ、この頃は原子力発電を応援しはじめた。

これから、中国、インドはもとより、他の途上国も含めて、大規模な原子力発電所の増設が行われる。そこで、いくつかの重要な問題が出てくる。

第1に、原子炉の安全性の問題である。チェルノブイリ原子力発電所で起きたような事故を再び起こしてはならない。

第2に、原子炉の安全性の問題に加えて、核拡散問題が出てくる。原子力発電所が増えれば増えるほど、そこから核物質が流出する可能性が高くなる。これまでに、NPTに未加入のインドとパキスタンが核兵器保有に踏み切り、NPT加盟国であった北朝鮮もNPT脱退を宣言して核兵器保有に踏み切った。現代の戦略兵器である核兵器の誘惑は、途上国の中にまだ根強く残っている。また、国家だけではなくテロリストにとっても、核兵器や有害な放射性物質は垂涎の的であろう。

第3に、核関連技術拡散に関連して、ウラン濃縮問題がある。濃縮技術は、核拡散との関連で最も微妙な問題である。平和利用目的のためには、低濃度の濃縮ウランで十分であるが、兵器に利用できるようにするには、高濃度にせねばならない。しかし、ウランを濃縮する技術自体は同じなのである。したがって、ウラン濃縮技術が拡散すれば、それだけ核兵器への転用の危険が高まる。

今後、気候変動問題やエネルギー安全保障のために、多くの途上国を

含めて、世界中で原子力発電所が増設されることになる。その時、原子力発電を導入する国が、濃縮を核兵器保有国に依頼すればよいが、自力で濃縮をさせるとなると、核兵器製造技術の拡散が懸念される。イランのウラン濃縮は、過去の申告漏れなどもあり、このような観点から重大視されているのである。現在、濃縮作業や燃料補給を核兵器保有国が独占するという試みが核兵器保有国を中心に打ち出されているが、途上国側には反発がある。

ちなみに日本は、安保理常任理事国（P5）以外で唯一、完全な核燃料サイクルを有している国であるが、非核兵器国であり、その濃縮能力は極めてかぎられている。これに対し、例えば過去に大量の核兵器を生産してきたロシアは、大きなウラン濃縮の余剰能力を有している。

減りはじめた日本の人口

第4に、日本の人口規模である。人口は、国力の源泉である。日本の人口は、英仏などの欧州諸国の約2倍である。生活水準が同じになれば、国民総生産の規模が2倍になるのは当然である。日本は、英仏の経済規模を早くも1960年代に抜き去ったが、ちょうど経済規模が2倍になったくらいのところで、スローダウンが始まっている。人口の減少は、市場規模の縮小、購買力の縮小、労働力の縮小を意味する。

人口が減るという現象は、開闢以来である。といっても、それは多くの欧州先発近代国家を襲った近代病であり、近代国家がほぼ間違いなく、通らねばならない道でもある。

人口の増減の本当の理由はよくわからない。人口曲線は、一定期間シャーレに入れた細菌の繁殖曲線と同じように、必ずS字型になると言われている。何らかの事情で、ある集団の生存条件が著しく有利になった時に、新しい条件が許す最適規模にまで人口は増大するのであろう。集団の肥大化はやがて、生活環境が許容する規模を超える。生存を脅かすまでに集団の規模が大きくなれば、今度は逆に、集団を小さくしようとする本能が働くのである。したがって、人口曲線はS字型になる。細菌の繁殖モデルが人間社会に当てはまるという科学的実証はないが、多

くの場合、人口曲線はS字型を繰り返しているという。

　日本人は、明治時代に3000万人の規模であった。第2次世界大戦で300万人を失ったとはいえ、敗戦当時の日本人口は、7000万人を超えていた。現在の人口は、1億2700万である。21世紀に入って明らかになったことは、縄文時代以来一貫して増えてきた日本の人口が、減りはじめたということであり、それも急激に減っているということである。その一方で寿命は延びているから、人口ピラミッドは、ペンシル型でさえなく下が細くなる紡錘状になると言われている。

　各種統計によると、2050年には1億人を切ると言われている。それは、日本がこれから、毎年十万の単位で人口が減っていくことを意味する。これは、中規模の地方都市が毎年消えていくのに等しい。

　21世紀の国際社会では、1億という人口は、大国として認められる最低限の市場規模であろう。人口減少は、市場の縮小、労働力の減少を意味する。工業化した人口大国としては、欧州連合の5億、米国の3億、中国の13億、インドの10億といったところが挙げられる。これらの国々が、今世紀の第一級の大国となる。

　人口1億を切った日本が、今世紀後半、第一級の大国の列に伍すことは難しい。日本はやがて、工業化の進む5億のASEANや、南北統一後に北朝鮮の人口増加で総人口を1億近くに増やすであろう統一朝鮮や、1億4000万のロシアなどと肩を並べ、第2列の大国群に落ちていくというシナリオがあるが、あながち的外れとは言えない。

　今後、人口の減る日本にとって、女性や高齢者による労働力の活性化と、少子化対策および移民政策が、真剣な政策的検討の対象となるべきである。現在、日本政府は、乱暴に言うと「技能労働者の入国は認めるが、単純労働者は入国させない」という方針を取っている。例外は、中国人研修生とブラジルなどの日系人だけである。

　単純労働者の大量規模移民については、後述の産業空洞化による雇用問題との関係で慎重に検討する必要があるが、少なくとももう少し積極的に移民に門戸を開放してもよいのではないか。世界中、どの時代の、どこの帝国を見ても、世界の富を集約した国は、必ず周辺から最も優れ

た人材を集め、それによってさらに国を発展させている。自分だけが孤立して繁栄し続けようとする国は、必ず衰退する。

　もとより移民には、日本社会への統合のコストがかかる。コストを払わずに移民を入れれば、地域住民との摩擦も増える。彼らから税金を取る以上、彼らの統合コストは払わねばならない。

　アジアの国々で最も優秀な若い人たちが、日本で働きたいと夢見るような国になることが必要である。アジアの優秀な若者たちが日本に憧れるようになれば、それは、日本の経済力のみならず政治力にも反映されるであろう。アジアの優秀な若者を活用しようとしなければ、日本は衰退するだけである。

産業空洞化への対処

　第5に、産業基盤である。日本経済は、廉価で優秀な労働力が支えてきた。特に、中小企業の熟練労働者の技術水準は、世界の中でも群を抜く。彼らが、日本経済の底辺でその技術的基盤を支えてきたと言っても過言ではない。しかし最近は、産業の空洞化が深刻となってきている。資本は、廉価で優秀な労働力を求める。経済が成長し労賃が上がると、必ず外国へ流出する。特に、労働集約性の高い製品の場合はそうである。それは、自由競争原理のなせる業であり、如何ともしがたい。部品の組み立てなら、熟練工でなくても誰でもできる。かくいう日本もまた、繊維、造船、鉄鋼、自動車といった順番に、英仏独などの国々を追い抜いてきたのである。

　今後、生き残る日本企業は、日本市場、北米市場、欧州市場に加えて、中国、インドという巨大新興工業国家の市場に食い込める企業である。先進国では普通のクラスで、中国やインドではちょっと高級といったクラスの製品を、世界中のすべての市場で一気に売りさばく規模と能力のある企業だけが生き残るであろう。どんどん狭くなる日本市場で、日本人しか関心を示さないような技術革新に巨額の開発費を投入しているような会社には先がない。例えば、非常に高度に発展した日本の携帯電話を見ていると、ガラパゴス島に棲むカメか、トカゲを見ているようであ

る。これからは、むしろユニクロのように全世界を相手にするしか、生き残る方法はないのである。特に、労働集約性の高い製品では当然、生産拠点が労賃の安い国に移ることになるので、日本の産業はますます空洞化する。進出企業の利益は、円に兌換されて日本に持ち込まれるかもしれないが、日本に雇用は生まれない。日本に雇用を生むためには、「物造り奨励」だけでは限界がある。

　日本より100年近く早く工業化を遂げた英国は、1980年代に英国病にかかって衰亡した後、製造業に見切りをつけて、金融と北海油田に再生の道を見出した。しかし、日本にその真似はできない。日本の金融業界は、規模は大きいが、護送船団方式と言われた強い規制の中で守られてきたせいもあり、国際的な競争力に乏しい。そもそも日本の銀行界はいわゆる産業金融が中心であって、リスクを取って投機したり、マネー・ゲームに興じる風土がない。だから日本には、英国のように、シティのような国際金融の中心ができないのである。ましてや日本には、北海油田のような油田があるわけでもない。

　欧州諸国全体を見れば、彼らは、欧州統合に生き残る道を見出した。5億の消費者を抱える洗練された巨大市場の誕生は、多くの欧州企業に再生のチャンスを与えた。市場規模だけではない。統合に付随して、多くのビジネスが増える。例えば、エラスムス計画の下で学生が、欧州中の大学を転々としながら単位を合算して卒業できるという仕組みは、それだけで宿舎や交通機関に関連する新しいビジネスを生む。日本は、残念ながら周りに、欧州共同体のようにすぐにでも統合のパートナーとなれる国が存在しない。環太平洋戦略的経済連携協定（TPP）や韓国との連携強化や、米国との連携強化は、真剣に検討されなくてはならない。

　これから、日本の成長戦略をどう考えればよいのだろうか。これまでの国債に依存したバラ撒き政策は限界に近づきつつある。ちなみに日本政府は、敗戦から1964年の東京オリンピックまで、ほとんど借金をしていない。65年からバブル経済崩壊の95年までに200兆円の借金をした。それは、高度経済成長のインフラを整えるために必要な投資であった。しかし、バブル崩壊後の96年から今までに400兆円の借金をし、地方の

借金を加えると総額で860兆円の額に上る。これはGNPの2倍に相当し、国民の金融資産の大部分に相当する。

　日本の国債は、日本人が買っているから、金利も日本人の懐に入るので問題はないという議論があるが、世代間の不公平を無視した議論である。借金をして逃げ切る世代とそれを背負う次の世代の間には、明らかな不公平があるからである。そもそも税収が37兆円しかないのに90兆円を超える予算を組み、44兆円を国債という借金でまかなうというのは、やはり健全な財政とは言えない。古今東西、錬金術はあり得ない。日本の国債だけが、錬金術として成功するはずはない。

　一方、これからの成長分野を考えれば、まず環境技術関係の事業がある。環境技術の分野は、世界的にも新しく伸びる分野であろう。環境に加えて、2030年に35％の人口が65歳を超えると言われている国内では、高齢者福祉関連の分野が大きくなることは間違いない。

　また、経済産業省は日本産業再生のために、国際競争力を持ちながら、未だ十分能力を国際的に活用していない分野として、水、原子力、送電線、新幹線などを挙げている。これまで、国や地方公共団体が担ったり国内にのみ目を向けていた分野である。日本はこれらの技術をもって外に出て戦う必要がある。関心のある方は、経済産業省の産業構造審議会産業競争力部会の報告書「産業構造ビジョン2010」を見られるとよい。経済産業省の畏友、柳瀬唯夫大臣官房総務課長（当時産業再生課長）がとりまとめた刺激に満ちた報告書である。

　日本の産業はこれから、環境技術を含めて、トヨタやユニクロのように地球的規模で展開する大企業と、国内の環境、福祉関連などの需要に対応して成長していく企業に分化していくのかもしれない。前者の戦線で戦うためには、英語や中国語の堪能な国際的に通用する人材を揃えなければならない。そのためにも、日本の若者を内向きにせず、欧米市場はもとより、中国やインドの市場で国際的に戦えるように育てることが重要である。

　同時に、国内で十分な雇用を確保するには、これまでの製造業だけではなく、福祉関連のサービス業を充実させていくことを考えねばならな

いであろう。これから高齢者人口の規模が大きくなるが、彼らは基本的に社会的弱者である。働ける人には働く機会を与え、働けなくなった人々も安心して暮らせる国を作る必要がある。日本の後を追って、アジアの国々が高齢化する。日本が近代化、工業化で手本を示したように、高齢化においても、立派にアジアの国々から尊敬されるような国作りをしなければならない。

日本は破綻するか

　最近、「日本破綻」という言葉を聞くようになった。人口減少や産業空洞化が進み、成長戦略が見えない中で、財政赤字だけが膨大に膨らんでいく。このままいけば日本も、ギリシャのように破綻するのではないかという議論である。少し大げさではあるが、現実味のない議論ではない。

　2010年度、日本の予算規模は92兆円である。前述のように、このうち37兆円が税収で、44兆円が公債金の収入である。平成に入ってから、税収と歳出の格差がどんどん開いてきた。現在、国と地方の借金残高は約860兆円であり、GNPの200％である。こんな国は世界にない。財政規律劣等生のイタリアでさえ130％未満であり、G7の他の国は100％を切っている。

　フローで見ても、政府は今年度、税収より2割も多い金額を借金している。こんなことは、第2次世界大戦の敗戦当時以来のことである。敗戦の年、日本は税収の1.5倍の国債を発行した。日露戦争の時でさえ、国債発行は税収の4分の1であった。戦後、吉田総理が、軍備を切り詰めて経済復興に集中するという戦後経済成長の路線をしいたが、今は、どんなに軍備を切り詰めても第2次世界大戦敗戦当時と同じような借金をしなければならなくなっている。これは、吉田ドクトリンの破綻という次元を通り越して、そろそろ亡国に近い。

　財政をいくら切り詰めても、1兆円、2兆円を削減することは容易ではない。公務員60万人の人件費にしても5兆円にすぎない。自衛官、警官を含めて無償のボランティアに切り替えても、5兆円の倹約にしかな

らない。歳出の半分は、国債費（22％）であり社会保障費（30％）である。地方交付税等交付金（19％）がこれに続き、悪玉にされている公共事業費（6％）、教育費（6％）、防衛費（5％）の比重は、思ったほど大きいわけではない。ODAなど、数字にも出てこない規模である。だからと言って、国債費と社会保障費は切れない。特に、少子高齢化のあおりで、社会保障費が毎年5％増えていく。

　日本破綻のシナリオは二つある。一つは、日本の財政規律にマーケットが不信感を抱き、日本の公債を売り浴びせることである。しかし、日本の国公債の多くは国民が保有しているので、外国投資家が一気に売り浴びせるというようなことはあり得ない。

　もう一つのシナリオは、日本国内で国公債が売れなくなることである。例えば、現在日本の国債の多くは郵便貯金と簡保が持っている。640兆円の普通国債残高のうち、郵貯と簡保が220兆円を引き受けている。郵貯と簡保の資産残高は280兆円である。国民総資産は1400兆円と言われており、住宅ローンなどの借金を差し引くとネットで1000兆円となる。その中の860兆円が国と地方の借金総額であるとすれば、国民からの借金の余力は、早晩つきる。

　消費税を上げればよいという議論を聞くが、消費税も万能ではない。現在、5％の消費税で消費税収入は10兆円である。消費税を10％にしても、所詮10兆円増にしかならない。毎年40兆円以上の借金をこしらえている政府にとって、消費税増税は万能薬とはとうてい言えないのである。

　もし、国内市場で国債が売れ残ればどうなるか。利率を上げて買ってもらうしかない。国債価格は暴落し、利率が跳ね上がる。現在、640兆円の普通国債残高で、利回りが1％程度である。これがギリシャの国債のように利回りが高騰すれば、90兆円規模の日本の財政は破綻する。また、国債を抱えている市中銀行は、国債価格の暴落によって含み資産が減少し、軒並み経営が著しく悪化することになるであろう。最後に泣くのは預金者である。これが日本破綻のシナリオである。

　これを回避する方策は、現在行われている「行政のむだ撲滅」を続けると同時に、やはり消費税をできるだけ早く上げるしかない。逆進性を

緩和する複数税率で、食糧などの生活必需品を低税率に抑え、その他、すべての消費財の税率を上げていくしかない。とりあえず10％、しかし最終的には25％を超えるであろう。といっても、それは欧州並みになるだけのことである。欧州諸国の付加価値税税率は20％が普通である。高福祉を求めるのであれば、高負担となる。当たり前のことである。

このままいけば、団塊の世代が逃げ切って、その負担と日本破綻のすべてのリスクを人口減少に悩む次世代につけを回すことになる。消費税率上昇は、避けられない施策である。消費税を上げるのが遅れれば遅れるほど、次世代の負担は重くなるのである。

気候変動問題への対応

最後に、気候変動問題を取り上げよう。環境は、21世紀の人類社会が取り組む重大課題である。無限にある物は、政治活動や経済活動の対象にならない。歴史的にも、例えば水問題は、日本のみならず世界各地で血を流す争いを生んできたが、太陽光や空気などが紛争の種となったことはない。気温もそうである。しかし、人類の産業活動が地球の気温を変える規模にまで達した時、大気の温度は、政治活動や経済活動の対象となる希少な物へと転換したのである。政治活動、経済活動の根源は、人間の良心である。生命維持の本能が、私たちの理性に対応を迫っている。気候変動問題は、英国によって安全保障問題であるとの位置づけさえ与えられた。

実際、このまま二酸化炭素が増え続けて地球の気温が上昇すると、海岸線が上昇して多くの臨海部の土地が消え、コモロなどの島嶼国は海没すると言われている。すでに、南極大陸、北極海、ヒマラヤなどの山塊などにある氷河や氷塊が融け出している。アル・ゴア元米副大統領の「不都合な真実」という映画を見た人は、この問題の大きさを理解していると思う。

地球環境の保全は、オゾン層の破壊などから注目されはじめ、現在では問題が発生する前から手を打てという「予防原則」とともに、大きな国際的な流れとなっている。最も大きな問題は、最大の二酸化炭素発生

国である米国、中国などの扱いである。米国は、ロシアと並んで広大な土地に膨大な資源を有し、かつ活力あふれる経済を誇る国である。当然、エネルギー消費量は大きく、かつエネルギー効率は低い。中国は、インドと同様に、これから世界史的規模で工業化を推し進める国である。エネルギー効率の低いのは当然であるが、それを強制的に改善しろと言われると、自らの成長に足かせをはめられると感じてしまう。

　こうした米露中印伯といった国々を、環境先進国の日欧諸国がどれほど引っ張っていけるかが勝負となる。この組み合わせは、力学的には容易ではない。今後とも厳しい交渉が続くであろう。

第5講 価値観を守るとはどういうことか

価値観のない国家などあり得ない

　価値観の議論に移ろう。孔子の言う「信」である。価値観のない人間はいない。「自分は何のために生きているのか」ということを考えない人はいないはずだ。「君は何のために生きているのか」と問われて、ハッとしない人はいないであろう。人間は、正しいと信じるもののために生きる。それが、良心に従って生きるということである。国家もまた、正しいと信じるもののために生きる。

　価値観のない人間があり得ないように、価値観のない国家もあり得ない。

　この講では、第1に、なぜ価値観を守るのかということを考えよう。第2に、日本における外交論議に、なぜ価値観の議論が欠落しているのかを考えてみよう。そして、第3に、国家による価値観の議論の危険について考えよう。それでは、まず軍国時代の日本人が、なぜ300万人の命を失うまで国家主義に陶酔したのかを分析し、そうならないためにはどうしたらよいのかを考え、その上で次の第6講において、日本人の価値観の内容を見ていくこととしよう。

なぜ、価値観を守るのか

　それではまず、なぜ価値観を守らねばならないのかを考えよう。なぜ、価値観を国益として守らねばならないのだろうか。そもそも、価値観を守るとはどういうことだろうか。価値観といった抽象的なものを、本当に命をかけて守る必要があるのだろうか。答えは、「ある」である。その理由を説明しよう。

　第1に、価値観とは倫理を核としており、それは群れで生きる人間が

生存を図る手段だからである。第1講の内容を思い出してほしい。人は、群れで種の生存を確保しようとする。種としての生存を確保するために与えられた、最も重要な機能が良心である。種としての生存を確保するために良心が下す善悪の判断は、倫理の言葉となって共有され、それが踏み固められて信条（belief）となり、信条が体系化されて価値観（value system）となる。

したがって、優れた価値観、倫理を持っている人間集団は、生存能力が高い。生命力が強いのである。国家も同じである。価値観は、国力の重要な一部を構成するのである。逆に、価値観を失えば、倫理体系が崩れ、人間の集団が崩れる。人は「群れ」で生きることをやめれば、弱い動物である。個体で野生の世界に戻れば、生きていけない。

価値観を守ることの意味がわかってもらえただろうか。価値観を守るとは、価値観として言葉に表されている倫理的な信条体系が支えている実体、すなわち倫理体系が支えている平穏で幸福な人間社会そのものを守るということであり、すなわち現在と未来の社会構成員の「命」を守ることである。その信条を生むのは良心である。繰り返すが、良心は人類の種としての生存本能に根ざしている。だから、価値観を守ることが必要なのである。武力も富も、社会を守る手段である。しかし、武力と富を失っても、とりあえず社会は存続し得る。だが、価値観がなくなれば、その社会自体がなくなる。社会構成員を結びつけている倫理のきずなが断たれるからである。それは、その集団の崩壊に直結する。

価値観の抹殺も「ジェノサイド」である

実際に、一個の民族が持つ倫理体系全体を抹消しようとするようなことがあるのであろうか。それは、現実に存在する。ジェノサイド（民族抹消）の一種と考えられている。

かつてヒトラーは、ユダヤ民族を物理的に消すことを考えついた。その結果、600万人のユダヤ人が死んだ。軍民を合わせた日本の戦争犠牲者の2倍の数である。その多くはドイツ人であり、みな民間人であった。しかし、民族の抹消とは、このような物理的な構成員の大量殺害だけで

はない。

　民族の記憶を消し、その伝統や価値観を消すことも、やはりジェノサイドである。実際に、ジェノサイド条約にはそのような定義がある。例えば、特定民族の子供を隔離して他民族の中に放り込み、そこで思春期を過ごさせて民族の記憶を消すことも、ジェノサイドとされる。

　それは、その民族が良心に導かれてたどってきた「善の探究」にかかわる軌跡を消すということであり、長い歴史の中で結晶させてきた信条、価値観、突き詰めれば生存のための知恵の結晶を消すということである。そうすれば、民族は個々の人間の集まりに戻る。人は、団結するからこそ生命力が強い。武田信玄ではないが、人は石垣である。ところが、集団をまとめている価値観が消え去れば、人は一粒一粒がバラバラで、風が吹けばどこにでも飛びさすらう砂塵のようになる。それは、人間に与えられた群生の生存本能を破壊することである。このようにして、民族は消える。孤立した個体としての人間は、生存のための生命力が弱い。

　良心と知恵の結合が、個々の人間である。ならば、集団的良心と倫理史・精神史の結合こそ民族であろう。歴史を消せば、民族は消える。それもまた、立派なジェノサイドなのである。

「兵」よりも、「食」よりも「民の信」

　第3講でも引用したが、論語の中で、政治の要諦を問われた孔子は、「兵を足らし、食を足らし、民をして之を信ぜしむ」と述べている（「子貢問政、子曰足食足兵、使民信之」論語・顔淵篇）。その上で、どうしようもない時に、何から順に捨てるべきかと問われて、まず「兵を去らん」と述べる。さらに孔子は、「食」を取るか「信」を取るかという段になれば、たとえ飢え死にしても民の信だけは捨てられない（「自古皆死、民無信不立」同上）と続けている。

　「民の信」とはすなわち、仁政への信である。孔子の言う仁政とは、良心の照射に耐える倫理体系が生命力を持っている政治社会である。倫理ある社会だけは死んでも捨てないという言葉は、穏やかな孔子らしからぬ、非常に激しい言葉である。

「7つの衰なき法」

　また原始仏典には、釈尊の「7つの衰なき法」（『大般涅槃経』）が残されている。古代インドの大国であるマガダ国のアジャータシャトル国王から、ヴァルシャカーラ大臣を通じて、共和制を取るヴァッジ族を滅ぼしたいと相談された釈尊は、7つ事例を引いて、ヴァッジ族は隆盛する民であり、攻めてはならないと説いた。7つの事例の冒頭に、第1にヴァッジ族がよく集会し話し合う民であること、第2にヴァッジ族がよく団結する民であることが挙げられている。それ以外の例とは、法の支配があること、老人がよく養われていること、略奪婚が存在しないこと、お寺が守られていること、宗教家が正しく遇されていることなどであり、ヴァッジ族が倫理的に良質であることを示すものである。

　釈尊の「7つの衰なき法」は、集団の生命力、団結の強さは、その集団の倫理性に大きく依存していることを示しているのである。

国家の掲げる価値観は、政治力に直結する

　価値観を守る第2の理由は、国家の掲げる価値観は、そのままその国の政治力に結びつくからである。思想や信条の力を侮ってはいけない。日本はサムライの国で、尚武の気風が強く、力を尊ぶ傾向があるが、人を最後に動かすのは暴力ではない。また、戦後、日本人が崇拝したお金でもない。暴力とお金を使って人を動かすのでは、やくざと変わらない。人が人を動かす最も優れた道具は、言葉である。言葉の力こそ、政治力である。政治力こそ、国力の最も重要な要素である。残念ながらそれは、戦後、幻想の世界に引きこもった日本に最も欠けている力である。

　歴史を動かしてきたのは、軍事力と経済力だけではない。思想の力がある。歴史を振り返ってみても、欧州近代史の節目には、必ず大きな思想的激動があった。ルターやカルヴァンの宗教改革が、17世紀にウェストファリア体制を建てた30年戦争や英国の清教徒革命を引き起こした。清教徒革命の混乱は、短期的な反動期を経て、英国に名誉革命を生む。名誉革命に正統性を与えたロックの啓蒙思想が、フランスでルソーやモ

ンテスキューによって急進化され、18世紀の末以降、フランス革命を引き起こし、ナポレオン戦争を引き起こし、またその反動である神聖同盟を呼び寄せた。そして、清教徒は新大陸に渡って植民地を興し、やがてそれが啓蒙思想に鼓吹されたアメリカ合衆国の独立へとつながる。さらに19世紀に入ると、産業社会の生んだ社会格差から生まれた共産主義思想が、ロシア革命を引き起こし中華人民共和国を建て、20世紀後半には半世紀にわたる冷戦が生じたのである。

　世界の覇権を握った近代欧州諸国の中でも、その初期に新大陸の破壊・略奪とアジア貿易への参入で巨利を上げ、欧州発展の基礎を築いたスペインやポルトガルが忘れ去られ、あるいは冷戦中に超大国と言われたロシアの政治的影響力が薄れ去ったにもかかわらず、なぜ国力の落ちた英国やフランスに政治的指導力が残っているのか。それは、彼らが現代社会の倫理的基礎となっている自由、人権、民主主義といった啓蒙思想を生み出し、依然としてその事実を上手に政治力に転化しているからである。

　20世紀後半には、素朴な啓蒙主義の理念を国際社会で鼓吹し、民主主義制度や市場原理を国際社会に持ち込んだ米国が世界のリーダーとなった。米国のリーダーシップは、決して傑出した軍事力や経済力だけに拠るのではない。米国が掲げた政治理念の力（power of ideas）が大きいのである。逆に、20世紀に日本が世界政治を引っ張っていけず、また21世紀の中国が同様に世界政治のリーダーと言われていないのは、倫理面におけるリーダーシップがないからである。

東アジア史における力と道徳の関係

　もとより、東アジアの歴史においても思想の力は大きい。東アジアにおける中国の優越を支えてきたのは、中国の軍事力ではなく、中国文明の力である。東アジアの基本的な戦略構図は、万里の長城を挟んで、南に守りの漢民族があり、北に攻めの騎馬民族があるというものである。軍事的に優れているのは、常に騎馬を乗りこなし、騎上から弓を自在に射ることのできた北方騎馬民族のほうであった。当時の騎馬兵と歩兵で

は、今日の戦車と歩兵くらいの差がある。

　実際、鉄砲が出てくる前に勢力を誇ったのは、マムルークにせよセルジュークにせよ、満州平野、モンゴル高原から中央アジアを通り、キプチャック草原を駆け抜ける遊牧民族出身の騎馬軍人である。彼ら以上に、軍事的才能に長けた人々はいなかったのである。したがって、中国の築いた万里の長城は、何度も乗り越えられている。隋朝、唐朝の創建者も万里の長城を越えてきた鮮卑の出身である可能性があるし、元朝や清朝はもともと騎馬民族による征服王朝である。

　しかし、漢民族が優れているのは、軍事よりも文明である。中国は、肥沃な中原から生まれた豊かな物質的文明だけではなく、儒教、道教、あるいはインドから輸入した仏教など、卓越した深い精神文明を育んでいた。中国は、キリスト教や仏教やイスラム教など、普遍的な人類宗教を生むことこそなかったが、北東アジアにおいて、倫理の源となる考え方を育む大きな泉であり続けた。

　それゆえに、結局、万里の長城を越えて中原に乱入した北方諸民族は、ことごとく中国文明に感化され、漢民族の中に溶解した。中国は、北方民族に何度も征服されたにもかかわらず、常に東アジア文明の中心であり続けた。現在、中国周辺において数千万人以上の単位で残っている大民族と言えば、日本、朝鮮、ベトナムであるが、それらの国もやはり、中国から漢籍を輸入し、それぞれが大乗仏教と儒教の深い影響を受けている。

日本の国際政治論における倫理の欠落

　さて次の問題に移ろう。価値観に関連する第2の問題は、なぜ日本の外交論議には、倫理や価値観の議論が欠落しているのかということである。

　残念ながら日本では、軍事や外交を議論する際に、倫理や価値観の議論が消えてしまう。価値観とは、良心を基底に置いた信条の体系であり、倫理体系である。ハンス・モーゲンソーの『国際政治』（福村書店）やE.H.カーの『危機の二十年』（岩波書店）など、国際政治の基本的な教科

書を読んでもらえばわかるが、国際政治の道徳的側面や倫理的成熟をどう見るかという点が、必ず議論されている。

ところが日本では、戦後の平和主義以外には、これといった倫理や価値に関する議論がない。倫理は、人間の根本である。倫理を欠いた社会はない。人間に最も重要なものである。だから、それを価値と呼ぶ。にもかかわらず日本では、国際社会全体を貫く倫理という議論が極めて少ない。だから、外交論議に価値観の議論が欠落するのである。これは、明治以来の奇妙な現象であって、日本の外交論調に関する根本的な思惟の欠陥と呼んでよい。それは、なぜだろうか。

弱肉強食だった帝国主義時代の経験

第1の理由は、18世紀末以降から19世紀にかけて明治日本が飛び込んだ、国際関係で生じた倫理の後退である。世に言う帝国主義時代である。

詳しくは、「第10講　国際社会の倫理的成熟（2）──19世紀以後の倫理の退潮と再生」で述べることとするが、19世紀は、工業化した一握りの国々が圧倒的国力を背景に地球的規模で強制的に国際秩序を組み替えた時代であり、アジア、アフリカにおける既存の秩序が崩れ去り、力が倫理を圧倒した時代であった。

19世紀には、米国および英仏独といった北西部の欧州国家が、産業の力によって巨大な国力を持つこととなった。人類史において工業の始まりは、青銅器から鉄器へ、騎兵から鉄砲隊へと時代が変わったのと同じくらいの衝撃であった。産業社会の登場は、国際政治情勢を書き換えるものであった。近代欧州国家は、これまでの老大国である清朝やサファヴィー朝イラン、オスマン帝国、徳川日本といった農業中心の大国の力を、一気に抜き去る国力を得た。

実際、エリザベス1世時代には見向きもされなかった小さな島国である英国が、産業革命を経てヴィクトリア女王時代には、インドを併合する世界帝国にのし上がったのである。もし聚楽第に遊ぶ淀君が、石造りの粗末な城の中に棲むエリザベス1世を見たとすれば、あまりの質素さに哀れんだであろう。しかし、岩倉使節団の見たヴィクトリア女王は、

すでに日本人が仰ぎ見る存在であった。産業革命後わずか半世紀で、彼我の国力の差は天と地ほどにも開いたのである。

これが、工業化の恐ろしさである。工業化は、子供の成長に似ている。大人になってしまえば大差がないにもかかわらず、成長期の子供は、たった４、５年違うだけで、知能も体格も格段に差がつく。産業国家と農業国家では、工業化の始まりが数十年違うだけで、決定的に国力に差がつくのである。

欧州列強の国力が絶頂になった19世紀には、近代国家が、猛獣のように「弱肉強食」の争いを地球的規模で繰り広げるようになった。東洋の倫理社会は、西洋の力の前にひれ伏し、国際的次元において倫理は後退した。この地球的規模の権力闘争において、主体は欧州列強などの近代国家群、客体はそれ以外の大陸にあるすべての文明、国家、民族であった。広まりつつあった啓蒙思想の新思想も国際法も、欧米とラテン・アメリカのキリスト教圏にのみ適用された。アジアやアフリカの人々が持っていたはずの人権も主権も、文明の優越、人種的優越といった勝手な論理の下で、ことごとく蹂躙されたのである。

19世紀と言えば、日本では、ちょうど倒幕・維新といった内戦を経て、明治新政府が立ち上がった頃である。日本は、近代国家として目が開いた瞬間に、まさに佳境に入った「弱肉強食」の帝国主義競争に飛び入り参加したことになる。

実際、ベルリンでビスマルクと面会した遣欧使節団に対し、ビスマルクが「国際法などというものは列国の権利を保全する法典と言われるが、大国は自分に都合のよいときにだけこれを守り、自分に都合が悪くなるとすぐに兵を繰り出すのであって、決して常に守られているわけではない。小国は、国際法を一生懸命守ることによって自らの権利を守ろうとするが、大国が武威に訴えて蹂躙すれば、とてもかなうものではない」と述べている（『米欧回覧実記』第３巻・岩波文庫、現代語訳著者）。

国際社会においては、法や倫理など通用しないと喝破したビスマルクの話を聞いて、遣欧使節団の面々は、激しい幕末の戦いや室町の戦国時代を思い出したに相違ない。流動化する幕藩体制の下、各藩が独自に動

いた幕末を生き抜いた志士たちには、ウェストファリア型の権力均衡の世界は、かえってわかりやすかったのかもしれない。

「弱肉強食」の帝国主義時代に日本人が抱いた印象は、まさに「天下無道」であった。「勝てば官軍」の世界である。力と富が、すべてを決する世界である。富国強兵、殖産興業が国是となる19世紀の帝国主義時代に、「世の中こんなものだ」と思い込んだのである。ここに、近代日本の国際政治論に、倫理が欠落している最大の理由がある。

残念ながら、欧米列強に囲まれて総毛立った当時の日本人には、「倫理の欠落した人間社会などあり得ない。いつか、お天道様から大きなしっぺ返しを食らうであろう」といったごく普通の理性が働かなかった。第1次世界大戦における大量殺戮の後、欧州人がようやく理性と倫理を取り戻し、また米国のウィルソン大統領が平和や民族自決という新しい理想を説きはじめた時、日本人はこの「英米本位の平和主義」を排した。

また、アジア、アフリカの民を苦しめた植民地化に対しても、「真の人類愛に戻れ」という叫びは、日本からは聞かれず、むしろ逆に、アジアの一大植民帝国となることを目指したのである。真の人類愛の訴えのような人類史に残るメッセージは、20世紀中盤におけるガンジーの登場を待たねばならなかった。

日本における唯一の例外は、吉田松陰である。儒者である松陰は、昨今の「強兵富国の風潮を見るに、王道の欠片もなし」（『講孟箚記』講談社学術文庫）と断じて、嘆いている。松陰が学んだ孟子は、力による覇権ではなく、仁政による王道を教える。変動期には、人間の生存本能が活性化し、その時に必ず良心が活性化する。良心を活性化させた人たちが思想家と呼ばれ、彼らが新しい社会を作る。鎌倉時代の日蓮しかり。幕末の松陰しかりである。

松陰の理想は、王道をもって西欧列強に対抗することであった。松陰は、中国戦国時代の孟子のように、仁政をもって世界を帰順させることができると考えたのである。日蓮を流罪にした鎌倉幕府は北条時宗の才覚でかろうじて元寇を乗り切ったが、松陰を斬首した後の近代日本は、ひたすら覇道に走って、帝国崩落に向かって突き進んだ。松陰の言う王

道を忘れたからである。

戦後日本における「国家からの逃避」

　日本外交において倫理の議論が欠落する第2の理由は、戦後日本人の一部に見られる「国家からの逃避」とでも呼ぶべき心理現象である。戦後の日本人の一部には、価値観の問題に国家が介入すること自体を強く忌避する傾向がある。それは、国歌や国旗が嫌いだというのと同根である。

　「国家からの逃避」の心理が、外交の次元で倫理を語ることを妨げている。それは、国家が価値観を語ることだからである。かつて麻生総理が、「自由と繁栄の弧」という外交理念を打ち出して、国民から大きな反響を受けたが、「中国封じ込め」と勘違いした中国研究者などから批判が出たのはともかくとして、戦後、自由や民主主義を熱心に主張していたリベラル派からも強い批判が出たのには驚かされた。ある主要紙は、日本は価値観を主張するような国ではない、とまで社説に書いた。それでは、戦後半世紀の間、日本のマスメディアが口を酸っぱくして主張してきた、基本的人権や民主主義とは、一体何だったと言うのだろう。

　この問題は、政策問題と考えるとわかりにくい。戦前の過剰な国家主義に起因する心の傷が、国家が価値観を云々すること自体に拒絶反応を示していると考えると理解しやすい。その心の傷とは、第2講で説明した、軍国時代の自己陶酔から来る心の傷（トラウマ）である。ここから戦前の自己からの逃避や戦前と戦後の自己が乖離する現象が生まれる。

　戦後世代にとって、軍国時代の陶酔は、未だに原因のはっきりしない異常心理のようにとらえられており、それゆえ軍国日本の否定は全面的となる。中には、軍隊や国家そのものまでを否定するという、やや極端な傾向を見せる者もいる。戦時中、多くの日本人が軍国日本に陶酔したという経験が、強い恐怖となって彼らの中には残っているのである。

　しかし、国家は存在するし、国家が人間の集団であるかぎり、人間の良心は働き、善悪の判断基準が作り上げられ、それを集大成した価値観が存在する。日本人がヒトであるかぎり、その社会的習性からは逃れよ

うもない。価値観を象徴するものが、国家統合の象徴となる。それらすべてを否定することは、それ自体、アナキズムに近い極端な価値観でしかない。そして、その心の底に、戦前の日本からの逃避衝動があるかぎり、永遠に自分から逃げ続け、一種のアナキズムの穴の中に引きこもって暮らすしかなくなる。それは結局、自分自身に対する自信の喪失や、客観的な自己（アイデンティティ）の喪失に陥ることになる。アナキズムは、ニヒリズムに通底するからである。その暗い穴の奥には、救いがない。

最近、司馬遼太郎の『坂の上の雲』が再び読み返されているのは、日本人に自分の過去を素直に眺める余裕が出てきたからではないだろうか。人間にはみな、よいところもあれば悪いところもある。成功もあれば失敗したこともある。それを知的に再構築して未来への教訓を汲むことが、他の動物にはない人間の強みである。自己逃避からは何も生まれない。新しい日本の価値観の構築は、おそらく団塊の世代を大きく下った今の若者たちの世代の仕事となるのであろう。

価値観を守るとは、突き詰めれば「命」を守ることである

それでは、価値観に関する第3の議論に移ろう。ここで、国家が価値観の議論を操ることの危険について指摘しておきたい。価値観を守るということは、「命」を守ることであって、その逆ではない。このことは、私たち自身が昭和前期の軍国時代を思い出す時、必ず汲み取らなくてはならない教訓である。

私たちが価値観を守るということは、言葉に表された信条体系としての価値観や、さらにはそれを象徴している観念や人物を守ることではない。その後ろにある実体、すなわち特定の倫理体系の下で動いている社会とその社会の中にある現在と未来の「命」を守ることを意味する。

『オックスフォード英英辞典』を見ると、価値観［values（複数）］とは、「善悪の判断あるいは人生において大切なものは何かということに関する信条」と記されている。それは、私たちが第1講で見てきたように、良心の働きによる善悪の判断結果が集大成されたものと考えてよい。

価値観とは、良心の紡ぎ出す「言葉で織り成された」信条体系なのである。

　ここで重要なことは、だからと言って言葉にしがみついてはいけないということである。言葉の世界はあくまで虚像にすぎず、実体は人間社会そのものだからである。良心は、人間の種としての生存本能から出てくる機能であり、それは「命」を次の世代につなぎ渡す機能である。良心は「命」をつなぐために、人間の魂の底でうごめき、人間の意識を刺激して言葉を吐かせ続ける。その言葉が信条となり、価値観となり、人間の社会を支えているのである。価値観を守ると言って、人々の「命」を傷つけ、集団の存続を危うくするようなことがあるとすれば、それはまさに本末転倒である。

　しかし、古今東西、人間は多くの過ちを犯してきた。価値観とは、所詮、言葉にすぎないのに、人間は往々にして価値観それ自体や、価値観を象徴する人や物を守ることが最も重要だと誤解してきた。その結果、人間は、しばしば価値観を守ろうとするあまり、本来守らねばならない社会構成員の「命」を危うくさせ、ひいては集団全体の生存をも危うくしてきたのである。善とは何かを見失えば、魔に魅入られるのである。

　政治は、価値観なしでは運営できない。いかなる社会にも、価値観を操るリーダーがいる。古代には、宗教的指導者と世俗の権力者がいた。世俗化が進んだ現代では、世俗の権力者が主流である。

　権力とは何であろうか。権力とは、宗教的なものであれ世俗のものであれ、人間集団に与えられた群生の本能の一部である。人間は、集団で生き、統率者を選ぶ。多くの者が、自発的に統率者のリーダーシップを受け入れる。リーダーの統率力と従う者の自発的な服従が、権力の本質である。権力の本質とは、決して一方的な強制と暴力ではない。それは群生の人間が、種として生存を続けるための本能の一部である。権力とは、社会構成員の幸福のために神から与えられた生物的機能なのである。それを忘れて権力を自己目的化するために知性が権力を飾りはじめると、価値観の議論が魔にはまることになる。

　特に近代化の過程では、近代的国民国家統合の過程で、国民統合のシ

ンボルを持ち出さねばならない。国民統合のためのエネルギーが、ナショナリズムとなって噴出し、様々な思想の奔流が現れる。この激動の過程で、価値観の定義を誤ると、国を誤ることになる。政治の中で価値観をどう扱うかは、最も重要で、最も難しい政治家の課題の一つである。しかし社会が変動する時期には、価値観の問題に取り組むことこそが、政治家の最も重要な仕事なのである。政治がそこから逃避することは許されない。

神格化の誤謬

　価値観の議論が、良心から切り離されて政治に持ち込まれると、大きな弊害が生じる。その例を見てみよう。まず、政治や統治に神や神格化を持ち出すと、大きな間違いを犯すことが多い。神は絶対であり、清く純粋であるが、権力は相対的であり、また狡猾で冷酷で腐敗するからである。神権政治や、最高指導者を神格化することの恐ろしさは、神を語る権力が腐敗するというだけではない。さらなる危険は、権力が、神の名の下に安易に集団の構成員に犠牲を強いることである。神は絶対である。それゆえに、良心が求める「命」の保全という最も重要な要請が二の次になる。それは最大の誤謬であり、最大の冒涜である。

　日本でも、戦前は天皇が神格化された。明治政府が天皇制を興した時は、天皇は絶対的存在ではなかった。昭和前期に絶対天皇制が生まれ、その国家のあり方が「国体」と呼ばれ、ほぼ無限に国民の命を犠牲にしてでも守るべきものとされた。その結果、日本人だけで、300万人が死んだ。300万という数の同朋の死は、日本民族が犯した最大の誤謬である。明治の礎となった幕末の思想家・吉田松陰は、天皇の神格化を、王朝末期に現れる疾病であるとして批判し、幕末の志士たちに天皇を神格化しないよう厳しく戒めていた（『講孟箚記』）。噛みしめるべき卓見であり、日本人が、第2次世界大戦の経験から汲み取るべき教訓の第1はここにある。

　神権政治は過去の遺物ではない。イランでは、油田開発により急速な近代化が進む過程で、1970年代に市民革命が勃発した。贅を尽くした専

制君主のシャーに、国民が反発したのである。それ自体は、民主化への大きな一歩として評価できる。しかし不幸なことに、50年代にM16とCIAがアングロ・イラニアン石油の国有化をめぐって、モザデク左派政権を倒壊に追いつめたと言われている事件で、イラン人の反植民地主義や反英米感情が一貫して先鋭化していた。そうした中でのイラン市民革命は、米欧に範を取った穏健な世俗主義に向かわず、また歴史的な仇敵であり、すでに退廃の兆しのあったロシア共産主義にも向かわず、伝統回帰の強いうねりの中でイスラム宗教革命へと転じ、卓越したホメイニ師を得て神権政治が実現した。イランの宗教回帰は、近代的イラン国民のアイデンティティとの関連でとらえる必要がある。そうでなければ、なぜイラン人が、市民のレベルでは親米なのかが理解できないであろう。

また、旧ソ連、中国、北朝鮮、トルクメニスタンなどでは、宗教は否定されていたが、指導者を崇めるあまり、国中に指導者の銅像を建てたり写真を飾ったり壮大な廟を建てたりして、神格化に近いところまで進む現象が見られた。もとより、偉人の銅像はどこにでもある。ワシントンでも、米議会を見据えるパンテオン風の建物の中に、巨大なリンカーン像が鎮座している。偉大な指導者を忘れないというのは人間の本能であり、それ自体は普通のことであるが、それが極端に進むと、神格化という珍奇な現象が始まることに、常に注意する必要がある。

統合の象徴としての指導者

次に、王家の血統を引く人物を君主として国家統合の象徴とすることは、今でも多くの国で見られることである。その場合国王は、その国の最高善、公共善の象徴とされる。価値観とは、突き詰めれば倫理であり、倫理とは善悪の判断と異ならない以上、それは当然のことである。

国王には、その国の国民が長い歴史の中で培ってきた倫理ある社会生活と生存のための知恵の総体や、それを具現しているはずの現代社会のよいところをすべて象徴することが期待される。それは、共に生きていこうとしてまとまっている国民が仰ぎ見る象徴であり、決して神ではない。あくまでも国民が合意した憲法によって規律される、立憲君主制下

の君主である。現在の象徴天皇制と戦前の神格化された天皇制の相違は、ここにある。天皇神格化を経験した日本人は、「人間天皇」という言葉の重みを知らねばならない。

　もとより、共和制における大統領も、最高位にある指導者であり、統合の象徴としての機能を果たしている。選ばれた指導者は、世襲の指導者と異なり、統合の象徴にはならないというわけではない。米国の大統領は、日本の天皇陛下と総理大臣を合わせたような高い権威をもって国民統合の象徴となっている。これは米国民が、4年ごとの選挙における国民的フィーヴァーを経て、「自らの手で大統領を選んだ」という実感があるからであろう。

統合の象徴としての理念

　18世紀の末に共和制に移行したフランスや生まれながらの共和国である米国は、自由や民主主義といった理念や原理を統合の象徴としている。多くの国の憲法は、啓蒙思想を下敷きにしたものが多い。啓蒙思想は、ルソーに代表されるように、社会構成員の選択と同意によって権力が成立していると考えるので、守っているのは理念それ自体ではなく、その理念によって支えられている社会であり、社会構成員の平穏で幸福な生活であり、畢竟、その「命」であるということに気がつきやすい。「何のための政府か」と、常に国民と政府の双方が自問自答するからである。

　後に詳しく述べるが、近代欧州諸国に発展した啓蒙思想は、専制君主に対し、正統な権力の淵源が国民にあることを認識させるために生まれた思想である。このような考え方が浸透すると、統治者も被統治者においても、良心が活性化され政治的に覚醒しやすい。米国が、移民国家でありながら国民国家として強力な求心力を保ち、北米大陸で最も成功した国となったのは、このあたりに理由があるのだろう。

思想の急進化とその危険

　しかし、理念を統合の中心に置いても、神権政治と同様の過ちが生じ得ないとは言えない。それは、第1講で述べたように、思想や原理が急

進化しすぎて、良心の輝きと切り離された場合に起きる。19世紀後半や20世紀前半に近代化した多くの国々に見られるように、急進化した思想が強力な運動論やイデオロギーとして登場する時は、特に危険である。

　穏健な経験主義から切り離されて、人間社会それ自体を一つの実験材料として社会を作り直そうとする試みは、本来、クローン人間を作り出そうとする試みと同様、神慮への挑戦である。実際、革命的状況においては、強大な権力を持った指導者が、傲慢にも巨大な犠牲を払うことをも厭わないと思うことがある。ヒトラー、スターリン、毛沢東、ポル・ポトたちは、みな限られた人智に拠って、ゼロから新しい社会を構想しようとし、しかもそれを強引に実現しようとして、膨大な数の犠牲者を出した。

　良心の光に照らされない思想は、そもそも善とは無縁であり、逆に巨悪となる危険を常に秘めている。社会の現実に個々人の良心が反応し、言葉が生まれ、それが信条や価値観として共有されて、社会の中でゆっくりと凝固していくことが最も望ましい。それが、穏健な経験主義である。しかし、往々にして社会が流動化すると、経験主義が急進的運動論に取って代わられることが起きる。人類の歴史を紐解けば、天災による犠牲者の数よりも、政治的過ちによる犠牲者の数のほうが、桁外れに大きいことがわかるであろう。どんな大地震や大津波でも、100万人の単位で人は死なない。19世紀以降の人類史が示すように、革命や戦争を通じて、実際に数千万人の人間が死んだのである。

自らの良心の声を聞くには、どうすればよいのか

　さて、良心という言葉を連発してきたが、読者からすれば、良心の声を聞くにはどのようにすればよいのかと聞きたくなるであろう。それは、なかなか容易なことではない。古今の天才的宗教家、哲学者が努力を重ねてきた難問である。

　トルストイは、晩年の創作民話『人は何で生きるか』（岩波文庫）の中で、おもしろい話をしている。

　神の命に背いた堕天使ミハエルが、神から3つの謎を与えられて地上

に落とされる。「人は何を与えられているか」「人は何を与えられていないか」「人は何で生きるか」という3つの問いである。ミハエルは、人間には愛が与えられており、しかし人間には、自分たちが愛によって生きていることを知る力が与えられていないということに気づく。ミハイルは、にもかかわらず人は愛を知り、愛によって生きていることを悟る。

トルストイは、許されて天に戻るミハエルに「愛こそ神である」と言わせている。トルストイの言う愛を知り、神を知るということが、良心を活性化させることである。しかしトルストイは、人は愛によって生きるということを知る力が与えられていないと言う。では、どうすればよいのか。

良心とは、機能であって、言葉ではない。一言で、良心とは何かと問われても答えられない。道元禅師は『正法眼蔵』の中で、悟りを開いても再び迷うと言っている。だから、人生は最後まで修行なのである。良心とは実は、静的な心の状態を指すのではなく、機能を指す。環境が変われば、再び良心が活性化する。その反応も変わる。では、虚飾と既成概念を取り払い、利己的で雑多な欲望を払いのけて、常に良心からの純粋なメッセージを言葉に移すようにするにはどうしたらよいのであろうか。すなわち、どうすれば素手で裸の良心をすくい取ることができるのだろうか。

こういう話をしても、若い読者には、ただちにピンと来ないかもしれない。人間は、時間をかけて倫理的に成熟するからである。若い生命力にあふれた人たちは、むしろ知性によって世の中を理解しようとする。しかし、知性だけでは道徳感情は把握できない。あわせて、直感の働きが必要なのである。良心の「きらめき」をとらえる必要があるからである。直感は、経験によって磨かれる。

例えば、若者たちがこれから結婚し、愛する人や生まれてくる子供たちを守り、社会の中で一定の役割を果たして老いた両親を支えるようになれば、必ず心の深奥から滲み出てくる感情がある。それが、良心から出る感情のエネルギーであり、人間としての倫理感情とか道徳感情と呼ばれるものである。その流れは、年を取るにつれて、一貫して太くなる。

もとより、年を取ればよいというものではない。知的な努力が必要である。直感のひらめきをぼうっとして待っていても、むだに白髪になるだけである。書物を読み、古今の聖人や偉人の言動に親しみ、どういう場面でどういう倫理感情が込み上げてくるかということを知る努力をしなければならない。それは、人間だけに許された特権である。社会は移ろうが、人のDNAは数万年単位でないと変わらない。良心の遺伝子工学的構造は同じである。したがって、若い人たちの良心が紡ぎ出す言葉は、必ず誰かがかつて似たような状況で口にした言葉である。東西の古典は、良心のきらめきをとらえるための、最良の道具なのである。
　といっても、膨大な哲学や宗教の体系書を読めと言っているわけではない。やはり、読み継がれている古典がよい。特に、人類の歴史に巨大な足跡を残した聖人や偉人の実際の言行録がよい。仏教でもキリスト教でもイスラム教でも、最高の聖典は宗祖による生の言葉である。それは、アンソロジーのような言葉の断片を集めたものである。
　どのような宗教でも、まず宗祖の言葉の断片を拾い集め、それに詳しい解説が付されるようになり、さらにそれを集大成するかたちで教義の体系書が出てくる。このうち解説や教義体系は、時代に応じて廃れ変わっていくが、宗祖の言葉は変わらない。良心に一番近い言葉だから、時代が変わっても輝きは変わらないのである。それは、時代に合わせていく度も再解釈され、受け継がれていく。そのたびに、新しい解説や体系書が出るのである。解説よりも体系書よりも、何より原典に当たってほしい。宗教だけではない。哲学も芸術も同じである。原典の迫力に接してほしい。そうすれば、時代の変わり目に出た偉人の言葉と行動が、歴史の潮目をくっきりと変え、その後、数百年、数千年の間、何百億、何千億という数の人々を導き続けたことを実感できるであろう。

古典や仏典を読むに際しての注意

　少し外交論から外れるが、古典を読む際に、いくつか注意してほしい点がある。
　第1に、読者各自が持っている知的枠組みに、無理やり押し込まない

ということである。特に若い知性は傲慢である。また、知性の理解できる範囲は、本当に狭い。地理と時代の制約を受ける。人間社会は複雑である。一生かかっても理解し尽くすことはできない。私の年になれば、人智のかぎりがいかに狭いかがはっきりとわかるようになる。

　知性の光は、水平線の向こうを照らす灯台の光というよりは、深海で数センチ先を照らしているアンコウの提灯に似ている。外交官に絶対必要な資質の一つは「無知の知」であるが、知的謙虚さは外交官のみならず、人間としての美徳であろう。孔子も「知らざるを知らずと為せ、それが知るということだ（知之為知之、不知為不知、是知也）」（論語・為政篇）と述べている。

　まずは、釈尊や孔子やキリストなど、聖人や偉人の言葉を虚心坦懐に読めばよい。偉大な先哲である孟子やアリストテレスもよい。人類史の黎明期に性善説を唱えた人の書いた物は、元気が出る。また、ゲルマン系の欧州人が霊的・知的に覚醒した頃の書物もよい。ルターやカルヴァンのような宗教改革家の本でもよいし、イタリア、フランス、英国などで輩出したルネサンスの巨匠たちの本でもよい。ロックやルソーのような啓蒙思想家の書でもよい。もちろん、本邦の聖徳太子や、鎌倉仏教の高僧たちの本でもよいし、伊藤仁斎のような江戸の儒学者の本でもよい。必ず頁の中に、きらりきらりと光って、読む者の心にしみてくる言葉がある。それが霊感（inspiration）である。良心が反応しているのである。その言葉と、その言葉に触れて湧き上がってくる悲しさに近い優しい感情を深く心にとめて大切にしてほしい。人生の中で、うれしい時、悲しい時、辛い時、心の深奥から必ず蘇ってくる言葉であり、感情である。

　一番初めに読む人の心に入ってくるのは、おそらく偉人たちの無限の「優しさ」である。そこに道徳感情の淵源があるからである。古来、最も強い力で人間を導いてきたのは、性善説に立った考え方である。アリストテレス然り。孟子然りである。性善説が人を動かすのは、それを唱える人々の無限の「優しさ」が人を動かすからである。そこに素直に触れればよい。きっと読者の良心が反応する。

　例えば私が「論語」で最も好きな場面は、ハンセン病を患った弟子の

伯牛を見舞った孔子が、窓越しに出された伯牛の手をじっと握りしめたまま、「お前が死なねばならぬのか（亡之命矣夫）」（論語・雍也篇）と述べて泣く場面である。伯牛の手は、病のためにただれていたはずである。孔子は、弟子の手を握りしめた。「その手を執り（執其手）」の３文字は、論語の中でも特に重い。
　あるいは、最後の晩餐を終えてゲッセマネに向かう途中で、最後まで信仰を捨てないと言い張るペテロに、「あなたは、今日、鶏が鳴く前に、３度、私を知らないと言うだろう」（『福音書』岩波文庫）と諭すキリストの言葉である。ペテロはその後、捕えられたキリストを三度否認し、自らを恥じて号泣する。このキリストの悲しい優しさに、心が震えない人があるだろうか。良心が反応するとは、そういうことだと思う。
　だからこそ、ペテロは逆磔（さかさはりつけ）に処せられても信仰を捨てなかったという伝承が残るのである。カトリックの総本山であるサン・ピエトロ寺院は、その墓所の上に建つと信じられている。バッハは、このペテロの悲嘆を「マタイ受難曲」の中で劇的に再構成してみせた。
　あるいは、詩聖と呼ばれた杜甫の詩を開いてみるとよい。安史の大乱の最中に捕縛された杜甫が、命からがら憔悴し切って疎開中の家族のもとにたどりついてみれば、家族はみなぼろぼろの服を着た難民姿であった。ところが、杜甫が土産に妻に持参した化粧品の箱を開くと、幼い娘たちが喜ぶ母の真似をして顔中に紅や白粉を塗りたくり、福笑いのような眉を描いて喜んでいる。明日の命をも知れぬ戦時下でのささやかな家族の幸せが、杜甫に生きる力を思い出させる。杜甫は、疲れと恐怖から来る吐気も忘れて、幼い娘たちを見つめている（「羌村三首」）。
　また、石豪という村では、真夜中に徴兵に来た冷酷な官吏に対して、老母が逃げた老夫と乳飲み子を抱える嫁をかばって、自分が代わって早朝に戦場に炊き出しに出ると申し出る。老母の息子は、一人を残してすべて戦死していた。杜甫は、寒村の静かな夜を通して、隣家に老母のむせび泣く声を聴く（「石豪吏」）。このような魂をつぶすような詩は、杜甫以外の唐詩にはない。極めつけは、台風で家の屋根を吹き飛ばされた年老いた杜甫が忽然と、広大な屋敷を手に入れて世界中の貧乏人をか

第５講　価値観を守るとはどういうことか　135

ばってやることができたら、もはやここで凍死してもいいと叫ぶ詩である（「茅屋為秋風所破嘆」）。なぜ、同時代の李白が詩仙と呼ばれ、杜甫が詩聖と呼ばれるかがはっきりとわかるであろう。

　吉田松陰の魅力も澄みきった無限の優しさである。かつて萩市の松陰神社の上田俊成宮司が私に、吉田松陰が長州の若者を強く感化した最大の理由は、「松陰の優しさだったんですよ」と教えてくださった。斬首される前夜に書いた『留魂録』（講談社学術文庫）に残された松陰の想いの数々は、人の心を真っすぐに打つ（「親思う心に勝る親心、今日の音ずれ何と聞くらむ」など）。

　第2に、大切な本は、何度も繰り返して読み続けることが重要である。人生の知恵の結晶のような古典は、必ず読む人の人格の成熟に合わせて深みが増してくる。本当の意味がわかってくるのである。私自身、若い頃から仏教思想や中国思想に関心はあったが、釈尊の真実の言葉を記した原始仏典や、論語や孟子の原典を読みはじめたのは遅く、30代も後半に入ってからである。いずれも二千数百年前の言葉であり、当初は難解であったが、10年も読み続けていると、何かしら透けて見えてくるものがある。そしてそれは、いずれの古典を読んでも見えてくる、同じ人生の真実であることに気がつく。古今東西、人間の本質は変わらないということがわかってくるのである。人生の後半で、例えば10冊、読み続けている本がある人は、幸せな人である。

　また、ここで仏典に関心のある人に申し上げておきたいことがある。釈尊の言葉を記した原始仏典から大乗仏教へと、仏教発展の順番に、かつ美しい日本語訳で読んでほしいということである。岩波文庫で出ている中村元前東大教授の訳などは、学術的水準も高く平易である。

　残念ながら、日本に仏教が伝来したのは6世紀であり、世界史的には釈尊生誕から1000年を経た密教時代である。密教と言えば、原始仏教時代の清々しさは失われ、ローマとの交易で巨利を上げる貴霜朝に庇護された大乗の黄金時代を経て、土着のヒンドゥー教と混ざり合いはじめた頃の仏教である。日本には、仏教の黎明期に、阿含経などの原始仏典と法華経などの大乗仏典と理趣経などの密教で重んじられる仏典が一挙に

流れ込んだ。そのために当時の日本人は、本当の釈尊の言葉を記した原始仏典と、大乗時代の壮大な宗教文学と、その後の密教の経典などを、みな釈尊自身の真の言葉であるかのようにとらえていた。

これは、音楽で言えば、ヨハン・セバスチャン・バッハとリヒャルト・シュトラウスを、同時代の音楽と勘違いしているようなものである。しかし、仏徒であろうとなかろうと、仏教を知るには、まず宗祖である釈尊の生の言葉から入るのが当然である。ちなみに釈尊の真の仏舎利が、名古屋の日泰寺に収められている。かつて、タイ王室から日本の外交官が無理を言って分けてもらったものである。仏徒であれば、一度は宗祖の墓にお参りをしてもよいと思う。

加えて、隋、唐、宋の留学から帰った僧たちのせいであろうが、日本では漢文（白文）を中国語の四声を無視して音読するという不思議な習慣が身についた。意味のわからないほうが呪文のように聞こえて有り難そうに聞こえたのであろうが、それでは宗教的覚醒は覚束ない。そもそも釈尊はとても合理的な人であり、呪文を厳しく排していたはずである。宗祖の言葉は、自分の国の言葉に訳して虚心坦懐に読むことによってこそ、霊性の覚醒が生じる。宗教改革時に聖書が多くの新教国で国語訳されたことは、偶然の一致ではない。普通のキリスト教徒で、わざわざ聖書をラテン語で読む人はもういないだろう。

同様に、中国の聖典である孔子や孟子を読む人は、漢文の書き下し文ではなく、優れた和訳を読むことをお勧めしたい。漢文の書き下し文は、独特のリズムがあって美しいのだが、それは英文に喩えれば直訳文であって、こなれた日本語からは程遠く、意味をなさないことが多い。優れた本邦の碩学が美しい日本語に訳してくれているのであれば、そこから入るのが当然である。もとより、中国語に堪能な人は、中国語として白文を読んでもよいだろう。

それでは、次講では、日本人の価値観とは何かということを考えてみよう。

第6講 日本の価値観とは何か

日本人の自然な道徳感情とはどのようなものか
―― 万葉集と源氏物語

　さてそれでは、日本人の伝統的価値観とは何であろうか。NHKの大河ドラマでよく取り上げられる鎌倉時代、室町戦国時代、安土桃山時代、徳川時代、明治時代の日本人を見れば、私たちが抱いている日本人像をだいたい描くことができる。大河ドラマはたいてい、鎌倉以降の武士か、戦国武将、徳川時代の家光や吉宗、忠臣蔵、あるいは幕末の志士を取り上げる。血湧き肉躍るドラマがそこにある。日本人と言えば「武士道」である。新渡戸稲造の『武士道』を読んだ方も多いと思う。

　しかし、もう少しよく考えてみよう。日本人が良心に導かれてたどってきた精神の軌跡の全体像は、どうなっているのだろう。そもそも、武士道の根底には何があるのだろう。鍋島藩士の「武士道とは、死ぬことと見つけたり」（『葉隠』）とは、まことに潔いのだが、そもそも命は粗末にしてはならない。命をかけるのなら、何のためにかけるのかということこそ重要である。死ぬために死ぬのは、愚か者のすることである。

　武士道の根底には、仏教や儒教や、あるいはその影響を受けた神道がある。日本人の倫理感情や価値観を知るには、私たちが、仏教や儒教という外来の宗教思想によって、どのように倫理を磨いてきたかを知らねばならない。また、そもそも仏教や儒教といった外国の倫理体系が入ってくる以前に、日本人の自然状態とも言うべき社会にはどういう道徳感情が流れていたかを知らねばならない。

　どんな未開の社会にも道徳感情はある。未開の部族社会にも、必ず倫理がある。法がある。そこには、必ず道徳感情が豊かに流れている。島国であるがゆえに、外敵の大規模な侵入をほとんど受けずにきた日本人

は、どういう社会を作ったのだろう。私たちの倫理感情の原点は、どこにあるのだろう。現代に生きる私たちは、何を読むことによってそれを再構成できるのだろうか。

　孔子は、東アジアにおける学問や哲学の祖であるが、彼は中国の古代歌謡を集めた詩経を、自らの道徳哲学の基本教材とした。初めて字を知った、古代中国人が書き記した素朴な感情を大切にしたのである。同様に、私たちの父祖が初めて文字を知った時、どういう言葉がその口から流れ出たかを知ることは、日本人である私たちにとって大切なことである。日本人が、中国伝来の漢字を知った時、最初に伝え残そうとしたものは何だったのだろう。背景には、どのような感情が流れているのだろう。

　もとより、古代日本人が現在の日本人と同じはずがない。しかし私たちは、現在に生きる指針を得るために現代から古代までの日本を通観し、そこから一筋にまとまった良心の歴史を汲み取らなければならない。この2000年間、私たちの良心がどのように輝いてきたかを知ることが、日本人の歴史を知ることになる。それは私たちの時代における、私たちの良心が描く再構成された日本であり、今を生きる私たちにとっての日本の歴史なのである。

　それでは、和辻哲郎先生が『日本精神文化史研究』（岩波文庫）で拾い上げられているいくつかの材料を参照しながら、考えてみよう。

　第1に、万葉集である。私たち日本人が初めて文字を手にした時、何を書き残そうとしたかを知ることから始めよう。良心が言葉を発し、文字がそれを次世代につなぐ道具であるとすれば、手に入る最古の日本人の良心の化石がそこにある。輸入されたばかりの漢字を音で当てはめて使う万葉仮名の表記法は、さぞかし困難であっただろう。万葉仮名を使って万葉人は、私たちにどういう感情を伝えようとしたのだろう。その感情こそ、日本人の感性の原液である。そこに流れている感情を追体験することによって、実証できる最古の時代における日本人の心を見ることができる。

　万葉集は、万葉人の心の中に、21世紀の私たちと同じ人間としての素朴で豊かな感情が流れていたことを教えてくれる。万葉集の大きな部分

を占めるのは相聞歌（恋の歌）である。人生最大のドラマが、新しい家族の始まりとなる恋であることは、今も昔も変わらない。また、防人に取られて出ていく夫を、恨む悲歌も多い。万葉集の歌の数々からは、血生ぐさい政変に巻き込まれた貴人の嘆きだけではなく、恋愛や家族愛といった飛鳥時代の人々の豊かな感情を知ることができる。そこには、ギリシャ・ローマ古典の恋愛物語や中国の詩経に通じる自然な感情の発露がある。万葉集だけではなく、古代人の生き生きとした感情に触れることを目的として、古事記なども読んでみると大変おもしろい。

　第2に、平安女流文学を取り上げたい。平安女性が、日本という国の精神的骨格を作るのに果たした役割は大きい。特筆すべきは、「ひらがな」の発明である。同じ北方アジア民族でも満州族は、紫禁城の看板に記されているように、中東に淵源する表音文字を持っていた。モンゴル族もそうである。しかし日本列島と朝鮮半島には先に漢字が入ってきた。表音文字のラテン文字などと違って、漢字は表意文字である。発音できなくても意味が取れるために、恐ろしい伝搬力を有している。隣の朝鮮半島でも、15世紀に大王世宗が出るまでハングル文字が出ず、漢字を使っていた。ベトナムではフランスによる植民地時代まで、漢字とチュノム文字を混ぜて使っていた。不便ではあっても、漢字が用を足していた証拠である。日本でも、平安女性が「ひらがな」を発明しなければ、漢文を白文のまま読み下し続けていたに違いない。もしそうだったら日本精神の開花は、相当に遅れたであろう。欧州でも、ルネサンスと宗教改革を経た後に、ラテン語に別れを告げて自国語の表記で聖書を訳し文学作品を書きはじめてから、民族の個性が急激に花開いたのである。

　また、彼女たち自身の残した平安女流文学の価値に触れておきたい。地球上のどこでも、1000年前に女性の感性がこれほど豊かに文学として花咲いたところはない。女性文学の世界では、ホメロスに匹敵する。その感性は、今読んでも新しい。『源氏物語』や『枕草子』などは、人類の文化遺産と言ってよい。女性を大切にするという風習は西洋に見られるが、実態は洋の東西を問わず男性偏重の社会が多く、女性の感性を本当に理解しようとする試みは少ない。女性は、社会の半分を占める。種

の保存のために、男女はまったく平等な性である。女性は、弱者というよりも、対等であるが生物的負担が男性に比べて大きい性と考えるほうが正しい。女性を庇うだけではなく、女性の感性に男性の感性と同等の価値が与えられる社会が、本当の男女平等社会であろう。東アジアの国によく見られるような、男性の好色に寛容で女性の嫉妬心を蔑視するような社会は、とても男女が平等な社会とは言えない。

　日本では、知性の高い女性が、その感情の発露を流麗な日本語で残してくれた。男女の感性が、共に尊重され得る素地がそこにあった。武士の台頭とともに美しい女流文学の伝統が消えていったのは、実に残念なことである。日本女性が作り出した文化を見ずして益荒男ぶりの日本文化だけを語るのは、真実をとらえることにはならない。明治以降の女性復権の流れの中で、1000年前の文学が優れた現代語訳で蘇っていることは、まことにうれしいことである。

日本の伝統的価値観とは何か（1）── 仏教の受容

　それでは次に、日本人の良心の軌跡をたどるため、日本人の良心がどのようにして磨き上げられていったかを考えてみよう。民族の歴史とは、自然災害、気候不順、飢餓、疫病、外敵の侵入、戦乱などの困難に打ち勝って、生存を続けてきた人間集団の記録である。生存のための戦いの中で、人は常に生存本能に導かれている。人は、群生する。生存本能には、個としての生存だけではなく、群生による種としての生存本能が含まれる。人には、そのために様々な機能と能力が与えられている。その最たるものが良心である。助け合い、慰め合って生きていくためのコミュニケーションの機能である。怒りも喜びも、良心から出てくる。数百年、数千年生き延びてきた民族は、優れた指導者の下で知恵を絞り、力を合わせて支え合い、助け合ってきたからこそ生き延びてこられたのである。

　その過程で、一人ひとりが持っている良心が磨き上げられ、善とは何かという判断が積み上げられていく。民族の歴史とは、畢竟、一つの民族が良心によって導かれ、降りかかる困難に鍛えられ、紡いできた善の探求の歴史に他ならない。だからこそ、受け継ぎ、広めていく価値があ

るのである。

　では、日本人の宗教的覚醒や倫理的研磨は、何によって、どのようになされたのだろう。日本人に倫理的覚醒を促したのは、時代は異なるが、外来の仏教と儒教である。ヨーロッパに大移動してきたゲルマン系の蛮族が、本来シャーマニズムの強い森の民であったにもかかわらず、砂漠に生まれた一神教であるキリスト教によって精神的に劇的に覚醒したのと同様に、私たちは外来の仏教と儒教によって、良心の扉を大きく押し開けることを教えられた。

　仏教と儒教は、それぞれの方途で、日本人に良心に直面することを教えたのである。儒仏の教えは、日本人の倫理感のバック・ボーンとなっていると言える。日本固有の神道も、そこから多くを汲み取っている。

　第1に、仏教である。仏教は、六世紀に百済から日本に伝来した。聖徳太子が、強大な隋が仏教信仰に熱心な様子を見て、物部氏たちの抵抗を抑え、導入に力を入れる。太子の仏教導入は、中国文明と漢字の導入とが一体になっていた。ちょうど、西ローマを滅ぼしたフランク族が、ローマから伝道に出てきたカトリック僧に帰依しつつ、ラテン語に習熟してローマ文明を取り入れていったのにも似ている。時期も重なる。

　聖徳太子の十七条憲法では、「和をもって貴しとなす」という論語から取った文章が有名であるが（「和為貴」論語・学而篇）、全体には非常に仏教思想の色が濃い。日本文明が本格的に開花しはじめた時に、聖徳太子のような優れた哲人指導者が出て、慈悲深い政治を実現したことは誇りに思ってよい。それを国史の最初に書き込める日本人は幸いである。

　なお、聖徳太子以降の日本人が中国文明を吸い取った速度は、フランク族（仏・独などの祖族）のラテン化よりもかなり速い。6世紀末にはすでに、聖徳太子が四天王寺を建て、蘇我氏が法興寺を興し、その後8世紀にかけて法隆寺や奈良の大仏が建てられ、さらに8世紀末からは華麗な平安京の寺院が林立した。その頃、ローマ人の遺跡を除けば、フランク族自身が作った遺跡には見るものが少ない。興隆する隋唐帝国からいろいろなものを学んだ日本と、カトリック僧を通じて自ら滅ぼした西ローマ帝国の残骸から文明を吸い取らざるを得なかったフランク族の違

いであろう。

　聖徳太子の後、日本仏教界では、空海や最澄といった留学僧の巨匠が出た。空海が、儒仏道の三教を比較して書いた『三教指帰』は、仏教伝道のパンフレットのようなものであるが、世俗的で人間主義の儒教よりも内省的で哲学的な仏教のほうが日本人の心を深くとらえたことはおもしろい。

　彼らの業績を踏まえて、鎌倉仏教の高僧たちが出る。多くは天才肌の空海（高野山）ではなく、努力家の最澄（比叡山）の門下であった。彼らは、輸入学問や翻訳仏教に飽き足らず、宗教改革時のルターやカルヴァンのように、直接仏と対面しようとした人々である。直接に仏と対面するとは、直接に自分の良心と対話するということである。

　鎌倉時代は、大衆に広まりつつあった日本仏教に、さらに深い霊的覚醒をもたらした。欧州の宗教改革に比肩する出来事である。字も読めない民衆の魂の救済に人生をかけた法然、親鸞の浄土門は広く日本に浸透した。また、誕生したばかりの武家政権を元寇が襲った時、幕末の吉田松陰さながらに、良心というよりも生存本能そのものが覚醒し、仏法の退廃が国難の原因であると説き、厳しく鎌倉幕府を指弾する日蓮上人のような宗教家が出た。中でも宋に学び、永平寺を建てて禅宗を広めた道元禅師は、おそらく日本人で最も釈尊の悟りに肉薄した高僧であろう。

　仏教が、なぜ日本人の心の闇を開いて、良心の光を呼び出すことができたのか。日本に伝来したのは大乗仏教である。衆生救済を旨とする運動論から出た大乗の方法論は、独特である。例えば、大乗仏教の般若経系列の教典は、既成概念をすべて否定する言葉を教える。般若心経や金剛般若経には、多くの難解な否定文の羅列がある（「無量無数無辺の衆生を滅度せしめたれども実は衆生の滅度を得るものなし」等々。金剛般若経）。

　これは、戯論（言葉）にしがみついてはならない。仏心（良心）とは、言葉と別個に実在している人間の本質（機能）である、と教えるためである。禅宗は、これを徹底して不立文字を教え、仏心を瞑想と直感で把握せよと教える。仏教徒は、釈尊の悟りを追体験することを生涯の目標

とするが、その内容を言葉で詳細に説明することをしない。言葉にとらわれて、道を踏み外すからである。したがって、ただ無限に広がる真っ青な虚空と、慈愛に満ちた無限の光といったイメージだけを伝えるのである。

　大乗仏教とは、釈尊没後500年に、カニシカ王の下で繁栄を極めた貴霜朝の頃に現れた仏教の新しい流れであり、個人の悟りよりも、衆生の救済に力点を置く伝道仏教である。大乗の伝道師が、菩薩（ボディーサットゥバ）と呼ばれる。実際には、その多くは北西インドで栄華を誇った貴霜朝の富裕な貴公子たちだったのであろう。大乗の菩薩は、釈尊の言葉を直接聞いた小乗の「声聞」たちよりも上位にあるとされた。遠い昔に生きた宗祖から直接感化を受ける機会のなかった菩薩たちにとって、「紙に書かれた言葉にしがみつくな」という教えは、勝手な解釈で外道に堕ちないようにするための自戒だったのかもしれない。

　日本仏教にも、帰依と直感によって仏性（良心）を覚醒させることに力点を置く高僧が現れた。その中でも、法然と親鸞は特筆に値する。中国から伝わった浄土門は、法然、親鸞の登場によって日本全土に急速に広まり、一大勢力となった。それは法然が、阿弥陀仏への深い帰依によって仏性（良心）を直感でつかめと教えたからである。

　よく知られている通り、法然は、厳しい修行の末に悟りに到達する聖道門とひたすら阿弥陀仏の慈悲にすがる浄土門とを対比させ、自らの教えは浄土門であると説いて、字も読めない悲惨な民衆の救済のためにひたすら念仏することによって極楽に通じる浄土門が開かれる、と説いたのである。法然の衝撃は、まさに万巻の経典に書かれている言葉にしがみつくのではなく、ひたすら阿弥陀仏を信じることにより人間の根本に戻り、良心（仏性）を素手ですくい取れと教えたことにある。

　法然は、正統派をもって任じる日蓮からは激しく攻撃された。日蓮は、法然の阿弥陀経ではなく、法華経を信仰の中心に据えた。しかし、法華経もまた、代表的な大乗仏典であり、釈尊の悟りの内容そのものよりも、菩薩（伝道師）の心構えや説得の技術が豊富な喩えとともに詳しく記されている（「火宅の喩え」「化城の喩え」など）。法華経は、伝道の書で

あり、菩薩の書である。法華経の眼目は、仏の悟りの内容を言葉で明らかにすることにはない。仏に自らが直面するしか、悟りの道はないのである。しかし師たる釈尊は遠い昔に亡くなっている。実は法華経の眼目は、「如来無量寿」すなわち釈尊の命は永遠であると説いて、釈迦入滅から500年経った後に生まれた信徒たちの信仰を勇気づけることにあるのである。

念のために申し添えておくが、もとより仏教は、瞑想と直感だけを教える宗教ではない。仏教哲学では、小乗の時代から深い内省に基づいた非常に精緻な論理が積み上げられている。余談になるが、仏教を生んだインド人の精神世界は、精緻な論理の世界と瞑想の世界がうまくバランスしている。知性と直感は、車の両輪である。インドに比べると、中国でも朝鮮半島でも日本でも、総じて東アジアの民は「寸鉄肺腑を抉る」ほうを好む。壮大な論理体系よりも、機智と直感を重視する傾向があるのである。

ちなみに、江戸時代に広まった儒学は、ユマニスムに立脚した普遍的な人類愛を自然な家族愛（例えば、伊藤仁斎の「情」）から演繹するので、愛さえも含めた欲望をすべて我執としていったん否定する仏教に批判を加えるが、仏教は愛を否定するものではない。狭い我執を超えたところに、真の人類愛があることを伝えようとしているのである。

なお、儒学の中でも理と気を軸にして抽象的で壮大な哲学体系を築いた朱子学は、宇宙の真理である「理」を悟るという点で、悟りの後の「空」を説く仏教に近いところがある。しかし宋儒の好んだ朱子学は、元寇以来中国と関係を断ち、また明代には血なまぐさい戦国時代に突入した日本では、最後まで流行らなかった。また、日本には科挙制度がなかったことも理由の一つであろう。

なお、日本人の「誠意が通じれば、論理が通じなくても大丈夫」というのはかなり特殊な感性であって、普遍的には通用しない。西洋人は、良心と意識を一体にして「理性」が存在すると考える。だから、日本人が辟易するほど言葉を尽くし議論することが良心の証であり、誠意の表れだと考える。論理を無視すると、子供じみていると思われるか、良心

が麻痺しており、人格の高潔さ（integrity）に欠けると思われる。このことは、西洋人とのコミュニケーションを考える時に覚えておいてほしい。

日本の伝統的価値観とは何か（2）── 儒教の受容

　第2に、儒教である。儒教は、仏教とほぼ同時に伝来しているが、普及したのは江戸時代に支配階級の士族間に広まってからである。徳川家康が、戦国時代のすさみ切った残忍な心を修め、サムライを道徳的に完成させるために本格的に導入したものである。仏教は、庶民の隅々にまで浸透した宗教となったが、儒教は、支配層であるサムライの教養となった。家康の狙いは見事に的中した。ただし、儒学の浸透が、後世、武力政権である幕府の正統性に対する疑問を生み、国学や水戸学の隆盛を招き、やがて300年後の大政奉還に続くことまでは、家康も見抜けなかったであろう。この点は、現代民主主義へとつながる日本政治思想の重要なところであるので、後でもう一度説明しよう。

　なお日本儒教は、江戸時代に一応官学とはなったが、それは医学のように一般学芸として徐々に広まったものである。この点、厳しい科挙制度を通じて儒学に精通することをもって正統性を与えられた、巨大な学者官僚集団を持つ中国や韓国やベトナムとは、だいぶ趣を異にする。近代以前の日本に、中国の「士大夫」や韓国の「両班」のように、強大な権力を振るった学者官僚組織は存在しない。日本は、鎌倉以来、体育会系の武士の国であった。逆に、中国や韓国では、長い間文科系の官僚が尊いとされ、体育会系の武士が貶められてきた。中国や韓国の人には、月代を剃り大刀を腰に差した武士が論語を読み、かつ政治を司っていた日本の江戸時代は、どこかピンと来ないのではないだろうか。

　また、中国や韓国では、宋朝の時代に一時代を画した抽象的で壮大な朱子の思想体系が儒学の世界を圧倒し、それが元、明、清と続き、清の時代にようやく復古と考証の動きが出た。宇宙を理と気で説明する朱子の哲学は、カントに代表されるドイツ哲学のように抽象的で稀有壮大な体系である。ところが、先に述べたように、日本では元寇以来、大陸と

の関係が疎遠となったために、中国や韓国のように朱子学に圧倒されることがなかった。むしろ江戸時代の日本人は、伊藤仁斎のように、虚心坦懐に孔子の教えに接しようとしたのである。儒教が、輸入学問にとどまらずに日本人の心を開いたのは、幸いにして江戸期の学者が原典主義だったからであろう。

　原典主義は、重要である。他人の書いた解説書や体系書を丸暗記しても、自分の良心は刺激されない。まずは、原典を読むことである。孔子や孟子を読むと気づくことであるが、仏教が仏心を直感でつかめと教えるように、儒教もまた、人は自分の根本（良心）に帰らなければならないことを教える。

　この点をただちに喝破したのが、先に述べた伊藤仁斎である。江戸期儒学の原点は、官学の儒学を担当した林羅山ではない。儒教を通じ、自らの裸の良心に直接触れて激しい衝撃を受けた後、儒教を世に広めたのは、京都で市井の学者として活躍した伊藤仁斎である。仁斎は、宋の時代から中国を席巻した朱子学を排し、また仏教をも排し、人間が誰しも持つ温かい人情を起点として人類愛を鼓吹した孔子の本当の教え（古義）に立ち返ることを選んだ。

　それは、煩瑣なスコラ哲学を排して、自らの魂の中に神を見ようとしたルターやカルヴァン、あるいは衆生救済のために己の個々の中に仏を見ようとした鎌倉の高僧たちと同じ精神的営為である。仁斎がいなければ、儒学は浅薄な輸入学問にとどまったであろう。御用学者となって一世を風靡した新井白石も荻生徂徠も、良心の覚醒という観点から眺めれば、思想家としては仁斎には及ばないのではないか。良心への肉薄という点で仁斎に匹敵するのは、むしろ幕末の吉田松陰であろう。

　儒教に言う根本とは、良心であり、愛である。愛という言葉は、近代用語だと誤解してはいけない。確かに性愛という意味で愛を使うのは近代以降であろうが、儒学において愛とは、家族愛を敷衍して見えてくる人類愛であり、最高価値である仁の本質なのである。

　儒教ではしばしば、家族愛に引きつけて、孝悌といった教えを説く。それがわかりやすいからである。しかし、儒教は決して家族愛だけを説

く学問ではない。人には、他人の子でも井戸に落ちそうになれば駆け寄る人情（「惻隠の情」孟子）があり、また食肉処理場に連行される牛を憐れむ気持ちがある（「斉王牽牛の教え」孟子）と説いていき、それを敷衍して、人類愛につながる「仁」の重要性を教えるのである。

孔子は、仁とは人を愛することであり（「樊遅問仁、子曰愛人」論語・顔淵篇）、大衆をあまねく愛してこそ、仁に親しむことができると述べている（「汎愛衆而親仁」論語・学而篇）。孟子もまた、仁とは人を愛することであると述べ（「仁者愛人」孟子・離婁篇）、人間なら誰でも持っている「忍びざるの心（惻隠の情）」を押し広げていけば「仁」に至ると述べている（「人皆有所不忍、達之於其所忍、仁也」孟子・尽心章句篇）。なお、孔子は仁を直感で把握した人である。仁に関する哲学的説明は、孔子よりも弟子の孟子に詳しい。仁斎も、仁の説明が読みたければ孟子を読めと言っている。

仁斎は、「人間の徳としての仁は、浅さ、深さ、大きい、小さいといった区別はあるけれども、他人を愛する心から出発しないものはない」（古義・里仁篇）として、仁の本質を的確につかんでいる。仁斎はその上で、「仁は現実的な徳である。慈愛の徳がその人の心の中に満ちていて、ほんの少しも薄情な心がなく、その利益・恩恵が遠く天下後世に広がって後、初めてこれを仁と呼ぶことができる」（古義・公治長篇）として、仁が、個人の慈愛の気持ちから、人類愛に発展していくと述べている。

また、仁斎は孟子を引いて、「忠恕の二者（優しい思いやり）が、仁を求める最も重要な手がかりである」と述べている（古義・里仁篇）。自分の心の中に、愛や優しさを見出すためには、他者への思いやりを忘れないことが大切であると言っているのである。孔子や孟子は、東アジアにおける性善説の始祖にふさわしく、仁は人間に固有の道徳感情であることに気づいた哲人である。仁斎もまた、そうであった。

この優しさと悲しさの入り混じった道徳感情を生み出すのは、良心という機能である。孔子は、「君子は本を務む、本立ちて道生ず」（「君子務本、本立而道生」論語・学而篇）あるいは「いずくんぞ、また、その本に返らざる」（「盍亦其不返本」孟子・梁恵王篇）と説いて、「本」（良

心）に戻ることの重要性を重ねて指摘している。根源にある良心を覚醒させれば、悲しみに彩られた無限の優しさがあふれ出し、理性が活性化される。誰にも寄りかからずにすむ。自分の定点が見つかる。

孔子に200年遅れた孟子も、言葉ではなく自分の原点に出会うことが大切であり、君子は原点を求めると述べている（「即取之左右逢其原、故君子欲其自得之」孟子・離婁篇）。孟子はさらに、根源の良心から生きる知恵と生命力のあふれ出る様を、泉から昼夜を問わずとうとうと水が湧き出るようであると詩的に描写している（「原泉混混、不舍昼夜」同上）。

仁斎も同様である。仁斎は、「慈愛・同情心はあらゆる徳の生まれてくる源で、あらゆる事柄の成立する場所である」（古義・八佾篇）と述べ、良心の働きこそ人間の知的営為の根幹であると喝破する。仁斎は、仁と心の関係は薪と火の関係であり、火がついて薪が燃えるように、良心が働いて無限の優しさがあふれ出してこそ心が正しく働き始める、とイメージしていた（古義・述而篇）。

さらに、仁斎は、「道は非常に広いけれども、一つでばらばらではないから、自然に天下の善を集めてすべて統一する」と述べ、また「そもそも道は一つしかない。五常（仁義礼智信）をはじめ百行（あらゆる行い）など、その項目は無数に上るけれども、行く先は同じで路が違うだけ、趣旨は一致していて百の考え方があるだけで、世界の最高の徳である『一』によって世界の万に上る善を統一することができる」（古義・里仁篇）と述べている。そこには、すべての人間活動は「至高善」に向かうと述べたアリストテレスと同じ、たくましい性善説を見ることができる。アリストテレスもまた、西洋哲学における性善説の泰斗であった。

ところで、仁斎は政治とのかかわりにおいて、「君主の徳は人民を愛するより大きいものはない。だから昔の君主が君主を語る時は、いつも人民を愛することを基本とし、人民を救うことを急務とした」（古義・八佾篇）と述べ、「徳によって仁を行う時は王となり、力によって仁のまねをする時は覇となる」（同左）と述べている。これは、権力は仁に導かれて人民の幸福を図ることを目的としており、人民の幸福を図ると

偽って力に頼って権力を自己目的化するものは、王者ではなく覇者にすぎないと言っているのである。そこには孟子の正確な理解がある。

仁斎は、さらに「天下の人が共通にしっかりと認めること、これを道と呼ぶ。一時の適宜の取りはからいを決めるのを権と呼ぶ。湯王、武王が夏王朝、殷王朝を征伐して滅ぼしたのは、天下の人心に従って行った。一人の人間である紂を死刑にしたのであって、殷の君主を殺したのではない。これは仁の極致、義の極致であって、一時の適宜を決めたのではない。それ故、まさにこれを道と呼ぶべきで、これを権と言ってはならぬ」(古義・子罕篇) と述べている。これは、易姓革命の思想をそのまま素直に認めたものである。北西欧州の島国で啓蒙政治思想の父・ロックが、権力とは国民が議会を通じて生み出す一般意思を執行するための手段にすぎない、と気づいて『市民自治論』を著していた頃、同時代の日本に伊藤仁斎がいたということは覚えておいてよいだろう。

なお日本では、知行一致の陽明学が、常在戦場の厳しい武士道と結びついて独特の発展を遂げた。軍人である武士にとって、知行一致の哲学は、心に響くものがあったのであろう。

江戸期儒学が準備した近代日本と民主主義

先にも述べたように、江戸幕府の崩壊から明治維新政府への移行を準備するにあたっては、儒教がもたらした思想的影響を無視することはできない。徳川幕府は、一義的には武威によって権力を確立したが、これに対して明治維新政府は、武力一辺倒ではなく、新政府統治の正統性を主張することによって討幕を果たした。明治維新の政治思想的意義はそこにある。

一個の政治社会体制が現実の人間社会から遊離し、現実についていけなくなった時、人の、群生のための生存本能が刺激されて、良心が活性化し、社会全体を巻き込んだ対話と議論が始まる。新しい政治社会の現実に適合した、表象の世界を構築するためである。旧勢力と新勢力が物理的に暴力でぶつかり合うのは、人間社会としては低級な社会である。穏やかな経験主義が根づいている社会は、対話と議論を制度化しようと

する。民主主義は、その端的な例にすぎない。民主主義制度が存在しなくても、社会の流動化は、社会全体を覆う規模で対話と議論を活性化する。徳川時代末期の百家争鳴の思想状況は、その例である。

　社会の流動化の中で、活力を失い自己目的化した権力が批判され、支配の正統性をめぐる議論が登場する。本来であれば孟子や伊藤仁斎の言うように、暴力による覇者ではなく、民の幸福を実現するための王者を迎える思想が出てこなければならない。それでは、明治維新は、どのようにして、徳川幕府から新政府への正統性の切り替えを正当化したのだろうか。そこで儒学が果たした思想的役割は何か。

　易姓革命は、3000年前の周の建国神話から出てくるが、それを理論化したのは2300年前の孟子である。孟子は、権力というものを、それ自体が目的ではなく、民の幸福に奉仕する存在であると喝破し、民を愛することなく民を虐げる権力は、本来の目的に資さない有害な存在であり、天の命を失い王としての資格を失っているので、場合によっては暴力をもって排除してよいとする。その考え方は、確かにロックやルソーの欧州啓蒙思想と酷似している。

　しかし、討幕を果たした明治の志士たちの思想は、そこまで進んでいたわけではない。明治維新を主導したのは、泰平の世で窒息しかかっていた薩長他の下級武士階層であった。彼らは、弛緩した徳川体制に代わる新体制を築くことを至上命題とし、新しい正統性を必死に求めたのである。彼らは、徳川体制を「幕府」と蔑称することによってその御威光を否定し、正統性のない権力体であると再定義した。私たちは、明治以降に忘れてしまったが、そもそも幕府という用語は、徳川時代後期に出た徳川家の支配体制に対する蔑称なのである。それ以前に、徳川幕藩体制は、幕府と呼ばれたことはない（『東アジアの王権と思想』渡辺浩、東京大学出版会）。

　活力を失い、新しい時代についていけなくなった徳川幕府から、支配の正統性を奪い去った徳川末期の下級武士たちの理論的支柱は、水戸藩士らのように明確に意識されているかいないかにかかわらず、儒教思想であった。それは、覇者である徳川家に日本支配の正統性はなく、王者

である禁裏にこそ日本支配の正統性があるという考え方である。明治の志士たちは、徳川幕府から支配の正統性を奪うために、天命を受けたのは、禁裏か幕府か、という問題を立てた。彼らはこの問いに対し、本朝の真の支配者は天皇家であり、関ケ原の戦い以降、武力を背景とする御威光によって覇を唱えた徳川家には本来この国を支配する正統性はない、という回答を導いたのである。

そうなると当然に、禁裏に受け継がれている日本古来の政治、道徳、宗教、文化がどうなっていたのか、という疑問を生む。それを突き詰めることは、新しい近代日本を天皇を頂点として再構成する以上、必要不可欠な知識であった。この点については、本居宣長など、大陸渡来の儒学への反発から生まれた国学者たちが、周到な準備をした。

最後には吉田松陰のように、孟子を読んで「民意を天意となす」(『講孟箚記』万章篇)という認識にまで進んだ思想家も現れた。しかし、多くの幕末や明治の志士たちは、権力の正統性の根源を民意に求めるところまで考えるには至らなかった。そこまで、頭が回らなかったのである。明治の志士たちは、日本支配の正統性は徳川家にはないとするが、ではなぜ天皇家が日本を支配する正統性を持つのかという問いには、口をつぐんでしまったのである。もとより彼らは、1890年に開催された帝国議会こそが国民の意思を代弁する最高機関であり、天皇はその意思を執行する機関であるというロックのような発想は、受け入れなかった。

現実を見れば、各地に保守的なサムライ勢力が割拠している中で生まれた弱体な明治政府にとって、政権を奪取した時点で権力の正統性にかかわる議論を突き詰めることは、政治的に危険だったのであろう。明治政府の元老たちは、1890年に開設された帝国議会に現れた民意こそが権力の正統性を保証するものとは考えず、むしろ天皇への忠誠を、近代的日本国民が持つべき新しいアイデンティティの核として、近代国家建設を推し進める道を選んだ。

だから、初代総理の伊藤博文は、明治憲法第1条に「大日本帝国は万世一系の天皇これを統治す」と記し、『憲法義解』で「恭みて按ずるに、神祖開国以来、時に盛衰ありと雖、世に治乱ありと雖、皇統一系実祚の

降は、天地と共に窮みなし。本条首めに立国の大義を掲げ、我が日本帝国は一系の皇統と相依って終始し、古今永遠に亙（わた）り、一ありて二なく、常ありて変なきことを示し、もって昆明の関係を万民に明らかにす」（『憲法義解』）と述べ、その後ろに日本書紀や古事記の記述を羅列しているのである。伊藤たちは、こうして、新しい近代日本のアイデンティティを作り出したのである。

しかしそれでも、明治の志士たちが、裸の暴力だけではなく、支配の正統性とは何かという思想的営為を通じて徳川幕藩体制から明治新体制への転換を図ったということは、注目に値する。それは、私たちが今日の日本民主主義が確立していく上での、非常に重要な一里塚とも言うべき思想的事実である。

明治以降流入した西欧近代政治思想をどう見るか

さて次に、明治以降に日本に流入した欧州近代政治思想をどう見ればよいかである。それは借り物の洋服であろうか。一皮むけば、似ても似つかぬ本当の私たちの姿が出てくるのであろうか。あるいはまた、私たちの自我や良心は東と西に分裂しているのか。そうではあるまい。明治以降、すでに150年である。日本の精神史が1500年とすれば、その10分の1に相当する。欧州の近代政治思想は、日本の中に根を下ろし、私たちの血となり肉となり皮となっている。私たちは、一個の高潔な（integrated）人格の中に、古代から今日までの日本の歴史を、良心の軌跡として再構築する必要がある。明治以降の日本とそれ以前の日本において、私たちの良心がどううごめいたかを知的に再構築する必要があるのである。

先に述べた通り、孟子の思想の本質は、より高次の「天」という倫理的存在によって権力者はしばられ、「天」に奉仕し民を慈しむ役割を持つのであって、暴虐で「天」に背く権力者は、放逐されるか成敗され得るという点にある。これは、ロックやルソーの考え方と酷似している。実際、明治になって欧州の啓蒙思想書を読んだ知識人は、そのことに気づいて愕然とするのである。特に中江兆民は、易姓革命を定式化した孟

子こそ、古代東洋のルソーであると確信していたと言われる（『日本政治思想史』渡辺浩、東京大学出版会）。

　後の第9講で詳しく述べるが、ロックを祖とする欧州啓蒙思想は、ルソーに至って個人の「選択と同意」に権力の正統性を見出し、個人を起点として社会を構想するという考え方を生んだ。その考え方は、前講で見たように、知性を活性化させ、人間を政治的に覚醒させる強烈な力を持っている。個人に帰るとは、畢竟、個人の良心に戻るということだからである。

　西欧生まれの啓蒙思想は日本に100年遅れて到来したが、日本人の中に深く根を下ろし、その後、1世紀半以上にわたって、日本の政治に強い影響を与え続けてきた。啓蒙思想に、良心を活性化させる作用があるからである。啓蒙思想は、仏教や儒教と同じように、日本人の心の底で良心の扉を大きく開き、徳川300年の太平の世でまどろんだ意識に、良心の光を強く照射する力があったのである。

啓蒙思想の二つの機能 ──「国民」と「市民」の誕生

　では啓蒙思想は、日本人の政治風土をどのように変えていったのであろうか。この点を考えるにあたって、19世紀以降に次々と登場した近代的な産業国家・国民国家の中で、啓蒙思想が二つの機能を果たしたことを想起せねばならない。

　啓蒙思想の急進的な定義は、ルソーの「社会は個人の選択と同意による」という定式に見られる。それは、個人の自由と平等を理論的前提とする。産業化、近代化が進み、伝統的社会が壊れていく中で、自由と平等に目覚めた人々が起こす知的爆発は、今日の私たちからは理解できないほど喜びと興奮に満ちたものだったろう。だからこそ西欧の啓蒙思想は、福沢諭吉の「天は人の上に人を造らず」という不滅の日本語となって残っているのである。特に福沢諭吉の鼓吹した「四民平等」の理念は、明治以降、あまり時間を経ずに定着し、士農工商といった身分や、藩閥といった地域の壁を乗り越えて、津々浦々にまで平準的な近代的日本「国民」を生み出したのである。

啓蒙思想はこの時、人間の思考に二つの相反するベクトルを与えることに注意が必要である。一方で、近代化、工業化に伴い、有産階級、無産階級という新しい階層が分裂していく中で、啓蒙思想は、人々を政治的に覚醒させ、権力に対して「市民」として政治参画を促す面を持つ。換言すれば、国家権力から国民を異化する機能である。ロックの啓蒙政治思想が、清教徒を中心とする貴族が王権に反発して生まれたことを考えれば、それは当然であろう。

　他方、同時に啓蒙思想は、身分制を破壊し、四民平等を掲げ、近代的「国民」を作り出して国民全員の忠誠心を独占し、国家の目的実現のために総動員することを可能にする面を持つ。国家権力と国民を同化する機能である。19世紀から20世紀前半にかけて噴き出したナショナリズムと欧米列強間の権力闘争は、啓蒙思想が近代的「国民」国家を登場させたことによって、より熾烈になった面がある。

　帝国主義が熾烈を極めた19世紀の後半に、欧米諸国の権力闘争に参画して総毛立っていた日本の場合、啓蒙思想は、政府による近代国家統合の妨げとなる「市民」を作り出すよりも、国家総動員を可能とする「国民」を作り出すことに貢献した。その「国民」の特殊さについては、第2講で述べた通りである。それは日本が、後発の産業国家であり、産業化が国家主導であったために、市民社会が未熟なままだったせいもあろう。戦前にも美濃部達吉のように、天皇は政治的機関にすぎないというような正統派の立憲主義者も出たが、彼の発言は狂信的なナショナリズムの中で封印された。

　日本で政治参加が定着し、権力に対峙する「市民」という発想が根づくのは、300万人という途方もない数の同胞を犠牲にして軍国主義が終焉した戦後のことである。しかし、戦後の「市民」意識は、軍国主義に起因するトラウマとも言うべき過剰な国家意識の否定に彩られており、いくぶんアナキズムのにおいがする。戦後、国家レベルでの価値観の議論を忌避しようとする発想は、ここから出てくる。

　先発の産業国家では、いずれの国においても、「国民」と「市民」が共に登場している。残念ながら日本においては、戦前は「国民」意識が

偏重されており、戦後は「市民」が偏重されすぎている。この一見相容れない「国民」と「市民」の絶妙なバランスが、近代産業国家のアイデンティティの特徴である。国内においては、政府に忌憚なく申し立てをし、国外では国のために団結する。政府を激しく批判する人が、サッカーのワールドカップではビールを片手にテレビの前で自国のチームを応援して熱狂する。それが、バランスの取れた近代的国民である。日本では、依然としてこのバランスがあまりよく取れていないように見える。

啓蒙思想を日本の思想に統合することは可能か

　それでは私たちは、西洋の近代思想、特に啓蒙思想と伝統的な仏教や儒教の教えによって磨かれた私たちの価値観を、果たして一個の人格の中に統合できるだろうか。何度も言うように、ある国の歴史や、ある民族の歴史とは、死んだ紙の山を読むだけではわからない。読者自身の頭の中で、自分たちの先祖の良心の軌跡を、数百年数千年にわたってどう再構成するかということこそが重要である。そこには、当然、外国の影響もあるだろう。1000年以上も前の日本人が仏教に触発されて書いたものの中にも、あるいは近代化以降の西欧化された日本の知識人の書いたものの中にも、読む人の心を打つものが必ずある。読者の良心が反応するものが必ずある。だからそういう本は、時間を超えて読み継がれているのである。読み継がれる中で、日本の歴史や、世界の歴史ができ上がるのである。歴史を知るとは、そういうことである。

　しかし、そこに普遍性はあるだろうか。日本の中で時間を超えて胸を打つものが、国境を越えて人の胸を打つだろうか。個々の国が、国ごとに、文明ごとに、宗教ごとに、バラバラの歴史観を持ってしまうのではないだろうか。読者の中には、そう考える人がいるかもしれない。表面的には、その通りである。しかし、どこかに必ず普遍的に通底する部分がある。なぜなら、良心が紡ぎ出していく信条や価値観は、宗教、国家、文明によって異なるが、その大元の良心は、人類に普遍的に与えられている機能であるからである。とするならば、人類の持つ信条や価値観というものは、その最も初源的、基盤的な倫理や道徳に関する部分では、

同じ要素があるはずなのである。

　この点をもう一度、きちんと考えてほしい。なぜなら、私たちは明治時代に西欧の政治思想や政治制度を導入する際に、その根にあるものまで掘り下げて輸入したわけではないからである。私たちは、彼らの精神的覚醒をもたらした、宗教改革やルネサンスまで掘り下げて輸入したわけではないし、その共時的経験を有するわけでもない。さらには、その奥にあるキリスト教やギリシャ・ローマの古典まで掘り下げて輸入したわけでもない。私たちは啓蒙思想を、西欧の精神的土壌から切り離して翻訳した上で輸入し、同じように、議会や裁判所といった近代政治制度を、産業技術や軍事技術とともに切り花のようにして輸入しているのである。

　この西洋の政治思想や政治経済制度は、儒教や仏教や武士道を倫理の骨格に据える日本社会に根づくことができるのであろうか。それが、近代日本が悩んだ問題なのである。儒教、仏教、武士道を背骨とした日本の精神的土壌に、啓蒙思想に基づく諸制度が根づくかどうかを知るには、まず、啓蒙思想が西洋においてどのようにして生まれたのか、その本質は何かを知らなければならない。直接、啓蒙専制君主時代や西洋の諸制度の創設期を経験していない私たちは、その生誕から今日までを想像の中で追体験してみるしかない。啓蒙思想が生まれてきた背景については、「第9講　国際社会の倫理的成熟（1）――啓蒙思想と国際法の登場」で詳しく説明するので、そちらを参照してほしい。

日本の近代化経験から抽出する、人類に普遍的な倫理基盤

　では、西洋の啓蒙思想と日本に根を下ろした儒教や仏教に、共通した倫理的基盤があるだろうか。人間は、群生の生き物である。種としての保存のために群れる。そこで平和で幸福な集団を営み、種としての生存の確率を上げる。その平和で幸福な集団を営むための機能が、良心である。良心は、深い悲しみに似た無限の優しい感情を生む。その感情が善悪を峻別する。それを道徳感情と呼ぶ。その感情は、いろいろな文明で、

「仁」「忍びざるの心」「惻隠の情」「大悲」「人類愛」「真理」「法」「人間の尊厳」と、名前を変えて呼ばれてきた。そこから倫理ある社会が作られていく。そのあり方は、民族により、国家による。しかし、その根底にある倫理的基盤は同じものであり、普遍的なものである。

　少し抽象度を上げてみれば、様々な宗教、哲学、文明圏の差異を超えて、人間社会の倫理世界を構成する共通の要素が見えてくる。人類社会に普遍的な倫理基盤が見えてくるのである。そこを理解できれば、なぜ仏教や儒教を基盤とした日本人の政治道徳の土壌に、舶来の啓蒙思想が根づくことができるかがわかると思う。

　どうすれば、洋の東西を問わない普遍的な倫理基盤が見えてくるのだろうか。実は日本は、この点で実にユニークな素材を提供する。すでに150年近い近代化の過程の中で、日本人は、流入した西欧政治思想と伝統的な儒教、仏教の倫理感の狭間で苦しみ抜いてきたからである。特に日本の経験は、洋の東西を問わず存在する基本的な倫理基盤の構造を洞察するのに一番よい材料なのである。私たちは、自分の良心に尋ねてみればよい。「明治以降の近代的日本人と、江戸時代までの日本人に共通の倫理的基盤とは何であろうか」と。

　もちろん、殺すな、盗むな、犯すな、嘘をつくなという基本的な戒律はどこの国でも、どこの文明でも存在する。それを超えて、人類社会に普遍的な倫理的構造を洞察させるような原理的認識があるだろうか。私は、あると思う。豊かな東洋的精神世界に、同じく豊饒な西洋の精神世界を結合しようとして、すでに150年の年月が経っている。明治以来、日本の最高の知性が、苦しみ抜いて、今日の日本の価値観を磨いてきた。明治以来、数多くの日本の知識人たちが描いてきた知的営為の軌跡を見れば、洋の東西を問わず通用する普遍的な倫理的基盤の論理的骨格は、すでに整えられていることがわかると思う。

　それでは、考えてみよう。私たち日本人が持っている基本的な倫理観、道徳観、価値観の中で、国際社会に普遍的に通用する要素とは何だろうか。

　私は、かぎられた機会ではあるが、世界各地で講演する機会を与えら

れた。宗教も、歴史も、文明も、まったく異なった人々に主張してみて、聴衆から「あなたの説明される日本の価値観は、とても常識的ですね」と納得してもらえたこともたびたびあった。以下は、私の個人的な経験から、抽出してみたものである。読者は、どう思うだろうか。

社会あるところに法あり ──「天」の思想と「法の支配」

第1に、「社会あるところに法あり」という確信である。言い換えればそれは、「いかなる権力も、法の下にある」という確信である。東洋風に言えば、世俗の権力を超えた「天」という最高倫理の存在がある、という認識である。西郷隆盛が言う「敬天愛人」の「敬天」である。西欧思想の言葉を使えば、「法の支配」である。もとより、ここで言う「法」とは、刑法や民法のような実定法ではなく、「自然法」に近い。儒学の言葉で言えば、「礼」であろう。インドの人なら、「真理」や「法」と呼ぶのであろう。近代政治の言葉を使えば、「国民の一般意思」である。

ここで言う「法」とは、形而上学的な存在ではない。机上の空論でもない。それは、世俗の権力を超え、権力をしばり、権力を罰する至高の倫理存在であり、実在する力である。法は、人間の集団を規律する力として実在する。それは、権力者の人智を超えた実在の力なのである。なぜなら、その実体は、民意だからである。

第1講で説明したように、権力もまた、集団のあるいは種の生存のための集団本能の現れである。人は生きるために群れ、統率し、采配を振るう者を選ぶ。それは、最先端の産業社会でも、自然状態に近い部族社会でも同じである。人類は、生存のために助け合い、支え合って幸福な共同体を営む。卓越した能力で群れを統率する者が現れ、群れ全体の生存を図る。群れの構成員は、自発的に指導者を支え、団結する。女性と子供と老人は守られ、食事が行き渡り、幸福な家庭生活が存続する。人は、このようにして、社会的機能を営み、統率者を選び、群れを作り、社会を作る。

逆に権力による暴政が、集団のあるいは種の生存のために社会集団の構成員の多くから悪と判断されれば、権力は滅ぼされる。人間の集団に

は、統率者による暴政が自らの生存を脅かすと感じる時、統率者排除の本能が働く。それは、ただの利己的な王殺しではない。我々は、その時、天の力が働いていると言うのである。権力は、無限に民意に逆らい続けることはできない。だから、民意を天意と呼ぶのである。

　民意の正体とは何であろうか。民意の底にうごめくものは、個々人の良心である。良心は、群生の動物である人間に働く本能に根ざした機能である。個々の良心が持つ善悪の判断の集合体が、民意を形成する。良心は、種としての生存本能に発しており、人間の集団が生き延びるために善悪の判断を重ね、言葉によって共有されていく。それが社会全体に浸透して、やがて信条となり、価値感となり、法となり、倫理ある社会が構築される。権力もまた、社会構成員一人ひとりの良心が蚕の糸のように紡ぎ出し、やがて蚕の繭のように社会全体を覆うこととなる倫理の網に従うのである。

　それが、根源的な意味での民意である。この民意こそ、法であり、天である。したがって、「法」は、権力の上に立つ。それは、人間集団の本能に根ざした動きであり、DNAに刻まれた生物学的な真実である。権力は絶対ではない。権力は手段、機能であり、目的ではない。権力の目的は集団の生存であり、集団構成員の幸福であり、最終的には、種の保存である。

　そこに気づいた文明が、お天道様、法、真理、自然法、天、あるいは神といった、権力に上位する概念を見出してきた。そこに気づかなくても、すなわち精緻な宗教哲学や政治哲学を生み出すことがなくても、かつて多くの開発途上国の集落に見られたように、権力は本能的に自らに上位する存在を恐れて自制するものである。人間は、そういうふうに作られているのである。

　日本でも、権力者が何をしてもよいという発想は稀である。西欧人が作り出した王権神授説とか、ビザンチン帝国や中国で根づいたような、皇帝は神や天の使いであるという発想は、日本には根づかなかった。徳川将軍を神の使いと言った人はいない。古代神話を正統性の基礎に置いた絶対天皇制は、近代の産物であることに注意を要する。天皇家も明治

以前には、約千年の間、おくり名を仏教風に「院」とつけ、天皇とは呼ばれていなかったのである。

　日本に最初に大きな影響を与えた外来思想は、仏教である。6世紀の伝来以来、仏教は深く日本社会に根を下ろした。大悲を説き、慈愛を説く仏教の宗教倫理は、まず禁裏にある貴族たちの間に根を下ろし、続いて鎌倉の高僧たちの努力もあって、日本国民一般の中に広く深く浸透した。仏の目から見れば、権力者も一般人もない。聖武天皇や日蓮の信奉した金光明経に言うとおり、仏法に背く権力者の非道は、当然、仏罰の対象であり、国難を招来すると考えられた。金光明経は、仏道を権力の上に置き、「法の支配」を説く点で、日本政治思想の基幹に座る教典である。また、仏の代理人と称した権力者はいない。

　室町時代に至り、鎌倉武士が開いた新しい武家政治が、裸の暴力を是認する群雄割拠の時代を招来する。倫理や道徳が著しく衰退し、敵将の首を切り落とすことが恒常化した残忍な戦国時代が訪れる。しかし、残虐な戦国武将の間にも、「お天道様」という自分を超える倫理的存在は意識されていたという。戦国時代でさえ、心のどこかに善を求める気持ちは残っていた。底なしの悪逆非道は、恐れられても、決して礼賛されることはなかったのである。

　儒教の流布した江戸時代に入ると、「天」という意識が出てくる。それでは、儒教に言う天とは何であろうか。宮崎市定先生によれば、古代中国における天の思想は、孔子から孟子へと変遷する。まず孔子が、シャーマニズムの鬼神を敬して遠ざけ（「敬鬼神而遠之」論語・雍也篇）、天を魔神ではなく、善悪を判断する倫理性のある至高の存在として定義し直した。確かに孔子は、天に罪を獲れば祈るところなし、というところまで述べている（「獲罪於天無所祷也」論語・八佾篇）。その後、儒家と激しく争った墨家が、天を正義の主宰神として再定義し、ついに再び儒家の孟子に至って、天は、民を愛することのない不仁の為政者を罰する至高神として登場するのである（「古代中国における天と命の思想」、宮崎市定『論語の新しい読み方』所収）。孟子を読む儒者は、裸の権力の上に立つ道徳の力があり、道徳がもたらす正しい「道」があり、力に

よる「覇道」は、いつかは倫理ある「王道」に破れる、という認識を持つようになる。東アジアにおける政治思想の根源がそこにある。
　孟子の考え方は最後には、民意こそ天意である、というところに行き着く。よく引用される例であるが、孟子は、天は物を言わない（「天不言」）が、天は人々の行いによってその意思を示すとし（「以行与事示之而矣」）、中国古代において堯が崩御した後、人心が堯の子ではなく舜に向かったために天下が舜に帰した例を挙げ、これが天意が民意を通じて現れる例だと述べている（万章篇）。その上で孟子は、書経が「天の視るは我が民の視るに自い、天の聴くは我が民の聴くに従ふ」というのは、民意が天に通じることを意味しているのだと言うのである（孟子・万章篇）。
　吉田松陰も、孟子の万章篇を引き、「思うに、天は本来心を持っていないものであるから、民の心をその心としている。天みずから視たり聴いたりする働きがあるのでなく、民の視たり聴いたりしたことを、みずからのそれとしている」（講孟箚記・万章篇・第六章）と述べている。
　もとよりそれは、ロックやルソーのように、権力の正統性が民にあるというところまで突き抜けてはいない。民はあくまでも治められる対象でしかない。しかし、私たち日本人は、儒教、特に孟子によって啓発された、天意とは民意であるという認識が中江兆民や福沢諭吉の西欧啓蒙思想へつながる思想的連続性を有していることを、忘れてはならない。

「仏道」や「天」の地理的、人種的、宗教的限界

　ここで私たち日本人が、「仏道」や「天」「お天道様」と言う時の、その概念の地理的な適用範囲について考えてみよう。私たちは、どの程度の地理的範囲の人たちが、同じ人間として同じ仏を天を仰ぐ存在と考えていたのであろうか。さらに言えば、地球上においてどの程度の広がりを持った人たちが、私たちと同じように倫理的存在であり、人として話し合える存在と考えていたのであろうか。
　人間は傲慢な生き物であり、自分の倫理世界の外側の人間を、倫理のない世界の住人と考えがちである。日本人は長い間、唐（中国）、天竺（インド）、朝鮮、本朝（日本）の仏教圏を、人間らしい倫理が通用する世

界だと考えていた。これに対し、16世紀からアジアを跳梁しはじめた欧州人のことは、南蛮人と呼んで差別していた。日本人が欧州人のことを、近代的で優越した文明から来た進んだ人々だと考えはじめたのは、科学文明の力を見せつけられ、産業革命で国力に圧倒的な差をつけられた19世紀以降のことである。私たち日本人もまた、近代欧州人がキリスト教徒以外を、同じ人間として認めていなかったなどと批判がましく言うほどには、普遍的な人類愛に目覚めていたわけではない。

　幕末に日本が、熾烈な帝国主義の最中にあった欧州列強と接した際、日本人にまず出た反応が攘夷であった。自らの倫理体系を、力でねじ伏せられてしまうと考えたからである。西郷隆盛は、「文明とは、道の普く行はるを賛称せる言」であるとして、欧州列強の所業に関し、「実に文明ならば、未開の国に対しなば、慈愛を本とし、懇々説諭して解明に導くべきに、左は無くして未開蒙昧の国に対する程むごく残忍のことを致し己を利するは野蛮ぢゃ」（『西郷南洲遺訓』岩波文庫）と喝破した。

　しかし、その後日本は、圧倒的な西欧文明の力の前に、生存をかけて欧化政策に舵を切る。欧化政策は、科学技術の輸入だけではなく、政治思想や制度の輸入にも及んだ。しかし明治時代の日本人は、中江兆民のような一級の思想家を除けば、自らの東洋的な価値観と輸入された西洋的な価値観の普遍的な部分を抽出して融合することに失敗した。

　国内では、市民社会の成熟を待つ間もなく、急激に「国民」国家化が完遂し、ナショナリズムの熱狂が始まった。また対外政策においては、国際公法こそ国際社会における法であり道であるという維新当時の考え方が薄れ、岩倉具視の遣欧使節団が「国際法より鉄砲だ」という鉄血宰相ビスマルクの暴言に一蹴された後は、欧州列強と同様に倫理を無視した覇道に走った。

　その結果日本は、かろうじて近代国際社会に主役の一人として参入したが、その過程において、一方で、欧米人のアジア人に対する強い人種的偏見に悩みながら、他方では、他のアジア諸国に先駆けて近代化、産業化に成功したという自負を持つようになり、他のアジア人に対して欧州人と同様の差別意識や優越意識を持つようになった。

それは、醜いことである。その後の人類の歴史を振り返ってみれば、科学文明や物質文明における優越が、倫理的、道徳的優越であると考えることは傲慢以外の何物でもないことは自明であろう。また、少し工業化が早かったことが、国や民族の優越を意味しないことも明らかである。21世紀の今日、19世紀に日本が仰ぎ見た大英帝国もフランス共和国もドイツ帝国もみな、経済的には日本の半分くらいの大きさとなった。わずかばかり近代化に先んじた国々が、そのことをもって自分たちが民族的に優越しているなどと信じることがいかに愚かなことであったか、もはや誰の目にも明らかであろう。

　むしろ逆に、近代化、産業化の先導役であった欧州諸国や日本が主役を務めた19世紀と20世紀は、人類史上比類のない殺戮の時代でさえあった。さらに言えば、帝国主義の始まるはるか以前、16世紀初頭のウェストファリア体制成立前後から、欧州大陸ではひっきりなしに戦争が続いていた。これに対して東アジアでは、清朝や徳川幕府の日本や李氏朝鮮といった大国が、300年にわたって平和を享受し、また国内では儒教や仏教の伝統によって高度に洗練された倫理的な社会を築き上げていた。どちらが人間の社会としてより倫理的であり、どちらがより野蛮であったのだろうか。

　科学文明の進歩は、人間社会の倫理的優越を決して保証しない。良心の輝きがない科学は、黒魔術と変わらない黒科学である。法の支配とは、権力者に優越して、権力者に国民の幸福を実現させようとする倫理の力である。その力が働いている人間社会が強く、美しく、安定している。社会構成員の良心が働いているからである。そのような幸福な社会が、科学文明の最先端を行くニューヨークや東京のような豊かで先進的な都会とはかぎらない。アフリカの小さな村かもしれない。チベットの寒村かもしれない。科学の進歩と良心の輝きは、必ずしも符合しないのである。

　今日の日本は、欧化政策、植民地経営などの多くの過誤と試練を経て、ようやくこのような全人類を包み込む考え方にたどりついた。それは、すでにして20世紀も後半のことである。

人間を大切にする ——「愛民」と「人間の尊厳」

　第2に、「人間を大切にする」ということである。それは、裏を返せば「いかなる権力も、国民の幸福のためにある」ということである。日本風に言えば、「民を慈しむ」ということであり、西郷隆盛の「敬天愛人」の「愛人」である。西洋風に言えば、地上の人間すべてに平等に「人間としての尊厳」を認めるということである。それはガンジーが鼓吹してやまなかった「人類愛」に他ならない。先に述べたように、儒仏の教えの届かなかった西欧諸国の場合には、その背景に、長いキリスト教の人類愛の伝統と、ギリシャ・ローマの古典によって磨かれた豊かな人間性がある。

　人間を大切にする。命を大切にするということは、人倫の根本である。富んでいようと貧しかろうと、強かろうと弱かろうと、男であろうと女であろうと、健常者であろうと障害者であろうと、人はみな人として生まれてきた以上、同じ価値がある。誰一人差別されることなく、尊い存在として生きていく価値がある。自分の力で未来を切り開いていこうとする生命体こそ美しい。空を飛ぶ鳥であろうと、たとえ羽を折って地を走る鳥であろうと、一所懸命に生きている姿は感動を呼ぶ。人も同じである。命に差別はないのである。

　日本では、中国文明の流入とともに仏教が流入したことで、他者を慈しむ、恵まれない人々を慈しむという考え方が比較的早く根づいた。先にも述べたが、日本の国の骨格を整えた聖徳太子は、仏教に深く帰依して、貧しい者、見捨てられた者のために施設を建てた。仏教という世界宗教との出会いは、日本人の心に慈悲の気持ちを思い起こさせ、倫理的開花を早め、大きな果実をもたらしたのである。

　また、孔子も孟子も儒者にとっての最高善である「仁」として、「人を愛すること」（「愛人」孔子・孟子）を教えた。儒教におけるそれは、政治の指針とされた。孟子を読むと、悪政の象徴として、溝に転げ落ちて死んでいる農民の姿がよく出てくる。仁政をもって民を慈しめと言う孟子の言葉は、机上の空論でも精神論でもない。古代中国における悲惨

な政治の現実を前にして述べられた、治世の指針なのである。
　前述の「法の支配」に気がつけば、法の目的は人間社会の生存であることに気づく。権力はあくまで手段であり、法にしばられており、その目的は、治められている人間一人ひとりを守ることにあると気づくのである。権力は、人々の上にはない。下にある。孟子の言うように、「民をもって貴しとなす、社稷これに次ぐ、君をもって軽しとなす」という逆転の発想に心が向くようになる。
　権力の実体は、中江兆民が言うように、「君民共治」である。それが人間集団の生物学的な実態である。それは、まさに兆民の言うように、君主制であろうと共和制であろうと関係がない。治める者の統率力と、治められる者の自発的な服従の双方によって、権力は構成されている。その権力が、民のための道具であると気づくことが必要である。2300年前に、君主よりも民のほうが貴いと喝破した孟子の洞察力は、深い。それが、「人間の尊厳」を知るということである。権力に犯されてはならない大切なものが、人間の一人ひとりに与えられているのである。人間の尊厳は、「法の支配」から導かれる当然の結論である。
　「人間の尊厳」に気がつけば、あらゆる差別はその根拠を失う。日本は明治以降、士農工商の身分が崩れ、急速に国民国家化した。四民平等の時代である。日本人は、明治に入って、身分にしばられた運命から解放された。百姓に生まれれば、一生百姓で終わるという時代が終わったのである。個人の才覚を最大限に生かして、どんな出自であれ総理大臣にまで上り詰めることができる社会が、突然出現した。足軽の息子から身を起こした伊藤博文が、初代総理となって、その夢を具現した。自分の夢を果たせなかった多くの親は、子供に教育を受けさせるために、辛苦して働いた。噴出した国民的エネルギーは、明治国家という近代的国民国家建設に注ぎ込まれた。身分的差別の廃止は、この200年のうちに、日本社会が経験した最も重要な倫理的進歩の一つであろう。
　逆に、日本は第2次世界大戦で、300万人の同胞を失うという極めて辛い経験をした。二十数人当たりに一人は戦争で死んでいる。日本にとって、有史以来の惨事である。日本の歴史の中で、権力がこれほど大規模

に国民の命を粗末に扱ったことはない。当時の日本人は、兵士であれ民間人であれ、親戚に必ず戦死者がいたはずである。戦争の残した深い傷跡は、戦後の日本人に、何よりも大切なものは人の命である、という確信を生んだ。権力が、その理由は何であれ、社会の構成員に対して命を捨てることを強要することがあってはならない。ましてや国家権力が、国民の命を粗末に扱うようなことがあってはならない。権力の盲信は、権力者が国民の幸福という本来の目的を忘れ、魔にはまることを促す。それは日本人が、軍国の陶酔から覚めた後に胸に刻んだことである。

　振り返ってみれば、徳川時代の日本人が、昭和前期の日本人のように命を粗末にしたであろうか。室町の戦国時代はともかくとして、鎌倉時代、平安時代、奈良時代、飛鳥時代の日本人が、命を粗末にしたであろうか。もともと日本は、外敵の侵入の非常に少ない、気候の穏やかな海上王国である。そのような場所では、むしろ人心は穏やかになることが多い。山の多い狭い島々で、米を育て、貝を漁り、魚を獲りながら、肩を寄せ合って生きてきたのが日本人である。日本人は、辛い時、苦しい時ほど互いに優しくなる国民性である。バブル時代の傲慢な日本人は醜かった。バブル崩壊以降の日本人のほうが、はるかに優しい。景気の悪化が治安の悪化につながるのが普通の国である。日本は、その逆である。人の命を粗末にする伝統は、日本にはない。

西欧思想がもたらしたもの
——「抵抗者の視点」と「市民の誕生」

　第3は、「抵抗者の視点」である。これは、権力というものをどのようにとらえるかという問題と裏腹の関係にある。

　中国やインド伝来の宗教・政治思想に刺激されて花開いた明治以前の日本の政治思想と、明治以降に西欧の政治思想に刺激されて深化した日本の政治思想とを比べると、大きな違いが一つある。それは、抵抗者の視点を持つということである。「市民」の誕生である。

　権力の存在を前提に、権力のほうから、すなわち上から人間社会を眺めると、天意に従って民を慈しむという発想になる。これを、被支配者

の側から眺めると、天意とは民意であり、権力を民意に従わしめるとともに、権力に自らの権利を侵させないという発想になる。それが、先ほど述べた「人間の尊厳」という発想を生む。

　中国思想は「上から目線」に傾き、西欧思想は「下から目線」に傾く。権力の本質それ自体に、洋の東西があるわけではない。権力の本質は、前述のように、優れた統率と自発的な服従の組み合わせである。懲罰的な強制と暴力は権力の付随物であって、権力の本質ではない。日本は、1億3000万近い人口を、わずか25万人程度の警察官と24万人の自衛官で治めているのである。国民全員が怒れば、警察も自衛隊も、国民全員に政府の意思を強制することなどできはしない。強制と暴力だけをもって国民を虐げようとすれば、不服従と抵抗を招き、やがて権力者はその座を追われることになる。暴虐な王の追放は、道徳の力が生み出す物理的な力であり、人間集団に与えられた生存本能の一部なのである。

　それはもはや、ただの王殺しではない。孟子の言うように匹夫の成敗、誅殺なのである。孟子は、民の信頼を失った君主は、天命を失って匹夫に等しく、追放しても、場合によっては殺してもかまわないと述べていた。それが、「易姓革命」思想の核心である。これは、西欧の啓蒙思想に非常に近い。

　しかし、儒教などの東洋思想は、革命を防ぐ方策として仁政（慈民の政治）を挙げ、その実現のために君主による徳の修養に力点を置いた。紫禁城の奥深くに住まう天子は、あくまでも天の使いとして崇拝の対象であり続けた。そのため、権力が腐敗するという厳しい現実を認識した上で、権力を牽制する政治制度の発達では遅れを取った。東アジアに民主主義制度が発達しなかったのはそのせいである。権力をチェックし、民主的にコントロールするというルソーやモンテスキューの発想が、中国思想にはない。そのような考え方は異端であり、天から授かった権力の弱体化、政治の不安定化を生むものとして嫌われ、恐れられたのである。むしろ中国では、皇帝を天の代表とみなして、過剰忠誠とも言うべき礼儀作法が発展した。このように、権力と市民社会が対峙する伝統のないところでは、啓蒙思想はむしろ下剋上礼讃に聞こえるであろう。

逆に、西欧の政治思想の発展は、常に権力集団と権力に対峙する集団との政治力学やその動態から生まれている。西欧では、王は決して慈悲深い天の使いではない。王は、しばしば残忍であり、恣意的な存在であり、恐怖の対象である。すなわち王は、「奪う存在」なのである。ロックの議会主義は、清教徒革命後の王権と貴族の対峙から生まれたし、ルソーやモンテスキューが唱えた思想は、フランス革命を経て、王党派とブルジョワと無産階級の三つ巴の闘争の中で鍛えられた。英国王権のくびきを外して生まれた米国では、そもそも権力を異化する発想が強い。

日本での啓蒙思想は、帝国主義時代の厳しい国際環境の中で、燃え上がったナショナリズムと合体して四民平等の「国民」を生み出したが、市民社会の成熟に後れを取り、権力を抑制する仕組みが発展せず、むしろ逆に国家と国民が完全に同化する現象を起こした。帝国議会の創設も、1890年と極めて早いのであるが、昭和前期には、政府をコントロールする立場にある帝国議会がナショナリズムに浮かれ、政府の方針に翼賛して共に暴走することとなったのは、そのよい例である。つまり、「国民」がいて、「市民」がいなかったからである。

そうした中で、第2次世界大戦による国土の荒廃と300万人の戦死者は、権力は時として暴走するということを国民の胸に焼きつけた。権力と国民の異化が始まったのである。戦後になって、「抵抗者としての視点」が、初めて正統性のある政治思想として日本の政治思想に組み込まれた。日本人は、大きな犠牲の上に、「国民」と「市民」はコインの裏表であり、外敵などの国難に対して団結するだけではなく、権力に対して対峙することもまた必要であるという貴重な政治的経験を得たのである。

民主主義制度 ——「穏健な経験主義」の制度化

第4に、民主主義という制度の重要性である。法の支配に気づき、人間の尊厳に気づき、抵抗者の視点を持った市民が登場したからといって、法の支配が破られない保証はない。人間の尊厳が踏みにじられない保証はない。抵抗者が投獄され、殺戮されない保証はない。法の支配が実現されるためには、制度が必要である。今日の政治制度の中で、最も優れ

ているのが民主主義制度である。

　政治においては、思想や価値観も大切であるが、仕組みが重要である。倫理ある社会が命をつなぐには、権力者に被統治者の痛みを常に認識させ、同時に社会構成員の良心を恒常的に活性化させる仕組みがいる。また、良心が紡ぎ出す言葉が自由に流通し、社会構成員全員の同意と選択によって社会全体の倫理が鍛え上げられていくための仕組みがいる。

　その仕組みとは、思想の自由、言論の自由、報道の自由、集会の自由の保証と、自由な普通選挙、議会制度、複数政党制、三権分立、そして特に司法の独立などである。これら一連の制度が相互に補完し合ってはじめて、民主主義は機能する。逆にその一部でも削られれば、民主主義は機能しなくなる。例えば、思想や発言が封じられ、権力が、テレビ、新聞、教育を独占しはじめれば、集団的な熱狂の中に個々人の良心は窒息し、人を守るはずの権力が大量に人を死に追いやる結果を生む。

　民主主義は、制度であって、うまく使われなければ機能不全を起こすのである。ヒトラーは、ワイマール共和国の民主主義から生まれたし、日本の軍国主義も国会の翼賛を受けた。民主主義は、社会が正当に機能するための必要条件であって、十分条件ではない。

　民主主義制度がきちんと機能するために特に必要なものは、健全な市民社会の存在である。権力と対峙することで自らの尊厳を守り、また権力が国民の幸福の実現に奉仕する道具であることを常に想起させる、市民が必要なのである。

　特に今日の先進社会では、民主主義は不可欠の政治制度である。なぜなら、産業化の進展は、一方で個人のとうてい立ち向かえない巨大政府を実現し、他方で社会の流動化、格差の拡大などを通じて、国民の政治意識を高め、多様化させるからである。産業化の過程で、権力から独立した政治力と経済力を持った様々な団体が登場する。企業家であれ労働組合であれ農協であれ、多くの人々が政治的に活性化する。それが戦後日本に現れた、成熟した市民社会である。

　巨大化した政府と成熟した市民社会の間の政治的動態を制度的に円滑化するには、民主主義制度が最もよい。権力が巨大化しすぎないように

三権に分割し、かつ複雑に対立する利益を抱えた政治意識の高い国民が自由な言論の下で民意（一般意思）を作り上げ、複数政党の存在が許される議会制度の下で自由な普通選挙によって民意を表明する。そうして民意を得た政党が、権力を信託される。このような手続きで、国民兼市民が巨大化した政府をコントロールできるようにすることが、現実の政治的要請となるのである。現代民主主義は、巨大な政府と市民社会の成熟を実現した工業化、産業化の必然でもあるのである。

　もう一つ、民主主義には優れた点がある。それは、移り変わりの激しい現代産業社会において、政治社会のシステムを「穏やかな経験主義」によって変容させていくという点である。第1講において、民主主義がなぜ重要かということを抽象的に説明した際にも述べたことであるが、大切なことなので改めて触れておく。

　権力は、自己目的化しがちである。それは人間社会の宿命と言ってよい。必ず腐敗する。社会が移ろい、民意が代わり、新しい社会が求められる時、権力がこれに抵抗することはよくある話である。そのたびに暴力沙汰や流血事件を起こすのは、低級な社会である。革命や内乱など、ないほうがいいに決まっている。権力の側からはもとより、支配される側からであっても暴力は決して礼賛するべきものではない。

　混乱し流血を招く社会状況は、実体社会の変容に、表象によって組み立てられている社会の仕組みがついていけないことから起きる。社会に不満が溜まり、思想の急進化が起きる。第1講でも説明したように、実体社会の移り変わりに照らして、社会を規律する倫理、道徳、法制度が変わっていくことが望ましい。そして、それに権力が従うことが望ましい。それを担保するのが民主主義である。

　英国では、清教徒革命以降の混乱に満ちた17世紀以降、目立った革命騒ぎがない。フランスでは、18世紀末のフランス革命以降、ほぼ100年の混乱を抜け出してから、内乱の時代はない。米国も、南北戦争以降は、目立った混乱はない。日本にしても、帝国議会開設以来、日本をひっくり返す規模の内乱は起きていない。社会の経験に照らして、少しずつ社会の仕組みを民意に照らして変えていけるということが、民主主義の大

きな美点である。少々下品であるが、「頭は割るよりも数えるほうがいい」と言った欧州の政治家がいる。その通りなのである。

国際社会における暴力の規制
―― 「平和」「義戦」「集団安全保障」

　第5に、「平和」である。日本が平和国家であることは、今日、誰も疑わないであろう。では、日本の平和主義の特色は何であろうか。戦後、日本に現れた平和主義は、国家の暴力を絶対否定する。それは、300万人の同胞を犠牲にし、また多くの外国人を犠牲にした第2次世界大戦の戦争体験に裏づけられている。200万人の軍人と、100万人の民間人が、わずか半世紀前に、戦火に焼かれて死んだのである。それはクビライの襲来以来、外敵の来襲を知らない日本人にとって、有史以来の事態である。しかも第2次世界大戦参戦は、日本自身による誤った戦略的選択である。それが、国家の崩壊と300万人の死をもたらした。この衝撃は、果てしなく重い。このような体験に根ざした戦後日本人の平和を希求する感情は、言葉を超えて、強烈である。

　ただし、このような強烈な平和主義は、日本にだけ現れたものではないことに留意を要する。日本人は忘れがちであるが、欧州でも第1次世界大戦後に、戦後の日本と同様の強烈な平和主義が跋扈した。オックスフォード大学などでは、良心的兵役拒否の議論が出た。第1次世界大戦では、深く掘った塹壕の中で、濡れそぼり泥にまみれて、1000万単位の人が死んだ。レマルクの『西部戦線異状なし』の小説を読むか、映画を見た人なら想像がつくであろう。しかし、ここでの日本の参戦は、マルタ島を基地とした海軍だけであった。日本海軍は、厳しい人種差別に耐えて、数十万の連合軍の兵士を輸送し、大きな戦果を挙げた。その過程で駆逐艦「榊」は魚雷攻撃を受け、多くの乗組員を失っている。現在も、マルタ島に、日本海軍戦没者の墓が立派に整備されて残っている。

　これに対して、日本陸軍は欧州戦線での参戦を拒んだため、第1次世界大戦における陸上戦闘の悲惨さに巻き込まれることはなかった。第1次世界大戦は、海軍人以外の多くの日本人にとっては対岸の火事でしか

なかったのである。そのために、日本の平和主義は、第1次世界大戦ではなく、第2次世界大戦の後に噴出することになった。

　日本の掲げる平和の理想に、異を唱える人はいないであろう。しかし、それではなぜ、戦後60年以上経っても日本の平和主義が世界を席巻していないのだろうか。それには理由がある。平和とは、紛争のない状態である。それをどう実現するのかという方法論が必要であり、制度論が必要である。それがなければ、理想は画餅に帰してしまう。実際、戦間期の欧州における平和主義は、第2次世界大戦の勃発を防止することはできなかった。その理想を打ち砕いたのは、他ならぬナチス・ドイツと日本の軍国主義である。その日本が、方法論、制度論に裏打ちされない精神的な平和主義を唱えても、彼らにとっては何の説得力もないのである。

　第2次世界大戦後、世界政治において主流となったのは、集団安全保障の考え方である。古来、人類の歴史の中で主流を成しているのは、正義のための力を是認し暴力を否定することである。正義が力で支えられていることを否定する絶対平和主義の思想は、宗教思想を除けば少数である。日本ではよく、「軍事力に対して軍事力で対抗することはよくない」という議論が聞かれる。これは、力それ自体を否定する議論であり、正義のための力と悪のための力を区別することを否定する考え方である。残念ながら絶対平和を唱えるだけでは、平和は守れない。精神論やスローガンだけでは、平和は守れないのである。

　正しい戦争を、中国思想では、「義戦」と呼ぶ。孟子の言う「春秋に義戦なし」の「義戦」である。欧州の国際法学では、これを「正戦（just war）」と呼んだ。「第9講　国際社会の倫理的成熟（1）——啓蒙思想と国際法の登場」で詳しく述べるが、国家間の暴力否定を最初に唱えたグロチウスが、主著である『戦争と平和の法』の中で心血を注いだのも、正戦（just war）と暴力の識別であった。義戦と暴力の区別から、現代の国際連合を中心とした集団安全保障体制が生まれてくる。この点については、後に第10講で詳しく述べる。

　ここでは、第2次世界大戦後に現れた平和に関する国際思潮と、日本の平和主義の異同を考えてみよう。まず、国際連合憲章と日本国憲法と

日米安保条約を、それぞれ並べて読んでみよう。国際連合憲章が書かれたのが1945年、日本国憲法が書かれたのが47年、日米安保条約が書かれたのが51年である。いずれの文書も、起草の過程で、押しなべて当時国際政治を主導していた米国の強い影響を受けている。このうち、国連憲章と日米安保条約は論理的に整合性がある。日米安保条約には、あくまでも国連集団安全保障体制を前提とし、それが冷戦によって機能しなくなったことを踏まえて、国連が機能するまでの間、米国が集団的自衛権を行使して日本を守ると記されている。いずれの文書も、悪の侵略に対して、正義がそれを押し返すという考え方に貫かれている。

　それでは、1947年に書かれた日本国憲法の絶対平和主義は、どこに位置するのであろうか。特に、正戦論を前提として起草してある国連憲章の集団安全保障体制と、日本国憲法の非武装条項（第９条）は、一体どういう位置関係に立つのであろうか。

　日本国憲法は、冷戦が始まるか始まらないかという時点で書かれた。1947年と言えば、朝鮮戦争の勃発する３年前である。イランやギリシャで東西冷戦が始まりかけ、きな臭いにおいがしはじめてはいたが、米英仏ソ中の戦勝五大連合国が世界中の国々を糾合して世界平和を守るという考え方が、依然として支配的であった頃である。その時に、日本が、国連集団安全保障体制に参画せよとも言われずに、非武装でいるようにと言われたのはなぜか。そして日本人が、それを受け入れたのはなぜか。読者のみなさんは、このことについて考えたことがあるだろうか。

　それは、日本が旧敵国であったからである。日本とドイツの復活と復讐主義こそが、1940年代後半における国際社会の最大の脅威だったからである。国際連合は、連合国である。英語では同じ「the United Nations」である。連合国の主敵は日本とドイツであった。国連憲章には、その戦略的現実が色濃く残されている。

　その端的な例が、旧敵国条項である。この条項は、旧敵国に対しては、自衛権の行使でなくても、集団安全保障体制の発動でなくても、武力行使を是認してよい場合があると定めてある。終戦からわずか２年の47年の時点で、国際連合すなわち連合軍が、日本とドイツに集団安全保障体

制に参画してほしいと思わなかったのは当然であろう。冷戦の始まる前、連合国の中に、日本に対して国連による平和の維持と創造に軍隊を送ってほしいと考える人はいなかったのである。むしろ、日本の武装を解除し続けることが、勝者の利益だったのである。

　日本の非武装は、日本人から見れば絶対平和主義の証であるが、外から見れば旧敵国に対する懲罰という意味があるのである。また、日本にしてみても、非武装は単なる平和主義の証というだけではない。戦争を反省して国際社会に復帰するための、悔悛の証でもあったのである。日本国憲法の非武装条項は、クリスタルのように、角度を変えると異なった彩りの光を放つことを知らねばならない。

　ちなみにドイツは、NATOの一員となることでブンデスベア（ドイツ軍）の指揮権をNATOという国際機関の指揮権と一元化し、同様に、欧州石炭共同体、欧州鉄鋼共同体、欧州原子力共同体に組み込まれることによって、戦争遂行に必要な資源の調達を国際化した。そして、数十万の在独米軍を受け入れ、自分の国を東西に分断する陸上国境を挟んで、強大な赤軍と向かい合ったのである。ドイツは、このようにして国際化の中に国際的市民権回復の道を見出したのである。だからドイツは、前世紀の後半、常に率先して西欧の防衛と欧州の統合のために大きな負担を背負ってきたのである。ドイツは、戦争への反省から、日本のように非武装にすることによって国際的市民権を回復しようとは考えなかった。四面環海の日本とは異なり、大陸にある厳しいドイツの戦略的環境は、そのような贅沢を許さなかったのである。

　今日、国連憲章起草から65年が経った。21世紀に入り日本は、国連安保理における常任議席を当然のように要求する国となった。また、20世紀の末には国連総会において、次回国連憲章改正時に旧敵国条項を削除することが決議された。旧敵国条項は、明らかに死文化（caduc）した。その日本が、国連の集団安全保障体制について、応分の働きをするのは当然であろう。日本国民の中にも、国連の平和維持活動（PKO）への自衛隊派遣に賛成する人が増えた。平和を貪るだけではなく、お独り様の平和にこもるだけでもなく、平和を創造し維持する積極的な平和主義

が、徐々に支持を集めてきている。

　戦後半世紀余が過ぎ、冷戦後すでに20年が経った。日本も大きく変貌した。今日、私たちは、憲法の平和主義と国連の平和協力との関係を、もう一度考え直さざるを得ない。国連憲章の善悪を峻別する義戦論と日本国憲法の善悪を問わない無差別な平和主義は、論理的に相容れない。国際連合は、多くの欠陥を抱えているとはいえ、現在唯一の国際社会の安全保障を担当する普遍的組織である。特に国連安保理は、武力行使の正邪や合法性を判断する。国連が加盟国に立ち上がることを要求する時、それは正戦であり、公のための戦いである。それは、私闘ではない。利己的な国益追求の手段としての戦争ではない。国連の呼びかけに答えることは、国際社会の一員としての責任なのである。

　憲法前文の規定する国際協調の本義に立ち返って、戦後、解釈の積み重ねによって現実に適合させてきた憲法第9条の解釈を、さらに熟考することが必要である。第2次世界大戦の旧敵国から、国際社会の名誉ある一員へ。その時、憲法第9条の解釈は、どう変わるべきなのであろうか。それは、21世紀の日本が背負った思想的挑戦である。その挑戦を受けることができないとすれば、それは日本の側に、旧敵国としてあるいは敗残者としてのメンタリティーが残っていることになりはしないだろうか。

勤労は報われるという原則と自由な交換
——「勤労」と「市での商い」

　第6に、「まじめに働く者は報われる」という考え方である。日本人の勤労に対する真摯な態度は、日本社会全体に深く根を下ろしている。とにかく、日本人は誠実に、良心的に、よく働く。

　それがどこから来るのか、うまく説明してくれる書物を探しているが、なかなか見つからない。日本人の禁欲的な勤労倫理は、一体何に起因するのだろうか。儒教と言う人もいるが、儒教には勤労倫理を鼓舞する内容はあまり見当たらない。また、儒教が広まったのは武士階級であるが、平時の武士は無産階級であり仕事はなかった。徳川の時代から堅気を信

頼し、遊び人を軽侮する風潮は、むしろ庶民階層に広く浸透している。勤労倫理そのものと言うよりも日本社会全体の倫理性の高さが、日本人がよく働く理由なのかもしれない。

　渡辺浩元東大教授は、日本の家（いえ）制度に着目して、日本の家とは先祖代々続く会社組織であり、家を相続した者が、先祖から譲られた職業と財産を守り抜くことに高い価値を置く独特の家職組織を、日本人は有していると述べている（『日本政治思想史』渡辺浩、東京大学出版会）。これは、日本に独特の世襲的分業社会と言ってよい。日本では、生まれた時に与えられた場によって人生を規定され、各々の持ち場で個々人が完璧を目指すことがよいとされてきた。そこに、日本人の高い勤労意欲の源があるのかもしれない。

　欧州では、マックス・ウェーバーが、プロテスタントの勤労倫理を指摘した。確かに、カトリックの多いラテン系では、勤労が価値観となっているとは言えない面がある。カトリックの強いフランスでは、「生きる（vivire）」には、食べたり歌ったりのような「人生を楽しむ」という語感があり、「働く（travailler）」とは「苦しむ」という語感がある。根が享楽的な人々と、根が禁欲的な人々の相違は、確かに存在するようである。日本人は結構享楽的であるが、根はやはり相当にまじめな民族であるということであろう。

　日本人の勤労意欲が何に起因するものであろうと、親の脛をかじらず、悪いことをせず、他人に迷惑をかけず、自分の力で食べていく、自分の力で未来を切り開くという自立の精神は、古来、日本人が尊んできたものであり、それは現在も日本人の美徳となっている。

　この関連で、「報われる」とはどういうことか、「正当な報酬」とは何かということを考えてみよう。欧州の経済思想の発展を紹介する時間はないが、突き詰めれば、それは「自由な交換」の仕組みと裏腹の関係にある。なぜなら、報酬が正当かどうかは、価格形成を通じて市場が判断するからである。価値は、それを供給できる人の多寡と、それを求める人の多寡で決まる。自由な交換は、人間社会を豊かにするために非常に重要である。与えられている能力は、人によって集団によって異なる。

交換は、人類が生存のために古代から実践している生存の知恵である。人は、交換によって足りないものを補い合い、互いの生存の可能性を高める。したがって、「交換の自由」という考え方は、それ自体が強い倫理性を帯びている。

日本では、市場を建てるという商行為が、古くから行われてきた。自由な商いの重要性は、日本人には理解しやすい価値である。ただし、市場の規模をどんどん大きくすればするほど、国が富むという発想はなかなか根づかなかった。織田信長の楽市・楽座のような豪胆な発想は、徳川幕府の敷いた封建時代には影を潜めている。

地球的規模での自由貿易がもたらす恩恵を、日本が骨身にしみて理解したのは、戦後のことである。戦前、特に1929年の大恐慌の後には、世界は完全にブロック経済化した。世界経済のブロック化は、戦争が完全に禁じられていなかった20世紀の前半に、「持たざる国」が生存圏の確立に向けて、戦争に走る原因の一つとなったのである。

国際貿易を自由化しようとしたのは米国である。戦後、世界経済は一貫して自由貿易によって拡大した。今日では、情報技術の発達によって世界経済は緊密に結びつけられ、グローバル経済が登場している。惨めに委縮した共産主義経済圏の国々も、ほとんどすべての国が自由経済に舵を切り、現在では中国経済が、グローバリゼーションの恩恵を受けて躍進している。日本もまた戦後、自由貿易制度に加入を許され、廉価で優秀な労働力を武器にして、戦前にはとうてい達成できなかったであろう国力を手に入れた。戦後復興も、自由貿易制度がなければ実現しなかったであろう。自由貿易と言うと、特に外国農産品の輸入をめぐって、日本だけが被害者となっているかのような報道が出ることがあるが、自由貿易制度こそ日本経済の命綱であることを確認することが必要である。

日本はどこで間違えたのか

以上、人類社会の倫理的成熟を眺めてきた。次に、21世紀の普遍的倫理基盤の問題に入ろう。その前に、戦前の日本はどこで間違えたのかを指摘しておこう。

第1の間違いは、日本が1899年のハーグ平和会議、1917年の第1次世界大戦を経て、世界が国家間の暴力規制へ向かおうとする大きな倫理的な流れに気がつかなかったことである。国際社会は、確実に、倫理的に成熟していたのである。しかし、明治初期に欧州列強の力によって翻弄され、また、「持てる国」「持たざる国」の枠組みでものを考えていた日本は、19世紀の欧州権力政治の本質を日本の戦国時代と同様に考えて武力を過信し、道徳を冷笑し、力によって「持てる国」になろうと武断による帝国拡張に固執した。

　それは、現状維持勢力である英米両国との激突を招いた。英国やフランスこそ、帝国主義の権化ではないかと言っても始まらない。「乱の時代」は、必ず終わる。変動期の終盤には、どこかで力が支配する時代が終わり、道徳が支配する時代が始まる。「天下無道」の時代は、必ず「天下有道」の時代に移り変わる。それは、人間の良心がもたらす力である。天意である。永続する革命や戦争は、存在しない。関ヶ原の戦い前にどんなに強かった戦国武将も、徳川の御代が定まった後に武力に訴えれば、ただちに改易される。同じことである。「徳川家も、他国の領土を奪っていたではないか」と言っても始まらないのである。

　第2の間違いは、第1次世界大戦後から湧き出し、第2次世界大戦後に滔々とした大河の流れに変わっていった、民族自決と植民地解放の流れを見誤ったことである。近代的なナショナリズムは、「人間の尊厳」を重んじる啓蒙思想の普及とともにすべての民族を覚醒させていった。どんなに強くても、覚醒した民族を支配し続けることはできない。帝国を拡張すれば、必ず被支配民族の抵抗に苦しむことになる。それは、古色蒼然としたアジアの大帝国を夢見た日本が、見抜けなかったことである。

　ところで、日本は第2次世界大戦の敗退で植民地をすべて失ったために、戦後に植民地独立戦争の痛みや苦しみを経験せずにすんだ。しかし、戦勝国であった英国、フランス、オランダは、みな第2次世界大戦後、高いコストを払って植民地を独立させざるを得なかった。ロシアもまた、冷戦崩壊と同時に、戦後支配下に置いていた東欧諸国のみならず、帝政

時代の19世紀に征服した中央アジアの国々やコーカサスの国々を手放さなくてはならなかったのである。

　もとより第2次世界大戦に参加した若い日本兵士の中には、「アジアの解放」というスローガンを信じた高潔な人々もたくさんいた。今でもインドネシアに行くと、独立記念日に国民的英雄と言われる御高齢の日本人がひな壇に立っている。彼らは、敗戦後インドネシアに残り、インドネシア人とともに銃を取り、再び植民地支配を復活させようとして戻ってきたオランダ軍と戦った人たちである。自ら選んだ大義のために、インドネシアの土となることを受け入れた人たちである。

　しかし彼らの理想は、政府の理想ではなかった。そこに悲劇がある。大日本帝国は、同じアジア人でありながら、欧州列強の真似をしてアジアの植民帝国となろうとしたのである。

　第3の間違いは、国際社会全体の梁となるような、大きな国際システムを構想する力がなかったことである。国際連合による集団安全保障体制や世界貿易機関（以前のGATT）による自由貿易体制、国際通貨基金、世界銀行など、様々な国際専門機関が戦後、米国主導の下で雨後のタケノコのように生まれた。それが、今日の国際社会の骨格を成している。

　このような国際社会の組織化という発想は、武断に走った日本には疎遠であった。それは、地方の戦国武将が、天下統一後の国家デザインを持っていなかったのに似ている。自らの良心に照らして公に通用する価値観を組み上げ、制度を構築していくダイナミックな構想力は政治指導の原点であるが、未熟なまま帝国主義戦争のただ中に飛び込んで、総毛立った戦前の日本には残念ながら欠落していた資質である。

　もとよりそれは、日本だけではない。19世紀に帝国主義競争に参画した欧州列強のほとんどは、日本の戦国武将のように自分の国のことだけを考えており、普遍的な倫理を掲げて「一つの地球社会」を構想するという発想を持ち合わせてはいなかったのである。

　後発の近代国家では、えてして弱小の頃にいじめられた思い出から来る恨みと劣等感が外交のバネになることがある。不平等条約、三国干渉、人種差別と苦しめられた日本は、特にそうであろう。30年戦争以来、ド

イツ帝国誕生まで二流国の地位に甘んじてきたドイツもそうであろうし、ピョートル大帝から欧州に参入したロシアもそうであろう。後発国家は、どうしても「負けてたまるか。追いつき追い越せ」の一辺倒になりやすい。恨みや劣等感は、それを生きる力に変えていければ素晴らしいが、それだけでは人の上に立つことはできない。やはり、身を切ってでも公の利益を考える度量の大きさと、国際公益と国益を重ね合わせることのできるような、明るい理想を掲げる構想力が必要なのである。

第4の間違いは、国内に強固な「国民」を作り上げ、全体の利益に奉仕させるために動員しながら、権力と対峙して権力を抑制したり、あるいは政治に参加する「市民」を作ることに後れを取ったことである。特に、思想の自由や報道の自由を圧殺したことが、良心の窒息を招いた。それによって、社会全体が狂気のようなナショナリズムに飲み込まれる危険が高まることに、多くの人が気づかなかったのである。

新しい日本の価値観と新しい日本の自画像

さて、以上から何が言えるだろうか。日本人の良心は、仏教と儒教と儒教を受容したサムライの武士道と、明治以降に流入した西欧思想によって磨かれ成長してきた。それらはみな、私たちの倫理的成熟を大きく助けてくれた。東西の倫理思想そのものに優劣や本質的な差異はない。「敬天」や「お天道様」は「法の支配」であり、「愛民」「愛人」は「人間の尊厳」や「人類愛」であり、「平和」「勤労」「市場経済」の重要性に至っては、洋の東西において大きな差はない。

学者の方々はいろいろ言われるであろうが、外交の現場で200近い国々の人々を相手にしていると、根源の良心に立ち戻れば、仏教も儒教も武士道も西欧起源の政治思想も、人がよりよく生きていくための方便にすぎないことがわかる。中国人ともイラン人ともロシア人とも、わかり合える。人間の活動のすべては良心の発露であり、そこに優劣などあろうはずがないのである。

ただし一点だけ、西欧思想に優れた点があるとすれば、権力を悪と見て異化する西欧思想のほうが、統治の方法、制度として、より優れたも

のを生んだということである。彼らの生んだ近代民主主義制度は、今日、巨大な政府と成熟した市民社会が対峙する産業国家には、不可欠のものとなっている。

それでは、私たちはこれからどのような価値観を掲げて生きていけばよいのだろう。その答えは、先に述べた仏教、儒教、啓蒙思想を咀嚼し、そこから私たち日本人が抽出した倫理基盤を眺めてみれば、自ずと見えてくると思う。ただし、新しい日本の価値観は、日本だけに通用する独善的なものであってはならない。また、「敬天」や「愛人」のように、日本人や中国人にしかわからない地域的に限定された言葉では、東アジアの外では通じない。地球的規模で通じやすい、西欧思想の言葉を使うことが有益である。

ここで、21世紀の日本の価値感とは何かをまとめてみよう。

第1に、「法の支配」である。すべての権力は、法の下にあるということである。第2に、「人間の尊厳」である。すべての権力は、国民の幸福を実現するためにあるということである。逆に言えば、国民の幸福こそ権力の目的であるということである。権力による民の濫用は許されない。民には侵すことのできない尊厳が与えられているのである。

この二つの点は、儒教や仏教によって良心を磨いてきた日本人にとって、何の抵抗もなく受け入れられるところである。だから、明治維新後の急速な立憲主義や啓蒙思想の流入が可能だったのである。

第3に、「民主主義制度」の重要性である。民主主義制度とは、思想の自由、言論の自由、報道の自由、集会の自由、複数政党制度、議会政治、自由普通選挙、司法の独立など、一連の制度の集合体である。権力が法の下にあると言っても、あるいは法とは天意であり天意は民意であると言っても、さらに、人には侵すことのできない尊厳があると言っても、それを保障する制度が必要である。それは、日本人が軍国時代における弾圧の経験から学んだものである。

何度も言うが、現代産業社会のように巨大な政府と複雑な利害を有する政治意識の高い市民社会が対峙する社会では、民主主義制度は必要不可欠な制度となる。さらに民主主義制度は、速やかに変動する現代社会

が流血や暴力なしに権力を交代させ、穏やかな経験主義に基づいて表象と実体の双方で、社会を変化させていく優れた政治制度なのである。

第4に、「平和」である。ただし、日本の絶対平和主義は、方法論と制度論に欠けることを認識しておく必要がある。世界で主流の議論は、正義の力と暴力を分ける義戦論である。それを前提にして、国連の集団安全保障体制が構築されている。平和を叫びながら享受するだけでは、真の平和主義者として尊敬されることはない。フリーライダー（ただ乗り国家）と呼ばれるだけである。

この点、日本にはさらなる思想的発展が求められる。21世紀の日本は、消極的に平和を貪るだけではなく、平和を作り支える側に回らなくてはならない。この点については、また、後の講でも詳しく取り上げる。

第5に、「自由貿易」である。つまり市場経済である。日本が戦後復興したのは、戦前のブロック経済への反省から開かれた貿易制度が構築されたからである。資源に乏しい日本は、国際社会の中で、開放的な経済の仕組みが機能しなければ生きていけない。この点についても、日本には反省するべき点がある。自分が儲かる工業の分野で自由貿易制度を利用し、自分が不得手な農業の世界で頑なに保護貿易を続けるというようなことでは、自由貿易を価値として掲げることは難しい。競争力ある農業を築くことが先であろう。

後に述べるが、これらの価値観は、日本が、近代化150年の間に苦労しながら磨き上げてきたものであると同時に、国際社会においても、この500年の倫理的成熟の結果、普遍的価値観と呼ばれるようになってきているものである。それは、当然と言えば当然である。なぜなら日本は、この150年の近代世界史において、主役の一人であったからである。この点については、「第10講　国際社会の倫理的成熟（2）——19世紀以後の倫理の退潮と再生」において、改めて説明することとしよう。

このような倫理観を、私たちの外の世界へ発信することが必要である。良心は、よりよい社会を作るための発信機能だからである。そうすることで日本は、国民国家を超えた国際社会の創造に貢献できる。それは、日本の発言力、政治力の強化にもつながる。

人間は、経験を積み、精神的に成長するにつれて、子供らしい勝手な幻想から抜け出して社会に通用する政治的発言をするようになる。国家も同じである。倫理や道徳といった価値の面における貢献は、20世紀の前半は武断に偏り、20世紀の後半は金満に奢ってきた日本が、21世紀において人類社会になすべき最後の貢献かもしれない。

　私たちは、価値観を主張するために、自画像を持たなければならない。それは、戦前の荒ぶる軍国日本でもなく、お独り様の平和の中で快適な金満生活に引きこもった戦後日本でもない。

　では、21世紀の日本の自画像はどういうものだろうか。

　私が大切に保存している雑誌の一つに、2008年12月１日付のタイム誌がある。真っ白な表紙の中央に大輪のピンクの花が一輪咲いており、その下に「日本より愛を込めて」と書いてある。頁をめくって、カヴァー・ストーリーを開けると、「日本経済はぼろぼろだが、海外における日本のソフト・パワーは増しつつあり、新しい友人も増えている。日本の責任ある世界的リーダーとしての評価が固まりつつある」という書き出しの文があり、そこで最初に紹介されているのは、ウガンダのカンパラで、ボランティアとして子供たちに英語を教える若い日本人女性である。何が人の心を打つかがこれを見るとわかるであろう。

　実際不思議なことに、世界の世論調査を見ると、自国の主観的評価が他国による客観的評価よりも低いのは、日本だけである。これほど、自分のことを「だめだ、だめだ」と思っている国民も珍しい。昨今、流行っているプチ鬱のような症状を呈している。国も人間と同じで、自身が思っているよりもちょっとだけ偉いとかよい性格だと思われているものである。実際、戦禍や植民地支配を受けた北東アジアの国々を除けば、東南アジアの国々も含めた日本に対する評価は、極めて高いのが普通である。数年前のBBCの国際世論調査では、日本が「世界で最も愛されている国」であった。過剰な自己否定は、戦後日本の特徴である。

　自分を信じることが必要である。自分の良心を信じることである。人間の基本的な倫理観を信じ、良心を活性化させて、その光を分け隔てなくあらゆる人の心に届けることのできる人間、それが21世紀の日本人で

あってほしいと思う。良心を素手でつかむことのできる人間の口から出る言葉が、他国の人々の良心の共感を呼び、人類社会の共通の普遍的倫理基盤を作り上げていく。それが、人類社会を構成する信条や価値観を少しずつ、しかし大きく変えていく。そうして、人類社会全体の倫理性がより深くより豊かになっていく。2500年前、中国の孔子がそう呼ばれたように、まさに世の「木鐸」(論語)である。これからの日本には、世界の木鐸になってほしい。

21世紀の日本の自画像は、新しい日本人が作る。その日本とは、「自分の正しいと信じることを発言し、実践する日本」でなくてはならない。このような「倫理ある日本」は、明治以降の日本が、実は初めて掲げる看板なのである。これからの日本は、戦前のように武力だけでも、戦後のようにお金だけでもだめである。それよりも、国際社会の倫理を豊かにすることを目指す国として、努力するべきである。

日本政府は、第1次世界大戦後に一度だけ「人種差別撤廃」を掲げたことがあるが、すぐに引っ込めてしまった。これは恥ずかしいことである。正しいことは、ばかにされても、無視されても、勇気を持って言い続けなければだめなのである。この点、開国からわずかしか経っていない明治5年の時点で、日本に寄港したペルーの奴隷船を解放した大江卓神奈川県権令の勇気と人道主義は、永く記憶されてよい。これは、日本が初めての国際仲裁裁判でペルーに勝利した事例でもある。

第1講で論語から引用した「仁者は必ず勇あり」「義を見て為さざるは勇無きなり」という言葉を思い出してほしい。人生では、正しいことを言っても受け入れられないと思うことがたびたびある。人の世は不条理である。しかし、迷った時、最後に自分に問うのは、「天に向かって恥じることはないか」という一点に尽きる。孟子もまた、天に向かって愧じるところがないことこそ、君子の楽しみである、と述べている(「仰不愧於天」孟子・尽心章句篇)。迷いを抜けて新しい日本人となる時こそ、新しい日本の自画像が生まれるのである。

世界史に対する日本の使命

　私は、日本人は自らの倫理を主張することによって、一つ、特別な貢献ができるのではないかと思う。それは、東西の価値観に、普遍的に通底するものがあることを証明することである。

　2008年に、OSCEのセミナーが東京で開かれた際に、私はOSCE加盟国やウィーン本部から集まった各国の代表に対し、「西欧の人たちはよく人権や民主主義といった価値観が普遍的であると言うが、一体何が普遍的なのですか」と聞いてみた。しかしみな、答えられなかった。さらにもう少し踏み込んで、「あなたたちの倫理性の梁となっているジュダオ・クリスチャニティの宗教的伝統と、グレコ・ローマンの哲学的伝統のないアジアやアフリカの国において、なぜ西欧生まれの人権や民主主義が普遍的であり得るのですか」と聞くと、やはりみな、戸惑うばかりで答えられなかった。

　当然である。アジアやアフリカの人々が、自由や民主主義といった価値観を受諾するかどうかは、結局、受け取る側が答えを出す問題だからである。

　日本は幸いにして、他の多くのアジア、アフリカ諸国よりも一世紀早く、自発的に近代化した国である。私たちの精神史の中で、西欧政治思想がどう消化されたかは、彼らにとって一つのモデルとなる。

　日本は、「和魂洋才」と言われるように、東西の価値観をどう一個の人格の中で消化するかという問題に、一世紀半以上苦しみ抜いた国である。それは、これまでは日本に特殊な問題であった。日本だけがアジアの中から近代化に先んじた国だったからである。ちょうど田舎の高校から東京の進学校に転校してきた学生が一人だけ方言訛りに悩んでいるようなもので、東京の学生は関心を払わない。同じように、日本人の精神的苦しみに欧米諸国は関心を払わなかった。

　しかし、これからは違う。多くのアジアやアフリカの国々が、日本と同じように伝統的価値観と西洋生まれの近代的価値観を、どう自分の中で統合するかという問題を抱えはじめている。この問題は、「和魂洋才」

のような皮相な弥縫策の次元を超えて、いつかは内面の奥深くで決着をつけねばならないものである。

　また、多くの東アジアの国は、植民地時代、「文明」の名の下に欧州植民勢力からの影響を半ば暴力的に植えつけられている。日本のように自主的に摂取したものではない。例えばアジアの国は、フィリピンを除き、おおかたベトナムから上が中国文明圏で、シンガポールとインドネシアから西がインド文明圏である。この伝統的な価値観の上に、近代に入ってから、欧州諸国の影響が強制的にかぶさってきているのである。彼らの中には、旧宗主国への反感もあるであろう。対等と独立を求める気持ちは、欧州に由来する政治制度を素直に受け入れたくない、という感情をも生むであろう。

　しかし、彼らもやがて、日本のように倫理の根幹である良心の普遍性に気づき、各々の伝統に立って、東西を融合させた新しい価値観を生み出すことになる。それは、必然である。なぜなら、地球的規模で工業化が進み、多くの国の経済社会が近代化し、政府は巨大化し、市民社会が成熟するからである。そこでは、西洋近代政治思想に基づく政治制度が、最も人々を幸福にする仕組みであることが理解されていくことになるだろうからである。実際、多くの国が、共産党一党独裁を捨て、開発独裁を捨て、民主化への舵を切ってきている。

　日本は、非欧州文明圏の中で、西欧の政治制度、特に近代民主主義を受け入れる第1号の実験台となった。その経験を他国と分かち合うことは、それ自体に価値があるはずである。

第Ⅱ部

国際情勢を戦略的に読む

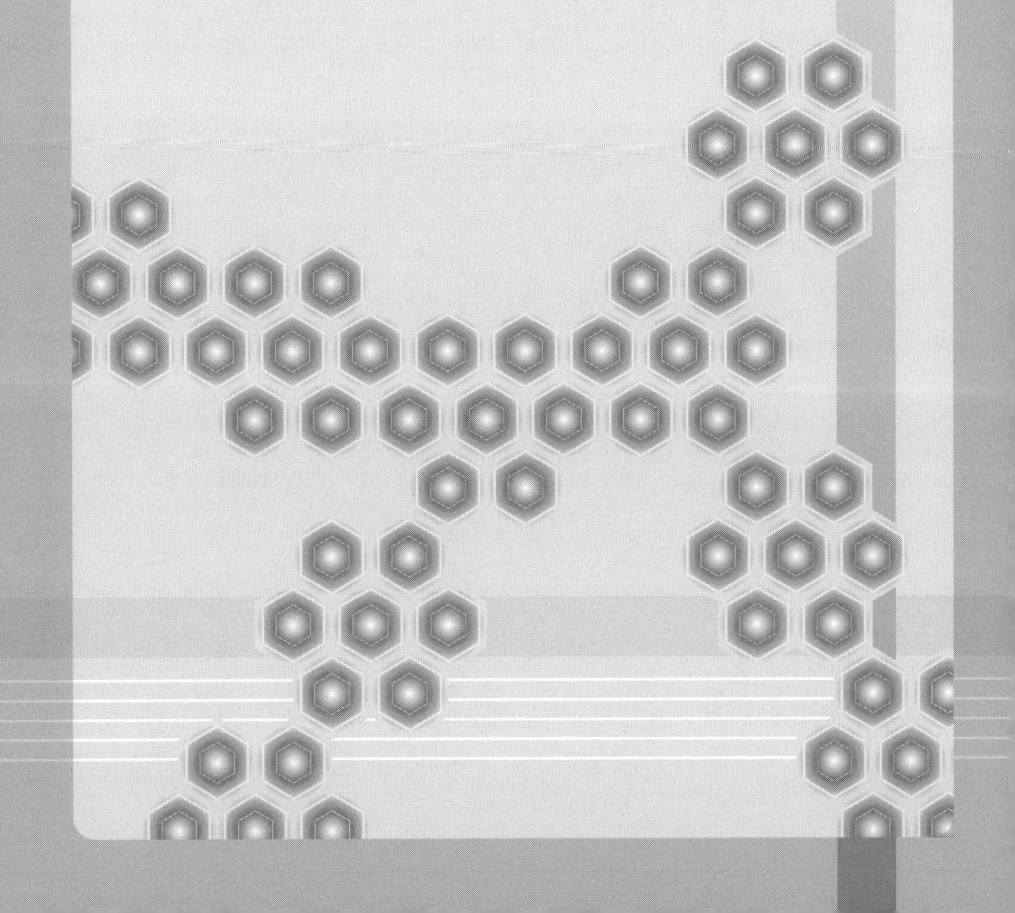

第7講 国際戦略情勢概観(1) 地球的規模の権力関係はどうなっているか

3つのレベルから地球的規模の国際関係を見る

　前講までで、国益の中身を説明してきた。本講からは、国際情勢の認識に移る。外交政策を立案するに際しては、国際情勢をどう認識するかが非常に重要である。この講では、3つのレベルに分けて説明する。

　第1のレベルは、本講で取り上げる地球的規模での権力関係の分析である。第2のレベルは、第8講で取り上げる日本周辺、すなわち北東アジア地域における権力関係の分析である。第8講ではさらに、潜在的な紛争の可能性と紛争に際しての軍事バランスを、あわせて検討することにしよう。

　第3のレベルは、少し角度を変えて、国際社会の倫理的成熟と制度化の進展を眺めるもので、第9講と第10講で取り上げる。それは、権力政治の次元ではなく、道徳政治の次元である。

　国際社会の倫理的概観という考え方に、読者はなじみが薄いかもしれない。しかし人間の社会は、押し並べて物理的な力を骨とし、経済・金融を血や肉とし、倫理を魂として構成されている。どれを欠いても、人間社会は存続できない。倫理のある社会は生命力が強く安定する。倫理を失えば社会は流動化し、力と金だけがものをいう禽獣の世界に堕する。逆に、力と富の所在が大きく変動しても、結果として社会が流動化し牢固としていた倫理の体系が壊れることもある。

　このような力と道徳の相関関係を押さえなければ、政治は見えない。組織化の遅れた国際社会では、それは一層の真理である。第1講で紹介した孟子の言葉をもう一度思い出してほしい。孟子は、天下に道ある時は有徳の者、賢者が上に立ち、天下に道のない時は、強者、大なる者が上に立つ。これは天道であり、天道に背く者は滅びる、と言う。国際社

会では天下有道の時代と天下無道の時代が頻々と入れ替わる。正義が力によってなぎ倒されることもある。しかし、人は必ず道徳の復権を求める。良心がそれを命じるからである。国際社会も必ず倫理的に成熟する。何度壊されても天下に道は蘇る。なぜなら、人はそのように作られているからである。それを忘れる者は滅びるのである。

自分の「重さ」と「軽さ」を知る

　国際情勢を論じる際には、まず、自分の国の重さと軽さを知ることが不可欠である。特に、自分の軽さは知らねばならない。自国を相対化し、誰に比してどのくらい重くどのくらい軽いか、誰がどう動けば自分はどう振り回されるのか、あるいは自分がどう動けば誰がどう振り回されて迷惑するのかを、ごく自然に理解できなければならない。それは、人間関係で、誰もが普通に考えていることである。この感覚を英語で、「センス・オブ・プロポーション（sense of proportion）」と呼ぶ。日本語で言えば、「分を知る」という感覚に近い。車体感覚と言ってもよい。自分の車の大きさのわからない人に、運転はできない。

　同様に、この感覚のない人に、外交官は務まらない。孫子も、「彼を知り、己を知れば、百戦して殆うからず」（「知彼知己者百戦不殆」孫子・謀攻篇）、あるいは「彼を知り、己を知れば、勝、乃ち殆うからず」（「知彼知己勝乃不殆」孫子・地形篇）と述べている。その通りである。

　では、国の「重さ」とは何だろうか。「軽さ」とは何だろうか。それは、総合国力のことである。では、総合国力を測る指標は何だろう。これまで、国益の講で触れてきた要素を思い出してほしい。国益として守ろうとしてきたものは、実はそのまま国力の要素と密接に関係している。生存という国益と軍事力、繁栄という国益と経済力、価値観という国益と政治力は、それぞれに密接にからんでいるのである。軍事力、経済力、政治力が国力の基本である。以下に、簡単に見ていこう。なお、巻末に主要国と日本の国の差をとりまとめた図を掲げる（496頁）ので、日本の「重さ」と「軽さ」を実感してほしい。

軍事力をどう比較するか

　第1に、軍事力である。国の物理的安全を守るために必要な力である。同時に、国際社会において正義を実現するために必要な力とも言える。第2に、経済力である。国民が食べていくために必要な力である。現代社会では、工業力、技術力が主体となるが、それを支える人口、資源も重要であり、また通貨、金融の力も重要である。軍事力は、経済力の関数である。経済的に成長しない国の軍事力は、半世紀もしないうちに鉄屑になるからである。第3に、政治力である。人類社会全体を、よりよい生存に向けて倫理的に成熟させていく指導力である。それは、その国の歴史をそのまま反映する。

　日本は大国である。近代以前、徳川日本は、オスマン帝国、サファヴィー朝イランを凌駕し、清朝、ムガール帝国に次ぐ人口を抱えていた。また近代以降、早期の工業化に成功した明治日本は、英米仏独伊露などと並んで、19世紀以降の国際社会をかたち作ってきた列強の一つでもあった。残念ながら、古代以来、常に真横に中国という大国があり、近代以降も欧米列強の帝国主義競争の中で最も国力が小さかったために、日本国民自体には「日本は小国である」という意識がしみついてしまった。これでは、ダンプカーに乗りながらシヴィックを運転していると思っている運転手と同じで、路上でははた迷惑この上ない存在である。

核兵器をどう考えるか

　それでは、軍事力の比較に入ろう。その前に、核兵器について簡単に説明しておきたい。現代国際社会において、圧倒的破壊力を持つ兵器が核兵器だからである。いかに通常戦力における総合火力の点で勝ろうと、非核兵器国は核兵器国には勝てない。原子力兵器の破壊力は、通常兵器の火力を圧倒的に凌駕するからである。またその運搬手段は、弾道ミサイルやステルス爆撃機など、ほとんど防御が不可能なものが多い。ここに、核兵器の戦略性がある。核兵器は、戦局を一気に決することができる兵器なのである。

ここで、核戦略の基礎を説明しておこう。
　核兵器が初めて使われたのは、言うまでもなく極東正面の日本であった。米国は、日本軍部の継戦意思を挫くために、核兵器を投入した。その結果、広島と長崎が破壊され、第2次世界大戦が終了したのである。しかし、戦後の核戦略の発展は、欧州正面の情勢を基礎としたものであった。欧州正面において核兵器は、通常兵力において劣勢な西側諸国が、圧倒的に優勢であった赤軍の西進を抑止するための兵器として登場した。第2次世界大戦後、ソ連、東欧諸国、中国、北朝鮮など、共産圏の通常兵力は圧倒的であった。特にソ連は、対日独戦終了後も動員を解除しなかった。欧州正面だけで175師団を超える赤軍師団（平時。ただし、充足率25％。有事には300師団に膨れ上がる）が残っていたと言われる。
　この不均衡な状態で、朝鮮戦争が勃発する。それは、米国を含む西側諸国を震撼させた。もし、通常兵器では圧倒的な力を誇る赤軍師団が欧州大陸を西進してくれば、もはやリスボンが陥落するまで、誰も止めることはできないと思われたからである。
　唯一の救いの神は、米軍の核兵器であった。通常兵力での対抗は不可能であった赤軍と対するには、巨大な規模での再軍備が必要となる。しかし、西欧諸国の戦後経済は疲弊し切っていた。「軍備より復興」というのは、何も吉田茂の専売特許ではない。多くの西側の指導者がそう考えていたのである。唯一、第2次世界大戦から無傷で立ち上がった米国は、マーシャル・プランを策定し、パリにOECDを作って西欧の経済的復興に努めるが、風雲は急を告げており、西欧列国が立ち上がるのを待っているわけにはいかなかった。したがって当座は、米国が核兵器を用いて、通常戦力において圧倒的な赤軍を抑止するほかになかったのである。
　乱暴な喩えをすれば、欧州正面は、柔道部100人と射撃部10人が、東西でにらみ合っているようなものであった。西の射撃部は、銃を持ち出す他に喧嘩を止める術はない。数で圧倒されているからである。
　核の先制不使用の議論は、この文脈で出てくる。通常兵器において優勢な側が、抑止を核兵器に依存する国に対して「核兵器を使うな」と呼びかけるわけである。核兵器は、民間人はもとより、女性も子供も、一

瞬で大量に焼き殺す兵器である。その倫理性には問題がある。人類の、種としての生存本能が危険信号を発する兵器である。通常兵器に優勢なソ連側は、逆にそこを狙って微笑外交で平和攻勢をかける。「核抜きで勝負しよう」というわけである。しかし、圧倒的な赤軍の通常兵力を前に、核の先制不使用を放棄することはできない。それが、北大西洋条約機構（NATO）の出した結論である。

ちなみにロシアは、冷戦後の国力低下に伴い立場を180度入れ替えて、大規模な通常兵器による侵略に対し、核を先制使用するという立場を鮮明にした。今やロシアにとって、東漸により肥大化したNATO軍と台頭する中国人民解放軍を前にして、広大な国土を100万の兵力で守る唯一可能な戦略は、先制核攻撃を含む核の抑止力しかないのである。

ところで、核兵器の拡散速度は速かった。1950年代の末までに、米国、英国、次いでソ連が核爆弾の製造に成功している。これら3か国が核兵器先進国である。ソ連は、50年代に核兵器製造で米英に追いつくが、技術取得のためにスパイの果たした役割は大きい。その後60年代に入ると、フランスと中国が核実験を行う。これで連合国の主要なところ、つまり国連の安保理常任理事国の核兵器保有が終わる。その時点で、これ以上の核拡散を防止しようという動きが出て、核不拡散体制（NPT）が創設された。しかし、その直後の71年にインドが核実験に成功する。インドは、その後一貫してNPT体制の外側に立ち続け、98年に再度の核実験に踏み切った。

相互確証破壊と核の安定

東西両陣営が核兵器を持つと、核兵器の運用構想が変わってくる。「相互確証破壊（MAD）」時代の到来である。その始まりは、核兵器を撃たれたら核兵器で撃ち返す、という簡単な戦略であった。ワシントンを核で撃ったら、モスクワに核を撃ち返すということである。この単純な論理に従えば、ミサイル防衛は、逆説的ではあるが、むしろ不安定化要因となる。2人のガンマンがピストルを向けてにらみ合っている時に、片方だけが防弾チョッキを着れば、防弾チョッキを着た側が圧倒的に有利

になり、いつでも引き金を引けるようになるからである。当時、ミサイル防衛システムに限定が加えられたのはそのせいである（ABM条約）。また、このように相手の政治経済中枢を核兵器で狙う戦略を、「カウンター・ヴァリュー（counter-value）」と言う。

第二撃能力の死活的重要性

しかし、人間の思考は発展する。素朴な抑止論の世界は、すぐに時代遅れになった。核戦略家が次に考えたことは、相手の核兵器自体をつぶすことである。先ほどのガンマンの喩えに戻ってみよう。もし相手の鉄砲を撃って吹き飛ばすことができれば、相手は屈服せざるを得なくなる。これが、「カウンター・フォース（counter-force）」の考え方である。

こうなると第二撃能力の保持が決定的に重要になる。例えば、相手方が右手の拳銃を撃ち飛ばしても、すぐに左手の拳銃で撃ち返すことができれば、相手は攻撃を思いとどまるであろうということである。この第二撃能力が保持できなければ、敵はいつ核攻撃を仕掛けてくるかわからない。そこから、トライアッド（triad）と呼ばれる陸海空にわたる核戦力の３本柱構想が出てくる。すなわち、核兵器を絶対に敵に破壊されないように、（イ）陸では、発射孔の穴を深く掘って地中に埋める、（ロ）海では、潜水艦に積んで深海に沈める、あるいは（ハ）空では、いざとなったら戦略爆撃機に積んで空中に浮かべておく、という発想が出てくるわけである。

最近では、核兵器の北朝鮮、パキスタンなどへの拡散という事態を経て、ミサイル防衛に対する考え方が再び変わってきている。新しい核兵器保有主体が、必ずしもロシアのように合理的に行動するとはかぎらない。そう考えて、米国はミサイル防衛にも力を入れはじめた。ロシアの反対を押し切って、ABM条約の足かせが外された。現在では、日本や欧州にも、ミサイル防衛システムの導入が進んでいる。かつてのトライアッドは、こうした防御を念頭に入れた新トライアッドに変容してきている。

核戦略を支える情報網

なお、核兵器を運用するには、相手方の核兵器の所在、特に相手方の核兵器の発射を即時に捕らえることのできる偵察衛星網の構築が不可欠である。まず、赤外線による敵ミサイル発射の瞬間の放射熱探知ができなければならない。同時に、可能なかぎり相手方の核兵器関連施設の画像が入手できなくてはならない。

米国では、核軍備管理交渉の過程で、検証の必要からスパイ衛星網の大規模な発展を見た。ロシアの隅々まで監視できる能力であり、日本にはとうてい追いつかない技術水準である。米国衛星網の運営費は、年間何兆円の単位と言われている。日本の防衛費が4兆数千億円であることを考えれば、いかに膨大な経費が使われているかわかるであろう。

戦術核の「NATO」化

欧州では、さらに核戦略が変貌を遂げる。ドイツの扱いである。ドイツ連邦軍は、対赤軍対峙の最前線にあった。もし、赤軍がドイツを蹂躙してフランス国境へと向かえば、フランスはドイツ領内にある赤軍に戦術核兵器を撃ち込むであろう。私は、フランスに留学していた頃、北フランスにあるランスのフランス軍基地を訪問したことがある。そこで、戦術核ミサイルと、その発射台となる車両を見せてもらった。横にいたドイツ人学生が、そのミサイルの射程がドイツにしか届かないと聞いてショックを受けていた。それが冷戦中の現実であったのである。

したがって冷戦中のドイツは、何が何でも赤軍の侵略を抑止する必要があった。ドイツにとっても、核兵器は必要であったのである。というよりも、ドイツにこそ、核兵器は必要であったのである。しかし、ドイツの核軍備は、戦後縮小したドイツの影響力を再び大きくし、欧州の勢力図を大きく塗り替えることになる。逡巡の末に米国は、NATO軍として核兵器を持つことを決意した。核のNATO化である。

核兵器の欧州への持ち込みは、いくつかの意味がある。第1に、デカップリングの議論を封殺したことである。「パリが核攻撃された場合、ワ

シントンは自らを犠牲にしてモスクワに核の報復をするだろうか」という論理は、フランスが、独自の核武装に踏み切った際に持ち出したものである。このように米国の拡大抑止の信頼性を失わせて、米国を同盟国から切り離すことをデカップリングと言う。NATOへの核配備による欧州への米戦術核の持ち込みは、米国の欧州安全保障へのコミットメントをより見えやすくすることによって、デカップリングの議論を封殺したのである。

　第2に、欧州諸国民に対する安心の提供である。米国の戦術核の持ち込みは、欧州諸国に対して、米国の核の傘が提供されているという物理的な保証だからである。

　第3に、ドイツに核の傘を明確に提供することにより、ドイツの核武装を封じたことである。

　これに対して日本では、広島、長崎の惨禍を直接経験したことから、核兵器廃絶への政治的うねりが強く出た。国民感情としては、当然である。日本は、非核三原則を、日米安保体制下の事前協議制度に適用した米国に対し、戦術核を日本に持ち込むことを拒否するという方針を貫いてきた。しかし、後の講で詳しく説明するが、鳩山総理と菅総理が諮問した安全保障防衛懇談会がその報告書において指摘したように、それでは米国以外の国の核兵器を野放しにしたまま、味方である米国の手を一方的にしばることになる。日本に核兵器を撃ち込む方は、非核三原則を考慮することはない。しかるに日米同盟の方は、非核三原則で核兵器の日本持ち込みという物理的な手段によって米国が日本防衛のために核を使うという意思を示す機会が奪われことになるのである。当然、米国の拡大抑止の心理的効果は減殺される。

　日本では、そもそも現実的な核戦略や、核抑止論に対する関心が薄い。思考停止は、依存を生む。安全保障の要である核戦略に関して、日本は自前の議論を持たない。残念ながら、米国に完全に依存するだけになってしまっているのである。ドイツと日本の核戦略の比較については、「第11講──守れる国益、守れない国益」でさらに詳しく見てみよう。

これからの核の世界

さて、核の世界は、これからどうなるであろうか。現在、目を引くのは冷戦後の米露の軍備管理交渉である。冷戦時代は、米露（ソ連）が、圧倒的な核大国であった。英仏両国の核戦力は、米ソの核戦力に比べれば小さなものであった。それは、今も変わらない。米露（ソ連）対立は、全面的な価値観の対立であり、それを反映して、米露（ソ連）両国においては、万の単位で核兵器の蓄積が行われた。

冷戦が終了して以来、急速に核兵器の廃棄が進んでいる。基本的には、国力を落としたロシアが核兵器を削減するのに、米国が付き合っているという力関係である。モスクワ条約では、2000発前後に戦略核弾頭を削減することになっている。2010年になって、ようやくSTART後継条約がまとまった。これからは1500発程度の戦略核で、米露が均衡することになる。

米国にとっても、冷戦後に赤軍が大規模に縮小したため、核兵器への依存度が減ってきている。現在では、むしろ米軍こそ、通常兵器のレベルでも最強の軍隊である。また、使うことがないわりには管理費用のかさむ核弾頭の耐用年数が切れはじめており、核軍縮は実利的にも支持できるものであった。

オバマ大統領の唱える核廃絶が、このまま実現することが望ましいことは言うまでもない。だがオバマ大統領自身が述べるように、それは近い将来のことではない。むしろ、核兵器は拡散の様相を見せている。

第1に懸念されるのは、水平拡散である。1990年代前半まで、P5（米英仏露中）とインドだけが公然と核実験をした国であった。しかし、90年代後半以降、パキスタン、北朝鮮までもが核実験に踏み切った。さらに、イランのウラン濃縮施設が、核不拡散の観点から国連安保理の場で大きな懸念材料となっている。

核の垂直拡散についても、懸念がある。現在の核軍縮の大きな流れはソ連の崩壊が引き金を引いたものであるが、そのダイナミズムに、これから台頭する中国やインドが付き合ってくれるだろうか。中国やインド

は、今世紀の末には超大国として米国、欧州連合と肩を並べるかもしれない。そういった国々に、米露間の核軍縮に合わせて核兵器を削減するように求めても、同意するとはかぎらない。核兵器は戦略兵器である。戦略兵器は、軍事戦略だけではなく、国家の序列意識や民族の誇りと分かちがたく結びつく。それは、決して合理的ではないが、国際社会の現実である。それは、ちょうど戦前に、日本の帝国海軍が、あくまでも英米対等を求めたのに似ている。

また、ロシアが、通常兵器の劣勢を補うために、戦術核の開発と再配備を進めていることも懸念材料である。極東ロシア軍の水上艦、潜水艦、戦術爆撃機のすべてが戦術核搭載可能である。ロシアの戦術核の数は不透明であるが、公開資料の中には、戦術核弾頭として配備されているものが2000発、保管されている弾頭が8000発と推計するものもある。

今世紀後半に向かって、米露という伝統的核兵器国と中印の新興核兵器国が肩を並べ、この四大国の間で千数百発もの戦略配備核弾頭数で、危うい核均衡が実現しないともかぎらない。ロシアの戦術核兵器の数も、さらに増えているかもしれない。また、それまでに水平的核不拡散の努力が実を結んでいなければ、その列に並んで、北朝鮮、パキスタン、そして、イランなど、彼らに刺激された国々が核兵器を保有して、危うい核均衡の一翼を担っているかもしれない。

通常兵器における軍事力の比較

通常兵力での軍事力を比較するには、イメージとして、相撲取りを想起するとわかりやすい。大きく分けて、二種類の軍事大国がある。第1に、中肉中背であるが、技のよく決まる筋肉質の関取である。第2に、巨大な体躯をもって「電車道」で勝負するタイプの関取である。

筋肉質という意味は、兵器が近代的であるという意味で、いわば質的な軍事大国である。軍事技術の進歩は日進月歩である。例えば航空機でも、現在の主力は第4世代と言われるものである。米国製のF-15、F-16、ロシア製のスホーイ27、30といったところがそれである。世代の落ちる戦闘機は弱い。最近では、第5世代戦闘機が出た。ステルスの

F-22である。現在、世界最強の戦闘機である。近い将来、廉価盤のF-35が出てくるはずだ。ロシアも中国も、負けじとステルス化に追いつこうとしている。

現代兵器のうち、特に重要性を増しているのは、軍事情報技術である。筋肉だけではなく、目と耳の優れた国が強いのである。情報技術の発達が、精密誘導を可能にする。かつて、総合火力の強い爆弾や核兵器が重宝されたのは、普通の爆撃では、なかなか１発で目標に当たらないからである。少し目標を外れても、大きく吹き飛ばせば、目標を破壊することができる。第２次世界大戦では、１個の目標を仕留めるために、数千発の爆弾を投下することもあったと言われる。当然、「コラテラル(collateral)」と呼ばれる民間人の巻き添えも多くなる。しかし、必ず命中するとなれば、爆弾は、火力も小さく、かつ少数でよい。現在、この情報技術に優れているのは、圧倒的に米軍である。そして、NATO軍、米国の太平洋同盟国軍である自衛隊、オーストラリア軍、韓国軍がこれに次ぐ。米国の同盟国以外では、ロシア軍の兵器も優秀である。

第２に、体の大きさで勝負するタイプである。量的な意味での軍事大国である。現在、軍隊が大きい国と言えば、総軍200万の中国、150万の米国、100万のロシア、インド、北朝鮮がある。普通の軍事大国は、数十万の兵力にすぎない。地続きの国境が多い大陸国家では、陸軍の比率が大きくなるので、総軍も大きくなる傾向がある。数十万の兵員を擁する国が、ドイツ、フランス、韓国などである。島国では陸軍が比較的小さめとなるので、総軍も小さくなる。日本の自衛隊は24万である。イラクを米国と分けて占領した英軍は、日本よりもさらに小さく、総軍21万である。日本の陸上自衛隊は、帝国陸軍時代に、維新の頃の内乱鎮撫と戦前の大陸経営を経験したことから、島国にしては相対的に大きめの所帯となっている。ここらあたりまでが大名クラスである。米国とよく共に行動しているカナダ軍、オーストラリア軍となると、総軍５万程度である。旗本クラスと言ってよい。

さて、それでは総合的に比べてみよう。現在、体が大きく、かつ筋肉質なのは、米軍だけである。陸軍、海軍、空軍、海兵隊のそれぞれにつ

いて、世界最強の部隊を持つ米軍であるが、特筆するべきは、先に述べた情報戦能力だけではなく、陸軍戦力の投射能力である。世界的な規模で軍事大国と呼ばれるには、地球的規模で、大量の陸軍戦力を投射できねばならない。本格的な戦争では、最終段階で、敵勢力の鎮圧と占領行政の実施が必要になるからである。しかし、例えば自己完結的で移動能力の高い海軍に比して、陸上部隊の派遣はいかにも重い。

　現代の戦争は一体何人くらいで戦うか、考えたことがあるだろうか。もはや総力戦の時代ではなく地域紛争が主体となっているので、大きな紛争でもせいぜい10万人単位の戦いとなる。しかし、10万人の兵士や、彼らの使う武器と弾薬、食糧、燃料、水の補給は、大変な作業である。特に、燃料や飲料水といった大量の液体を、楽々と地球の裏側に持っていける国は少ない。尚武の気風の強い日本人はなかなか理解しないが、戦争の勝敗は、兵站で決まるのである。また、陸上戦力を安全に投射するには、その通り道となるシーレーンを完全に押えなければならない。強大な海軍力が必要になる。米国のように、巨大な戦闘能力を持つ陸軍を、兵站能力を維持しながら、強大な海軍に守られて、世界中に即座に派遣できるような能力を持つ国は、実はほとんどないのである。

　米国に次ぐ軍事力を持つのはロシアであるが、いかに強大なロシア軍とはいえ、わずか1億4000万となった人口で100万の軍隊を擁し、米国や中国の1.5倍もある広大な領土を守るのは、大きな負担であろう。ロシアは基本戦略を、帝国軍から自衛隊に転身した日本軍のように、攻勢作戦から防御作戦へと移しつつあるように見える。その結果、核兵器への依存が増している。戦略核に関しては、米露でSTART後継条約に合意したが、戦術核に関しては開発と再配備が進んでいる。

　次いで、猛烈に近代化を進めているのが中国軍である。彼らの近代化は、1990年代から本格化したが、その努力が実る2015年頃には、世界最強の部類に入りはじめるであろう。その後を、経済成長著しいインドが追うことになる。北朝鮮は、経済の停滞から兵器の近代化が大きく遅れており、米韓連合軍に比して、随分と見劣りしはじめている。北朝鮮が、核兵器に固執する軍事的な理由は、このあたりにあるのであろう。ちな

みに、米軍は70年代には、韓国から核兵器を撤去している。その頃から、通常兵力の軍事バランスが南側に有利になりはじめたということであろう。

英仏独などの軍隊は、今でもやはり世界の主流であり続けている。人口が数千万で、数十万の規模の軍隊というのが、主要国の平均的な軍隊の姿である。北大西洋条約機構（NATO）で米国と結ばれているお陰で、兵器は近代的であり相互運用性に優れる。戦争でもPKOでも自然災害でも、仲間内でまとまって仕事ができるのである。

日本の自衛隊も、世界では有数の実力を有している。特に、帝国海軍の伝統を誇る海上自衛隊への評価は高い。規模、装備、練度のいずれをとっても、世界有数の海軍である。日米同盟のお陰で、米軍のみならず、NATO加盟国軍とも一定の相互運用性がある。ただし、自衛隊の弱点は、ほとんど実戦経験がないことである。特に戦後生まれの航空自衛隊は、創設以来、一度も戦ったことがない。

経済力をどう比較するか

さて次に、経済力の比較に移ろう。経済力の比較でまず用いるべきは、その国が生み出している付加価値の総体、すなわち国民総生産である。現在、世界最強の経済は、国際金融危機の後もやはり米国で、日本の約３倍の大きさがある。米国より少し大きいのが欧州連合の経済である。もっとも、英、仏、独といった個別の国になると、日本の半分くらいの大きさとなる。

日本が、英、仏、独の経済規模を抜き去ったのは、1960年代である。日本の人口は彼らのほぼ２倍であるので、生活水準が追いつけば、経済規模が彼らの２倍となるのは、当然と言えば当然である。また、米国の人口は日本の約３倍弱（約３億人）であるので、米国の経済規模が日本の３倍であるのもうなずける。欧州連合が、約５億人を抱えて、米国と同じ規模の経済でしかないのは、東欧圏の国々の生活水準が、西欧圏の国々に未だ追いついていないからである。

現在、日本と並んでいるのが、中国経済である。中国の成長は、日本

の高度経済成長を彷彿とさせる。環境問題、水不足、少子高齢化など、多くの弱点を抱えている中国経済ではあるが、子供の成長と同じで、いくつかの病気にかかるからといって、それで成長が止まることはない。
　工業化による経済成長には、独自のリズムがある。国内のインフラ整備が終わり、国民の生活水準が上がり、労賃が先進国の水準となり、資本が流出し、産業が空洞化し、人口が減りはじめて、はじめて近代国家は成熟し、衰退が始まる。中国は、まだまだ育ち盛りなのである。やがて、ドルにペッグしている人民元が切り上げられれば、中国の経済規模は、名目で一気に日本経済に差をつけることになるであろう。
　インドが、その後を追っている。何も驚くことはない。工業化以前の世界では、中国とインドは世界の経済大国であった。彼らが没落したのは、ひとえに工業化に遅れたからである。中国やインドが工業化すれば、欧州諸国や日本を抜き去るのは、当然のことである。将来、産業革命に匹敵するような技術的ブレイクスルーがないかぎり、中国、インドに抜かれた日本が、再び彼らを抜き返すことは容易ではない。
　現在、経済大国と言われる国々の経済規模を比べてみよう。まず、米、欧州連合が二大横綱とすると、その約3分の1の大きさで、日本と中国が大関として並ぶことになる。その次に、英、仏、独などの欧州連合の雄が、日本の半分の大きさで、関脇として並ぶ。その下の小結クラスが、ロシア、インド、ブラジルである。ロシア、インドは、先進経済圏にあるスペイン、イタリア、カナダ、オーストラリア、韓国とあまり変わらない大きさなのである。ＡＳＥＡＮ諸国は、まとまってはじめて韓国の経済規模と並ぶ。台湾は、韓国の半分ほどの大きさである。
　こうして見ると、日本、中国、韓国、台湾を含む北東アジアが、アジアでいかに大きな経済か、あるいは世界経済の中で、どれほど大きな経済であるかがわかるであろう。日中韓台だけで、米国、あるいは、欧州連合の7割近い経済規模になるのである。それは、東アジア経済が台頭している証拠とも言えるが、工業化の伝搬によって、近代以前に有していた本来の比重を取り戻しているだけとも言えよう。
　こうした構図は、将来、米国、欧州連合、中国、インドを4極とする

構図へと徐々に変わっていくであろう。ロシアの将来は、工業化と豊富な資源開発において、その潜在力を生かせるかどうかにかかっている。産業国家として成熟し切った日本は、世界的な経済発展のペースには追いつけないであろう。日本には、新たな成長戦略が求められる。80年代には、成熟し切った欧州諸国が、英国病、フランス病と揶揄された。今度は、日本の番である。

欧州諸国は、共同体へと大きく舵を切って再生しつつある。東アジアの現状を見れば、欧州のように簡単に共同体に進む状況にはない。ポスト近代の時代に進む欧州諸国に比べて、新興国の多いアジアでは、これから産業国家化、国民国家化が進むのであり、主権の壁を打ち壊した共同体を作るには時間がかかる。アジアの多くの国においては、まさに今、近代化が始まっているのである。日本は今後、彼らのエネルギーをうまく活用して、共に繁栄を考えていく他はない。

国際基軸通貨はドルであり続けるのか

経済力の中でも特殊なものとして、基軸通貨がある。基軸通貨を運営する者は、世界経済を半ば支配する国である。国際金融の中心は、欧州人が世界に雄飛した16世紀以降、アムステルダム、ロンドン（シティ）、ニューヨーク（ウォール街）へと移ってきた。だからIMFも世界銀行も、米国に本部があるのである。国際金融危機の後、G20の首脳会合が、ワシントンとロンドンで相次いで開催されたことは、偶然ではない。20世紀の世界通貨を支えたのが、ポンドとドルであったことを想起させる演出である。では21世紀も、米国ドルは、基軸通貨であり続けることができるであろうか。

答えは「イエス」である。第1に、世界の投資資金のうちの半分は米国の資金である。大手ファンドの規模も主権ファンドの規模も、米国からの海外投資総額には及ばない。資金規模の小さな国が、世界的規模で基軸通貨を取れるはずはない。ちなみに日本には、世界総金融資産の何分の一かに相当する金融資産があると言われているが（ネットで1000兆円）、リスクを嫌うので、国際金融市場に出ていかない傾向が強く、資

産の額のわりには存在感がない。

　第2に、通貨に金の裏づけがなくなった今日、通貨の信用力は、国力そのものであるということである。軍事力、経済力、政治力の総合力で、当分は米国を抜く国は存在しない。それは、リーマン・ショックを経た後も、米国が最も安定した国であり、ドルのリスクが一番低いと思われていることを表している。

　第3に、機能的な問題であるが、決済能力の問題がある。世界のどこでドル取引をしても、それが瞬時に米銀を通じてウォール街で決済される。東京で、日本企業とフランス企業がドルで取引した場合、それは即時にウォール街のいずれかの銀行を通じて決済されるのである。この仕組みを効率的に運用する機能を保持しているのは、ウォール街だけなのである。ユーロでさえ決済能力には限界がある。円も同様であり、人民元やルーブルはこれに遠く及ばない。

　ところで米国は、国内法上、テロリスト国家に対してドル決済を拒むことができる。そうするとその国は、世界中でドルでの取引ができなくなる。それは、不便この上ないことなのである。

政治力をどう比較するか

　最後に、政治力の比較である。政治力とは、軍事力、経済力の関数ではあるが、独立の変数でもある。力と金があるだけでは、リーダーシップは生まれないからである。これまでで述べたように良心の輝きがいる。政治力とは、その国の発言力であり、政治的影響力である。言い換えれば、国際社会の倫理的成熟に向けて、貢献することができる構想力であり、それを他国に説得する力であり、そこから生まれる統率力である。政治力のある国は、多くの国々の同調を得て、一層大きな総合力を発揮することになる。

　政治力は、その国の歴史に大きく依存する。人間の政治力が、その人の人生の裏返しであるのと同様である。社会のために汗した人の政治力は大きく、逆に社会に迷惑をかけた人の政治力は小さい。前者が善人と呼ばれ、後者が悪人と呼ばれる。政治力は、善人についてくる。国家も

同じである。

現代国際政治における第1基層 ── 戦勝五大国（P5）

　現代史を反映して、現在の国際社会において政治力を持つ国には、二つの基層がある。

　第1の層が、第2次世界大戦を勝利に導いた主要連合国の層である。この枠組みが、今日の国際政治の基盤を成している。第2次世界大戦後、平和、良識、文明といったプラスの象徴は、彼らに独占された。米英仏露中（P5）の5か国である。彼らは、ドイツのナチズムと日本の軍国主義から世界を救ったという評価を獲得したのである。戦後すぐに創設された安保理を中心とする国連政治や核兵器の不拡散といった分野では、今日でも依然として、これらの国々が指導力を発揮する。

　まず、国連である。国際連合は、英語で「the United Nations」であり、枢軸国を下した連合国の集まりそのものなのである。「国際連合」という漢字を使うのは、日本と韓国だけである。ニューヨークの国連本部に行くと、中国代表部や北朝鮮代表部には、「連合国代表部」と書かれた看板がかかっている。国連安保理では、戦勝五大国であるP5に拒否権が与えられ、彼らは今でも圧倒的な存在感を有している。

　次に、核の世界である。インドが核実験を行った際、日本は国連安保理に非常任議席を有しており、私も当時国連代表部に勤務していたが、安保理決議の内容に関し、ジュネーブで先に開かれていたP5の会議の結論が出るまで待機させられたことを覚えている。核の世界もまた、P5の世界なのである。

　ところで、国連憲章の創設された1945年当時、米国は傑出した超大国であり、ロシア（ソ連）は共産主義陣営の盟主であり、英仏両国は依然としてアジア、アフリカに多くの領土を持つ植民地帝国であった。彼らは、真に地球の所有者と言ってよいほどの力を有していたのである。なお、半世紀前の中国は、その将来性を買われて常任理事国になったと言える。ただし、70年代までは台湾が代表を務めていた。

　このうち、21世紀も突出した国力を維持しているのは米国だけである。

英国とフランスは、植民地解放闘争の結果、北西部欧州の本土だけが残り、大きく力を落とした。1956年のスエズ動乱に勇んで参加した英仏両国は、世界中から時代錯誤と非難され、米ソ両国からも白眼視されて、植民地帝国時代の終わりを悟ったはずである。

　またロシアは、冷戦末の東欧革命で、東欧の共産圏を失っただけでなく、ソ連邦の崩壊によって19世紀に帝政ロシアが併合した多くの国々を独立させた。特に、中央アジアやコーカサス地方の新興国の場合は、19世紀に併合された植民地独立という色彩が濃い。

　国連の世界では、日本やドイツといった旧枢軸国は、旧敵国と呼ばれる。日本もドイツも、フルシチョフ書記長の演出した1950年代の「雪解け」になってはじめて国連に参画した新参者である。なお、21世紀直前になって、国連総会でようやく旧敵国条項を国連憲章から削除する決議が採択された。次回の憲章改正に際しては、旧敵国条項が削除されることが決まっている。日独の戦後世界における復活と貢献を考えれば、当然の結論である。特に日本は、高度経済成長以降、国連財政を大きく支えてきた国である。次回の憲章改正は、21世紀の力関係を反映するように、安保理を改組する時となるであろう。ただし、その実現のためのカレンダーは見えてきていない。

現代国際政治における第2基層 ── 先進民主主義国（G7）

　第2の層が、冷戦を勝利に導いた、西側の主要先進民主主義国からなる国々である。米英仏独日伊加のG7が相当する。なお冷戦後、ロシアも加入してG8となった。G7は、1975年にフランスのランヴィエ城で開催された先進国首脳会議から始まる。G7が集まったのは、石油危機に起因する世界経済危機が原因である。経済危機のゆえに、ドイツと日本の経済力が大きく注目されたわけである。

　もっともG7が始まった頃は、フランスなどはP5の権益を侵されるのを非常に嫌がって、G7は経済サミットであって政治は付属物であるという態度を露骨に取っていた。しかし、冷戦の進行に伴い東西に分断

されたＰ５の連携は有名無実となり、Ｇ７の持つ政治的影響力は徐々に増していった。世界で最も強力な経済を持っている国の首脳が一堂に会せば、それだけで大きなメッセージになる。そこで外交問題が話し合われるのは当然の成り行きであった。

Ｇ７が、政治より経済を主体とし、かつ欧州人のイニシアチブで始まったというのはおもしろい。この頃の米国は、ベトナム戦争が長引き、イラン革命が勃発したりして、あまり余裕がなかった。1968年には、ニクソン大統領、キッシンジャー国務長官（前安全保障補佐官）という名コンビが誕生し、華々しい外交を展開したが、総合的には米国の指導力は大きく減殺されていた。

西側諸国という国家群に、「自由と民主主義を守る国々」という政治的色彩を濃厚に与えたのは、レーガン米大統領である。1979年末のロシア（ソ連）によるアフガニスタン侵攻で幕を開けた80年代は、米国が自信を取り戻した頃でもあり、新冷戦と言われる10年が始まった頃である。その頃ヨーロッパでは、中距離核ミサイルの配備問題が大きな問題となっていた。東西対決の雰囲気が再び強まり、自由と民主主義の価値が宣伝される一方で、スターリニズムの恐怖政治や計画経済の非効率さが明らかにされて、共産主義の退潮は誰の目にも明らかであった。

これは近代以降、啓蒙主義に端を発し、自由主義、社会主義、共産主義、民族自決主義、植民地解放闘争などの多くの思想的奔流がようやく落ち着いて、人類に共通の普遍的倫理基盤が形成されてきたことと無縁ではない。その結果、結局古典的であるが、法の支配、人間の尊厳、政治参加、戦争の否定、自由貿易といった考え方が、国際社会の主流となってきたのである。この点については、別途、「第10講　国際社会の倫理的成熟（２）──19世紀以後の倫理の退潮と再生」で触れることとする。

この時代を指導したレーガン米大統領、サッチャー英首相とともに、吉田茂以降最高の外政家である中曽根総理が、日本の宰相の座にあったことは幸運であった。中曽根総理は、この機を逃さず日本は「西側の一員」という立ち位置を明確にした。吉田総理が経済面での日本の復権を目指したとすれば、中曽根総理は政治面での復権を目指したのである。

21世紀に入り、20世紀後半に世界の富のほとんどを生んでいたＧ７諸国の経済規模が、相対的に縮小しつつある。中国やインドなど、新興の工業国家が登場しはじめたからである。また、スペイン、韓国、オーストラリア、メキシコなどの地域大国の経済規模も順調に拡大している。国際金融危機、気候変動問題への対処も加わって、最近ではＧ８の枠組みに加えて、Ｇ20の枠組みでの会合が増えてきている。それも時代の要請であろう。しかし、Ｇ８と異なって、政治的価値観や倫理的指導力という面で、Ｇ20がどのような役割を果たすことになるのかは、今のところ不透明である。

現時点で地球的規模の権力関係はどうなっているか

　さてこれまで、軍事力、経済力、政治力という観点から世界地図を眺めてきた。この３枚の絵図を重ねれば、一体、どういう地球像が見えてくるだろうか。北極星になったつもりで地球を見下ろし、一枚の絵にまとめてみよう。人類社会は、今どういう構造になっているのだろうか。

　近代以降の国際政治は、産業化によって巨大な国力を得て次々に国際社会に登場した国が動かしてきたと言ってよい。すなわち、英国、フランス、ドイツ、イタリア、ロシア、米国、日本である。その過程で、民族主義に浮かされた激しい権力闘争とともに、自由主義や社会主義や共産主義といった様々な政治思想の奔流を見た。この過程は未だ終わっていない。さらに今、工業化した中国、インド、ブラジルの台頭といった次の波が起こりつつある。

　現代国際社会の見取り図を書いてみよう。週刊誌風に言うと権力相関図である。巻末の資料を参照してほしい。

　リーマン・ショックやアフガニスタン戦争で体力の消耗があったとはいえ、総合国力では米国が依然として群を抜く強さを持っている。米国は、19世紀には欧州権力政治を忌避し、20世紀前半も引き続き引きこもりの様相を見せていた。しかし、米国の孤立主義が生んだ力の真空がナチス・ドイツや軍国日本の跳梁を招いたという反省から、20世紀後半、米国は、建国150年の若さで、国際政治のリーダーシップを引き受ける

覚悟を決めたのである。米国によるパックス・アメリカーナは、現在、大きな変容を強いられつつあるが、依然として現代国際社会の骨格であることは間違いない。

　パックス・アメリカーナの原初型は、戦勝五大国を中心としたものであった。第2次世界大戦終了時に米国は、国際連合を組織し、P5（米英仏ソ中）を中心とした集団安全保障体制を確立した。初めての地球的規模の集団安全保障体制である。米英仏露中の五大国の力関係が大きく変わった現在でも、国連安保理で彼らが有している拒否権の絶大な力に変わりはない。憲章改正は、五大国の国会の批准を要するとされているので、彼らが拒否権を奪われることは事実上考えられない。世界的な力関係が戦後直後から大きく変わった21世紀においても、「国際平和と安全に対する脅威」に脅かされ、国連安保理で決議を求めようとする国は、五大国の利益に配慮せざるを得ないのである。

　しかし国連安保理は、冷戦の勃発によって半世紀の間、分断され機能を麻痺させた。そのため米国は、集団的自衛権を根拠にして、同盟網を張り巡らすことになった。冷戦中の国際社会の安定を確保したのは、国連と言うよりも米国の同盟網である。その中で最も重要なものが、北大西洋条約機構と日韓豪などと結んだ太平洋同盟網である。米国は、これらの同盟網を駆使して精強な米軍をユーラシア大陸の東西両端に前方配備し、冷戦の期間中、検疫さながらに旧ソ連を封じ込める作戦を取った。

　中国は、1949年に共産化したが、フルシチョフ書記長以来の米中ソ対立が、キッシンジャー外交によって、米中国交正常化、米ソのデタントへと展開していく。戦略的三角関係の登場である。そして、90年、旧ソ連が、建国100年を経ずして、内部から崩壊した。ジョージ・ケナンの予測通り、旧ソ連は軍事的には強大でも、社会的に内側から崩れる運命にあったのである。

　冷戦後に生まれた世界はどういう世界であろうか。まず、米国が大西洋と太平洋を両脇に挟んで、巨大な鷲のように羽を広げているのがわかるであろう。北大西洋条約機構と米国の太平洋同盟網は、依然として生命力を失っていないのである。ただし、米国と個々の同盟国には消長が

あった。第1に、米国の主要同盟国であった英国とフランスは、植民地の独立によって大きく力を失った。第2に、ドイツと日本が戦後復興により先進民主主義国の主要メンバーとして加わっている。第3に、英仏独などの欧州諸国は、国民国家の次元にとどまっていることの不利を自覚して、欧州連合に活路を見出している。米国の優越を嫌うフランスは、NATOよりも欧州連合を利用することに熱心である。第4に、冷戦後は旧東欧圏の国々が、競って北大西洋条約機構と欧州連合に参加するようになった。第5に、21世紀に入り、欧州経済を支えるドイツ経済の力が抜きんでており、これに対し、国連安保理常任理事国で議長である英仏両国が米国の関心が太平洋に移ることを見越して、政治・軍事面でリーダーシップを発揮するべく協調を強めはじめている。

　それでは、経済面はどうなっているだろうか。経済面においても、米国が国際社会に果たした貢献は大きい。特に自由貿易制度の確立は、特筆に値する。冷戦の終了によって共産主義経済圏が消失し、世界中が市場経済に組み込まれることになった。中国は、鄧小平の改革によっていち早く自由主義経済に舵を切っていた。自由貿易体制に情報技術の発達が加わって、グローバリゼーションという現象が起きた。市場経済が、地域的例外なく地球を飲み込んだのである。現在、中国、インド、ブラジルなどの最後の大国が、産業化によって巨大な国力を実現しつつある。近代化の遅れに悩むロシアも、これら新興産業国家の旺盛なエネルギー消費意欲に支えられた国際エネルギー市場の活況によって、息を吹き返しつつある。

　この新しい経済情勢が、パックス・アメリカーナの体制に及ぼす影響は大きい。まず、米国がリーダーシップを取ってきた先進民主主義国全体の比重がどんどん小さくなっていく。経済的に見れば、世界経済のほとんどを生んでいた日米欧の3極の比重は、世界経済の約半分の規模へと落ち込みつつある。大西洋と太平洋を挟んで両翼を広げて、ユーラシア大陸を包み込んでいる米国を中心とした先進民主主義国の同盟体制は、その経済的比重をどんどん落としているのである。

　経済力で追いつかれれば、軍事力でも追いつかれる。米国という鷲の

両翼に包み込まれていたユーラシア大陸の中では、すでにロシアが復活し、同時に中国とインドがグローバリゼーションの恩恵を受けて工業化し、巨竜と巨象に育ちつつある。それは、いつか米国という鷲の羽を撥ねのける力を持ち得る竜と象である。

　ただし、インドは、英国王権のくびきを外して誕生した時から民主主義国家であり、またガンジーに代表されるように深い人類愛に根ざした普遍的政治理念を語れる国である。これから工業化し台頭したとしても、現在、国際政治で主流となっている法の支配や、自由や民主主義や市場経済といった考え方に大きな違和感を持つとは考えられない。現在主流となっている先進民主主義国の価値観に違和感を覚えるのは、むしろ同じ啓蒙思想の申し子でありながら急進的で独裁色の強い共産主義思想に舵を切ったロシアと中国であろう。ロシアはＧ８の一員であるが、未だに西欧風の民主主義には違和感があり、米欧諸国の説教口調に憤っているようである。中国は、巨大な近代的国民国家建設という難事業の最中にあり、それを共産党の一党独裁という体制で進めている以上、現時点で、欧米風の政治体制に移ることは自殺行為だと考えている。

　しかしロシアは、日本より早くピョートル大帝の時代に欧化政策に舵を切り、エカテリーナ大帝の時代に啓蒙専制君主時代を迎え、さらには近代化においても日本に一歩先んじた国である。日本が先進民主主義国となったように、いつの日かロシアが変貌を遂げない理由はないのである。また中国にしても、孫文が100年前に予言しているように、いつの日か「賢人独裁」から立憲民主主義国に移行するであろう。中国は、近代欧州からは痛めつけられた記憶しかないであろうが、インドと同様、古代から儒教に代表される独自の政治思想を豊かに蓄積しており、その真髄は普遍的な人類愛にあり、欧州の啓蒙思想と共通の普遍的倫理基盤を持っている。中国は民主化しない、と決めつけるのは間違いであろう。ただその時期に関しては、中国自身の主権的選択の問題である。

　中露両国は、いずれかの時点で責任ある指導的立場に立って、現在、先進民主主義諸国が背負っている国際公益の維持・実現という重責を分かち合ってくれるようになるであろう。それを慫慂（しょうよう）するのが関与政策で

ある。ただし、その実現には時間がかかる。今日明日に、そのような理想が実現するわけではない。これから長い過渡期が始まる。

　それでは、現在、先進民主主義国と中露両国の関係はどうなっているだろうか。実は、欧州正面と北東アジア正面では、戦略的様相が大きく異なっていることがわかる。

　欧州正面は、冷戦の終了とともに緊張感が薄れてきている。NATOの新戦略概念の起草過程で、5条任務（域内任務）と非5条任務（域外任務）のバランスが問題となること自体、NATOの目的意識と脅威認識が希薄になりつつあることを示している。次の講で詳しく説明するが、ロシアは、90年代のNATO拡大に怒り心頭であり、これ以上のNATO拡大を阻止するための政治的メッセージとして、NATOと接する西方正面に戦略的重心を移してきている。

　しかし、ロシアがNATOに対して軍事的冒険をすると考える軍人・外交官は、ロシアと隣接するバルト三国およびポーランド以外にはほとんど見られない。少なくとも、英仏独などの主要国の中にはいないと言ってよい。ロシアは、人口でこそ欧州各国を凌駕するが、軍事的にはNATOを脅かすような力はなく、経済的には欧州連合の10分の1、米欧の20分の1の大きさである。ロシアが、神経をとがらせていたウクライナのNATO加盟も、グルジア戦争の結果、遠い将来に遠のいた。もはや現在、ロシアと欧州諸国の間には、何の死活的利益の相反もない。欧州諸国は今、ウェストファリア会議以来数百年の「戦国時代」を経て、初めて本当の平和を享受しているかのようである。

　これに対して北東アジア正面は、今後難しくなる。中国が急速に台頭しているからである。NATOを向かねばならないロシアと、台湾に神経を集中して空海戦能力の強化に努める中国は、双方の接する4000キロの国境を静かに保つことに共通の戦略的利益を見出している。あたかもロシアと中国が背中を接して、ロシアが西をにらみ、中国が東をにらんでいる格好である。

　米中露の三角関係の推移や、中国軍の動向と台湾情勢については、次講の「国際戦略情勢概観（2）——東アジアの地域情勢をどう見るか」

で詳しく取り上げることとしよう。特に、中国と台湾をめぐる情勢については、中国軍の増強に伴って困難を増しつつある。国際的な軍事情勢の中心は、ちょうど経済活動の中心と同様に、大西洋から太平洋へと移りつつある。ここでは、とりあえずそのことを覚えておいてほしい。

「上海協力機構（SCO）」をどう見るか

中国、インド、ロシアは、ユーラシア大陸の中央に居を構える三大国であるが、その関係は微妙であり、彼らの関係が同盟関係に発展することは考えにくい。中国、インド、ロシアはそれぞれ、大国意識が強い。大国は、独立不羈、自立自尊が普通であって、自国の裁量を可能なかぎり維持しようとする。また、そもそも歴史も文明も宗教的背景も、まったく異なる国々である。その基本的な利害が相反することもある。

ここでは、その中で中国とロシアが1990年代に、中央アジアの国々とともに立ち上げた「上海協力機構（SCO）」を見ておこう。上海協力機構は、オブザーバーも含めて、ロシア、中国、中央アジア諸国、イラン、インドなどユーラシア大陸の主要国を結集させつつある。一見、西側先進諸国に対抗する国家集団が生まれつつあるように見えるが、実態は、未だそのような段階には至っているとは言えない。

上海協力機構の創設は、ソ連崩壊の衝撃が直接の理由である。中国から見れば中央アジア諸国の独立は、同じチュルク族の新疆ウィグル地区を抱えているために大きな脅威と映ったはずである。また、ソ連崩壊によって軍事力の落ちたロシアから見れば、旧ソ連領である中央アジア諸国の分を含め、台頭する中国との長大な国境が不確定であることは懸念される事態であった。さらに言えば、中露双方および中央アジア諸国にとって、アフガニスタンに居を構えたイスラム原理主義者の浸透は共通の懸念材料であったに違いない。このような背景から上海協力機構は、中央アジアの独立を契機に、錯綜する利害を調整するために生まれた。

上海協力機構は当初、軍事的信頼醸成、国境確定作業などで成果を上げ、さらに米国の9.11同時多発テロ事件以降は、イスラム原理主義に対する治安協力でも大きな成果を上げたものと思われる。その後ウズベキ

スタンのアンディジャン事件を奇貨として、米軍の中央アジアからの撤収を宣言するなど、反米的な色彩を強くしたこともある。また、2009年にはエカチェリンブルグで、上海協力機構の首脳会合に合わせてＢＲＩＣｓ首脳会合を開催するなど、先進民主主義国のリーダーシップに対抗する姿勢を見せている。

　しかしその内実を見れば、上海協力機構のリーダー格である中露両国の関係も微妙である。両国の関係は良好であるが、ソ連崩壊によって縮小したロシアと日の出の勢いの中国は、軋轢を生む可能性がある。

　これまで中国とロシアは、チュルク族系の遊牧民国家が勢いを失うに伴い、天山山脈とパミール高原をもってその勢力圏を分かち合ってきた。ロシア側がかつての西トルキスタンであり、中国側がかつての東トルキスタンである。それがそのまま今日の中央アジア諸国と新疆ウィグル地区になっている。経済的に勢いのある中国と、中央アジアに影響力を残そうとするロシアの利害調整が、うまくいき続けるかどうかは今後も目が離せない。

　特に問題は、エネルギー安全保障である。中国は、日本経済と同様の経済規模を誇るが、そのエネルギー効率は日本の8分の1とされる。急ピッチの省エネ対策が進められているが、依然として膨大なエネルギーを飲み干さなければならない体質となっている。他方で資源大国のロシアは、かつて自国領だったカザフスタンやトルクメニスタンのエネルギー資源に対し、依然として強い関心を持っている。特にロシアは、カスピ海西岸のアゼルバイジャンを押えた欧米勢力が、カスピ海東岸の中央アジアに参入することに神経をとがらせてきた。欧米の主導するナブッコ計画などは、その典型である。

　ところが最近、中国が背後から中央アジアに急接近したのである。2009年の12月には、中国西端とカザフスタンのカシャガン油田とを結ぶ石油パイプライン、およびトルクメニスタンのガス田と中国西端を連結するガス・パイプラインが、共に稼働しはじめた。賢明な中国外交は、ロシアの面子に十分敬意を払っていると思うが、ロシアにとっておもしろくない状況であることは間違いがないであろう。最近の中露両国は、

中央アジアをめぐる援助競争の様相も呈している。

インドをどう考えるか

　インドはこれから、戦略的方向を大きく転換する可能性がある。1970年の米中接近以来、計らずもワシントン、北京、イスラマバード（さらには、リヤド）という連携の筋ができた。中国とパキスタンの連携はインドを刺激した。しかも、ソ連のアフガニスタン侵攻以降、ソ連軍と戦うムジャヒディーンを支援するために、パキスタンが米国の盟友となった。このような戦略的構図の中でインドは、非同盟政策という国是はあったにせよ、やはりロシアに接近せざるを得なかったであろう。インド軍の新しい武器は、多くがロシア製である。

　しかし、冷戦終了後は戦略的な構図が大きく変動する。ソ連が崩壊し、中国が台頭する。9.11同時多発テロ事件以降、タリバーンが同じパシュトン族の住むパキスタン北西部に逃げ込みはじめた。同地域は厳しい山岳地帯であり、中央政府の目も届きにくい。パキスタンは、米国にとっても難しい同盟国となりはじめていた。

　インドは、このような戦略環境の変化をとらえて、非同盟政策の看板を傷つけないように細心の注意を払いつつ、ゆっくりと対米関係改善へ向けて舵を切りはじめたように見える。米国もこれに呼応した。その結果が、米印原子力協定である。核不拡散体制の外側に立つインドと、その核保有を認めたまま平和利用目的の原子力協力を開始するという決断は、インドをＰ５と並ぶ指導的立場に立つべき国として遇するという戦略的含意を持つ。それには、日本がＰ５以外で唯一濃縮を含む完全な核サイクルを認められたのと同様の、大きな戦略的意味があるのである。

　インドは、人口大国、軍事大国、将来の経済大国というだけではない。独立以来の民主主義国家であり、かつインド洋の東西にある中東と東南アジアに目が届き、同時に北方のロシアと中国へも配慮を怠らないなど、戦略的な複眼思考の国である。また、ガンジーを生んだ深い人類愛の伝統のある国でもある。インドの存在は、先進民主主義国家群にとって、大きな財産と言えるのではないだろうか。

第8講 国際戦略情勢概観（2）東アジアの地域情勢をどう見るか

　前講において、国力を総合評価するための物差しについて説明し、次いで地球的規模での権力関係がどうなっているかを見た。

　今回は、少し視線を下げて、日本周辺の地域情勢がどうなっているかを考えよう。何度も言うが、戦略的な概観をつかむ時は、このように「大きい枠組み」から「小さい枠組み」へと下りていくのが鉄則である。「大きな枠組み」の主体は、その戦略や行動の裁量が大きいからである。彼らの戦略を狭い視野でとらえて考えることはできない。それは大きな誤謬に結びつく。

東アジア地域の戦略概観

　第2次世界大戦終了時の東アジア地域の戦略概観を一言で言えば、大日本帝国の滅亡、欧州植民地勢力の撤収、多くの新興独立国家の誕生、米国勢力の西太平洋への拡大、ロシア（ソ連）、中華人民共和国、北朝鮮を含む巨大な共産圏の成立であろう。その後、北朝鮮の南進により朝鮮戦争が勃発し、フランスのベトナム撤収に端を発したベトナム戦争が泥沼化して、圧倒的であった米国の影響力が一時的に低下する。

　この戦略環境を変えていったのは、第1に、1960年代の日本復活、第2に、90年代のソ連邦崩壊、そして第3に、同じく90年代から始まった中国の台頭である。日本の復活は、日米同盟を強固にして地域を安定させ、またアジアの四虎、ASEANをはじめとする東アジアにおける雁行型の経済成長を実現した。ソ連の崩壊は、朝鮮半島を含む北東アジアの緊張関係を大きく緩和した。

　しかし後世、20世紀後半を振り返ってみて、一貫して見える太い流れは、むしろ中国の工業化（industrialization of China）である。中国の歴史的台頭が始まったのである。将来、毛沢東のもたらした統一と伝統

社会の破壊は、その準備と位置づけられようし、鄧小平は開放政策への転換により、中国発展の父として位置づけられることになるのではないか。

今から振り返ってみると、フルシチョフの修正主義論争に端を発する中ソ対立も、その後のキッシンジャー外交による米中接近も、そして、21世紀に入ってから表面化しはじめた米中間の軋みも、フルシチョフやキッシンジャーが主人公というよりは、中国が自らの大国としての地位を求め、自己主張を強めながら成長していく過程で、必然的に生じたものであったように見える。

米中露三国志の展開

まず、東アジアにおいて最も影響力の大きい、米中露の三大国の関係を見ていこう。大日本帝国崩壊後の東アジアは、米中露の織りなす三国志と言ってよい。この三者の戦略的関係の変遷は、日本に大きな影響を及ぼすことになる。

冷戦崩壊後の米中露三国志は、一言で言えば、米国があたかも曹操の魏のように最強の極として残り、すでに米国と台頭に伍していくことのできなくなったかつての超大国ロシアと、経済的・軍事的に力をつけ米国からも距離を置きはじめた未来の超大国・中国が、蜀と呉のようにゆっくりと接近したということである。

ここでは、冷戦後の米中露三国志を三角関係の各辺ごとに、すなわち米露関係、米中関係、中露関係の順に見ていこう。米国を頂点として、必ずしも利害の一致しない中露両国が、離米を強めながら相互関係を強化しつつあるという構図が見えてくるはずである。それではこの構図は、どのくらい牢固としたものであるだろうか。そのあたりを見ていこう。

第1に、米露関係である。米露関係は、ソ連邦の崩壊によって激変する。それは欧州におけるのと同様に、米ソ対立の続いていた極東の緊張を大きく緩和した。ロシア（ソ連）の人口は、2億数千万から1億4000万に減り、帝政時代から一貫して拡張してきた国土の25％を失った。特に軍事面では、40万と言われた極東ソ連軍が、10万の極東ロシア軍に変

貌したのである。

　かつて極東正面において、ソ連軍はモンゴルを蹂躙して中国は北京まで貫通し、日本列島をも北から蹂躙する力を有していた。その軍事作戦は、巨大な軍事力を背景にして、攻勢一色であった。冷戦後のロシアは、拡大するNATOと台頭する中国に挟まれ、防御に重心を移している。ロシアの戦略的重心は、人口が多く政経中枢のある欧州部にあり、シベリアおよび極東地方は戦略的縦深性を確保する空間として位置づけられている。極東ロシア軍は、軍事大国らしく依然として活発に力を誇示しているが、戦略的には紛争の種を減らすべく、むしろ緊張緩和を志向しているように見える。

　これに対して冷戦を勝ち残った米国は、実は21世紀の初頭には、9.11同時多発テロ事件のために、ほとんどの安全保障上の関心を「テロリズムとの戦い」に集中させていた。冷戦後、圧倒的な国力でそびえ立った米国にとっては、崩壊したソ連（ロシア）も台頭しはじめたばかりの中国も、戦略的には２次的な関心対象でしかなかったのである。

　ロシアとの関係を決定的に悪化させたのは、前講で指摘した通り、NATOの拡大である。もとよりNATO拡大は、米国の政策と言うよりも、NATO加盟を希望した国々の主権的選択である。これら東欧圏の国々は、ロシアが怖いからNATOに入るのであって、米国に言われて入るわけではない。半世紀もの間、共産主義を力ずくで押しつけてきたロシアに、それをどうこう言う資格はないであろう。また米国人からすれば、ロシアはＧ８に議席を与えられ、NATO・ロシア理事会も創設されて、NATOのパートナーとして遇されることになった以上、「もうロシアは仲間のようなものではないか」ということだと思われる。

　だが、ロシア人はそうは考えない。超大国の地位から滑り落ち、経済的な混乱が続いていた1990年代のロシアは、NATO拡大の議論が隣国のウクライナやグルジアに及ぶに至って、むしろ深くプライドを傷つけられていた。ウクライナのユシェンコ大統領とサーカシュビリ・グルジア大統領が、共に反露親米路線を半ば公言していたこともある。

　また、NATOの東方拡大はそれ自体が、バトゥ（チンギス・ハーン

図表❶　NATOの拡大

加盟国28か国

1999年3月以前の加盟国	⇨	ベルギー、カナダ、デンマーク、フランス、ドイツ、ギリシャ、アイスランド、イタリア、ルクセンブルク、オランダ、ノルウェー、ポルトガル、スペイン、トルコ、英国、米国
1999年3月加盟国	⇨	3か国（ポーランド、チェコ、ハンガリー）
2004年3月加盟国	⇨	7か国（エストニア、ラトビア、リトアニア、スロバキア、スロベニア、ブルガリア、ルーマニア）
2009年4月加盟国	⇨	2か国（アルバニア、クロアチア）
MAP（加盟行動計画）	⇨	3か国（マケドニア、モンテネグロ、ボスニア・ヘルツェゴビナ）
強化されたダイアローグ	⇨	2か国（ウクライナ、グルジア）

　の孫）、ナポレオン、ヒトラーなどからたび重なる侵略を受け、異常なほどに研ぎ澄まされたロシアの安全保障感覚を強く刺激したのである。さらに巨大なロシアは、ウクライナと違って、最終的に欧州連合（EU）に入れるわけでもない。それに加えてロシア人は、ユーラシア人というアイデンティティとヨーロッパ人というアイデンティティの間で引き裂かれた魂を持っているため、欧州に対する愛情と憎しみが交互に出る。NATOの東方拡大は、地政学的にロシアを苦しめたのみならず、強い疎外感をもってロシア人を苦しめたのである。

　このNATO拡大問題に、ミサイル防衛がからんでくる。そもそもロシアには、ゴルバチョフ書記長時代にレーガン大統領が打ち上げたスターウォーズ計画に対し、右往左往した苦い思い出がある。古典的な核抑止論にしがみついているロシアには、ミサイル防衛兵器は不安定化要因に映るのである。しかも、決して技術的に追いつけないであろう新型兵器システムが、米国とその同盟国に広がり、自分たちが決定的に後れを取るのではないかとの恐怖感を持つ。さらにはその配備が、新たに加

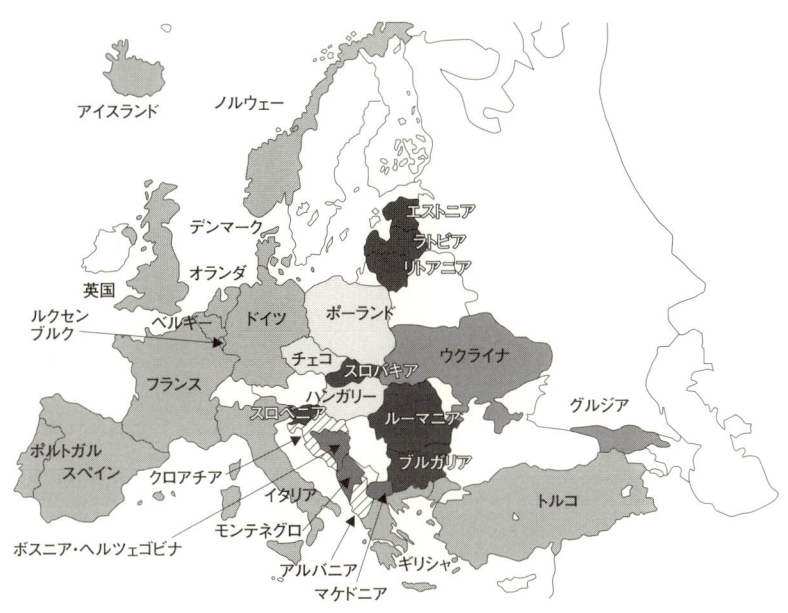

地図中のラベル：
アイスランド、ノルウェー、デンマーク、オランダ、英国、ルクセンブルク、ベルギー、ドイツ、ポーランド、エストニア、ラトビア、リトアニア、チェコ、スロバキア、ウクライナ、フランス、ハンガリー、スロベニア、ルーマニア、グルジア、ポルトガル、スペイン、クロアチア、ブルガリア、イタリア、モンテネグロ、トルコ、ボスニア・ヘルツェゴビナ、アルバニア、ギリシャ、マケドニア

【出所】著者作成

入したNATO加盟国であるチェコやポーランドというかつての赤軍配備国であったことが、NATO拡大問題と相まって、ロシア人の感情を爆発させた。

オバマ政権になって、ようやく米露関係は「リセット」されつつある。NATOの対アフガニスタン補給路（非軍事物資にかぎる）のロシア領内通過が認められ、START後継条約もまとまった。しかし、今後とも米露の関係はぎくしゃくし続けるであろう。

第2に、米中関係である。米国にとって、冷戦中の中国はロシアに対するカウンター・バランスであり、その意味で戦略的パートナーであった。ソ連崩壊によって、この中国像がぼんやりとしはじめる。21世紀に入る前後から、米国では、中国に対する経済的利益と安全保障上の利益が背反しはじめる。米経済界から見れば、中国は年率10％近く成長を続ける巨大市場である。対中投資は、巨額の利益を上げはじめていた。ゴールドマン・サックス、リーマン・ブラザーズ、ウォール・マートなどが、その代表であろう。90年代に入ると、米経済界と中国の蜜月が始まる。

米経済界には、キッシンジャーをはじめとする米国外交界の大物戦略家が顧問として後についていた。

一方、ペンタゴンの国防関係者の間には、急速に台頭する中国人民解放軍に対して、戦略的な警戒心が出はじめていた。21世紀に入るところで、経済力の向上を背景に、人民解放軍の能力が劇的に向上しはじめたからである。経済力が上がれば軍事力が上がるのも、ある程度当然である。また、天安門事件で国民に銃を向けさせられた人民解放軍には、共産党指導部としても、予算面で配慮せざるを得なかったのであろう。さらには、ソ連国家崩壊に加えて、90年代に石油価格の低迷が続いて、財政的に困窮したロシアが中国に大量の武器売却を行ったことが、人民解放軍の近代化に大きな役割を果たしたのである。

クリントン政権後期から始まった対中観の揺れは、G.W.ブッシュ政権の後半にようやく落ち着きはじめる。安全保障と経済の両面から中国をとらえ直し、包括的に関与せねばならないという方向に、やっと米国の対中政策の腰が据わってきたのである。

これに対して中国は、国力の伸張に応じて、徐々に米国の影響力からの自立傾向を強めていった。いかなる国であっても国力の向上は、通常、戦略的自立につながっていく。あまり米国人の耳目を引かなかったが、実は中国はすでにロシア（ソ連）と訣別して米国と国交を正常化して間もない80年代から、心理的には一貫して米国離れの傾向を示している。

むしろ中国から見れば、米国のほうこそ、米中国交正常化後、中国を真剣に大国として遇してこなかったではないかと言いたいところであろう。例えば、80年代、レーガン大統領の下で、米国の対台湾武器売却は一向に止まらなかった。また、89年の天安門事件に際しては、米国をはじめとする西側諸国から大規模な人権弾圧として指弾された。さらに、95年および96年には、李登輝総統の台湾民主化を牽制するために弾道ミサイルを台湾周辺海域に撃ち込んだが、米国はただちに第七艦隊の空母を派遣して対抗してきた。その他にも、99年には、ベルグラードで米軍爆撃機に中国大使館が誤爆され、21世紀に入った途端（2001年）、海南島沖で、米軍機に中国機が接触する事故が起きた。

中国からすれば、このような出来事が続く中で、「米国は、中国を大国として正当に遇してくれない。やはり一人で生きていくしかない。米国は重要だが、膝を屈してまでついていく相手ではない」と思ったのであろう。中国は、20世紀後半の50年間、最初はロシア（ソ連）につき、次に米国についたりしたが、それは弱い中国が強いロシアと米国の間で揺れたと見るよりも、中国が、ロシアのみならず米国の影響力からも独立した自立自尊の大国となることを志向したため、と見るほうが正しいのであろう。

中露関係をどう見るか

　それでは、第3に中露関係はどう変遷してきただろうか。前講で、中露関係は、表面的には良好であると述べた。また安保理においては、中露協力が頻繁に行われている。実際、米国に対するロシアの幻滅と中国の米国離れの志向は、1990年代以降、中露両国を引き寄せている。中露両国は共に、急進的な共産主義を奉じたことのある国であり、米国の指導する西側先進民主主義国家群に一定の距離を置く国であるため、西側諸国と利益が対立する際には共同歩調を取ることが多い。こうした中露両国だが、最近さらに、互いを「戦略的パートナー」として位置づけている。

　少なくとも今世紀中葉まで米国の一極優位が続くであろうし、米国の統率する先進民主主義国家群の相対的な力も大きいままであろうから、中露両国が、共通の利益のために結託する構図は続くであろう。また、特にNATO拡大に対抗して、縮小したロシア軍の勢力を西側正面に集中して見せねばならないロシアと、台湾の独立阻止のために米国の介入を阻止できることを台湾に見せつけなければならない中国は、互いの国境を静かにしておくことに戦略的な共通利益を見出している。さらには前講で述べたように、ユーラシア大陸中央部は、大陸国家である中露両国の勢力が排他的に及びやすい地域であるので、上海協力機構のような利害調整の枠組みが、引き続き機能していくであろう。

　しかし「両雄並び立たず」の喩え通り、中露両国は1950年代のように、

兄弟同士と言うほどの親密な関係はない。中露間には、利害が相反するいくつかの問題がある。前講では中央アジアをめぐるエネルギー問題を取り上げたので、ここでは中国東北部と極東・東シベリア地方の間の人口・経済格差の問題と、中露間の軍事的均衡の問題を取り上げよう。

　第1の問題は、アムール河・ウスリー河を挟む極東・東シベリア地方と中国の東北三省の人口格差、経済格差である。そもそもロシアの人口は欧州部に偏っており、シベリア全体で3000万、極東・東シベリアに至っては600万人にすぎない。しかも、年率数％の割合で減少し続けている。これに対して中国東北三省の人口は1億近くあり、またハバロフスクの向かいにある黒竜江省だけでも3826万人（2009年末）を数える。さらに東北三省を含む中国は、昇竜の勢いで経済を発展させており、シベリア経済は長く停滞したままである。

　他方でシベリアの開発を考えれば、中国経済のダイナミズムや移民労働力の受け入れは、いずれは避けて通れなくなる課題である。極東地方の資源が開放され、中国、日本、韓国などに開かれれば、極東地方は、一気に活性化する可能性がある。そうなればロシアの極東地方は、速やかにアジア化するであろう。大量の中国人労働者も流入するに違いない。しかし今のところ、ロシア指導部がそれを受け入れる用意があるようには見えない。歴史をさかのぼれば、中国が21世紀に入って妥結した国境確定交渉で最終的に手放したとはいえ、極東・東シベリア地方の多くは、19世紀中葉までに帝政ロシアが清朝から割り取った地域である。中国人受け入れ問題と極東・東シベリアの経済発展を秤にかけねばならないロシアの心中は、穏やかではないはずだ。

　第2の問題は、安全保障そのものである。ロシアは中国との国境を確定し、中国との良好な関係を維持することに腐心しているが、中国人民解放軍の実力が急速に上昇していることに、心中穏やかではないはずである。米中国交正常化、日中国交正常化の際には、中国政府はチタからモンゴルを経由してソ連（ロシア）軍が北京へと南進することを非常に恐れていた。しかし、経済力の向上をそのまま反映した人民解放軍の近代化により、事情は逆転しつつある。

わずか1億4000万の人口と100万の兵力しかないロシアにとって、13億の人口と200万の人民解放軍を有する中国が、安全保障上の関心でないはずがない。しかも、ロシアの東シベリアや極東地方は、まさに経済的、社会的な真空地帯である。人民解放軍の優位は数だけではない。装備も急速に近代化しており、その総合力自体が急速に成長している。核を投入しないかぎり、ロシアが中国軍を抑止できないことは、もはや自明であろう。この中国軍を近代化した最大の要因が、ロシア製の兵器であったことは皮肉である。中国がロシアの技術を自家薬籠中のものとするまで、長い時間はかからなかった。それに気づいたロシアの対中武器輸出は、ピーク時に比べ減少しはじめている。

北朝鮮の核問題をどう見るか

　さて、米中露三国間の戦略的関係を見たところで、もう一段視線を下げて、域内の潜在的な不安定要因を見ていこう。また、仮に有事が勃発した際のことを考えて、有事にかかわり得る国々の軍事バランスを見ていこう。

　北東アジアにおける潜在的不安定化要因としては、何があるだろうか。まず大きなものとしては、朝鮮半島と台湾島がある。時折、「日本は、植民地主義に手を染めていないことが外交上の財産である」という言説を聞くが、とんでもない話である。北東アジアにおける不安定要因は、日本が植民地支配していた朝鮮半島と台湾島を、敗戦の際に何の準備もないままに無責任に放り出したことから生じている。その結果、真空となった大日本帝国周縁部が、そのまま冷戦の磁力で分断されることになったのである。

　朝鮮半島は、韓国と北朝鮮に分断され、台湾島には蒋介石の国民党が逃げ込んで、中国自身が分断された国家となった。1950年代には、ただちに朝鮮戦争と台湾海峡危機が発生している。

　爾来、朝鮮半島と台湾島が不安定化しないことが、日本にとっての最大の安全保障上の課題となっている。佐藤総理は、1969年のワシントンでのプレスクラブ演説で、朝鮮半島と台湾島が日本の安全保障上の喫緊

の課題であることを強調しているが、その認識は当時も今も変わっていない。

現在、朝鮮半島と台湾島は、まったく異なる理由により懸念材料となっている。

朝鮮半島においては、北朝鮮の核問題が懸念される。北朝鮮は、90年代中葉に核不拡散体制脱退を宣言し、核武装への野心を明らかにし、2006年には核実験に踏み切った。09年には、第2回核実験を実施している。また北朝鮮は、並行してその運搬手段である弾道ミサイルの開発に余念がなく、90年代から日本本土のすべてを射程に収めるノドン・ミサイルを量産し、さらには、飛距離の長いテポドン・ミサイルの開発に努めている。早晩北朝鮮は、ミサイルに搭載できる小型の核弾頭を開発するであろう。なお、北朝鮮が大量破壊兵器である生物、化学兵器の生産基盤も有していることを、忘れてはならない。

北朝鮮の核問題が、日本の利益にとってなぜ深刻な関心事項となるのであろうか。第1に、言うまでもなく北朝鮮の核武装は、日本の安全保障を劇的に脆弱化するからである。北朝鮮は、国民のコントロールの効かない不透明な体制である。また拉致問題に見られるように、人間の尊厳や基本的な人権にも配慮をすることが少ない。この北朝鮮が、瞬時に日本を壊滅させることのできる大量破壊兵器とその運搬手段を保有したのである。

第2に、北朝鮮の核武装は、広島と長崎の経験を踏まえて日本が支えてきた核不拡散体制を不安定化させるからである。北朝鮮が核兵器を保有することを止められなかったら、平和目的の濃縮施設を建設しているだけだと主張するイランをどうして止めることができるだろうか。

現在、かつて欧州正面で対峙を続けた第1列の核兵器国（米英仏露）が大きく軍縮方向に向いているのに対し、東アジアから西アジアにかけて、北朝鮮、中国、インド、パキスタンという第2列の国々では垂直、水平の核拡散が進んでいる。イランは、その最西端にある。イランから見れば、東にインド、パキスタン、北にロシアの核兵器が見える。当然、イスラエルをも気にしているだろう。北朝鮮の核保有断念に失敗すれば、

西アジアの大国であるイランの濃縮能力放棄はいよいよ難しくなる。

　第3に、北朝鮮の核武装は、地域の不安定要因になるからである。地域の不安定化という言葉の内容は、何を意味するのであろうか。具体的に言えば、まず北朝鮮の核武装は、北朝鮮の軍事力を向上させ、北朝鮮の発言力を増大させる。次に、6者会合がうまく進まなければ、東アジアにおける国際平和と安全のために、また核不拡散体制の護持のために、国連制裁への動きが出ることになる。北朝鮮は、これに激しく反発するであろう。そうなれば、さらに緊張が激化する。

　それだけではない。テポドン2の量産が始まり、数百発の弾道ミサイルが米国の西海岸を狙う事態になった時に、直接北朝鮮の脅威の対象となった米国がどう反応するだろうか。あるいはまた将来、いずれかの時点で北朝鮮の体制が不安定化した時には、誰が核兵器を確保するのだろうか。その際に、米中両国がどう動くだろうか。これらのリスクは、すべて北朝鮮の核武装がもたらすリスクである。それが、不安定化要因ということである。

　北朝鮮は、なぜそれでも核兵器に固執するのだろうか。北朝鮮から見れば、冷戦後、戦略環境は一貫して悪化している。冷戦中、北朝鮮外交は対中外交と対露外交をうまく操ってきたが、70年代には米中国交正常化が実現し、朝鮮戦争の盟友である中国と敵国である米国が手を結んでしまった。90年代にはソ連が崩壊した。今日の北朝鮮は、中国の支援を除けば、外交的に孤立し、軍事的には通常兵力で米韓同盟に後れを取り、経済力では韓国に圧倒的に差をつけられている。このような戦略環境の中で北朝鮮は、国家としての尊厳を取り戻し、かつ圧倒的な通常兵力の劣勢を核兵器によって取り戻そうと考えたのであろう。こうした事情を考えると、北朝鮮に翻意を促すのは、決して容易ではない。

　対北朝鮮交渉の歴史は、すでに15年以上になる。1994年に北朝鮮が核武装への野心を見せて以来、米国のクリントン政権は、まずはじめに軍事的対応を含み得る厳しい対決的姿勢を取り、その後交渉に持ち込むことに成功した。その結果、北朝鮮に原子力発電所を提供し、その見返りとして核開発をやめるという合意が成立した。しかし21世紀に入り、

図表❷　朝鮮半島における軍事力の対峙

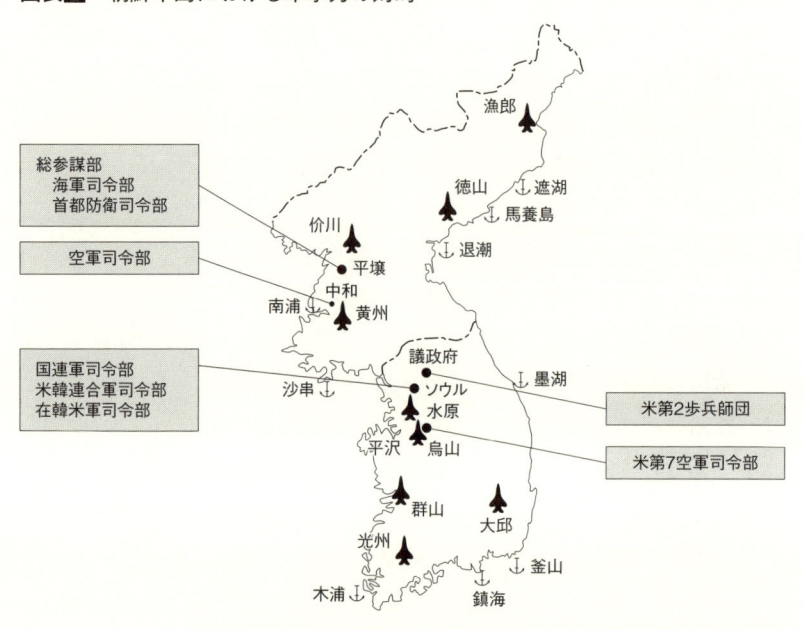

地図中の記号・地名：

- 総参謀部／海軍司令部／首都防衛司令部
- 空軍司令部
- 国連軍司令部／米韓連合軍司令部／在韓米軍司令部
- 米第2歩兵師団
- 米第7空軍司令部

地名：漁郎、徳山、遮湖、馬養島、价川、退潮、平壌、中和、南浦、黄州、議政府、墨湖、沙串、ソウル、水原、平沢、烏山、群山、大邱、光州、釜山、木浦、鎮海

		北朝鮮	韓　国	在韓米軍
	総兵力	約110万人	約69万人	約2.5万人
陸軍	陸上兵力	約100万人	約56万人	約1.7万人
陸軍	戦車	T-62、T-54/-55等 約3,500両	88型、M-47、M-48等 約2,750両	M-1
海軍	艦艇	約650隻　10.6万トン	約190隻　18.1万トン	支援部隊のみ
海軍	駆逐艦 フリゲート 潜水艦	3隻 23隻	10隻 9隻 11隻	
海軍	海兵隊		2個師団など約2.5万人	
空軍	作戦機	約620機	約490機	約60機
空軍	第3/4世代戦闘機	Mig-23×56機 Mig-29×35機 Su-25×34機	F-4×70機 F-16×164機 F-15×39機	F-16×40機
参考	人口	約2,270万人	約4,850万人	
参考	兵役	陸軍　5〜12年 海軍　5〜10年 空軍　3〜4年	陸軍　18〜24か月 海軍　20〜26か月 空軍　21〜27か月	

（注）資料は、ミリタリーバランス（2010）などによる。

【出所】『平成22年版防衛白書』

G.W.ブッシュ政権の成立後、対北朝鮮政策が硬化し、これに北朝鮮が反発して核実験に踏み切った。北朝鮮との交渉は、ブッシュ政権第2期後半の最後の2年間に再開されたが、成果を生むことはなかった。

　ブッシュ政権時の対北朝鮮交渉で唯一の進展と言えるのは、朝鮮半島に利害関係の深い米中露日の4カ国と韓国・北朝鮮を交えた「6者会合」の枠組みが立ち上がったことである。朝鮮半島に最も直接的な利害を持つのは、朝鮮戦争で矛を交えた中国と米国である。米中国交正常化はあったが、依然として米国は韓国に軍隊を駐留させており、中国が北朝鮮を米国勢力圏との緩衝地帯とみなしていることに変わりはない。中朝の貿易も順調に伸びている。米国と韓国がいくら北朝鮮に圧力をかけても、中国が後ろから支えれば、北朝鮮は決して屈しない。6者会合の利点は、北朝鮮の非核化、核不拡散体制の護持が米中露日韓の5者の共通の利益であると、確認されたことである。

　もとより、6者の利害は完全には一致しない。「朝鮮半島の安定のために北朝鮮の非核化は重要であるが、北朝鮮の非核化のために朝鮮半島の安定を破壊してはならない」と考える国があるからである。しかし北朝鮮による2度の核実験は、米中露の国連安保理常任理事国、NPT体制下の核兵器国としての責任を自覚させた。北朝鮮が核実験に踏み切った以上、これまでのように、北朝鮮に対して褒賞を与えて、核開発に関して譲歩を求めるという交渉戦術（tit for tat）は難しくなる。北朝鮮が、核実験というレッド・ラインを越えてしまったからである。前述のように、北朝鮮の核保持を許せば、イランやその他の国々への核拡散を許さないという政策は、信頼性を失う。

　これからは、6者会合を通じた北朝鮮との交渉（それは必ずしも米朝協議を排除しない）と状況が悪化した場合の国連安保理を通じた協議の2本柱の交渉が、断続的に交代しながら続くことになるのではないか。

　いずれにせよ、北朝鮮がこの15年間、一貫して大量兵器とその運搬手段の保有を目指し、それに成功してきている以上、日本の安全保障は日に日に脆弱化している。それは、これまでの対朝交渉のコストの一部なのである。私たちとしては、以前にも増して対話と圧力による解決を求

める他はない。突き詰めればそれは、北朝鮮が戦略的決断をし、開放政策に転じることを慫慂することである。しかし同時にそれは、北朝鮮の政治体制にとって大きなリスクでもある。それでも、北朝鮮の扉を世界に向かって開くとすれば、北朝鮮は、例えば中国の鄧小平やロシアのエリツィン大統領のような、真の愛国主義を持った政治家の出現を待たねばならない。果たして、そのようなことが可能だろうか。

朝鮮半島をめぐる軍事情勢

　北朝鮮の核武装問題を解決するには、対話と圧力しかない。いつかやがて、南北朝鮮が平和的に緩やかに統合に向かって、統一朝鮮が成立した後に、北朝鮮部分に国際社会からの復興資金が流れていくことになれば、朝鮮半島の人々にとっても周辺の国々にとっても、最も望ましいかたちとなる。しかし同時に、有事になった時に何が起こるかも考えておかなければならない。万が一を考えておくのが安全保障である。

　軍事情勢分析の基本は、対決する両陣営の駒揃えと総合火力の比較、そしてその運用構想（軍事作戦の概要）である。もとより駒揃えの全体像は、その時の敵味方の構図が、「米中露日韓対北朝鮮」という図式になるのか、「米韓対北朝鮮」という図式になるのか「米韓対中朝」という図式になるのかで、様相が大きく変わってくる。それは、紛争が発生する際の政治的文脈による。

　ここでは、単純に「米韓連合対北朝鮮」という枠組みで、各国の通常兵力を比較してみよう。だいたいの感覚がつかめると思う。DMZ（非武装中立地帯）を挟んだ米韓連合軍と北朝鮮軍の兵力差は、どうなっているだろうか。北朝鮮軍は、総勢で約110万人。陸軍が約100万人で、戦車が約3500両である。海軍は約650隻の艦艇を保有するが、ブラウン・ウォーター・ネイヴィ（沿岸型の海軍）で小型船が多く、総トン数は10.6万トンにすぎない。そのうち、駆逐艦はゼロで、フリゲート艦が3隻、潜水艦は23隻である。航空機については、約620機を有するが、第3世代のミグ23が56機、スホーイ25が34機で、第4世代の戦闘機はミグ29が35機あるにすぎない。

これに対する韓国軍は、総数で69万であり、陸軍は56万人で2330両の戦車を保有している。海軍艦艇は180隻であるが、総トン数では18.1万トンと北朝鮮を上回る。最近、ブルー・ウォーター・ネイヴィ化に力を入れており、駆逐艦10隻、フリゲート艦9隻、潜水艦11隻を保持している。戦闘機に至っては、第4世代のF-16が164機、F-15が39機という空軍力である。第3世代は、F-4が70機ある。この規模は、航空自衛隊とほぼ同じ規模である。

　在韓米軍はどうか。総数2.6万人で、陸軍が1.7万人。強力なM-1戦車を保有し、F-16が60機ある。もとより、強大な米第7艦隊は在韓米軍には含まれないが、有事には駆けつけることになる。

　米韓連合軍と北朝鮮軍を比べると、大きさでこそ北朝鮮軍が優っているが、兵器の近代化においては米韓連合軍が圧倒的に優っている。通常兵力の秤は、米韓連合軍の側に大きく傾いている。

　したがって、北朝鮮が唯一有効に使用できるのは、防御の難しい弾道ミサイルであり、その弾頭に核、生物、化学といった大量破壊兵器を搭載することによって、抑止し、恫喝することである。核兵器が通常兵力に劣る側の抑止のための兵器となるという命題は、朝鮮半島でも証明される。もとより北朝鮮のレベルの核能力では、もし北朝鮮が核戦争の敷居を越えれば、その反撃によって、北朝鮮は巨大な損害を被ることは疑いない。

台湾人のアイデンティティ問題をどう見るか

　台湾問題が日本を震撼させたのは、1990年代の中国軍による台湾沖ミサイル発射事件である。近隣の宮古島の方々が東京に来られて、漁労関係者の安全確保を要請されたりした。どうして台湾問題がこれほど熱くなったのだろうか。台湾問題をどう見ればよいだろうか。

　台湾問題の本質は、「台湾住民の自治への意思と、中国政府の併合への意思の衝突」である。台湾問題の根にあるのは、台湾人のアイデンティティ問題である。それゆえに台湾問題は、単なる安全保障上の問題と言うよりは、根の深い政治問題なのである。台湾人のアイデンティティの

発展を追ってみよう。

「第3講　国家の安全とは何か」の中で、台湾の歴史に触れたことを覚えているだろうか。台湾は、かつてインドネシアのようにオランダ領となっていたが、崩壊した明朝の残党が鄭成功とともに台湾に逃げ込み、それを清朝が滅ぼして中国領となった。しかし、清朝の台湾島への関心は薄く、台湾島の中では、福建省近辺の漢民族と客家（漢民族の一部）と原住民が、半ば自治状態の中で合従連衡を繰り返していた。19世紀の末、朝鮮半島をめぐり日清戦争が勃発し、日本が清を下した後、清は台湾島の日本への割譲に同意した。

ここから日本の台湾統治が始まる。この時の台湾住民は、言うまでもなく、多くが漢民族である。日本勢力の進出当時には、台湾住民の抵抗があり、多くの犠牲者が出たと言われている。しかし、日本の統治の最中も敗戦当時も、台湾で中国への復帰運動が起きなかったのはなぜだろうか。今日においても、南北朝鮮では統一が民族的悲願とされているのに、台湾に統一運動が起きないのはなぜだろうか。

台湾併合当時、大陸では依然として異民族の清朝が中国を支配していた。漢民族の民族主義が噴き出し、近代的国民としての中国「国民」意識が生まれて辛亥革命が成立するのは、20世紀に入ってからである。また、大韓帝国と異なり、台湾島は主権国家であったわけでもない。

台湾の人々から見れば、近代的な意味での漢民族の民族主義が出る前に、統治者が、満州族の清から日本に交代しただけととらえられたのであろう。日本の近代化も始まったばかりであり、台湾併合は明治維新からわずか30年後のことである。台湾の人々は、日本とほぼ同じ速度で、日本人として近代「国民」化し、中国を含むアジアの他の国々に先駆けて近代化を遂げることとなった。この点を考えることが、台湾のアイデンティティ問題への理解につながる。

第2次世界大戦後、日本勢力が撤収し、国民党が力で入城してくる。国民党は、台北のある北部に集中した。1946年には、国民党への不満が爆発して暴動が起き、2万人が落命したと言われている。国民党の独裁は、90年代まで続くが、台湾民主化の後に、この事件は再び歴史の上に

姿を現すことになる。

　90年代、台湾はアジアの四虎（韓台星香）と言われた発展を遂げ、政治的にも民主化への道を進んでいた。当時、台湾住民は、依然として国民党を真の台湾住民が選んだ政党とはみなしていなかった。戦後入城した外省人（国民党）は、台湾北部を中心として、人口の13％を占めたにすぎない。そこで、民主化した後で、国民党が台湾統治を続けることができるかどうかが、大きな問題となったわけである。李登輝総統は、国民党ではあるが、本省人（国民党入城以前からの台湾住民）であった。彼は、「私は台湾人である」と連呼して、国民党の支持基盤を本省人の中に広げることに成功した。政治的な天才である。

　しかし、その後に土着政党とも言うべき民進党の陳水扁総統が政権を取り、独立志向を鮮明にして中国との激しい軋轢を生んだ。中国の反応は激烈であった。

　最も重要な問題は、民進党の喧伝する独立志向よりも、台湾人のアイデンティティが本物であるということである。台湾住民の世論調査では、4分の1が独立派であり、4分の1が中国併合派で、残りの半分が現状維持派とされる。ところが「あなたは何人ですか」と問うと、わずか約5％が「中国人」と答える他は、ほとんどの人が「台湾人」と答えるか、「台湾人であり、中国人である」と答える。大陸中国における近代化過程とは異なった道を歩み、近代化、民主化において大陸に先んじた台湾住民のアイデンティティは、中国人とは別個のものとなっているのである。

　もともと言葉や文化的背景を同じくする同一民族であっても、宗教の相違や戦争・内乱といった理由で、近代的な統一「国民」国家が成立する以前に分離してしまえば、違う「国民」となることはあり得る。フランス語を話すベルギーのワロン人やジュネーブ市民、英語を話すアイルランド人などがその例である。

　その一方で現在、中国では本格的な産業国家化、「国民」国家化が進んでいる。日本が明治時代に経験したように、すべての中国人が自分のアイデンティティを国家と重ね合わせるという政治現象が、今、中国で

生じている。近代「国民」としての中国人の誕生である。近代国家構築の過程では、強い求心力が働く。見方を変えれば、巨大な経済社会の変容の過程で強い政治的統合力を働かせなければ、国がバラバラになるという本能的な恐怖が働いているのであろう。それは、明治時代の日本で、急変する政治社会を必死でまとめようとした元勲たちの苦労と、同じ苦労のはずである。

　中国は、約10％の非漢民族を抱える。中国人の近代的「国民」化は、非漢民族であるこの10％の中国人にとって、アイデンティティにからむ微妙な問題である。多くが近代的な意味で中国人として統合されていく中で、新疆ウイグル自治区やチベットの少数民族問題が顕在化している。このような政治状況の中で、中国共産党が国民党が居座る台湾島と台湾住民の統合を放棄することは、国家の生理として不可能であろう。

　台湾海峡情勢は、国民党から出た馬英九総統が陳水扁政権を継いで就任したことで、大きく改善した。しかし、台湾住民のアイデンティティ問題は、依然くすぶり続ける。中台関係は、経済的には親密度を増しているが、台湾住民のアイデンティティが変わるには長い時間がかかるであろう。台湾問題が平和的に解決されることが中台双方の利益であると同時に、日本の利益であり米国の利益でもあることは疑いがない。このような考え方に立って、日米両国は、中台問題の解決は平和的解決しかなく、いずれの側からも一方的な現状変更は認められないという立場を取り続けてきた。それは、これからますます重くなる中国の軍事的重圧と直面することを意味する。それについては、以下に述べよう。

台湾海峡をめぐる軍事情勢

　台湾海峡をめぐる軍事情勢は、朝鮮半島をめぐる軍事情勢とは大きく趣を異にする。朝鮮半島においては、北朝鮮の核武装だけが真の懸念であり、基本的には静的な軍事情勢であるが、台湾海峡情勢においては、中国軍の能力向上が地域全体の軍事バランスを大きく変えつつあるからである。

　現在、中国の最大関心は、台湾をにらんだ太平洋正面であろう。ただ

し、中国の戦略重心は、ロシアをにらんだモンゴル正面、ヒマラヤ山脈を挟むインド正面にあり、さらに言えば、過激な原理主義者やテロリストの浸透が懸念された新疆ウィグル自治区にもある。すべての戦力が、太平洋正面に集中されるわけではない。しかし、ロシアとの関係は改善しており、インドとの関係は緊張しがちではあるがヒマラヤが天然の障碍となっているし、テロリズムとの関係でも9.11同時多発テロ事件以降、上海協力機構が成果を上げている。やはり、中国の最大関心は、台湾に向かっていると言わざるを得ないであろう。

台湾をめぐる紛争が仮に生じるとしたら、その時の陣立てがどうなるかで様相は大きく変わる。「中国対台湾」となるのか。米国はどう動くのか。その時、ロシアやインドはどう動くのかでまったく異なってくるということである。

ここでは一番簡単な構図を取って、中台間の総兵力を比べてみよう。中国軍は、総兵力約230万人、陸軍は約160万人で、戦車は約7550両である。中国海軍は、約750隻、134.3万トンである。中国海軍は、北海艦隊、東海艦隊、南海艦隊に分かれ、駆逐艦・フリゲート艦は約75隻、潜水艦は約60隻を保有する。潜水艦は、夏（戦略原潜）、漢（攻撃型原潜）、明、ロメオ（通常型潜水艦）という旧式なものから、静粛性の高い晋（戦略原潜）、商（攻撃型原潜）、キロ、宋、元（通常型潜水艦）へと急速に転換が進んでおり、特にロシアから購入した超音速の艦対艦のミサイル（ＳＳＮ22および27）は、大きな脅威である。また、米国のように海兵隊を保持しており、約1万人の規模である。

空軍は、約1950機の作戦機を保有しており、そのうち、第4世代の戦闘機であるロシア製のスホーイ27が166機、スホーイ30が97機あり、国産のＪ-10が120機ある。第4世代戦闘機数は383機で、日本の航空自衛隊を大きく上回る規模に成長している。2010年には台湾の第4世代戦闘機を初めて上回った。中でも、台湾にとって最大の脅威は、対岸に据えられた1000発を超えると言われる短距離弾道ミサイルであろう。もとより中国は核兵器国であり、台湾が保有しない核戦力を保持している。

これに対する台湾の軍事力は、総兵力は約29万人であり、陸上兵力は

図表3 中国軍の配置と兵力

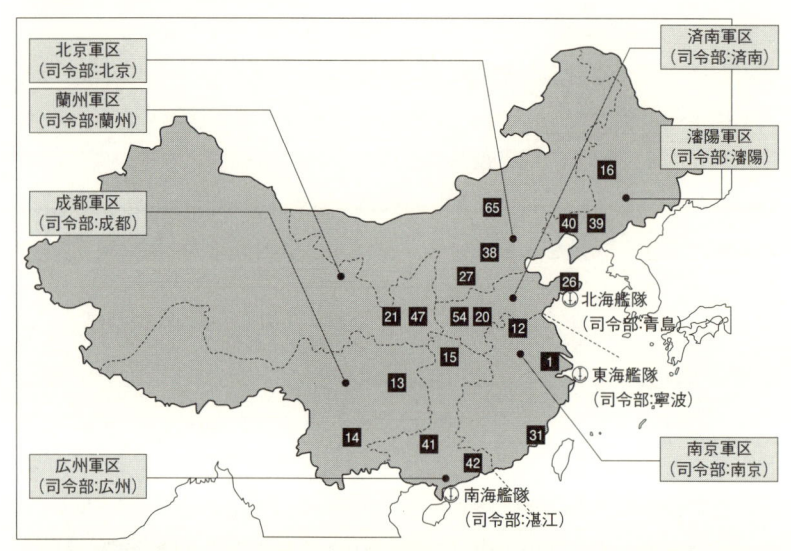

地図上の軍区・艦隊:
- 北京軍区（司令部:北京）
- 蘭州軍区（司令部:蘭州）
- 成都軍区（司令部:成都）
- 済南軍区（司令部:済南）
- 瀋陽軍区（司令部:瀋陽）
- 広州軍区（司令部:広州）
- 南京軍区（司令部:南京）
- 北海艦隊（司令部:青島）
- 東海艦隊（司令部:寧波）
- 南海艦隊（司令部:湛江）

地図上の集団軍番号: 16, 65, 40, 39, 38, 27, 26, 21, 47, 54, 20, 12, 15, 13, 1, 14, 41, 31, 42

（注）陸軍と空軍の軍区は同一である。●軍区司令部　⊕艦隊司令部　■集団軍（陸軍）司令部　■空挺軍（空軍）司令部
集団軍は、数個の師団、旅団などからなり、兵員は数万人規模である。

		中　国	（参考）台　湾
	総兵力	約230万人	約29万人
陸上戦力	陸上兵力	約160万人	約20万人
	戦車	98A/99型、96型、88A/B型など 約7,550両	M-60、M-48A/Hなど 約1,830両
海上戦力	艦艇	約950隻　134.3万トン	約330隻　20.7万トン
	駆逐艦・フリゲート	約75隻	約30隻
	潜水艦	約60隻	4隻
	海兵隊	約1万人	約1.5万人
航空戦力	作戦機	約1,950機	約530機
	近代的戦闘機	J-10×120機 スホーイ27×166機 スホーイ30×97機 （第4世代戦闘機　合計383機）	ミラージュ2000×57機 F-16×146機 経国×128機 （第4世代戦闘機　合計331機）
参考	人口	約13億3,900万人	約2,300万人
	兵役	2年	1年

（注）資料は、ミリタリーバランス（2010）などによる。

【出所】『平成22年版防衛白書』

約20万人で、約1830両の戦車を保持している。海軍は、約330隻の艦艇を有し、トン数では20.7万トンである。駆逐艦・フリゲート艦は約30隻で、潜水艦は4隻である。海兵隊は約1.5万人いる。作戦機は約530機であるが、そのうち、第4世代の航空機としては、ミラージュ2000が57機、F-16が146機、国産の経国が128機である。第4世代の戦闘機総数は331機である。

　1990年代には、中台間の通常兵力バランスは、おおむねバランスしていたと言える。しかし、90年代に始まった中国軍の近代化は、急速に進行している。中台間の軍事バランスが急速、かつ半永久的に失われるであろうことは、軍事予算を比較してみれば明らかである。2009年を見ると、中国の軍事予算は公表ベースで7兆2671億円（1元＝14円で計算）、米国防省の推定ベースでは1500億ドル以上と言われている。これは、中国経済の躍進を反映したものであり、公表額だけで過去20年間に約18倍となっている。これは、5年ごとに倍額となるペースである。

　これに対して、台湾の国防費は約3000億台湾ドル（1台湾ドルを0.035米ドルで計算すれば105億ドル）であり、この差額がこれからも正面装備に反映されるとすれば、今後、台湾の劣勢は決定的になる（以上、平成22年版防衛白書）。

　問題は、中国軍がどこまで大きくなるかである。中国は、九州から沖縄を経て台湾に至り、ルソン島へと走るいわゆる「第一列島線」の内側、すなわち東シナ海と南シナ海を聖域化するほうへと動いている。「第一列島線」の内側は、陸上から海上への大規模な航空機、ミサイル攻撃が可能である。中国は、空海軍の能力向上に合わせて、主戦場を「第一列島線」の外側、すなわち伊豆半島から火山列島を通りグアムへとつながるいわゆる「第二列島線」の西側へと移そうとしているのである。ここで米海軍の接近を阻止できれば、台湾は裸も同然となるからである。

　ちなみに沖ノ鳥島は、「第一列島線」と「第二列島線」のちょうど真ん中にある。中国が最近、沖ノ鳥島を島ではないと言い張り、周辺にある日本の200海里水域を認めないのは、中国海軍による海底地形調査などの軍事調査を開発がらみの調査と言われて、日本からコントロールさ

れないようにするためではないだろうか。

　中国軍の近代化が本格的な成果をもたらすのは、近い将来の話であり、2015年以降であるという見方もある。2030年には、このような「中国対台湾」のバランスは意味を失っていることは間違いない。米国の第七艦隊の戦力も、1950年代および90年代の台湾海峡危機のように中国軍の動きを一蹴するかのような圧倒的なものではなくなる。それは、確実に、かなり早い段階でやってくる現実である。

　もとより中国は、当分の間、大規模な正面戦争で米国を敵に回そうとは思わないであろう。サシで勝負するには、まだまだ米軍は強大すぎるからである。例えば、中国海軍の力がいくら伸びたとはいえ、経済は輸出に依存し、エネルギーは輸入に依存する中国が、欧州・中東や北米に伸びる長大なシーレーンを守り切ることはできない。中国は、急速な工業化により海外市場への輸出依存型の社会となりつつある上に、天然資源は海外からの輸入に依存しつつある。シルクロードという伝統的陸上貿易路を持っている中国でも、今日では海上の道のほうが圧倒的に有力である。これは中国が、有事にはむき出しのシーレーンを弱点とすることを意味する。

　台湾問題にかぎらず、仮に中国が米国と不測の事態を迎えれば、海上貿易に依存する中国の長大なシーレーンが重大な弱点となることは自明である。今後中国は、遠洋海軍として海軍戦略を整備し、米国に対抗しようとするであろう。実際、「真珠の首飾り」と揶揄されるように、中国は現在、アンダマン海、インド洋を通って湾岸に至るまでの海域において、海軍基地を整備しようとしていると言われている。これが事実であるとすれば中国海軍は20世紀前半の英国海軍や、20世紀後半の米国海軍のような海軍戦略を持とうとしていることになる。

　しかし、それは容易なことではない。中国の海軍戦略は、最終的には水上艦の劣勢を補うべく潜水艦を多用し、敵空母機動部隊のみならず、シーレーン上での敵国関連商船の攻撃に重点を置くことになるのではないだろうか。それは、ドイツのUボート作戦と同じである。また第2次世界大戦中の、米国の対日海軍戦略と同じである。

なお「真珠の首飾り」と言われるパキスタンのグアダル、バングラデシュのチッタゴン、ミャンマーのシットウェは、海軍拠点というだけではなく、インドとヒマラヤ山脈を迂回して中国内部とを結ぶ戦略ルートの出口でもあることに留意を有する。それは中央アジアと中国を結ぶパイプラインと同様に、中国にとってエネルギー回廊となり得るルートである。

台湾問題の平和的解決と「誤算」の危険

　以上に軍事的な分析を述べたが、大局的に見れば中国にとっては、安定と繁栄という日米両国との共通の利益を追求するほうが、長期的国益に沿っていることは自明である。優れた指導者ならば、短期的な戦勝の利益よりも、台湾独立を阻止できるだけの威圧を長期にわたって続ける利益のほうが、はるかに大きいと考えるであろう。

　中国は、台湾統一のためには最終的には武力行使も辞さないとして、その趣旨の立法までしたが、それは台湾独立のような最悪の事態には武力を行使し得るということであって、何が何でも台湾を武力併合すると宣言しているわけではない。米国も日本も、台湾海峡の一方的な現状変更には反対する態度を取り、台湾問題は平和的に解決されるべきだとの立場を取っている。台湾海峡の現状維持には、実は日米中台のすべての利益が広い意味で重なっているのである。

　しかし中国側に、台湾紛争があくまで短期間のローカルな紛争にとどまるという考えがあれば、限定的な勝利は可能であるという誤算が出てくる可能性はある。もちろん、そうなってほしくはない。しかし、あり得ないことを考えておくことが安全保障なのである。

　誤算とは、次のような考えである。もし中台間の軍事バランスがこのまま中国に有利に傾いていくとすれば、中国がミサイルによる猛爆で台湾の軍事中枢と政治中枢を破壊し、完全に聖域化した台湾海峡を渡海する。その間、米海空軍力を第1列島線の外側に釘づけにすることは、いずれかの時点で可能になるかもしれない。そうすれば台湾を占領した上で、台湾の地位について米国政府と交渉に持ち込めるかもしれない。こ

のような考えも不可能ではない。毎年、膨大な軍事予算を与えられている人民解放軍参謀の中には、そのように考えたがる将校が出てくるかもしれない。

それは、誤算である。米国の軍事戦略家は、自らが軍事的優勢にあるかぎり、不正な武力行使が行われたと考える時、相手側に有利な条件で戦闘を終えることはないからである。悪者に褒賞は与えない。それがカウボーイ魂を持つ米国流であり、真珠湾以降、ついに米国との交渉のきっかけをつかめなかった日本が痛感したことである。

近代の「北方重視」から古来の「南方重視」へ

仮に、幸いにして台湾有事をうまく抑止できるとしても、中国軍が強大になるという事実は変わらない。日本は、ロシアの進出に対応して近代に入って以来続けてきた北方重視の態勢を改めて、古代の天智・天武天皇以来、伝統的な態勢であった南方重視に移していくことになる。中国の経済も軍事費も倍々ゲームで増えていくことが現実である以上、中国軍の重圧を逃れることはできない。それは、中国が軍国主義的であるとか、冒険主義的であるということではない。中国の工業化に伴う必然の結果というだけのことである。

軍事のダイナミクスは、経済のそれとは異なる。市場での交換が自然である経済の世界は、相互依存を通じてプラス・サムの世界が築かれる。これに対し軍事の世界は、将棋盤のようにゼロ・サムの世界である。片方が有利になれば、もう一方が不利となり、必ず反応する。今世紀後半には、米中の軍拡競争もあり得ないとは言い切れない。

その段階になれば、極東ロシア軍の立ち位置が重要になってくることは言うまでもない。極東のロシア海空軍は規模こそ縮小したが、冷戦後の通常兵力を補うために多数の戦術核兵器を再配備していると言われている。また中国は、米国の同盟国である日韓豪の動きや、ASEAN諸国の動きに敏感になるであろう。孫子の国らしく軍事力を使わずに、軍事力を背景とした外交的圧力をかけてくるかもしれない。そうなれば、中国周辺の「フィンランド化」も危惧され得るところである。

西太平洋の米国同盟網はNATOのような強固な組織ではない。日米同盟を大黒柱として、米韓、米豪同盟が主柱となり、そこにASEANの国々がつらなってくるという構造である。日本は西太平洋における要の国なのである。日米同盟が崩れればその影響は地域全体に及び、米国の西太平洋への影響力は大きく崩れる。日本の責任は重い。この点は、日本が十分に心に留めねばならないことである。

　「米国が引いても中国は出てこない」と考えるのは楽天的に過ぎるであろう。1973年に米軍が南ベトナムから撤退した後、74年1月、中国は実力で西沙諸島西部から南ベトナム軍を排除して、これを占領した。また92年に米軍がスービック基地（フィリピン）から撤収した後、95年には、中国はフィリピンが領有を主張していた南沙諸島を実力で占拠した。力の真空は必ず誰かが埋めようとする。それが現実である。現在中国は、米国に対して自らの排他的生存空間の範囲がどれ程拡大できるのか、試しているようにさえ見える。

第9講 国際社会の倫理的成熟(1) 啓蒙思想と国際法の登場

　本講から、国際戦略情勢概観の第3のレベルに移る。国際社会の道徳的側面である。人間の世界を動かしているのは、力と道徳である。力とは、軍事力と経済力、言い換えれば武力と富、あるいは鉄砲とお金である。道徳とは、政治力、言い換えれば倫理と思想の力である。前者だけで世の中を動かすことはできない。

　政(まつりごと)の要諦は、力と道徳の両方にある。孔子の言った通り、「兵」と「食」と「信」なのである。歴史を作るのは、軍事力と経済力と、そして道徳の力である。思想の力と言ってもよい。なお、道徳と切り離された政治思想があると考えることは、道徳と切り離された科学思想があると考えるのと同様、大きな間違いである。

　この3つの力は、それぞれ相互に連関している。軍事力は破壊のための総合火力であり、有事の際には決定的な意味を持つが、経済発展がついていかなければ、10年、20年と経つうちに基礎国力が衰退し、当然のことながら軍事力も衰微する。特に軍事技術の発展は急速であり、技術についていけない国の軍隊は劣勢にならざるを得ない。しかし、道徳の力、思想の力はさらに大きい。国際社会において倫理的なリーダーシップを取る国は、国際社会において多くの国々を糾合できる。その力は、世紀をまたいで人類を感化し、やがて人類社会のあり方やかたちを変えていく。それは、良心から直接出てくる力だからである。それは、覇者ではなく、王者にのみできることである。

　「第6講　日本の価値観とは何か」の中で述べた通り、日本の外交論議は、歴史的に見ても力と道徳のバランスが非常に悪い。と言うよりも、むしろ道徳面が一貫して軽視されてきている。戦前の日本は、弱肉強食の帝国主義競争に参入し、武断に偏して王道を忘れた。先に吉田松陰の嘆きも紹介した。一方、戦後の日本は、自己否定に偏し、米国に依存し

たまま孤立と幻想に引きこもり、国際政治の倫理的側面においてリーダーシップを取ることができなかった。

このように、戦前、戦後を通じて日本は、国際政治面での思惟において、倫理面の主張を欠落させてきたのである。そのため日本はこの150年間、国際社会の倫理的成熟という問題に正面から取り組んだことがない。残念ながら、政治的なリーダーシップを取ったことがないのである。

この日本の国際政治観は、極めて特殊なものである。価値観のない人間がいないように、価値観のない国家もない。倫理を拒否する人間が反社会的であるように、倫理を語ることを拒否する国家もまた、反社会的である。

「第1講 人間社会を認識するモデル」で述べたように、人間は、倫理的完成を求める動物である。自然にそのようにさせる力が働く。その力は、種の保存という良心の働きから出ているものであり、抗えない。その力は、良心と呼んでもよいし、真理と呼んでもよい。また、仏性と呼ぶこともできるし、法と呼ぶこともでき、神慮と呼んでもよい。あるいは、DNAに刻まれている機能と言ってもよい。その力は、人類すべての構成員に与えられている。したがって国際社会においても人間は、道徳的成熟を求める。それは、必然なのである。

本講では、国際社会を倫理的側面から眺めてみよう。特に、国際社会は近代以降、倫理的にどのようにして成熟してきたかという点である。まずは、啓蒙思想と国際法を取り上げることとする。

近代欧州の価値観とその普遍性を問う

現代国際社会の様々な規範や制度は、英国、オランダ、フランス、ドイツ、ロシアなどの欧州諸国と米国、そして日本が作り上げたものである。なぜそうなったかと言えば、18世紀末の産業革命以降、彼らが圧倒的な国力をもって地球を制覇したからである。

7世紀から栄華を誇ってきたイスラム文明圏は、その最後の名残をとどめたオスマン帝国、サファヴィー朝イラン、ムガール帝国（インド）とともに、19世紀から20世紀の初めにかけて西欧文明に飲み込まれた。

東インド会社の蚕食を許さなかった清朝、徳川日本も同様に、襲いかかる西欧文明の津波に飲み込まれていった。日本は、かろうじて明治政府になってから、近代化へ向けて抜け出すことができたが、アヘン戦争以降、欧州列強に弱体ぶりを暴露した清朝は、独立こそ保持したものの半植民地状態となり、香港をはじめとする海浜の租借地を割り取られていった。これほど大規模に一つの文明圏が他の文明圏を飲み込んだことは、チンギス・ハーンのユーラシア大陸制覇以外に例を見ない。

　この200年の間に欧米人の築いてきた国際的な規範や諸制度は、現在も多くのものが機能している。例えば、海洋法、条約法をはじめとする一般国際法、国際司法裁判所、国際刑事裁判所、国際連合の集団安全保障体制、自由貿易を標榜する世界貿易機関、国際通貨機関、世界銀行、人権の国際化を推進した世界人権宣言や国際人権規約、などである。また国内政治の次元においても、欧州啓蒙思想から生まれた自由民主主義、議会制度、普通選挙、司法の独立、市場経済等の理念や諸制度が、現在、世界中の国々で機能している。これらの規範や諸制度は、彼らが人類の歴史に残した貴重な財産である。

　では、以上のように現在、国際社会に広まり、深く根を下ろしたこれらの政治理念や諸制度は、どのようにして作られてきたのであろうか。その歴史的背景には、何があるのだろう。そこには、本当に普遍的なものがあるのだろうか。これから、それを眺めてみることにしよう。

　結論を先に言えば、これらの諸制度の多くは、「法の支配」と「人間の尊厳」を基礎とする啓蒙思想に太く貫かれており、その根底には、キリスト教的な人類愛とギリシャ・ローマ文芸に淵源するユマニスムが色濃く流れている。そこには、仏教や儒教と同じ、深い人類愛があり、人の良心の輝きがある。

　それは、人類に共通の普遍的な倫理的基盤であり、人類の種としての保存のための本能に深く根ざしている。そこから、それぞれの文明圏で、名前はどうであれ、法の支配、人間の尊厳、暴力の否定、さらには労働への報酬といった基本的な信条や価値観が生まれてくる。だからこそ私たちは、様々な西洋起源の諸制度を輸入したとしても、さほど支障なく

運用していくことができるのである。すなわち、仏教や儒教の影響の強い日本で、西欧の民主主義が機能するのである。それは、日本のみならず、他の仏教圏、儒教圏、ヒンドゥー圏、イスラム圏においても同じであろう。このことは、とても大切なことであるので覚えておいてほしい。

ところで日本人は、キリスト教、ギリシャ・ローマの文芸、宗教改革、ルネサンスとユマニスム、啓蒙思想という西欧文明の根を飛ばして、技術と制度だけを輸入した。外国で小学校、中学校、高校を飛ばして、幼いままいきなり大学に進学したようなものである。日本の民主主義の根底には仏教と儒教の道徳があると言っても、本来、西欧の民主主義制度は、やはり独自の土壌で育ってきたものである。それを知っておくこと、さらには日本の場合と比較しておくことは、民主主義制度の下に通底する普遍的倫理を究める上で有益である。西洋の諸制度の根に何があるかを理解することが大事である。その根まで掘り下げれば、東西に共通する倫理的基盤が見えてくる。そこに目がいけば、和魂洋才という次元を超えて、価値観にかかわる東西融合の道が見えてくると思う。

近代欧州諸国の精神的覚醒

産業革命以降、世界覇権を唱えた英国、フランス、ドイツなどの北西部欧州諸国は、その多くがゲルマン系の国々である。彼ら自身は、どのように精神的に成長してきたのだろうか。その背景にある文明的、宗教的背景は何だろうか。まず、それを考えることが、今日の国際社会を倫理的に考察する上で必要である。

英国はアングロサクソン族であり、フランス人とドイツ人はフランク族である。共に、匈奴とも言われるフン族の侵入によって西進し、5世紀に西ローマ帝国を滅ぼした蛮族とも呼ばれたゲルマン族である。彼らは、徐々にカトリックを受け入れ、ラテン語を通じて文明を受け入れていく。特に800年、フランク族の王であるカール大帝（シャルルマーニュ）が法皇と結んで、西ローマ皇帝の正統を自認しはじめる。神聖ローマ帝国の淵源である。

神聖ローマ帝国は、ローマ帝国の正嫡というよりは、むしろ庶子であ

る。15世紀までローマ帝国の栄華を引き継いだビザンチン帝国や、同じく地中海東岸(レヴァント地域)やエジプトを征服することによってローマ帝国の知的遺産を引き継いだイスラム帝国（ウマイヤ朝やアッバース朝）から見れば、神聖ローマ帝国は、その成立自体がおそらく噴飯ものだったであろう。ローマの正嫡たるビザンチン帝国や、高度な文明を誇ったイスラム帝国からは、神聖ローマ帝国とは、滅亡した西ローマに残ったカトリック教会が、蛮族の懐柔策として蛮族の長にローマ皇帝の似非冠をかぶせたようなものだと映ったに相違ない。しかし、ローマ法皇による神聖ローマ宝冠の戴冠式という栄誉は、長くフランク族の憧れとなって残った。ハプスブルグ家が輩出した歴代神聖ローマ皇帝はみな、宝冠を法皇の手から恭しく戴いている。共和制フランスから生まれたナポレオンでさえ、その真似をしている。ただし、ナポレオンは法皇をパリに呼びつけて、自ら宝冠を頭の上に載せたのだが。

　中世の闇に沈んでいた頃の北西部欧州では、宗教色の濃い日常の中で人間の知性は僧院の中に封じ込められ、ラテン語を通じたキリスト教の学習が彼らの知性をゆっくりと開花させていった。これは、日本が6世紀に仏教を受容し、仏教の伝来とともに漢字を通じて中国文明を吸収していったのとよく似ている。日本もゲルマン諸族も、字を覚え文明として目を開いてからの時間はほぼ同じであり、だいたいこの1500年ほどの話である。

　ただし日本の場合は、隋が中国を統一して以来、唐、宋と絢爛たる中国王朝が交代し、爛熟する中国文明から直接感化を得ることができたのに対し、ゲルマン諸族には、自らが西ローマ帝国を滅ぼしてしまったために、ローマ文明と言ってもカトリック教会しか残っていなかった。ローマの栄華は廃れ、バチカンの率いる教会だけが残っていたのである。これは、日本との大きな相違である。聖徳太子に代表されるように古代日本の文明開化が著しく早熟であるのに対し、同時期の北西部欧州にはローマの遺跡以外に見るものが少ない。それは、こうした事情を反映しているのであろう。彼らは、文明的にはかなり晩熟である。

　さて、中世も末期になって来ると、ヴェニスやジェノヴァなどの海洋

都市が興隆を始める。彼らが繁栄したのは、シルクロード交易とインド洋貿易の成果に与かったからである。13世紀には、モンゴル族が世界史を大きく回転させた。チンギス・ハーンのユーラシア大陸制覇があり、中東のイル汗国から、東欧のキプチャック汗国、中央アジアのチャガタイ汗国、中国の元を結ぶ大陸交易路が活性化した。マルコ・ポーロが中国に行ったと言われるのも、そのお陰である。またインド洋では、イスラム商人が海路で活躍していた。当時の貿易品は、絹、綿、胡椒などである。みな、軽くて運びやすい乾燥した商品であり、これらの品々を産出しない欧州では、驚くほどの高値がついた。

　東方貿易で栄華を築いたのは、まず、シルクロードの終点にあり、またペルシャ湾や紅海を通じてインド洋につながっている地中海東岸地方（レバント地域）に近いビザンチン帝国であった。しかし同時に、ヴェニスやジェノヴァなどのイタリア海洋都市が、東方貿易に参入して巨利を上げ繁栄した。彼らの勢力は大きかった。

　シェイクスピアに出てくるムーア人のオテロは、ヴェニスに命じられてレヴァント地方に直近のキプロス島を護っていたわけだし、またヴェニスは、第4回十字軍をコンスタンチノープルに送り込んで略奪をほしいままにし、ビザンチン帝国の滅亡を早めている。

　花開きはじめたイタリアから、宗教改革、ルネサンスの波が始まる。それがアルプスを越え、ゲルマン系の諸族を知的に活性化し、数百年後に、ローマ帝国をはるかに凌駕する近代欧州の世界覇権を準備するのである。

　ゲルマン系の北西部欧州人が爆発的に覚醒するのは、宗教改革からであった。退廃したカトリック教会に対して、カトリック僧の言葉ではなく「自ら神と直面したい」という宗教的情熱が、彼らの内側からほとばしり出たのである。その情熱は、仏を自分の心の中に見ようとした鎌倉仏教の高僧たちと同じであろう。

　宗教改革は、イタリアから始まった。15世紀には、フスやサヴォナローラという改革者が火炙りにされた。しかし、一度燃え上がった宗教的覚醒の火は消えない。やがて16世紀になると、ドイツにルターが出て、フ

ランスにカルヴァンが出る。この2人が当時の欧州に与えた衝撃は大きい。宗教的純粋さを求める彼らの運動は、逆にカトリック改革の動きも生んだ。やがて新旧教徒の対立は激化し、フランスの聖バーソロミューの虐殺はもとより、英国では清教徒革命が勃発し、欧州大陸では30年戦争が勃発している。

　清教徒革命がなければ名誉革命もなく、ジョン・ロックの市民自治の思想も生まれなかったであろうし、啓蒙思想も生まれなかったであろう。また、その後に続いたフランス革命もロシア革命もなかったかもしれない。さらには、清教徒を米大陸へ運んだメイフラワー号もなかったであろうし、宗教的に峻厳な今日の米国社会もなかったであろう。もっと言えば、30年戦争がなかったら、ウェストファリア型の国際社会は生まれなかったかもしれない。宗教改革の衝撃が、後の世界史に与えた影響は、広く、深い。

　14世紀、ダンテから始まったとされるイタリアのギリシャ・ローマの文芸復興は、宗教改革によって知的に覚醒した北西部欧州のゲルマン系の人々の、知的渇望を満たす絶好の材料を提供した。1000年近くにわたって、カトリック教義の狭い知的空間に封じ込められていた彼らの知性を羽ばたかせるには、カトリック僧の知的空間に匹敵するほどの、広大で自由な精神空間が必要であったからである。

　彼らにとってのギリシャ・ローマの古典は、日本人にとっての漢籍に匹敵するほど、十分な深みと幅があった。実際、エラスムスの『愚神礼讃』など、当時の知識人の書いたものを読むと、おびただしいギリシャ・ローマの古典が引用されている。カトリックの権威に盾突く以上、彼らはギリシャ・ローマの古典で理論武装する必要があったのであろう。

　イタリア・ルネサンスの花開く様子は、メディチ家の財宝を集めたフィレンツェのウフィッツィ美術館を訪れるとよくわかる。ロシアのイコンを思わせるような12世紀、13世紀の陰鬱な宗教画の後に、突然、クラナッハの「アダムとイブ」が出る。クラナッハの描くアダムとイブは、自然な人間に近く、美しく官能的であり、宗教画という狭い枠の中で芸術性の限界に挑戦しているように見える。ボッティチェリになると、女性そ

れ自体の美しさを正面から認めた美の極致のような絵画に至る。「プリマヴェーラ」や「ヴィーナスの誕生」である。

　これらの芸術作品は、少し前であれば淫らで反宗教的と弾劾されていたであろう。実際、ワーグナーの「タンホイザー」に出てくるヴィーナスは森の奥に棲む魔女として描かれている。中世ドイツでギリシャ神話がどう扱われているかがわかるであろう。ウフィッツィの絵画を順に見ていくと、当時のイタリア人の人間性が他の欧州諸国に先駆けて花開く様子が手に取るようにわかる。

　アルプス山脈を北へ越えたルネサンスは、北西部欧州のゲルマン諸族の精神的成熟を一気に加速させた。オランダには、先に述べたエラスムスが出た。英国には、カンタベリー物語のチョーサーや戯曲の天才であるシェイクスピアが現れ、フランスでは、ラブレーが『ガルガンチュワ物語』を記した。みな、初めて水遊びに興じる子供のように、自由な精神を羽ばたかせ、しかめ面のカトリック僧を笑い飛ばしている。いずれも、豊富なギリシャ・ローマの古典の引用が見られるのが、その特色である。宗教改革者が聖書を武器にカトリック教会を指弾したとすれば、ルネサンスの文芸家は、ギリシャ・ローマの古典を武器に、自由な批判精神をもってカトリック教会を笑い飛ばそうとしたのであろう。

　このキリスト教とギリシャ・ローマ文芸の二つを糧として持つ欧州精神文明は、強靭な生命力を持っている。キリスト教は、砂漠に生まれた峻厳な一神教を背景としている。他方で、ギリシャ・ローマの文芸は人間の精神を自由に解放する。もともと４世紀のコンスタンチヌス帝によるキリスト教改宗で、両者は深くかかわり合っていくことになるが、一神教の厳しいカテキズムの下で神に深く帰依しようとする心と、哲学的に批判精神を自由に羽ばたかせたいという欲求は、往々にして相容れない。

　特に、長いラテン化、カトリック化による宗教色の強い精神史を経て、一気にルネサンスで精神的に開花したゲルマン系の北西部欧州人の場合には、そのアンビバレントな精神状況がもたらす緊張感が根強い。宗教と哲学の対峙と言ってもよいし、聖と俗の対立と言ってもよい。この緊

張感が、彼らの精神を活性化させる独特な力となっている。

宗教改革、ルネサンスから、近代欧州の世界覇権までの距離は短い。わずか数百年のことである。日本では、ちょうど信長や秀吉の活躍した安土桃山時代から、徳川時代の末期に相当する期間である。徳川幕府と同時代の大帝国は、清朝、ムガール帝国（インド）、オスマン帝国、サファヴィー朝イランである。これらの大帝国を、わずか数百年の間に、英国、フランス、ドイツ、ロシア、米国が抜き去っていくのである。

鎖国前の日本には、反宗教改革で活性化したカトリックの伝道師や鉄砲の商人が往来しはじめていた。当時の日本人は、知的覚醒と世界雄飛が始まった直後の欧州人を見たわけである。その頃の欧州は、決して世界を制覇できるほど軍事力と経済力を持った欧州ではないし、また倫理的に成熟した欧州でもない。世界に目を開いたばかりの「やんちゃな欧州」だったのである。欧州諸国、特に北西部のゲルマン系諸国（英仏独など）は、この後、500年で世界覇権を達成する。逆に日本は、欧州人が世界に雄飛しはじめた頃に、鎖国政策を取った。そのため、啓蒙思想、科学思想、産業革命と奔流のようにあふれ出てきた欧州諸国の新しい動きに大きく後れを取ることになった。つまり、世界史のエンジンとなりつつあった近代欧州から、切り離されたのである。鎖国によって失ったものの大きさがわかるであろう。日本を含むアジア諸国が決定的に優位を失う時期は、特に19世紀、すなわち産業革命以降の100年間であった。

19世紀以降、圧倒的な欧米勢力の力によって、今日の国際社会の倫理的輪郭が定まっていく。それはまた、後に見ることにしよう。

「啓蒙思想」の登場

ゲルマン系の北西部欧州諸国が人類になした政治思想上の貢献は、「啓蒙思想」を生んだことである。それが、今日のほとんどの政治制度の基盤を成しているからである。最も重要なのは、市民自治を唱えた英国のジョン・ロックである。「第1講　人間社会を認識するモデル」の中で、思想の急進性との関連でも述べたことであるが、ロックは、名誉革命によってもたらされた混乱した英国政治を安定させるために、「なぜ、議

会が国王に優越するか」ということを論証しなければならなかったのである。

　ロックの活躍した17世紀の英国では、清教徒革命以降に政治が混乱していた。日本では、徳川幕府が立ち上がる頃である。当時英国では、宗教改革のうねりの中で、ヘンリー8世の国教会創設があり、清教徒革命があり、それに対する反革命が生じ、ついに名誉革命によって頑迷なジェームズ2世を追放して大陸からオランダのオレニエ公を迎えるという事態に発展した。英国貴族議会は、王位に就けたとはいえかつての宿敵であるオランダ領主を兼ねた新英国国王の権限に厳しい制約を課し、マグナ・カルタを作成した。今日から見れば、民主主義の奔りであるが、当時の常識からすれば下剋上もいいところである。

　当時、ローマ法権のしばりを脱した欧州の国王たちは、封建領主として絶対王政に向かっていた。王権神授説のようなものを持ち出して権力を正当化しようとするのは、古今東西同じ現象である。そのような風潮の中での、辺境の英国貴族による下剋上は常識の外側にあった。日本で言えば、平清盛の横暴のようなものである。そこで、なぜ家臣である貴族の合議体が王権をしばることができるのか、という点を論証しようとしたのがロックである。

　ロックの『市民政府論』（あるいは全訳の『統治二論』、共に岩波文庫）は、日本では3代将軍・徳川家光の頃に書かれた本で、今読んでも新しい。ロックは、人間には自ら平和で幸福な社会を作る能力があり、その社会を守るために統率者(リーダー)に権力が委ねられているのであって、統率者に初めから支配の正統性があるわけではなく、その権力は信託されているにすぎないという考え方を編み出した。

　このような考え方に立てば、貴族の合議体（議会）が国民の一般意思を代表し、王権はこれを執行するのが仕事であるということになる。こうして立法府と執行府を分けるという考え方が生まれ、立法府が行政府に優越するという考え方が確立したのである。

　既述のことだが、このロックの思想は、民意は天意であり、民意を失えば、天命を失って、皇帝は斃され、王朝が交代するという孟子の思想

と同根である。

　このような考え方は、ロックの想像力が生んだユートピア論ではない。当時の英国政治の混乱と収拾にかかわる辛い経験から生まれたものである。その裏には、英国政治の現実がある。ところが、このロックの考え方が、専制政治全盛の欧州大陸に渡って急進化するのである。18世紀になると、ルソーの『社会契約論』や、モンテスキューの『法の精神』が出る。

　18世紀のヨーロッパは、不思議なコスモポリタン空間であった。ウェストファリア体制が固まっていく中で、徐々に民族国家がかたちを整え、今日の欧州地図に残る国々の輪郭が固まっていく頃である。産業国家の登場や民族主義の噴出、そして近代的「国民」の誕生は、まだ先のことである。18世紀には、全欧に広がったイタリア・ルネサンスが、陰鬱な1000年のカトリック支配に代わり、溌剌とした創造的な文化を生みはじめていた。ルネサンスによって花咲いたコスモポリタンな文化の流行が、王族、貴族を中心として西欧諸国に文化的一体感を持たせていたのである。

　またこの頃には、宗教改革がもたらした凄惨な対立の記憶も癒えはじめていた。むしろ、ビザンチン帝国が滅亡して東地中海地方の凋落が決定的になり、ビザンチン帝国に代わって興隆したオスマン帝国がバルカン半島からウィーンへと北上する勢いを見せていた頃である。西欧には、新旧教徒の争いを超えて、同じキリスト教世界の一員という意識が浸透しはじめていたはずである。

　このコスモポリタンな知的雰囲気の中で、ルソーやモンテスキュー、ヴォルテールたちが活躍していたわけである。ルソーの『社会契約論』は、啓蒙思想を急進化させる契機を含んでいた。彼は、社会構成員の選択と同意によって、社会は運営されねばならないと定式化したからである。人間社会のすべてを知的に再構成できるという考え方は、人智に対する過信があり、無理があるのであるが、当時の西欧人を熱狂させた。やがて18世紀の末には、バスティーユ襲撃により始まったフランス革命で、ブルボン家の専制政治が崩壊する。フランス革命の衝撃は大きかった。

フランス革命を輸出しようとしたナポレオンが敗退し、君主制の国々が集まる反動的な神聖同盟によって19世紀中葉の国際政治が運営されるようになるが、民主主義こそが正統な政治体制であるという考え方は、地下水脈のように欧州大陸全体に広く深く浸透していった。また18世紀の末には、啓蒙思想を理論的支柱としたアメリカ合衆国が、英国王権のくびきを外して独立したことも忘れてはならない。

　なお、「人間社会のすべてを知的に再構成できる」という考え方は、強烈な魅力を秘めていると同時に、致命的な知的傲慢さを生み得ることを改めて指摘しておこう。経験則から切り離され、自らの内奥にある良心の声を聞かず、知性だけによって社会を構築することはできないのである。なぜなら私たちは、文明を知る以前から本能によって社会を作っているからである。本能とは、種としての生存本能であり、その輝きが良心である。その光を失った急進思想は、闇を啓く思想ではなく、闇の思想となる危険がある。急進的政治社会思想の怖さはそこにある。

　実際、資本主義の成熟を待たずに、頭だけで考えて共産主義社会を実現しようとしたレーニン、スターリン、毛沢東やポル・ポトの改革には、多くの犠牲者を伴った。ポル・ポトに至っては、社会を作り直すために、知識階層の抹殺さえ考えたのである。

「国際法」の発展

　以上、ゲルマン系の北西部欧州人を中心に、彼らの倫理的成熟をたどってきた。それは、主として宗教的覚醒（宗教改革）、哲学的覚醒（ルネサンス）、政治的覚醒（啓蒙思想）についてであり、すべて内政上の問題であった。それでは国際社会を、彼らはどのように見ていたのであろうか。また、キリスト教政界と、非キリスト教世界をどのように区別して見ていたのであろうか。

　冒頭に述べたように、ゲルマン諸族は、フン族に押され、大民族移動によって北西部欧州になだれ込んできた人々である。もとより彼らが来襲する以前に住んでいたケルト系の人々は、家を建て家畜を飼い、身を装飾品で飾る高度な水準にあったが、相当に野蛮な方法で自分たちの土

地から追い立てられたはずである。ケルト人は、書き文字を持たなかった。もし持っていれば、ゲルマン族の侵入の悲惨さが悲歌となって長く伝えられたに違いない。当時のゲルマン人は蛮族の侵略者であり、彼らにローマ人のような万民法といった考え方があろうはずもない。

　ゲルマン人が、国際社会にも法があるはずだという考えに至ったのは、彼らの知的爆発とも言うべき宗教改革、ルネサンスを経て間もない頃である。17世紀初頭のウェストファリア体制が固まりはじめた頃は、大航海時代の雄であるポルトガルとスペインが凋落しはじめ、英国とオランダが海上覇権を争っていた。そこでオランダを中心に、国際社会にも法があるはずだという主張がなされはじめる。現代につながる国際法の始まりである。

　人間社会には必ず「法の支配」があるという考え方は、あらゆる文明に見られる考え方である。ここで言う法とは、何度も言うように、形式的な成文の法律（実定法）ではない。人は自ら平和に幸福に生きていく力があり、倫理的な社会を構築する力があるのである。その力が言葉に転じて規範性を帯びるのである。それが「法」である。「天意」と呼んでもよい。ロックは、権力は絶対ではなく、法の下にあるという認識から啓蒙思想を開いた。

　同じように国際社会にも法があるとして、国際法の地平を切り開いたのがグロチウスである。ロックと同じ17世紀の人であり、日本では徳川時代の初期に当たる。グロチウスは、スコラ哲学の遺産を継ぎながら精神的には宗教革命とルネサンスの洗礼を受け、またローマ法権の凋落と絶対王政の登場という政治的現実の中で、自然法や万民法の議論を組み合わせて、国境を越えて人間をしばる法があるということを懸命に論証しようとしたのである。国際法におけるグロチウスの思想的位置は、啓蒙思想におけるロックに匹敵する。

　近代国際法の機能は、欧州諸王国間の利害調整にあった。典型的な議論は、海洋の自由をめぐる議論である。英国もオランダも、ポルトガルとスペインを駆逐した後、海洋貿易によって巨富を築くことによって国の礎を建てることに成功した国々である。海洋は自由かという議論は、

漁業権やインド洋貿易の実利とからんだ深刻な議論であった。

16世紀中葉の、教皇アレクサンドル6世の権威をかさにきたポルトガルとスペインが結んだトリデシリャス条約は、世界の大洋を両国で二分するというものであったが、西葡両国の凋落や宗教革命による法権の決定的凋落もあって、17世紀には誰もまじめに相手にしなかった。

17世紀の海は、英蘭両雄による対決の時代であった。オランダのグロチウスは、海洋の自由を主張して『自由海論』を著し、対する英国のセルデンは、閉鎖海論を主張して広大な海洋に英国の権限を押し広げようとした。こうした英蘭の動きから、今日の海洋法につながる領海制度と公海の自由が確立していく。

グロチウスのもう一つの大きな貢献は、「戦争と平和の法」である。国家を超えても人間は一定の倫理的秩序の下に立ち得るという考えは、紀元前3世紀に中国戦国時代を生きた孟子の「天道」と同根の思想である。ここから正戦論（just war）という考え方が出てくる。「大義なき戦争は悪である」や「国家間においても、裸の暴力は悪である」という考え方である。このような法思想をユス・アド・ベラム（jus ad bellum）と言う。カトリック教会の統一的権威が崩れ絶対王政が林立しはじめたアルプスの北側で、このような法的確信を論理づけようとする試みは、グロチウスが初めてである。

日本でも室町戦国時代が終わった後に、徳川家の剣術師範を務めた柳生宗矩が兵法家伝書の中で、活人剣と殺人剣という考え方を披露している。剣は、そもそも殺人の道具にすぎないが、100人を殺す悪人を一人斬り殺せば、100人が救われるのであるから活人剣であるというものである。これはグロチウスと同じ発想だと言ってよい。中国では孟子が、すでに2300年前から、戦争は仁政のための「義戦」でなくてはならないと考えていた。

グロチウスの正戦論は、絶対王政の林立したウェストファリア体制の下で力を失い、紀元前の中国で「春秋に義戦なし」（「春秋無義戦」孟子・尽心章句）と言われたのと同様に、大義なき戦争の時代が欧州を飲み込むことになる。「無差別戦争」と呼ばれる時代である。

人類は、やがて20世紀の産業機械を用いた大量殺戮と、「国民」国家化した国々の総動員による全体戦争へと突き進んでいく。人類は、グロチウスの描いた世界とは逆の方向に突き進み、やがて20世紀前半には、大量殺戮の時代を経験するのである。この点については、次講でも触れることにしよう。なお、グロチウスについては、『グロティウス』（柳原正治著、清水書院）を参照してほしい。

15世紀および16世紀における東アジアの国際秩序

余談になるが、17世紀以降の東アジアでは、ウェストファリア体制のような体制は実現せず、対等な主権国家間に適用される法という考え方は発展しなかった。漢民族の中国であれ北方騎馬民族が征服した中国であれ、中国があまりに大きすぎ、また文明的に優越していたからである。

14世紀には元を滅ぼした江南の明が久々の漢民族王朝として成立するが、明が考え出した国際秩序は、中国を頂点とし周辺に蛮族が割拠するという華夷秩序であった。ここでは、原子論的なウェストファリア型と異なり、中国を頂点とするピラミッド型の秩序が構想されている。そこには、元の時代にクビライから、モンゴル人、色目人（イラン人など）、漢民族、南方アジア人という順番で身分を押しつけられ、差別を受けてきた漢民族の強い反発と自尊心がうかがわれる。

しかし明は、常に長城の北方を騎馬民族に脅かされており、また総兵力50万と言われた豊臣秀吉の天下統一によって東に強力な統一日本が成立したために、軍事力をもって周辺国家に華夷秩序を強要することはできなかった。豊富な先進物品を梃子に、交易に際して形式的な朝貢を要求するのが精一杯だったのである。

日本は、この華夷秩序の外側に立ち続けた。日本は、隋唐宋時代には中国から大きな影響を受けたが、元寇の際には元と戦火を交えた。日本人にとっての元は、北方の騎馬民族が支配する異質な中国であった。こうして元寇を押し返した日本人は、華夷秩序の外側に立ったのである。明の時代には、足利氏が交易で富を築き、安土桃山時代には中国風の文物がもてはやされるが、満州族の侵入によって立ち上がった清朝に対し

ては、日本はまた元と同じ「夷の中国」と見た。

　このような経緯は朝鮮半島も同じであるが、中国と陸上国境で接し、高麗時代に元に蹂躙される悲劇を経験した朝鮮半島の人々は、清に対しても外交的に上手に接することが必要であった。彼らは当初、清を夷の中国と見て、李氏朝鮮こそ中華文明の新中心であると考えた。これはロマノフ王朝がビザンチン帝国滅亡後、東ローマの正嫡であると名乗ったのと似ている。しかし、李氏朝鮮にとって、明を飲み下した清は強大であり、最終的には清を頂点とする華夷秩序を受容せざるを得なかった。この点は、日韓両国が大きく異なる点である。また朝鮮半島では、儒学の浸透が日本とは比較にならないほど進んでいる。朝鮮半島では、中国と同様に科挙が実施され、儒学は支配の学問であったことに注意が必要である。儒学に疎い者は、支配者として低級と考えられていたのである。この華夷秩序の受容の有無と儒教の浸透程度の差が、明治維新後、中国、李氏朝鮮と対等な関係を求めようとする日本と、日本を華夷秩序の周辺国とみなした李氏朝鮮との間で、深刻な外交的軋轢を生む原因となった。

非キリスト教世界との接触

　ここで、ゲルマン系北西部欧州人が非キリスト教世界をどう認識していったかを考えておこう。彼らは、国内政治の次元では啓蒙思想を発展させ、また国際政治の次元では国際法を発展させ、それが今日の国際社会に大きな影響を与えているということはすでに説明した。しかし、人間の尊厳も基本的人権も国際法も、その適用があると考えられたのは、キリスト教世界にかぎられていた。

　19世紀までの欧米世界で、アジア、アフリカの人々に欧州人と同じ基本的人権があると唱えた人は、ほとんどいない。アジア、アフリカの国々が独立し、人種差別が批判され、米国に公民権運動が起き、また南アフリカのアパルトヘイトが撤廃されるのは、20世紀に入ってからのことである。19世紀には、欧州諸国と新たに独立を達成したキリスト教国の新大陸国家以外に、国際法の支配に服する国が存在するとは考えられていなかった。人類社会というような共同体意識は、当時は存在しなかった

のである。

　それでは、近代欧州として覇を唱えたゲルマン系の北西部欧州諸国が、そもそもどのようにして世界認識を拡大していったかを考えてみよう。人類社会という共同体意識を持つ前の彼らは、非キリスト教世界をどのように認識していたのであろうか。

　西ローマ帝国滅亡後、地中海世界の中心は常に東側にあった。十字軍を通じて北西部の欧州人が見た世界は、絢爛たるビザンチン帝国や、地中海東岸および北アフリカで東ローマ帝国の遺産を受け継いだ高度なイスラム文明であった。彼らは、イスラム世界の文明水準の高さに圧倒されると同時に、同じ砂漠で生まれた一神教であるイスラム世界に対しての強い対抗心を燃やしたのである。

　地中海世界の重心が西側に移りはじめるのは、15世紀以降である。忘れてはならないのは、16世紀以降、ポルトガル、スペイン、オランダ、英国、フランスが、大西洋の荒波に飛び出して地球的規模で航海し、新大陸に到達し、アジア貿易に参入したことである。

　ところで、彼らはこの時代を「発見」の時代と呼んだ。「発見」というのは、おこがましい。アルプス以北の欧州人が文明化する以前、アジアには、中国、インド、ペルシャなど、数千年にわたって高度な文明が花開いていた。少し遅れるが、隋唐宋の中国王朝を追いかけた日本や韓国もそうである。その中には、突出して巨大な世界帝国を築いたものもある。

　特にモンゴル帝国は、ユーラシア大陸を軍事力で突き通して、シルクロードの長大な交易圏を創出した。モンゴル人はすでに13世紀以前に、東アジアから欧州西端を含む「混一疆理歴代国都之図」を作成していた。これは、世界史上初めての世界地図である。それ以前に世界地図が存在しなかったのは、世界を制覇した帝国がなかったからである。当然ながら、アジアが欧州を先に「発見」している。同時期の欧州には、「カタルーニャ地図」という世界地図があるが、これも陸路であるシルクロードの交易から得られた知識を書き込んだものである。世界史の颪は、15世紀以前は、明らかに東から西へ吹いていたのである。アジアから見れば、

これまで世界の辺境にあったゲルマン系の欧州諸国が、初めて世界史のメイン・ストリームに「参入」したにすぎない(『モンゴル帝国と長いその後』杉山正明、講談社を参照)。

話を欧州の「発見」に戻そう。19世紀に成立する近代欧州の世界覇権を考えるにあたって、16世紀以降に始まった世界的規模での海洋貿易の重要性を忘れてはならない。近代欧州の覇権を準備したのは、18世紀末に英国で始まった産業革命だけではない。産業革命の前に、海洋貿易による巨大な資本の蓄積があった。大西洋に面した欧州諸国は、争って世界貿易に乗り出したのである。それが、英国のロンドンやオランダのアムステルダムをヨーロッパの金融センターに押し上げた。アムステルダムは、誰も住んでいなかった湿った荒地から、一気に繁栄の中心に躍り出たのである。

この海洋貿易が、北西部欧州人の世界認識を大きく変容させた。彼らは、「発見」したイスラム世界の向こうにある非キリスト教世界をどう見たであろうか。どう接したであろうか。

当時の彼らの世界認識は、高度に発展していたイスラム世界の向こう側にキリスト教の楽園があるという幻想に近いものであった。「プレスター・ジョン」の楽園である。中世の欧州では、プレスター・ジョンはキリストの生誕に現れた東方の三賢人の子孫で、かつインド王であり、サラセン軍を背後から突いて十字軍を窮地から救い出すと信じられていたのである(『西洋中世奇譚集成』池上俊一訳、講談社学術文庫)。

ちなみに、大航海時代前のヨーロッパ人にとって、理解されていた地理的空間は非常に狭く、インドとは、アジアと同じく非欧州というような漠然とした概念でしかない。

しかし彼らが発見したものは、アジアのキリスト教国ではなかった。そんなものは、幻想の中にしか存在しなかったのである。実際には彼らは、新大陸でふんだんに貴金属を保持しているインカ帝国に遭遇し、アジアでは中国やインドの豊かな物質文明とスパイスの実る東南アジアの島々を「発見」したのである。

スペインとポルトガルの新大陸やアジア貿易への参入は、暴力的乱入

に近いものであった。もちろん、宗教改革の衝撃で活性化したカトリック教会がキリスト教布教に力を入れ、日本にもジェズイット教団のフランシスコ・ザビエルが訪れたりしたが、こうした伝道の使命に燃える宣教師の教化努力とは対照的に、世俗の利益に目を覚ました西欧人が、アジアや新大陸で行った略奪行為や海賊行為には、一部目を覆うものがあったことは否定できない。

彼らの貿易パターンは、アジア貿易で買いつけた絹、胡椒、綿を欧州で売りさばき、巨利を上げるというものである。当時の北西部欧州は寒冷なため、世界経済の中でも農業生産力の小さい地域であり、食糧が割高となることから労賃も割高で、物価高であった。したがって彼らには、アジアの豊富な物資と交換する物がなかった。彼らが持っていた有力な商品と言えば、鉄砲のような武器だけであったのである。

彼らの資金力を補ったのが、新大陸から強奪した貴金属である。インカ帝国を滅亡させて強奪した金銀が、スペインやポルトガルの貿易の原資となっているのである。やがて彼らはアフリカの人間に目をつけて、奴隷貿易さえ始める。アフリカで武器と交換して奴隷を購入し、奴隷を新大陸で売りさばいて、砂糖などの新大陸物品を購入し、それを本国で売りさばくという三角貿易の手法が使われたのである。

このスペインとポルトガルを駆逐して、海洋の覇権を握ったのが英国とオランダである。彼らはやがて東インド会社を設立し、東インド会社を通じた支配がインドや東南アジア諸国に根を下ろしはじめる。こうして英国やオランダが、海上貿易の巨利を蓄え、欧州の金融センターとしての地位を固めていくのである。やがて大陸国家であるフランスも、これに参入する。

英国、オランダ、フランスは、啓蒙思想、国際法、自然科学など多くの分野で巨大な足跡を残したが、彼らが欧州の外側にある文明世界に出てきた時の作法は、決して賞賛に値するものではなかった。キリスト教世界と非キリスト教世界との間に共通の法があるとか、あるいは人類には宗教や政治を超えた普遍的で共通の倫理的基盤や人道的基盤があるというところまでは、彼らの倫理意識がまだ拡大されていなかったのであ

る。特にスペインやポルトガルは、欧州の一番手として世界に雄飛した際には乱暴狼藉のかぎりを尽くしている。

　もとより、彼らの言う法の支配の及ぶ範囲がキリスト教国にかぎられていたことを、排他的であるとして非難することはできない。イスラム教徒は、イスラム帝国の黄金時代にイスラム教徒の世界だけが文明世界と思っていたし、日本人だって朝鮮、唐（中国）、天竺という大乗仏教圏以外に文明世界があるとは思っていなかった。だからオランダ人を「南蛮人」と呼んで軽侮したのである（以上の東インド会社と欧州諸国のアジア進出の経緯については、『東インド会社とアジアの海』羽田正、講談社を参照）。

　ただし、どこまでを文明圏として認めるかという問題と、インカ帝国における虐殺のような非人道行為を認めるということは、まったくの別問題である。虐殺や略奪のような行為は、文明圏の内外を問わず、認められるものではない。それは、人間の根源的な良心に反するからである。侵してはならない人道の原点があるはずだからである。

第10講 国際社会の倫理的成熟（2）
19世紀以後の倫理の退潮と再生

19世紀は「光の世紀」か

　第9講では、フン族に追われて西進した末に西ローマ帝国を滅ぼしたゲルマン諸族が、宗教改革、ルネサンスを経て、内政面では啓蒙思想へ、外政面では国際法へと、政治的・倫理的思考を発展させていく様子を概観した。また、大航海時代に海外に雄飛した彼らが、非キリスト教世界とどのように接したかを見た。

　本講では、農業国家から工業国家へ、また民族国家から近代的な「国民」国家へと変貌を遂げ、近代欧州の覇権を打ち立てた彼らが、噴き出すナショナリズムや過酷な権力闘争や植民地化の時代を経て、どのようにして今日の国際社会の法規範や諸制度を構築していったかを見てみよう。

　このことを追体験することは重要である。なぜなら私たち日本人は、圧倒的な国力を持っていた彼らの地球制覇と、倫理的成熟の過程に巻き込まれたからである。そして日本は、その過程の中で、早熟とも言えるほどの西欧化の経験をしたからである。近代欧州の政治的・倫理的ルーツを確認することは、実は近代以降の日本自身のルーツを探すことにもつながる。

　遠い外国に自分のルーツの一端を探し求めるのは、日本人にとって初めての経験ではない。例えば、日本人が6世紀に仏教を受容して以来インドは、はるかに遠い国であるにもかかわらず、私たちの精神世界の一部となった。近代以降、インドへの旅行が容易になってから、何人の日本人が今も沙羅の木が生い茂るクシナガラの地（釈尊入滅の聖跡）を訪れただろう。同じように、明治以降、日本に流入した近代欧州の思想や文化は、私たちのアイデンティティの一部となっている。だから日本人

は、異国の父を追い慕うようにして、今も欧州の各所に旅行したがるのであろう。

　さて、人類史に大転回をもたらし、近代欧州の世界覇権を実現した19世紀をどう見るかは難問である。19世紀に世界をリードした北西部欧州諸国の側に立って見てみよう。彼らから見れば、自分たちの人類史への貢献は、産業革命による科学文明・物質文明の創造と、自由主義、社会主義、共産主義といった政治思想の創出ということになるのではないか。

　確かに、自然科学の発達、工業化による生活水準の劇的な改善、自由と民主主義の伝搬、社会主義の登場などを見れば、近代欧州諸国が人類をリードし、人類の歴史に大きな貢献をなしたことは事実である。フランス人が19世紀を「光の世紀」と呼ぶ所以である。しかし、果たしてそうだろうか。一概にそうとは言えない面もある。

　近代欧州の覇権は、アジアやアフリカの国々から見れば、欧州人が、「文明の伝搬」という思い上がった独善的、偽善的な使命を掲げて彼らの主権を奪い、その権利を蹂躙し、彼らの資源を収奪した時代だと考えるであろう。それは、「光の世紀」ではなく、「闇の世紀」だったと言うはずである。アジア、アフリカの国々から見れば、欧州の専制君主による啓蒙思想の普及時代を経て産業時代に移り変わる中で、まずブルジョワ階級が登場し、政治的自由主義、民主主義が広まった後に、労働者階級の登場により社会主義・共産主義が生まれ、その後独立した多くのアジア、アフリカの国々が欧州諸国の後を追って近代化したという、人類の単線的な進歩を描く歴史観など、とうてい受け入れがたいものであろう。

　確かに、それはあまりに一面的である。19世紀は、帝国主義時代と言われるように、国家の獣性がむき出しになった権力闘争の時代でもある。多くのアジアやアフリカの民が主権を奪われ、貶められた時代でもある。良心の紡ぎ出す思想の力は万能ではない。国家という人間集団の持つ動物的本能に圧倒されることがしばしばある。啓蒙思想の光は、欧州大陸と南北新大陸にしか届かなかったのである。多くのアジアやアフリカの民は、「光の世紀」の光が届かない影の下に押し込められたのである。この点を、かろうじて光の中に抜け出した日本は、よく考えなくてはな

らない。

　本講では、まず第9講で見たグロチウスの国際法がいったん後景に退いて、欧州列強が骨肉相食む争いを繰り広げ、帝国主義時代と言われるように、勢いにまかせて、彼らがアジア、アフリカの分割支配を図り、地球を制覇していく様子を見よう。その際、なぜ欧州諸国がこのような圧倒的な国力を持ったのかということも考えてみよう。それは、彼らが産業国家となり、「国民」国家となったからである。産業国家になる、あるいは「国民」国家になるということは、一体何を意味するのだろう。そうした点もあわせて考えてみよう。

　19世紀の末になると、人類の心に倫理の光が戻りはじめ、国家間の暴力を否定し、それを規制しようとする思潮が出てくる。スイスに赤十字社が創設され、国際人道法の発展を見る。その後、第1次、第2次の世界大戦という狂気のような大量殺戮を経て、集団安全保障という制度が次第に牢固となっていく。本講では、その変遷も簡単に眺めてみることにしよう。

　次に、第9講で見たロックやルソーの啓蒙思想が、地球的規模でどう展開していったかを見てみよう。啓蒙思想が生んだ最も鋭い言葉は、「自由と平等」である。「自由と平等」のスローガンは、人々の政治意識を活性化し、良心を呼び覚ます。それは、王権や貴族といった特権階級に対する有産階級の反発を呼び覚まし、次に有産階級に搾取されていた貧しい都市労働者の反発を呼び覚ました。そしてその後、主権そのものを奪われ、平等な人間として扱われることすら拒否されたアジアやアフリカの民の独立闘争を呼び覚ましたのである。この言葉のお陰で、今なお独立を果たしたアジアやアフリカの国々の中で、目覚めた市民が独裁政府に人権を守るように求めている。このように啓蒙思想の広がりは、欧州を軸にして地球的規模で波状的に広がり、次々と正当な抵抗者を呼び覚ましていったのである。この講では、その様子も概観してみよう。

「乱の時代」の始まりと国際倫理の退潮

　さて、それではまず、19世紀以降、国際法が退潮して暴力が是認され、

欧州諸国が域外の日米を巻き込んで２度の大戦へ突入する様子を見てみよう。この時代の権力政治的側面は、第３講で日本の国益を安全保障の視点から見た際に、詳しく説明した。ここでは、同じ時代を倫理的側面から眺めてみよう。

この200年くらいの間に国際政治を取り仕切ったのは、産業国家となり、「国民」国家となった、英国、フランス、米国、ドイツ、イタリア、日本、ロシアといった国々である。これらの国々は、清朝、ムガール帝国、サファヴィー朝イラン、オスマン帝国といったかつての地域帝国の国力を抜き、人類の歴史の中で初めて全地球の分割支配に乗り出した。19世紀のことである。帝国主義時代の幕開けである。

生まれ変わったばかりの近代国家、すなわち産業国家兼「国民」国家は、良心というよりも、もっと原初的な生存本能をむき出しにして、次々と熾烈な権力闘争に飛び込んでいった。それと同時に国際法が、国際政治の表面から消えていく。国家の絶対的意思が、国際法という上位概念を拒否しはじめたのである。国家の意思の発露である合意だけが国家を拘束する、という極端な法実証主義が出てくる。また啓蒙思想は、アジア、アフリカの民を無視したままであった。孟子の言う「天下無道」の時代が、突如、幕を開けたのである。

19世紀の後半は、近代欧州国家という新しい権力主体の登場により、地球的規模における秩序が流動化し、むき出しの権力闘争時代が到来した。そのため19世紀中葉には、国家間関係において倫理が大きく後退してしまった。孟子の言う「小徳が大徳に仕え、小賢が大賢に仕える」「天下有道」の時代から「小が大に仕え、弱が強に仕える」「天下無道」の時代へと暗転したのである。数百年に一度、秩序が大きく入れ替わる際に、必ず出てくる「乱の時代」である。

欧州大陸の中では、ジャングルの掟が支配するようになった。工業化した「国民」国家が、欧州を中心とした新しい世界秩序の中で覇を唱えようと、骨肉の争いを始めたのである。最高権力者の意思として、国家の暴力が解放される。台風の目となったのは、最初に強烈な「国民」国家となったフランスのナポレオンによる革命輸出戦争であり、次いで19

世紀後半に統一を果たし、強い民族的エネルギーの盛り上がりを見せたドイツであった。スラブ民族の民族意識の高揚が、これを追いかける。

しかし同時に、戦場はますます悲惨さの度合いを強めていた。工業化の進展につれ、戦場には産業機械が持ち込まれ、「国民」国家化した国内では、総動員令が発せられる。現在からは想像もできないほど、巨大な軍隊があちこちに誕生した。戦争の規模も、民間人の戦争被害も桁外れに大きくなっていったのである。

近代化の波に乗った日本も、日清戦争、日露戦争、太平洋戦争へと進んでいく。日本の戦争は、欧州正面と同様に、どんどん悲惨になっていった。これらの戦争で生じた、戦死者の数を比べてみればよい。万の単位から、一気に100万の単位へと増えていることがわかる。工業化と「国民」国家化が戦争をどう変えていったかがわかるであろう。第2次世界大戦では、軍民双方で300万人の犠牲者を出し、また東京大空襲、広島と長崎への原爆投下、沖縄地上戦では、それぞれ日本史上例を見ない10万規模の民間人被害者を経験した。戦争は、19世紀後半から20世紀前半にかけて、一気に悲惨さの度合いを増していったのである。

また、列強（powers）と呼ばれるようになった近代欧州諸国は、欧州大陸の外側で、巨大な国力を背景に地球の分割に向かった。この時、啓蒙思想の観点から、併合や植民地化される国の国民の人権が考慮されただろうか。あるいは国際法の観点から、併合や植民地化される国々の主権が尊重されたであろうか。残念ながら、そのようなことはない。19世紀に独立を果たしていったラテン・アメリカの国々は、キリスト教国として国際法の規律対象とみなされたが、非キリスト教国であったアジア、アフリカの人々は、同じ人間とはみなされなかった。

近代化に先んじたヨーロッパ人は、圧倒的な軍事力と経済力によってアジア、アフリカの人々をねじ伏せたのである。その意味で彼らの勢力拡大は、剣を手にしながらも宗教の力に導かれて一大勢力圏を作ったマホメットの帝国（ウマイヤ朝やアッバース朝）よりも、卓越した軍事力をもって西アジアの広大な地域を制覇したマケドニアのアレキサンダーや巨大なユーラシア大陸全体を武力制圧したチンギス・ハーンに似てい

る。19世紀以降の欧州諸国による世界支配を「近代欧州の覇権」と呼ぶ人もいるが（福井憲彦元東大教授）、まさにそれは力による覇権であって、普遍的な倫理を掲げた王権ではなかった。

　19世紀、英国はインド、イラン、エジプトを取り、フランスはインドシナを取り、オランダはインドネシアを取った。東インド会社は、帝国政府に取って代わられ、アフリカ大陸は、欧州勢によって分割された。ロシアは、広大なユーラシア大陸を駆け下りはじめた。イワン雷帝以来、タタール勢（タタールとは、もともとモンゴル系・トルコ系諸民族を総称するペルシャ語である）を下し、徐々にキプチャック草原の中央にある沿ヴォルガ地方に支配を広げていたロシアが、史上初めて一気に南下しはじめる。ロシアは、19世紀にはタタール勢の支配する中央アジア全域を奪い、峻厳なカフカス山脈を挟んでトルコ、イランという古い大帝国と接するコーカサス地方を支配に収めたのである。

　最後まで欧州勢に屈しなかったオスマン帝国は、第１次世界大戦敗戦の後に解体され、中東のアラブ圏は英仏に委任統治地域として押さえられた。東アジアでは、中国がアヘン戦争と日清戦争の敗戦を経て、欧州列強の餌食になりはじめ、孫文が嘆いたように、19世紀後半以降の中国はほとんど半植民地のような状態を呈していた。非常に短期間に工業化に成功した日本だけが、植民地化の危険を抜け出したことは、奇跡に近いと言える。

　その頃日本は、欧州列強と同じ帝国建設の夢を見た。日清戦争で台湾島を割譲され、日露戦争後南樺太の割譲を受けると、日清、日露戦争の直接、間接の原因となった朝鮮半島を併合する。1930年代に入ると日本は、さらに大陸に目を向け、清が滅亡した辛亥革命を経て、満州国を復興させて日本軍を投入し、アムール河とウスリー河を挟んでソ連（ロシア）軍と対峙することになった。30年代は、地理的に見て、日本の影響力が史上最大の規模に膨らんだ時である。自由貿易の存在しない時代、日本は、大日本帝国を自らの生存圏と考えたのである。

　19世紀の帝国主義時代には、日本も欧州も、覇権を求めることに汲々とし、世界全体にどのような秩序を構築するかという問題を考えてい

余裕などなかった。力の行使が先行し、倫理的思考が鈍麻していた。工業化によっていきなり大きくなった国力に、倫理的な成熟がついていかなかったのである。19世紀の指導者の中には、西郷隆盛のように「大国は小国の面倒を見るものだ」と考える人も、孟子のように「大国は小国に仁を以て接せよ」と教える人も、いなかった。

　国家も、人間と同じように、心よりも体のほうが先に大きくなる時がある。帝国主義時代の列強は、あたかも武田信玄や上杉謙信のごとき戦国武将のように、独立、生存、対等、そして膨張だけが自己目的化し、そのほとんどが、倫理を忘れた権謀術数とたび重なる戦争の遊戯に溺れたのである。天下統一後の世界をどうするかという課題を、真剣に考えた国などなかった。みな、押しなべて覇者であり、王者ではなかったのである。

　国際社会という「天下」にどのような秩序を与え、どのように組織化するか、というグローバルな問題意識が国際政治の正面に出てくるには、20世紀後半の米国を待たねばならない。戦国時代に終止符を打った豊臣秀吉や徳川家康が、戦国武将の中で初めて「日本という天下」を構想したように、2度の世界大戦を圧倒的な国力で鎮めた若き米国は、「地球という天下」を構想する責任を負った史上初めての国であった。米国については、日本の大戦略や日米同盟について述べている第12講、第13講で、改めて考えてみよう。

「文明伝搬の使命」という傲慢

　もとより欧州列強も日本も、「文明の伝搬」という使命を掲げてはいた。しかし、今から振り返ってみれば、工業化はどこの国でも生じ得る現象である。産業革命から100年後にはアジアの日本が工業化を遂げ、それから100年して英仏独をはるかに追い抜く経済規模に成長した。さらに今、次の工業化の波に乗って中国が日本を追い抜こうとしている。

　工業化は、子供の成長に似ている。小学校1年生と大学1年生では、体格も知力もまったく違うが、大人になってしまえば、30歳も40歳もあまり変わらない。先に工業化した国々が、たまたま他国に先んじたこと

だけをもって他国より優越しているということもないし、ましてや他国の主権を奪い、他民族を支配してよいはずがない。彼らにそんな権利はあろうはずがないのである。植民地化を突き動かしたものは、彼らの掲げた啓蒙思想とはまったく相容れない略奪の欲望であった。

産業国家の登場 ── 工業化による世界秩序の変貌

　なぜ、欧州諸国や米国や日本が、これほど巨大な国力を持つことができたのか。その理由は、産業国家化と「国民」国家化に求められる。産業国家化がなければ、もしくは国民国家がなければ、欧州諸国が広大で強大なアジアを席巻することなどあり得なかったであろう。そして、産業国家化と国民国家化は、密接に関係している。

　産業国家は、産業革命の産物である。産業革命の結果については、説明するまでもないであろう。産業革命以降の物質文明の発展は、人類史の中でも未曾有のものであった。特に石炭と蒸気機関の組み合わせから始まった産業機械の登場は、巨大な社会的変化をもたらした。18世紀の末に英国で、炭鉱に溜まる水を汲み出すために、水蒸気を使って動力を生み出す単純な機械が発明された。この発明が世界を変えると誰が思っただろうか。

　産業革命後の欧米諸国の発展は、地球の風景を完全に変えてしまった。エネルギー面では、石炭と蒸気機関、ガス、石油と動燃機関、電気、原子力の登場へと続き、交通手段としても、自動車、飛行機が登場する。工業化は、国力を掛け算で大きくする。英仏独露米日といった国々が、それまでの伝統的なアジアの大帝国の国力をやすやすと追い抜きはじめたのである。

　彼らの工業力は、そのまま軍事力に転化された。ダイナマイトなどの登場で武器の火力はどんどん大きくなり、機関銃が、戦車が、毒ガス兵器が登場し、ついには核爆弾が登場する。また、鉄道の登場により陸軍は大規模な戦略機動が利くようになり、蒸気船の登場で海軍はさらに機動力を上昇させた。20世紀前半には空軍が登場し、20世紀後半には戦略弾道ミサイル軍や宇宙軍が登場する。産業国家とは、産業機械を戦場に

持ち込むことによって大量殺戮が可能となった、強大な軍事国家でもあったのである。幕末の馬関戦争や薩英戦争では、工業化の始まった欧州人に、日本人が関ヶ原時代の大砲をもって挑んだわけである。長州人や薩摩人が、びっくりしたのも無理はない。

ここで、産業革命を支えた自然科学思想の発展について触れておこう。英国では、清教徒革命後の混乱により王権が弱まったのと同時に、国教会創設と清教徒の反乱でカトリック教会の宗教的規律が及ばなくなった。そして、チョーサーやシェイクスピアなどの英国ルネサンスの巨匠たちが、比較的自由な精神的雰囲気を生み出していた。その英国にニュートンが出て、その後に自然科学の太い流れが出てきたのは、決して偶然ではない。ガリレオのように「地球は回っている」と述べただけでカトリック教会から迫害を受けるような社会では、自然科学は発展しない。

実際、旧教徒が強かった国々の科学的発展は遅い。ブルボン家と大陸の覇を競ったハプスブルグ家のオーストリアは、自然科学となると常に英仏の後ろを歩いていたし、ハプスブルグ家が継ぐことになったスペインは急速に没落した。

産業革命後、国際政治の主役が完全に入れ替わる。新しい主役の顔ぶれを見てみよう。まず、英国の卓越した地位が確立していく。ヴィクトリア女王の時代は、エリザベス1世以前にはおよそ国家と言える状態ではなかった英国が、人類史の波頭に立って最も輝いた時代である。これをフランス、ドイツ、イタリア、米国、ロシア、日本が追いかけた。

このうち、ロシアは、宗教改革とルネサンスを経ずに啓蒙思想の流行段階から欧州列強に加わった勢力であり、日本はさらに遅れて産業革命からの参加である。日本は、宗教改革やルネサンスという共通の文明的基盤を持たず、また唯一18世紀の啓蒙思想の発展を知らない国であったが、19世紀中葉に鎖国を終えた瞬間から欧米列強に必死でついていくことになった。日本にとって、欧州勢のリードタイムは、約100年であった。日本が、少なくとも経済規模の面で英独仏に追いつくのは1960年代であり、その遅れをとり戻すのにやはり約100年かかったと言える。

「国民」国家の登場
——近代的「国民」の誕生とナショナリズム

　次に、「国民」国家化である。産業国家が成長していく過程で、近代的な意味での「国民」国家への変貌が生じる。そこから近代的なナショナリズムが噴き出すのである。劇的な例は、ナポレオンのフランスであろう。その後、19世紀から20世紀の世界史を大きく動かしたのは、ドイツ、イタリア、ロシア、そして、日本のナショナリズムであった。

　ナショナリズムは、近代的な現象である。19世紀が幕を開ける前は、コスモポリタンな雰囲気が強く、フランスのポンパドゥール夫人のサロンや、ロシアのエカテリーナ2世のサンクトペテルブルグ宮廷や、プロセインのフリードリッヒ大王の宮廷や、オーストリアのマリア・テレジアの宮廷など、多くの宮廷でルネサンス以降の絵画が賞賛され、哲学者、画家、音楽家が各地の宮廷を訪問し、また啓蒙思想について活発な議論が交わされていた。いわゆる啓蒙専制君主の時代である。

　ところが19世紀に入ると、コスモポリタンな雰囲気は消え去り、民族主義の奔流が始まる。直接の物理的衝撃は、フランス革命を輸出しようとしたナポレオンが、その卓越した軍事的才能で多くの国を蹂躙したことである。蹂躙された国々では、強い民族意識が覚醒した。

　フィヒテの「ドイツ国民に告ぐ」は、ナポレオンによるベルリン占領が契機となった演説である。この時、ドイツは存在していなかった。フィヒテの情熱あふれる演説は、明治維新に2年遅れて、プロセインを核とした統一ドイツ帝国の誕生につながっていく。近代的「国民」が、欧州の各地に誕生していったのである。

　しかし、ナポレオンだけが近代的なナショナリズムの原因ではない。むしろ、ナポレオン時代に生まれた近代的な「国民」と「国民」国家の登場が、その直接的な原因である。

　それでは、近代的な「国民」とは何であろうか。「第2講　国家戦略とは何か」の最後の部分でも触れたが、もう一度考えてみよう。冒頭に述べた通り、近代的「国民」の誕生は、産業社会の登場と切り離すこと

ができない。産業革命は、急激な社会変動を生む。産業国家は、ほとんどが近代的な国民国家に変貌するのである。近代的「国民」国家誕生の瞬間とは、芋虫が蛹にくるまれて変態し、やがて蛹を割り、蝶として生まれ変わる様子に似ている。それは、完全な変容であり、蝶になる前の芋虫が、蛹の中で筋肉と内臓を再統合しなければならないのと同じである。場合によっては激痛が走る。標準語が作られ、国民教育が行き渡り、国軍が創設され、交通が頻繁になり、通信網が発達し、国内の各地を結ぶ。活字メディア、ラジオ、テレビが、広い範囲に画一的な情報をまき散らしはじめる。産業国家の規模は、それまでの農業中心の夜警国家に比べて、政府の規模でも国民経済の規模でも、比較にならないくらい大きい。多くの人々が、村落などの小さな共同体を超えて、新しい国家という巨大な集団を意識しはじめる。

　このあたりから、新しい「国民」という意識が出てくる。その時往々にして、古代の歴史書から掘り出した国家アイデンティティが、新しい近代的アイデンティティとして再生させられる。19世紀の日本でもそうであり、同時期のウクライナもそうであった。フランスでさえナポレオン時代には、パリの女性の間では、古代ローマを思わせるような簡素な布をふわりとまとうのが流行っていた。20世紀のイランは、近代的イラン国民のアイデンティティを求めて、イスラム革命後、シーア派の宗教的伝統に回帰した。近代化の初期における古代回帰の現象は、決して珍しいことではない。

　国民国家への変容は、巨大な社会変動そのものである。伝統社会が壊れ、近代的社会に再編されていく。そこでは、強烈な統合のエネルギーが噴出することになる。そのエネルギーは、大魚に蹴散らされた魚の群れが再び恐ろしい勢いで群れを作るように、人間の持つ群生の本能、すなわち生存本能から出てくるのであろう。それが近代的ナショナリズムである。

　この近代的「国民」誕生の瞬間は、蛹から孵ったばかりで、羽も乾いていない昆虫に似ている。脆弱であり、生存本能が全開になって、総毛立ったようになる。そこで、ナポレオンのような外敵に襲われると、ナ

ショナリズムは一層燃え上がることになる。欧州列強に襲われかかった幕末における日本の攘夷運動にも、明治の主権対等外交にも、濃厚なナショナリズムが流れている。それが、やがて国民全体を浮き立たせるようになり、荒ぶる軍国主義へと流れていった。

今、述べたように、ナショナリズムは人間の本能に根ざした生物的な反応であり、簡単には消えない。戦後、日本のナショナリズムは大きく退潮したが、依然として反米主義にかたちを変えて燻（くすぶ）り続けているし、また、台頭する中国に対する反発となって表れたりもする。

また、現代中国や現代韓国のナショナリズムと反日が根深く結びついているのも、彼らの近代化や建国が始まったばかりの時点で、先進欧米列強が、さらには隣国の日本が、乱暴にのしかかったせいであろう。現在、韓国が近代的「国民」国家として登場しており、中国がおそらく史上初めて、帝国ではなく「国民」国家となりつつある。

20世紀に入って本格的な近代化とともに昂ぶってきている彼らのナショナリズムは、私たちのような、150年間の近代化と2度の世界大戦を通じて枯淡の境地に入りつつあるナショナリズムとは異なることに留意を要する。特に巨大化する中国の「国民」国家化とそれに関連する少数民族問題については、とても重要な問題であり、第16講の「関与政策」について説明するところで、もう一度、考えてみたい。

この「国民」の誕生に、四民平等を説いた啓蒙思想が大きな役割を果たしていることは言うまでもない。四民平等の考えなくして、近代的「国民」は統合できないからである。「国民」意識が最も強固なものとなるのは、四民平等の建前で徴兵された国民軍の若者が、外敵に脅かされ、祖国を守るために銃を持つ時である。ナポレオンが作った国民軍がそうである。高杉晋作の奇兵隊に端を発する近代日本軍もそうである。

「国民」国家の軍隊は強い。徴兵の母体が大きいから動員数も大きくなり、非常に士気も高い。だから、ナポレオンは強かったのである。金で雇われた兵士である傭兵同士の戦闘に比して、国家に忠誠を誓った国民軍同士の戦争は死闘になりがちである。国民皆兵の旗印の下に徴兵制が実施され、国家総動員というようなことが実際に起こりはじめる。

日本でも、特に1930年代以降、戦争などの国家目的に国民が全面的に奉仕するという考え方が一般的になった。全体主義化と呼ばれる現象であるが、それは近代的「国民」の誕生という文脈で、最も顕著に出てくる現象である。決して日本だけに特殊な現象ではない。どこでも、この巨大な民族統合のエネルギーを正しく指導することができなければ、国民全体が熱に浮かされたようになって、大きく国を誤ることが起こり得る。それが昭和の前期に、実際に私たち日本人が経験したことなのである。ナショナリズムの怖さは、ここにある。

　もとより民族意識は、近代以前から存在する。北条時宗の時代、鎌倉武士は、結束して元寇を押し返している。しかし、近代以降の「国民」はやはり、それ以前の国民とは違う。例えば明治の日本「国民」と、江戸時代の日本人は違うのである。昭和前期の「国民」は、もっと違うであろう。何が違うかと言えば、最大の特徴は、明治以降、農民、漁師、商人など、あらゆる身分の日本人が、自分も「国民」であるとして国家と自分を一体視しはじめたことである。そして、藩や村といった小さく濃密な共同体の枠を超えて、巨大でより抽象的な国家に忠誠を誓いはじめたことである。

　今日、私たちが目にしている「国民」国家はみな、18世紀末以降の産物である。「国民」国家は、近代化と産業化の申し子なのである。フランス革命以降のフランスは、王党派とブルジョワ階級と無産階級が三つ巴になりながらも、フランス人という強固なアイデンティティを確立していった。19世紀の中盤、米国ではリンカーンが、第2次世界大戦を超える犠牲者を出した南北戦争を終結させ、ただの移民国家ではない「国民国家」としてのアメリカ合衆国を誕生させた。「The United States」が、単数として扱われるのはそのためである。アメリカ「合州国」が、アメリカ「合衆国」になったのである。また、プロセインはドイツ統一を果たし、イタリアもサルディニア主導の下で統一を果たした。ちょうどその頃、日本も明治政府の下で統一国家として登場したのである。

　なお、ロシアにおける民族主義の噴出は、急激な欧化政策に舵を切ったピョートル大帝以降の帝政時代ではなく、むしろ日本の鹿鳴館時代を

彷彿とさせる徹底した欧化政策を取ったサンクトペテルブルグの宮廷文化を暴力的に抹殺したロシア革命の時が、最も激しかったのではないだろうか。トルコは、第1次世界大戦後、アタチュルクの指導の下で近代的国民国家として生まれ変わっている。

ところで、「国民」国家は往々にして、言葉と歴史を共有する集団から生まれる。しかし言葉や歴史の共有は、近代的民族国家の創造にとって絶対的な条件ではない。むしろ逆に、産業国家という巨大国家の誕生に参画した人々の間に巨大な統合エネルギーが現れ、そこで共通の歴史が作られ、アイデンティティが作られると見る方が実態に沿っているように思う。

だから、言葉の同じ英国人とアイルランド人や、フランス人とベルギーのワロン人のように国が分かれることもあるし、逆にロシアや中国は、多くの少数民族を抱え込んだまま近代的「ロシア人」「中国人」を作ろうとしている。さらには米国のように、まったく異なる民族のるつぼでありながら、強烈なアイデンティティを持った「アメリカ人」が誕生することにもなるのである。「第8講　国際戦略情勢概観（2）——東アジアの地域情勢をどう見るか」の中で触れた台湾人のアイデンティティ問題も、このように考えるとわかりやすい。

「殺すな」の思想 —— 国際社会における法の復権

さて、それでは20世紀に入り、国際社会がどのように倫理的に成熟していったのかを考えてみよう。まず、国際人道法である。国家間の暴力否定の思想である。今から思えば当たり前のこの思想も、1世紀前にはまったく当たり前ではなかった。

前講で、グロチウスの戦争を法で規律しようとする思想が、彼の死後は萎んでいったと述べた。19世紀から20世紀前半にかけての戦争観は、よく「無差別戦争」観と言われる。孟子の言う「（春秋に）義戦なし」と同じ意味である。

当時の欧州では、サムライ時代の日本でさえ廃れた野蛮な決闘の風習が残っていた。チャイコフスキーのオペラ「エフゲニー・オネーギン」

（プーシキン原作）を見たことがある人なら、オネーギンが、つまらぬ誤解から決闘で親友を撃ち殺す場面をご存じだろう。19世紀の欧米では、決闘は日常茶飯事であった。19世紀の戦争は、まさにこれと同じである。理由は何でもよいのである。これほど暴力が容認され、国際秩序が乱れることは稀である。倫理が後景に退き、力だけがものをいう。その乱れ様は、中国の春秋戦国時代、日本の室町戦国時代と変わらない。

しかし、人間の理性は必ず復活する。種としての生存を否定し合うほどに戦う動物はいない。すべての動物は、縄張りの維持、異性の獲得、集団内の序列の確認のためだけに戦う。人間の闘争本能にも、当然、神慮に基づく本能的限界があるはずである。無限の殺人を許容するような遺伝子は、私たちには組み込まれていないのである。すべての倫理思想、宗教思想が「殺すな」から始まるように、国際社会における倫理の復権も「殺すな」の思想から始まった。

国際人道法の発展

第1に、特筆するべきは、1899年のハーグ平和会議である。ここから、国際司法、軍縮、国際人道法の流れが生まれてくる。紛争の平和的解決や国際司法に関心のある人は、別途、国際法を勉強してほしい。本講では、国際社会の倫理的成熟という視点から、特に国際人道法の流れに注目する。

国際人道法には、大きく分けてハーグ法系列とジュネーブ法系列の2系列がある。ハーグ法系列は、主としてリングの上で闘う戦士のルールを決めたものである。人道法と言うと聞こえはよいが、昔は戦争法と呼ばれた分野である。戦争法の考え方は特殊である。戦闘の世界では、善と悪が入れ替わる。可能なかぎり速く可能なかぎり多くの損害を敵に与え、可能なかぎり味方の損害を小さくし、可能なかぎり早く敵の戦闘意思を挫くことが正しいとされる。そこでの悪とは、必要以上の苦痛を相手方に与えることである。戦士の間の反則が定められていると言ってよい。ダムダム弾や毒ガスの禁止などが、これに相当する。

ジュネーブ系列の人道法は、主として傷病兵や民間人といった非戦闘

員の保護に関するものである。ソルフェリーノの戦場を訪れて、あまりの悲惨さに胸をつぶしたアンリ・デュナンが赤十字を創設し、戦場での医療を開始する。ナイチンゲールは敵味方の区別なく治療する。そして、敵も味方もナイチンゲールを殺してはいけない。これが新しい戦場のルールである。赤十字が生み出したルールは、国際人道法の原点となったのである。リングアウトした選手とリングに上がらない観客には手を出すな、という考え方がその基本である。

以上のように、戦闘の仕方を規律する法をユス・イン・ベロ（jus in bello）と呼ぶ。これに対して、そもそも戦争が正しい戦争か否かを判断するための法をユス・アド・ベルム（jus ad bellum）と呼ぶ。後者の発展は、国際社会を非道な「天下無道」の世界から、王道の「天下有道」へ移す重要な契機を提供する。前講でグロチウスに関連して述べた「正戦論（just war）」と呼ばれる議論である。

正戦論の復活と集団安全保障体制の構築

20世紀に入ると、1000万人単位の大量殺戮を経験した前半世紀に対する反省を通じて、恣意的な暴力を許してはならないという常識がようやく国際社会に戻ってきはじめる。ウェストファリア会議、あるいはそれ以前から延々と続いてきた欧州戦国時代の終焉である。「正戦論」は、不戦条約を生み国際連盟を生み、20世紀後半には国際連合による集団安全保障体制を確立させていく。

20世紀の正戦論を、集団安全保障体制の枠組みに仕上げたのは米国の力である。20世紀ほど、米国の政治思想の力や制度構想力が大きな力を発揮した時代はない。19世紀の米国は、旧大陸の影響力が新大陸へ伸長することを嫌ってモンロー主義（孤立主義）を貫いていた。欧州の陰湿な権力政治を忌避して、幻想的で孤立主義的な平和主義に浸っていたわけである。しかし国力が充実するにつれ、米国は大きく脱皮していく。巨大な被害を出した南北戦争の傷も癒え、国力が充実してきた20世紀冒頭の米国は、旧大陸の国々と比べても見劣りのしない大きな経済力と軍事力を蓄えつつあった。

第1次世界大戦で、衝撃的なデビューを飾った米国は、ウィルソン大統領の下で理想主義に駆られ、国際連盟の創設を主張した。戦争より話し合いを主張する当時の米国は、冷酷な権力政治に習熟した欧州の外政家から見れば、とてつもなくナイーブな田舎青年に見えたことであろう。しかし、その米国のナイーブな議論が20世紀をかたち作っていったのである。ただし、残念ながら民主党出身のウィルソン大統領は、共和党が制していた議会の反対で、米国を国際連盟に加入させることはできなかった。依然として米国では、孤立主義の伝統が強かったのである。米国のいない国際連盟は、惨めなほど弱体であった。
　その後、第2次世界大戦を経て、先勝五大国を中心とした国際連合が立ち上がる。20世紀前半に世界の指導者となることを躊躇った若き米国は、20世紀後半にはその重責を引き受けた。米国が主導して作った国際連合は、集団安全保障の仕組みを強固に固めたのである。
　まず、国連憲章に反する武力行使が禁止される。禁止されるのは、要するに、国際平和を紊乱する武力行使である。これに対して、自衛権の行使と集団安全保障措置においては、武力行使が許される。それは、何を意味しているのであろうか。
　実際のところ国連は、次のように機能する。武力紛争が生じた場合、いずれかの紛争当事者、たいていは先にやられた側が安全保障理事会に提訴する。安全保障理事会は、紛争当事国の武力行使が国連憲章に合致したものかどうかを判定する。国連事務総長が、安保理の要請で事実審査を行い、その報告書を提出したりする。事実審査というのは、事実関係を明らかにするということであり、紛争の平和的解決のためには非常に重要な一歩である。安保理の審議の結果、もし国連憲章に違反する武力行使があったと判定されれば、また、そうでなくてもある行為が国際の平和と安全に対する脅威であると判定されれば、安全保障理事会は国連憲章第7章に基づいて、強制的な措置を取ることができる。国連安保理の慣行上、ほとんどの決議は「国際の平和と安全に対する脅威」を認定するものが多い。「平和の破壊」が認定されることはほとんどない。制裁には、経済制裁や多国籍軍による武力制裁が含まれ得る。

軍事的強制措置については、国連の歴史の中で変遷があった。国連憲章が本来予定していた軍事参謀委員会は、冷戦による国連自体の機能麻痺のために開かれたことはない。カナダやスウェーデンといった中小国が紛争の防止や平和維持のためのPKO軍の創設を提案し、むしろPKOこそが国連の伝統となっていく。

　冷戦が終了した後、国連は息を吹き返した。PKOについては、ブトロス・ガリ事務総長の下で一気に派遣数が増えることになり、国連財政を大きく圧迫させることになった。当時の国連財政を大きく支えたのは、財政貢献度において米国と並んでいた日本である。

　また、PKOだけではなく、国連安保理のお墨つきの下に多国籍軍を創設して国連決議を履行するという慣行が編み出された。典型的な例が、イラクのサダム・フセインによるクウェート侵略のケースである。国連という錦の御旗を掲げ、米国が主導した多国籍軍によりイラク軍は撃退された。国連が、これほど劇的な措置を取れたのは、冷戦終了直後にゴルバチョフ書記長の指導下にあったソ連（後のロシア）が協力したことが大きい。

啓蒙思想の展開 ── 自由主義、社会主義、共産主義

　次に啓蒙思想の展開に話を移そう。ここでは、第9講で説明したジョン・ロックや、ジャン・ジャック・ルソーの思想が、どのように世界的に展開したかを見ていこう。

　もう一度簡単に復習しておく。欧州啓蒙思想の起点は、英国のロックである。ロックは、権力というものは、それ自体が目的ではなく、それ自体に正統性はなく、あくまでも被統治者が統率者に与えた機能にすぎないこと、そして統率者が従うべき意思は市民の一般意思であり、それは議会によって確認される、と述べた。これは、東洋の孟子に匹敵する人間社会の偉大な洞察である。この考えが、ルソーによって急進化し、社会は被統治者の選択と同意によって構成されねばならないという擬制（fiction）を作り上げた。ロックの説いた人間社会の客観的真理は孟子の神髄と同根であり、なかなか把握することが容易ではないが、ルソー

の過激な急進主義は平易であり、人々を劇的に覚醒させる力がある。ルソーの平易な説明は、万民は平等であり、すべての人が平等に政治に参画する権利があると気づかせたからである。日本で言う四民平等である。

　すでに説明したように、四民平等の意識は「市民」と「国民」を生む。それは一方で、国内に、政府に対峙する「市民」を生む。国家や社会がその構成員の選択と同意によって知的に作られているとするならば、なぜ自分は差別されるのか、貧困の中に固定されるのかという問いは、当然の正当な問いかけである。ここから自由主義だけではなく、社会主義、そして共産主義が生まれてくる。

　他方で、四民平等の意識は、外との関係において一致団結した「国民」を生む。19世紀には、国際法の支配が薄れ、国際関係での暴力が是認されていた。新しく産業国家、「国民」国家として生まれ変わった国々の間で、暴力沙汰がどんどんエスカレートしていく。そのような緊張した状況の中での四民平等の原則は、国民全員の忠誠心を国家が独占することを可能にしていく。昂ぶるナショナリズムにあおられて、強固に団結した「国民」が生まれ、「国民」軍が生まれるのである。

　ロックの啓蒙思想は、18世紀を風靡したルソー、モンテスキュー、ヴォルテールを経て急進化し、徐々に政治的に自由化した英国と異なり、欧州大陸では流血とともに社会を大きく揺さぶっていった。産業革命の生んだ巨富は、かつて東インド会社が生んだ海洋貿易の巨富をはるかに超えるものであり、王族・貴族に対して、政治参加を求める富裕な市民集団が登場したのである。啓蒙思想は、ポンパドゥール夫人たちのサロンにおける知的会話の次元を超えて、社会を動かす巨大な思想の力に変容し、やがてそれは、流血を伴う衝突を招く。その代表的な例が、18世紀末のフランス革命とアメリカ独立戦争である。

　フランス革命は、未完の革命として終わってしまう。フランス革命の理想を輸出しようとしたナポレオンは、保守反動勢力の連合によって押しつぶされ、セント・ヘレナ島で孤独のうちに死ぬこととなる。フランス国内では、王党派が息を吹き返し、国外では反動的な神聖同盟がフランスの復讐主義を封じ込めるために、19世紀前半の欧州秩序を構築して

いた。欧州中に、王政復古の黴(かび)臭い雰囲気が蔓延したのである。

　しかし、フランス革命の余波は、19世紀の欧州を揺るがし続ける。19世紀のフランスでは、王党派とブルジョワ階級とプロレタリアートが三つ巴の政治闘争を繰り広げていく。神聖同盟体制下で逼塞を強いられたドイツ・ブルジョワ階級は、私生活にこもって爪を研いでいた。退廃した貴族階級とは一線を画する貞節、質実、正直などを特色とするドイツ・ブルジョワ階級の価値観は、この頃の私的な逼塞生活で育ったものである。彼らの政治エネルギーは、神聖同盟の綻びとともに、再び表面化しはじめる。

　もう一つの重要な流れは、都市に集中して悲惨な生活を送りはじめた都市労働者の階級である。欧米諸国では日本のように、企業の社長が、親や村長の代わりとなって都会に出てきた労働者の面倒を見るという発想はない。近代経済学で習う通り、労働者は、資本と同じで経済の要素にすぎず、利潤を生む道具にすぎない。都市のスラムに溜まった労働者の生活は悲惨であり、当然その家族の生活も悲惨であった。彼らは将来の夢もなく機械のように扱われていた。産業社会がもたらした悲惨な格差は構造化され社会的不平等が固定された時、それを批判する太い思想的流れが生じる。今日も欧州で強い影響力を持っている、社会主義思想である。やがてその一部は、個人の自由を否定して一党独裁を主張する急進的な共産主義へと暗転していった。

民族自決の始まり ── ウィルソン米大統領と東欧諸国

　啓蒙思想は、欧州大陸の中で自由主義、社会主義へと流れていくだけではなく、20世紀における国際社会の倫理的成熟を論じる過程で、もう一つの重要な展開を見せる。それは、民族の自決（self-determination）である。先に、産業国家が形成される過程で近代的な「国民」が現れ、その際に出る巨大な国家統合エネルギーがナショナリズムと言われる近代的な民族主義である、と述べた。また欧州において、19世紀はナショナリズムの時代であった、と述べた。

　16世紀の混乱以降、経験主義に基づいて順調に発展した英国を例外と

して、多くの国では巨大な産業国家という枠を埋める近代的「国民」を生み出すために七転八倒の苦しみを経ている。前述の通り、ナショナリズムの火は、フランス革命とナポレオン戦争を契機として、ドイツ民族主義、イタリア民族主義、日本の民族主義、スラブ民族主義へと燃え広がった。ナショナリズムが広がったのは、これらの大民族だけではない。欧州大陸の少数民族にも広がっていった。

第1次世界大戦後、ウィルソン米大統領が独特の理想主義に基づいて、民族自決の理念を持ち出した。啓蒙思想を掲げる原理主義の米国からすれば、個人の同意から社会が成立するのであれば、民族が自決するのは当然ということになる。社会契約の思想と植民地支配の思想は、根本のところで原理的に相容れないのである。

ところで、民族自決の「自決」という日本語には、「自殺」「自裁」という別の意味があるのでピンと来にくいが、要するに「自分のことは自分で決める」ということである。ならば「自治」と言うほうがぴったり来そうなものであるが、これは主権を伴わない「地方自治」という言葉もあるので、民族の独立を語る時には同様に使いにくい。

この民族自決の波に乗って、第1次世界大戦後、多くの東欧諸国が独立した。バルト三国、スラブ系のポーランドおよびチェコスロヴァキア、マジャール系のハンガリーなどである。もとより、中東欧を支配していたドイツのホーエンツオレルン家、オーストリアのハプスブルグ家、オスマン帝国といった三大帝国が第1次世界大戦敗戦で崩壊し、またロシアのロマノフ朝がロシア革命で崩壊した隙を狙って、勝利した英仏両国が、これら諸帝国の勢力を弱めるべく東欧の諸民族を独立させたという、権力政治の面も忘れてはならない。

また英仏両国は、中東地域ではオスマン帝国崩壊後のアラブ地域を貪るようにして分割している。欧州の外側では、依然として民族自決の理念は顧みられず、権力政治が横行していたのである。第1次世界大戦後、ドイツに味方したオスマン帝国は600年の命を終えて解体されたが、オスマン・トルコの支配下にあったアラブ民族は独立を与えられず、英仏両国が国際連盟の委任統治下に置いて、事実上の植民地としたのである。

アラブ地域は、シルクロード華やかなりし頃のレヴァント地域（地中海東岸）を含み、かつ英国にとっては王冠の宝玉と言われたインドへの海路を押える戦略的要衝であった。それは、巨大なコストを払って第1次世界大戦の勝者となった英仏両国にとっては、譲ることのできない獲物であったのであろう。

アジアおよびアフリカにおける植民地の解放
── 啓蒙主義の復讐

　民族自決の思想は、第2次世界大戦後、植民地解放闘争というかたちで地球的規模に広がり、さらに大きな発展を見る。米国のウィルソン大統領の理想から生じ、欧州の東端に起きた小さな民族自決の波は、20世紀に全地球を覆う植民地解放闘争という津波となったのである。

　19世紀に植民地とされた後、アジア、アフリカの国々は国家の主権を否定され、その国民は基本的人権を否定された。彼らは、啓蒙思想の恩恵も国際法の恩恵も、受けることはなかったのである。しかし、「社会を構成する個人の選択と同意にこそ権力の正統性がある」という啓蒙主義の考え方は、欧州大陸と南北アメリカ大陸にとどまっていることはなかった。

　第2次世界大戦後、激しいナショナリズムとともに、啓蒙思想の呼び起こした政治的覚醒は、アジア、アフリカの国々に波及しはじめる。啓蒙思想の復讐と言ってよい。啓蒙思想の真髄は、「人間社会は個人の選択と同意によって構築される」という点にある。それは、人々を劇的に政治的に覚醒させる思想であり、常に急進化の可能性をはらむ抵抗者の思想である。このような考え方は、統治されている者、虐げられている者に、なぜ、統治者が自分を統治する権利があるのかという疑問を起こさせる。彼らの論理の行きつく先は、「主権を踏みにじられているかぎり、人権もなく、民主主義もない」という主張である。こうしたアジア、アフリカにおける独立運動家たちの主張には、国家の正統性を個人の同意に求める啓蒙思想の立場から、大きな説得力がある。19世紀に確立した西欧諸国の世界覇権は、自らが生み出した啓蒙思想がアジア、アフリカ

の国々を覚醒させる結果を生んで、100年も経たずに終わったのである。

　孟子の言うように、覇道を実践する者の命は短い。第2次世界大戦で疲弊した欧州植民地帝国に、もはや地球を支配する力はなかった。こうして1950年代から70年代にかけて、ほとんどのアジア、アフリカ諸国が独立を果たした。その過程で一部の国では、激しい植民地解放闘争が戦われた。中にはナミビアなどのように、不幸なことに米ソが介入して東西冷戦の代理戦争のような様相を呈したところもある。

　アジアにおけるベトナム戦争も、ベトナム人による祖国独立戦争が米国内の政治の中で、東西冷戦の文脈に誤って置き換えられたために泥沼化した例である。ベトナム戦争でのベトナム人死者は300万人に上る。これは第2次世界大戦の日本人死者と同数である。そのうちの200万人が、民間人であった。ベトナム戦争は、やがて米国国内政治においても批判され、ベトナムの勝利によって集結した。

　世界最大の植民地帝国であった英国とフランスは、まず、1956年のスエズ動乱で、植民地帝国がいかに時代遅れかを痛切に悟ることになった。エジプトの指導者ナセルがスエズ運河を国有化しようとした時、英仏両国とイスラエルが出兵した。これにはアラブ諸国だけではなくソ連が反対し、米国でさえ、冷淡な侮蔑の眼差しを向けたのである。英国は戦後、最大の植民地であったインドを失い、その他の多くの植民地の独立を認め、アフリカのローデシア独立と香港の中国返還によって植民地の清算を終える。またフランスは、アルジェリア独立戦争やベトナム戦争で国力を消耗していくこととなった。20世紀後半、大植民地帝国であった英仏両国の凋落は早かった。1945年には、世界の国の数は、欧州と北米、中南米を合わせて50カ国程度であったが、アジア、アフリカの国々が独立した今日、200カ国を数えている。

　なお米国は、米西戦争の結果、フィリピンを所有していたが、植民地から身を起こした米国で植民地支配は人気がなく、フィリピンを1946年に独立させることとなっていた。戦後、東南アジアの中でフィリピンが突出して反日であったのは、被害者10万人と言われるマニラ市街戦の悲劇もあるが、日本の侵略が独立の契機となった他の国々と比較して、フィ

リピンだけが独立前に国をめちゃくちゃに破壊されたと受け取られたからであろう。

1990年の冷戦終了時、ソ連崩壊とともにコーカサス地方や中央アジアの国々がロシアから独立を果たした。これらもまた19世紀に帝政ロシアに組み込まれた国々である。ソ連の崩壊は旧ソ連からの独立国にとって、遅きに失した帝政ロシアからの独立をも意味していた。19世紀に始まった欧州列強の植民地支配の歴史は、ここでほぼ終了したと言える。

人権思想の国際化 ── 啓蒙思想のさらなる展開

20世紀後半に、啓蒙思想はさらに新しい展開を見せる。啓蒙思想の影響は、民族の自決だけにとどまらなかった。啓蒙思想は、20世紀の後半になると今度は、新しく独立したアジアやアフリカの国々の内政面に目を向けはじめた。従来、国内管轄事項とされてきた基本的人権の尊重が、国際政治のレベルで問題となりはじめたのである。民族自決を果たし、独立を果たした国々の中で、治める者に対して治められる者が政治的に覚醒を始めたのである。これは、啓蒙思想の最後の展開と言ってもよい。旧共産圏や途上国における人権をどう保障するかということが、国際的な関心事項となりはじめたのである。国際法学の世界で、この現象は「人権の国際化」と呼ばれている。

最初の動きは、1948年に国連総会で行われた「世界人権宣言」の採択である。啓蒙思想の文書が国際政治の次元に持ち込まれたのは、これが初めてであった。国際連合を創設して世界のリーダーとなった米国が、平和の基礎として人権を打ち出したのである。

国連憲章は、集団安全保障の文書であり、平和のための制度を決めた文書であった。世界人権宣言は、法的拘束力はないが、まさに国連憲章に、いわば権利章典として事実上付け加えられたのである。世界人権宣言を基盤として、その後国際人権規約など、私たちになじみのある多くの人権条約が結ばれていくことになる。

なお人権関連の条約は、その履行確保が難しい特殊な条約群である。なぜなら条約は基本的に国家と国家の約束であり、普通であれば条約違

反がただちに国家間の紛争になり、逆にそれが条約の拘束力を担保している面があるのだが、人権条約の被害者は、当事国の国民自身である点が厄介なのである。例えば、A国の国民が自国の政府にいじめられていると言っても、B国やC国の政府は、なかなか反応しないのである。そこで人権条約履行のために、いくつかの手法が考えられた。一つが、A国政府に人権を蹂躙されたA国国民に、人権委員会などの国際機関への提訴を認める「個人通報制度」である。これは、個人の訴えを受理した人権委員会が、当該国民の政府に勧告を行うというものである。

　もう一つが、多くの国が集まって人権蹂躙をする政府を批判しようとする動きである。国連の総会、第3委員会、人権理事会などで見られる動きである。ただし、これに対しては途上国側から、人権批判はどうしてもダブルスタンダードになりやすく、換言すれば小国いじめになりやすく、その上政治的に利用されやすいので、特定の国を非難するのは避けるべきであるという議論が根強くある。このような議論が出ると、特定の国の名指し批判をやめようという雰囲気になりやすい。残念ながらそれもまた、現時点における国際社会の現実である。

20世紀後半の独裁体制 ── 共産党独裁と開発独裁

　人権の国際化という問題に直面したのは、(旧)共産圏の国々とアジア、アフリカの新興独立国である。まず共産圏であるが、第2次世界大戦直後の時代は、社会主義や共産主義が未だイデオロギーとしての力を強く持っていた時代であり、新興独立国、開発途上国の多くが、社会主義化、共産主義化するという現象も起きた。共産主義体制は、共産党による一党独裁体制である。したがって20世紀後半に共産主義思想が退潮するにしたがい、啓蒙思想から生まれた抵抗の火を自らの政府に対して掲げるのは、これらの国々の国民となるはずであった。彼らもまた自分たちの政府に対して、独裁を否定し、人権を主張する権利があるからである。それが現実となったのが、ポーランドのワレサによる連帯を嚆矢とする一連の東欧革命である。

　共産圏における独裁体制は、中国など一部の例外を除いて、ソ連邦の

崩落と冷戦の崩壊によって物理的に終了した。共産主義は本来、悲惨な生活を送っている都市労働者の人間性の回復を目指したはずであった。しかし、残念ながら共産圏では、権力自体が独裁化した。あまりに急進化した共産主義思想は、見たこともないユートピアの創造に焦るあまり、ロシアや中国などの国々において、政治経済社会を常識的な人類の政治、経済にかかわる経験則から乖離させてしまったのである。

共産社会創出の実験に踏み出したのはそもそも資本主義が発達する以前の段階にあったロシアと中国などであり、健全な市民階層それ自体が育っておらず、権力と対峙して民主主義を実践する社会階層がなかった。それが、共産党体制が独裁体制に移行してしまった原因の一つであろう。共産主義体制は結局、啓蒙思想の命であった良心の発露を封じ、また生まれつつあった市民階層を圧殺してしまったのである。それゆえに共産主義体制は初期の工業化に成功したものの、農業の集団化をめぐっては多くの餓死者を出し、やがて長い停滞に沈んだのである。

冷戦終了後、欧州連合に入った東欧圏の国々は、民主主義国家、市場経済化への道のりを早足で歩んでいる。アジア、アフリカ、南米大陸にあった共産主義政権も、1990年の冷戦が終了し、共産主義体制の宗家であったソ連の崩壊とともに、多くが自由主義体制に移行した。

しかし開発途上国には、共産主義とは無関係にもう一つ別の独裁化現象が現れた。開発独裁と言われる現象である。近代化の過程は、困難な過程である。最初から民主化して成功したインドなどは、むしろ例外であり、しばしば新興独立国の政府は、独裁的な手法を取ることが多い。工業化が進み、経済発展が軌道に乗りはじめると、国民の生活水準が上がり独裁政府であっても国民の支持を受けるという現象が出てくる。また、初めから民主化した脆弱な政府よりも強権的な政府のほうが、工業化の初期に必要な社会インフラの整備などを計画的に遂行するには、効率がよいという面もある。

そこから、「開発と人権」という問題が浮かび上がってくるのである。今日でも依然として、旧ソ連圏の国の一部や多くの開発途上国は、「主権と人権」「開発と人権」という難しい問題に悩んでいる。いつか歴史

を振り返れば、共産党独裁も開発独裁も、近代化の過程で出てくる強権体制として分類されるようになるであろう。開発独裁の国々が、未来永劫、絶対的に民主化を拒んでいるということではないはずである。ただ民主化への道は国によって様々であり、また決して平坦ではないということである。

現在、民主制度の受容に反発したり、導入した後に四苦八苦している国はまだ多い。特に開発独裁化した途上国や旧共産圏から自由主義圏に舵を切った国々が、依然として苦しんでいる。重要なことは、共産党独裁や、他の急進的な強権的体制を世界に広げようという勢力はもはやなく、程度の差はあれ、ほとんどの国が民主化に向かって進んでいるということである。東アジアではフィリピン、インドネシア、タイなどの多くの国や台湾が、1990年代に順次、経済発展を遂げた後、開発独裁体制を捨てて民主化している。

長期的に見れば、早晩、民主主義は、地球上で広く行われる普遍的な政治制度として認められるであろう。だが、基本的人権の考え方や民主主義制度を受け入れるかどうかは、あくまでもその国の主権的選択であり、最終的にはその国の市民社会の成熟度による。今日、関与政策と呼ばれている政策の難しさは、実にここにあると言ってよい。この点は、民主主義が普遍的たり得るかという論点との関係で重要である。「第16講　対中・対露関与政策の論点」で、もう一度考えてみることとしよう。

途上国側から見た人権問題

ここで、開発途上国の側からは、人権問題がどう見えるかを考えてみよう。

途上国の人々には、人権であれ何であれ、彼らを蹂躙した欧州の宗主国が再び国内政治に介入することは許さない、という気持ちが非常に強い。彼らからすれば、まず「欧州諸国こそ、植民地帝国の時代に、一度でもアジア人、アフリカ人の人権を意識したことがあっただろうか」と言いたいところであろう。

しかし、植民地から独立した国であっても主権の壁の下で何をしても

よいということにはならない。権力は、国民の信託に基づく。恣意的に国民を虐げることは許されない。国民の人権を濫用することは許されないのである。それは、西洋思想ではない。残忍な支配者はけしからんというだけの話であり、世界中のどこでも当然のことなのである。人権問題は、各国政府の国内専管事項であるという主張は、20世紀の後半には、どんどん弱くなっていった。

　途上国側の第2の主張は、まず発展によって国民の生存を確保することこそが大切であり、政治的自由はその次であるという議論である。国民を食べさせること、乳幼児の死亡率を減らすこと、若者に教育を与え国民の識字率を上げること、そうして国家を近代化して発展させること、これらこそが優先課題であるという議論である。ここから、政治的自由と経済社会的人権のいずれが優先か、という議論が出てくる。

　政治的自由と経済社会的人権の双方が大切であることは言うまでもない。しかし政治的自由は、しばしば壟断されがちである。ほとんどが新興独立国である途上国は、杜撰な国境確定によりしばしば民族が分断された上に、部族政治の伝統が根強く残り産業の育成に遅れるなどして、国家の統合に苦労している。民主主義の政体は、意図的に弱体化させた統治機構を善とする。権力の横暴を防ぐためである。独立や国家統一直後の政府は、明治政府の例を見てもわかるように、そもそも国家の統合さえ危うい弱体な政府である。彼らが民主主義の実践に踏み切るには、リスクが伴う。

　したがって新興独立国は、先に述べた開発独裁と言われる類型の国家となることが多いのである。しかし、新興独立諸国が経済に発展すれば、やがて内なる民主的成熟が開発独裁を倒し、民主政治に移行することが多い。開発独裁は、経済の成長とともにその正統性を失うのである。

　実際、韓国やフィリピン、インドネシアは、独立後、半世紀も経たない20世紀の後半に、順調に経済発展を遂げた後、開発独裁を捨てて民主化した。台湾も、李登輝総統の優れた指導の下で1990年代に民主化を実現した。東南アジアの民はみな、米国や日本の自由や繁栄にあこがれていたのである。東アジアの民主化は、東欧の民主化と同様に世界史的な

意義のある話である。ただし、すべての国が東南アジアのようになるとはかぎらない。そうでない地域も多い。未だに人権が問題となっている地域や国は、数多いのである。

「人類愛」を主張したアジア、アフリカの偉人たち

　ここで20世紀後半の人類社会の倫理的成熟に関して、もう一つ重要な特徴を挙げておきたい。それは、国際法や啓蒙思想が、キリスト教世界であった欧州大陸や南北アメリカ大陸を超えて、全人類を包み込んだということである。欧州や米国の倫理が、キリスト教やユダヤ教やギリシャ・ローマの古典文芸とは異なる伝統を持つ文明圏を包み込んだのである。

　20世紀後半は、啓蒙思想の神髄である「人間はみな、自由であり平等である」という考え方が、地球的規模で普及した時代である。欧州生まれの啓蒙思想が、植民地に貶められたアジア、アフリカの国々に浸透したのである。また国際法も、新しく生まれたアジア、アフリカの国々に対して、ただちに適用されるようになった。キリスト教徒国以外の国に国際法の適用がないなどと述べる国は、もはやどこにもなくなったのである。

　その結果、人種、宗教、文明の壁を超えた地球的規模で、国際法や啓蒙思想を基盤とする共通の倫理的基盤が生まれてきた。このことは、特筆に値すると言ってよい。これは、人類の歴史の中で初めてのことなのである。

　これから、本当に人類全体に共通の普遍的な倫理基盤を構築していかねばならない。それは、これからの若者の世代の仕事である。国際法も啓蒙思想も、宗教の壁を超えて広がり得る世俗の思想である。しかし、世界各地の人間の価値観は、依然として宗教によって分断され、また文明的背景によって分断されている。価値観の相克は、妥協が成立しにくく、闘争に結びつきやすい。それでも、価値観の根底にある良心はすべての人間が共有する。良心に向き合って人類愛を素手でつかみ取れば、全人類的な倫理基盤を語ることは可能になる。

それができる人が、21世紀に人類を導くことができる。そのような偉人は、20世紀の後半にすでに現れている。残念ながらそれは、私たちの東アジアではない。日本も韓国も中国も、「欧米に、追いつき追い越せ」「欧米人に負けてたまるか」という優等生の発想が強すぎて、「そもそも人類は平等である」「人間として同じ尊厳がある」という根本的な考えにまでは頭がなかなか回らないようである。
　20世紀後半に人類の指導者と言うべき偉人を生んだのは、実は、近代化においては東アジアに一歩後れを取っている、西アジアとアフリカである。
　西アジアには、インドを独立に導いたガンジーがいる。彼の偉大さは、西欧の啓蒙思想を逆手に取って、被支配者であるインド人の権利を主張したことだけではない。ガンジーは、もっと広く、大きい。彼は、数千年の歴史を持つヒンドゥー教の根底に輝く良心を、素手でつかみ取った人である。ガンジーは暴力を根幹から否定し、すべての人はまとまって幸福に暮らせるという信念を持ち、また実践した人である。ガンジーの言葉は、良心の髄から出てくる。ガンジーは、それを「真理（サティヤ）」と呼んだ。その言葉に、インド人のすべての人が奮い立ったのである。
　また、20世紀におけるもう一人の偉人、ネルソン・マンデラは、アフリカから出た。彼は、民族自決と言うよりも人種差別と戦った人である。19世紀に、初めてゲルマン系の北西部欧州諸国が世界を制覇したが、その国力の後ろには、進んだ科学文明と豊かな物質文明があった。産業国家化、「国民」国家化の過程で、新しいアイデンティティが用意される。その過程で、不幸なことに欧米諸国に人種的な優越感が出てきたのである。古くには奴隷貿易も実施されていたという事情もあろう。しかし、「ある人種の人間が、他の人種の人間より生物学的に劣等である」という議論は、人類史の中でも珍しい醜悪な議論である。
　それは、18世紀末以来、欧州を動かしてきた啓蒙思想と真っ向から矛盾する考えである。啓蒙思想は、すべての人間の平等な尊厳を起点にして、政治社会を構想する思想だからである。20世紀後半に、アジア、アフリカ諸国が政治的に覚醒し、次々と独立していく中で、人種差別は急

速に消滅していった。その最も著名なリーダーがマンデラである。人種差別との戦いは、南アフリカだけではない。人権の本場である米国でさえ、60年代になってようやく公民権運動が盛り上がりを見せ、徹底した人種的平等が主張されるようになったのである。

正当な勤労への報酬 ── 自由貿易体制の確立

　さて、これまで国際法の父グロチウスと啓蒙思想の父ロックの生んだ思想の地球的展開を見てきた。本来であれば、欧州経済思想の発展を続けて追うのが望ましいが、それは経済学に譲ろう。本講では、戦後世界秩序形成において、自由貿易制度が確立したことを述べる。それは、日本の国益に直結しているからである。

　自由貿易は、市場経済の国際的延長である。そこには、個々人が最も幸福となるように生産活動を行いその余剰分を交換し合うことで、さらに社会全体の幸福が最大化されるという発想がある。その前提として、個々人の勤労の成果が他の社会構成員の必要の程度によって評価され、正当な報酬を対価として得ることができなければならない。またそれを担保する仕組みとして、市場経済が機能していることが必要である。このような考え方を世界的規模で推し進めると、自由貿易になるのである。自由貿易は、自由主義経済思想の当然の帰結であり、倫理性を帯びている。

　また、自由貿易論は平和論でもある。実際、1929年の大恐慌以来、世界経済がブロック化したことが第2次世界大戦の遠因となった。19世紀の後半から帝国主義競争に参画した日本、ドイツ、イタリアなどは、先に武力で植民地を獲得した国々がブロック経済圏を囲い込み、他の国々を排除するのであれば、戦争に訴えて自らも帝国という名の排他的経済圏を作る必要がある、と考えたからである。乱暴に聞こえるが、未だ戦争が完全に違法化されていなかった時代である。これが、「第3講　国家の安全とは何か」の中で、戦間期における日本の戦略性喪失に関連して述べた「持てる国」と「持たざる国」の議論である。また、当時このような排他的経済圏は、生存圏と呼ばれた。生存圏獲得のための戦争は、

自衛戦争と呼ばれがちである。

　すでに述べたように、戦前、後に首相となる近衛文麿が、「英米本位の平和主義を排す」という論文を書いている。ブロック経済化が進む中で、平和を理由に現状（status quo）を固定されれば、日本やドイツのような後発組は明らかに不利である。ならば、武力闘争を続けてでも自らの生存圏を確保したい、と考えたのであろう。

　自由貿易体制があれば、生存圏確保のための武力闘争は不要になる。暴力を用いて帝国を作らなくても、他人の役に立つ物やサービスを作り、公平で透明なルールの下で競争しさえすればよいからである。暴力による生存圏確保ではなく、他人の役立つことをすれば正当な報酬が得られるという仕組みが、「悪いことをしなくても、頑張れば何とかなる」という自信を多くの人に与えたのであろう。自由貿易体制は、戦後世界の繁栄だけではなく、平和にも貢献したのである。

　もとより、自由貿易があれば、あるいは経済的相互依存が進めば平和が達成されるというわけではない。20世紀前半の英独関係は、非常に緊密な相互経済依存体制にあったが、両者は世界大戦で激突した。日中間の経済依存はますます深まっているが、政治的軋轢には事欠かない。自由貿易と経済的相互依存は、平和の必要条件ではあるが十分条件ではないということであろう。

　自由貿易体制を創設するためには、圧倒的な力を持つ国が地球的規模での市場経済を実現する必要がある。戦後、その役割を担ったのは米国であった。もとより自由貿易体制が、戦争を無傷で抜け出し圧倒的な経済力を誇った米国にとって、資源の獲得という意味でも市場の確保という意味でも、最も得をする仕組みであったことは言うまでもない。しかし、それは自由貿易体制に組み込まれた他の多くの国にとっても、同じように利益を享受できる仕組みであった。

　自由貿易体制の創設は、世界経済の発展に大きく貢献した。それは、共産主義体制の下で計画経済に走った共産圏諸国の経済が著しく停滞したことに比べれば、明らかであろう。

　戦後の日本もまた、戦後創設されたGATT（WTOの前身）への加入

を悲願とした。日本は、GATTへの加入を認められ自由貿易体制に組み込まれることによって、安くて優秀な労働力を用いて良質な製品を米欧市場に売りまくり、戦後復興を果たして経済的に復活したのである。

地球的規模の倫理社会を構想する

それでは、21世紀の人類に普遍的な倫理基盤があるかという問題に入ろう。「第6講　日本の価値観とは何か」の最後のところで、6世紀から明治までの日本の価値観を通観し、何が普遍的である得るかを検討した。第9講および本講では、主としてグロチウスの国際法とロックやルソーの啓蒙思想の展開を追って、国際社会の倫理的成熟の軌跡を追いかけてきた。今、近代欧州の覇権が確実に終わり、欧州の辺境から出た米国とロシアの間の冷戦が終わり、そして21世紀の地球社会が登場し、多くのアジアやアフリカの国々が国際社会の主流に復帰しつつある。

その大きな変容の過程で、日本と欧米諸国がこれまでに成し遂げてきた倫理的完成は、彼らのような新興国家にも受け入れられるものだろうか。私たちは、自分たちが普遍的と信じる価値観を、本当に彼らと分かち合うことができるだろうか。

ここで、私たちが最初に考えなければならないことは、人類全体を包摂する倫理社会を構想することができるかということである。それは不可能ではない。なぜなら、人間に言葉を吐かせ、言葉の糸を無限にからめて倫理の繭を作り、人間社会の存続を図ろうとする良心という機能は、すべての人類に与えられているからである。コミュニケーションは、生存を図るために群生の動物である人間に与えられた生存の技なのである。良心の発露である言葉を交換することによって、人は生き延びるように作られているのである。その機能は同じである。DNAレベルでは変わりはないからである。

問題は、良心という機能が紡ぎ出す信条や価値観というものは、言葉、歴史、宗教、民族、文明、国家という限界を有しており、個別的であるということである。それは、人間が一定規模の集団を構成し、一義的にはその集団の生存にしか関心を持たないことから起きる。言葉の繭、倫

理の繭が包摂する社会は、言葉、歴史、宗教、民族、文明、国ごとに異なっており、大きく、そして細かく分かれているのである。

残念ながら、未だ地球社会全体を、一つの政府の下に、一つの法制度をもって一つの共同体としてまとめようという動きはない。欧州連合を例外として、未だ地球の上には牢固とした主権国家が跋扈している。

にもかかわらず、「地球社会にも法がある」という確信が、地球的規模で広がりつつあることは間違いない。それは、20世紀後半以降に現れた現象であり、この200年の間に地球社会が経験した大きな変容と密接にかかわっている。

この200年の国際社会の変容は、北西部の欧州諸国が準備したものである。文明的に晩熟であった北西部の欧州諸国が、煩瑣なスコラ哲学と停滞していた中世を抜け出して世界に雄飛し、峻厳な宗教革命と豊饒なルネサンスを経て、啓蒙思想、国際法、科学思想を持った。彼らはやがて産業革命を成し遂げ、産業国家化および「国民」国家化し、強大な国力をもって他文明を圧倒して地球を分割し、近代欧州の世界覇権を打ち立てた。その間、わずか数百年である。

19世紀にこの近代欧州の世界覇権が確立してから200年であるが、その最後の150年に、明治以降の日本が参入した。この200年の世界史は、近代欧州による世界覇権の完成とその崩壊の過程と言ってよい。米ソの冷戦は、その最終幕にすぎない。この大崩壊の後から、21世紀の地球社会が生まれつつあるのである。

第2次世界大戦後、植民地に貶められた国々が、ナショナリズムをたぎらせ、第1次世界大戦後に現れた民族自決の思潮をつかんで、しばしば流血を伴った末に独立を遂げた。こうした植民地解放の波は、全地球を覆った。

20世紀後半は世界史の中で、冷戦時代だけではなく植民地解放の時代であったと記憶されるであろう。自らの力で新しく独立を勝ち取った国々を国際法の対象外とする力は、もはや植民地帝国の側にはなかった。国際法が、初めてアジア、アフリカの国々に平等に適用されるようになったのである。非植民地化の流れは、権力は被統治者の同意に基づくとい

う啓蒙思想が、力に奢った欧州植民地帝国に報いた結果であった。

　さらには、日本を先頭にアジア、アフリカの国々が、19世紀後半から産業化をはじめて欧州諸国を抜き去るほどの国力を手に入れはじめた。その中のいくつかの国は、長い間、常に世界史の主役でありながら18世紀末に突然はじまった工業化というバスに乗り遅れ、またたく間に傍流に追いやられてしまった国々である。その彼らが、再び世界史の主役として戻ってきつつあるのである。

　彼らは、蛇が龍になるように、鼠が象になるように、一気に国力を倍加することのできる工業化という魔法のトリックに気がついた。魔法などではなかったのである。彼らは、科学技術を習得しまじめに働けば、誰でも工業化できると気づいたのである。工業化の可否は、国家や民族や人種の質によるのではなく、単純に順番の問題だったのである。

　日本の離陸は明治時代であるが、第1次世界大戦後には、近代的「国民」国家に変貌したトルコが続き、第2次世界大戦後には、香港、シンガポール、台湾、韓国、そしてASEAN諸国と、東アジアの国々が相次いで離陸した。そして日本を追って「雁行型発展」と呼ばれる時代が来た。冷戦後の今日、今や中国とインドという最後の巨大工業国家が生まれつつある。これから巨竜・中国、巨象・インドを筆頭に、さらに多くのアジア、アフリカ、そして南米の国々が工業化し、国力を上げて世界の勢力図を書き換えていくであろう。主権平等、対外対等という独立まもないアジア、アフリカの国々の掲げた夢は、理論上だけではなく、実際の力関係においても現実となったのである。

　最後に、これが一番重要なことであるが、アジアやアフリカの人々が、自らの政治的、文化的伝統に自信を持ちながらも、植民地時代に押しつけられたか、あるいは独立時に輸入した欧州の政治制度である民主主義や基本的人権の考え方を、自分自身のものとして受け入れはじめている。彼らは現在、近代的な舶来の政治制度と、自らの多様な政治的・文化的伝統との相克に悩んでいる。それは、まさに明治日本が悩み抜いた問題と同じである。アジア、アフリカ諸国の多くがこの悩みを克服して、自らの選択として法の支配、人間の尊厳、民主主義、市場経済、国家間の

暴力の否定といった国際社会の倫理を受容すれば、地球社会を包摂する共通の倫理体系を構築することは可能であろう。

今、私たちに求められているのは、古今東西の豊饒な倫理や宗教の歴史を通観して、そこに通底する人類に普遍的な倫理基盤を探し出すことである。それは結局、まず自らの心の中に自らの国や民族の良心の歴史を描くと同時に、他国や他民族の良心の歴史を理解し、そこに良心という共通の機能がどのように働いているかを知ることである。それができれば、今度は自らの心の中に、人類そのものの良心の歴史が書けるはずである。そこから、共通の倫理的基盤が成熟し、21世紀の「地球社会」が生まれる可能性がある。そうなった時に、21世紀の「地球人としてのアイデンティティ」が生まれてくるのではないだろうか。

現代国際社会の普遍的価値観とは何か

それでは、具体的に何が現在の地球社会における普遍的価値観かということを考えてみよう。

第1に、「法の支配」である。私たちが「天」や「お天道様」と呼ぶ権力の上に位置する倫理的実体に対する認識は、西洋では自然法思想やキリスト教思想の中にも見られる。現在では、「法の支配」と呼ばれている。この思想は、どこの社会にも文明にも存在する。社会があるところには、必ず法がある。それは、人間社会の生物学的な真実だからである。

現代民主主義の源流にある啓蒙思想の父ロックは、人間は原初からまとまって幸福に生きるよう作られているとして、権力は絶対ではなく権力に上位する法の下にあり、その法は民意を通じて現れるのであるから、社会構成員の代表である議会が策定する一般的民意を権力は執行せねばならない、という考えを説いた。ロックの理論は、人間社会や権力の本質に対する深い洞察に基づいている。このロックの洞察は群生の本能に従って生きている人間社会の真実を抉り出しているのであり、したがって、ヒンドゥー圏にもイスラム圏にもキリスト教圏にも儒教圏にも仏教圏にも、必ず通じる考え方であるはずである。

現在、この地球上に、「いかなる権力も法の下にある」との考え方に反対する人は、まずいないだろう。仕事柄、世界中の人々と話す機会があるが、少なくとも私の知るかぎりはいない。先だって、イラン政府の人たちと人権について話し合う機会があったが、彼らも掛け値なく、まったくその通りであると言っていた。特に儒教圏では、古代思想家である孟子の考え方がロックに非常に近い、ということはすでに何度か指摘した。
　第2に、「人間の尊厳」である。法の支配に気づけば、権力は人々のためにあるという事実に気づく。権力もまた、人間社会の生物学的な機能の一つであり、種の保存という本能に抗えない存在である。権力は、絶対至高の存在ではなく、人の集団が生存を維持するための機能にすぎない。人が知性に目覚めた時、知性は権力を飾ることに使われたために、人類は権力の本質に気づくのに時間がかかったのである。群れで生きる生物の中に、リーダーがその統率力を濫用し、非統率者を残虐に扱う例はない。人も同じである。
　そこから、権力は人々の上に立つのではなく、逆に人々の幸福を目的とするものであるという逆転の真理が出てくる。孟子の言うように「民を以って貴しとなす」「君を以って軽しとなす」という真理に行きつくのである。ある社会の倫理が個々の人間の良心のうごめきから出てくる善悪の判断を基礎としてでき上がっているとすれば、個々の人間の良心こそが、倫理の形成における正統性の起点であり、立法における正統性の起点であり、権力の正統性の淵源である。人類社会における最高の価値は、個々人の良心にある。個々人の良心の輝きこそ、社会の中で最も貴いのである。だからこそ、すべての人間には侵すことのできない尊厳があり、それを尊重することが重要であるという考えが出てくるのである。
　人間を大切にするという考え方は、ヒンドゥー圏、イスラム圏、キリスト教圏、儒教圏、また仏教圏においても、必ず倫理の根底にある考え方である。
　第3に、「民主主義制度の重要性」である。権力を法の下に置こうと

するにも、権力に国民の幸福に奉仕させようとするにも、そのための制度がなければ実現は不可能である。権力は強大であり、腐敗し、かつ権力の座から追われることを本能的に恐怖するからである。

近代欧州の政治制度のうちで特に重要なものは、思想の自由、報道の自由、集会の自由、議会政治制度、複数政党制、普通選挙、司法の独立などである。三権分立は、米国型の厳しい分立と、日本や英国のような議院内閣制型と二種類がある。なお日本や英国のような議院内閣制は、立法府と行政府の長が同一人物であるので、独裁化する危険があることは知っておくべきである。

これら一連の基本的人権や選挙・議会・司法制度が一体となって、民主主義は機能する。その一部が欠けても、民主主義は壊死してしまう。思想の自由や報道の自由や集会の自由が圧殺されれば、良心は封殺され、社会は停滞し、腐敗する。指導者が優れていなければ、場合によっては集団的な狂気に飲み込まれることもある。それは、昭和前期の日本が身をもって体験したことである。

なぜ民主主義が大切なのか。第1講でも説明したが、もう一度簡単におさらいをしよう。

まず、民主主義制度は、権力に対して、治められている者の意見を聞くことを強要するという点が挙げられる。これによって統治者は、嫌でも治められる者の痛みや不満を聞かされることになる。それは同時に、治められる側に政治参加の責任感を生む。民主主義は、明治の思想家である中江兆民の言う「君民共治」を実現する、最も効果的な制度なのである。その結果、社会構成員の多くが、何のために「共に生きているのか」を考えるようになる。その中で良心が活性化され、社会の倫理が発展・変遷していく。民主主義制度の強さと倫理性はここにある。

次に、社会変動を円滑に進めることができる点が挙げられる。社会の実体が、道徳や慣習、法、制度から乖離していく時、社会の実体が変化するのに合わせて、その上にある表象の世界と言うべき道徳、慣習、法、制度がゆっくりと整合的に変化していくことが必要となる。実体社会では、移ろいゆく日々の中で、少しずつ新しい経験が積み重なっていく。

その過程で出てくる人々の良心の声を聞き、それを民主的手続きによって「国民の一般意思（民意）」に凝縮して、道徳や慣習や法や制度を、穏やかに改変していく。このような穏やかな経験主義が、権力を柔らかくし、急激な体制変更やそれに伴う流血の暴力沙汰を避けることにつながるのである。だがそれは、決して容易なことではない。
　さらには、現代社会で政府と市民社会が対峙することから生まれる政治的動態の管理が挙げられる。現代産業国家では、政府が巨大化する一方で、財界、労働界、職能集団、マスコミ、NGOといった、大きな力を持つ非政府団体が、複雑に利害関係をからみ合わせている。この強大な諸団体の利害対立は、警察国家と言われた時代のように、王様が槍を持った従者を従えて出ていけば治まるような話ではない。恒常的に百家争鳴にある現代社会でこの利害を調整するのは、民主主義制度しかないのである。それがなければ、政府はこの巨大な産業国家を、複雑な利害を調整しながら支配し続けることはできないであろう。民主主義制度は、実は産業国家を支配する政府に不可欠の生命維持装置なのである。
　ちなみに、逆に権力と対峙する健全な市民社会が存在しなければ、民主主義制度は機能不全に陥る。ドイツの自由主義は、神聖同盟下で逼塞していたブルジョワ階級が育んだものである。明治維新に２年遅れて1870年にようやく統一を成し遂げた後発産業国家であるドイツでは、権力に対抗する「市民」社会の成熟が弱く、むしろナショナリズムに熱狂した「国民」という側面が強く出た。この点は、1868年に明治維新を成し遂げて急速に産業化した日本とよく似ている。日独両国とも制度上は議会制民主主義であったが、市民社会の成熟が弱いために、ドイツではワイマール民主主義下で議会政治を通じてヒトラー政権が誕生したし、また日本では帝国議会の翼賛を得て軍国日本が暴走したのである。
　今日、ロシアでは、ようやく本来の市民階級が登場しつつある。中国でも、共産党独裁の固い殻の下で、豊かに成熟した市民たちの声が聞こえる。イランもまた、実際に訪問してみると、神権政治の看板の下に驚くほど成熟した市民社会がそこにある。くぐもった彼らの声は、時にナショナリズムに偏りがちであるが、同時に真の民主主義の可能性を感じ

させる。

　第4の価値観は、「国家間の暴力の否定」である。すなわち、平和の維持と創造である。平和を希求することは尊い。グロチウスの主張が、400年を経てようやく世界の常識になった。無差別に戦争が許容された帝国主義時代が終わって、国家間の暴力が禁止され、その禁忌に反した者を国際社会の全員で処罰するという集団安全保障体制ができた。国際連合が、その例である。もとより、国連は完全ではない。国連安保理は万能ではなく、常任理事国が拒否権行使をもって恫喝すれば、いつでも麻痺し得る。そこで、国連が乗り出すまでの間、地域に集団安全保障の機構を作り、二国間の同盟を締結する動きが出た。今日の国際関係は、国際連合と、その下にある地域防衛機構との二国間同盟によって組み立てられている。NATOのような地域防衛機構や日米同盟のような二国間同盟は、国連の安全保障機能を補完する役割と位置づけられている。日米安保条約にも、その旨の明文の規定がある。

　今日、国際連合そのものに反対する国はない。国連は、自前の軍事力こそ持たないが、唯一の普遍的な国際機関として、ますます重要性を増している。正戦論を基底とする今日の国際社会の中で、国連憲章に適合した正しい戦いと無法な暴力を識別する国連の機能は、その重要性を減じることはないのである。

　第6講でも述べたが、日本の平和主義は、絶対平和主義であり、20世紀後半に、普遍的な制度となった国連の集団安全保障体制を貫く正戦論・義戦論とは相容れないところがある。絶対平和は、正義を実現するための力の行使さえをも否定するからである。しかし日本人は、国連加盟後すでに半世紀が経つにもかかわらず、日本国憲法と国連憲章の思想的な整合性を突き詰めて考えたことがない。国連との関係でこのような問題を抱えているのは、世界の中でおそらく日本だけであろう。集団安全保障体制に参加することに対して、多少なりとも違和感を覚えているのは、日本だけではないだろうか。

　日本の平和主義は、戦間期における欧州の平和主義や、米国の孤立主義に似ている。平和を実現する手段に関する議論が欠落した精神論であ

り、正義と悪を峻別せず、あたかも軍国時代の無差別戦争論が一気に無差別平和論へ飛んだ感がある。善悪を問わず力の行使を否定すれば、正義を担保することはできなくなる。それで、世界の平和がどうして守れるのだろうか。また、平和は誰かが支えねばならない。平和を支える手段は、誰かが提供せねばならない。平和を唱え貪るだけで、その責任を他人に押しつけていては、やはり空想的、消極的、孤立主義的と批判されても仕方がない。日本の平和主義は、もう一段成熟し、平和を享受するだけでなく、積極的に平和を創造し、維持する平和主義へと脱皮する時であると思う。

第5に「勤労と自由市場」である。勤労の価値を否定する、文明も文化もないであろう。働く者に正当な報酬を与えることは当然である。

しかし、自由市場や自由貿易は、必ずしも普遍的に受け入れられてきた制度ではない。先にも述べたが、交換は人類の歴史と同じくらい古い行為であり、人類の生存を確保するために重要な倫理性の高い行為である。しかし、しばしば権力者は、商業に様々な制約を課すことによって、そこから利益を得ようとしてきた。関税は、その最たる例である。20世紀の前半、大恐慌の際に現れた植民地帝国によるブロック経済もその極端な例である。

世界的な規模で自由貿易を主張したのは、第2次世界大戦をほとんど無傷で抜け出して巨大な経済力を誇っていた米国である。自由貿易制度が、米国をもっとも利する制度であったことは間違いないが、それは同時に、世界経済を大きく発展させる制度でもあった。地球社会の構成員全員が利益を享受する制度であったのである。今日、情報技術の進展と相まってグローバリゼーションと呼ばれる現象が進んでいるが、冷戦が終了して共産圏経済が消失した後は、まさに市場経済が世界中を覆ったのである。

普遍的価値観のうちの何が受け入れられていないのか

これまで述べてきたような価値観は、21世紀の人類社会に普遍的な倫理的基盤を提供している。仏教圏、キリスト教圏、イスラム教圏、ヒン

ドゥー教圏といった、いずれの主要文明の人々にも受け入れられる考え方であろうと思う。これが、現在国際社会の中で、すでに「本流（mainstream）」となっている考え方である。共産主義思潮が退潮して以来、この基本的な理念に対抗する新しい政治思想は、今のところ生まれていない。

　将来、このような考え方や価値観は、中国のみならずロシアもインドも、やがてアジアやアフリカの国々からも同意を得ることになるであろう。それは、西欧的伝統を共有しない新興工業諸国も、あるいは未だ民主化、市場経済化していない旧共産圏の国々も、いずれはこのような共通の倫理的基盤の上に、一つの人類共同体を作る責任を担うことを目指すようになるのではないかと考えるからである。

　さて、こうした５つの価値観の中で、一つだけ未だ普遍的に受け入れられていないものがある。「民主主義制度の重要性」である。「法の支配」「人間の尊厳」「国家間の暴力の否定」「勤労と自由貿易」などと異なり、民主主義制度に関しては、未だ完全に地球社会のすべての国が受け入れているわけではない。

　それは、権力をどうとらえるかという政治文化的背景とも関連する。啓蒙思想を生んだ西欧政治思想は、「王は奪う」と考える。インドもそうである。権力を恐れる人たちは、権力を異化する。こちらのほうが、世界的には標準の考え方であろう。権力から個人を守る思想は、権力に対抗する人間集団から生まれてくる。マグナ・カルタは、清教徒革命後の混乱の中で、王権と貴族の間の対立から生まれた名誉革命の産物である。自由、平等、友愛は、フランス革命の混乱の後、王党派、ブルジョワ、プロレタリアートの三つ巴の権力闘争によって鍛えられた。

　逆に、儒教圏のように「皇帝は天の使いであり、有徳の人である（少なくとも、そうでなくてはならない）」と考える政治文化では、権力を下からコントロールするという発想にはなりにくい。例えば儒教の影響の強い中国では、皇帝は天の代理人として、ふさわしい徳を身につけるべしと考える。しかし、権力は腐敗する。それが真実である。君子の徳をもって国を治めるという儒家の思想を政治制度に転化するには、はじ

めから限界があるのである。

　確かに「民を慈しむべし」という発想は、むしろ東洋人のほうが深いかもしれない。しかし、それだけでは十分ではないのである。「人間の尊厳」を抵抗者や被統治者の視点から主張し、近代的な政治制度を構築したのは、やはり欧米人の独創である。人類は、彼らに多くを負っている。この民主主義制度が普遍的になり切るには、もう少し時間が必要なのであろう。

　いずれにしても、現在、津波のような勢いで地球社会を飲み込んでいる工業化の波は、世界の各地に、一方で巨大な政府を、もう一方で成熟した市民社会を生み出しつつある。産業社会が生み出す市民社会は、政治意識が高く、強力な政治力がある。ロシアでも中国でもイランでも、そうである。巨大な政府と成熟した市民社会が対峙する現代産業社会においては、民主主義制度は不可欠であるため、このような考え方は、おそらく不可逆的に広がっていくであろう。ただ、それには時間がかかる。それでは私たち、先進工業民主主義国家と言われる主流派（mainstream）は、どうすればよいのか。それについては、「第15講　関与政策とは何か」で、述べることとしよう。

人類史を書くことは可能か

　もう一度、本講の最初に戻るが、私たちはそろそろ地球的規模の精神史、倫理史を考えることが必要であり、またそれは可能であると思う。つまり、人類全体の良心の歴史を再構成し、さらには人類の種としての生存本能の躍動を通観し、そこに人類全体としての倫理的成熟を物語にする努力のことである。

　コミュニケーションの発達や相互依存の進化によって、今度人類全体の倫理空間ができ上がっていくとすれば、その中に吸い上げられていく諸文明、諸宗教、諸国家、諸民族に通底する共通の価値観について考えるべきだろう。人類が、文字を覚えてからおびただしい量の書物が書かれた。現在は、知識が電子化されて、爆発的な量の情報がインターネットの中を駆けめぐっている。この中から、良心が「意味ある」として照

らし出すのは、どのような歴史的事実であろうか。

　それは、定住、農耕、遊牧の始まり、青銅器から鉄器への移行、宗教的覚醒や哲学的覚醒、政治的覚醒、自然科学の発達、産業革命、「国民」の誕生や、繰り返された世界的規模での戦争や疫病の発生など、全人類にとって意味のある大きな事実を拾い上げて、人類がいかに努力して生存を確保してきたかという歴史を再構成する試みとなるのであろう。そこに良心の光を照射して、普遍的な倫理を汲み出す知的な努力が必要になるのだと思う。

　現在、世界の歴史学者の間では、19世紀のユーロセントリズムからの脱却という文脈で、人類史の可能性が議論されていると聞く。内藤湖南以来の伝統がある京都史学派を中心にして、日本の歴史学者の発信力が非常に強いとも聞いている。人類史観の書き換えは、全人類の意味空間の書き換えであり、地球的規模での倫理体系の書き換えにつながる。日本から、多くの発信がなされることを期待したい。

　この試みは、近代化に後れを取り、ようやく工業化の波に乗って多くの国が近代化を進めている東アジアにおいて、特別な意味を持つ。近代国家の創設期には、民族のアイデンティティを一度解体し、近代的に作り直すという作業が必ず行われる。それほど、工業化がもたらす社会変動は大きいからである。古代に戻って古文書を漁り、民族の栄光を神話で塗り固めるという作業が行われたりする。それはある程度、必然である。日本の明治時代を想起すればよい。今、韓国、中国など、多くの東アジアの国々の人々が、近代国家、産業国家、「国民」国家の「国民」として、新しいアイデンティティを成熟させつつある。それは、強いナショナリズムの時代でもある。

　しかし、近代国家は、成熟しやがて相互依存の複雑なネットワークの中にからめ捕られていく。多国籍企業やNGOのように、近代国家という枠組みを狭いと感じる人間集団が登場する。欧州連合のように、近代国家の枠組みを超えて、共同体を創設しようとする動きが出てくる。そこでは、個々の民族の歴史を共同体全体の歴史に書き換える作業が必要になる。

前にも述べたが、欧州の史学界では、大英帝国史やフランス共和国史のようにナショナリズムに満ちた民族の栄光を伝える歴史が時代小説の分野に追いやられ、欧州全体の歴史を書く努力が続けられている。しかし、その欧州自体が拡大し続けているので、ややこしい。「ヨーロッパとは何か」という問いが繰り返し問われるのは、「ヨーロッパ人」という新しいポストモダンのアイデンティティが生まれつつある証拠である。それは、グローバリゼーションの進む中で、米国標準の地球に必ず出てくる地域主義の現れでもある。

　やがて、東アジアでも同じことが起きるであろう。近代化に伴う民族主義の嵐が過ぎ去れば、気鋭の歴史学者によって、日中韓越蒙などの中国文明圏の通史やインド文明圏の通史が書かれるようになるのではないだろうか。その先には、人類史があるはずである。アジアで一足先にポストモダンの時代に進んだ日本人は、その先駆けとなることを歴史的使命としてとらえられないだろうか。

第III部

国益を実現するための課題

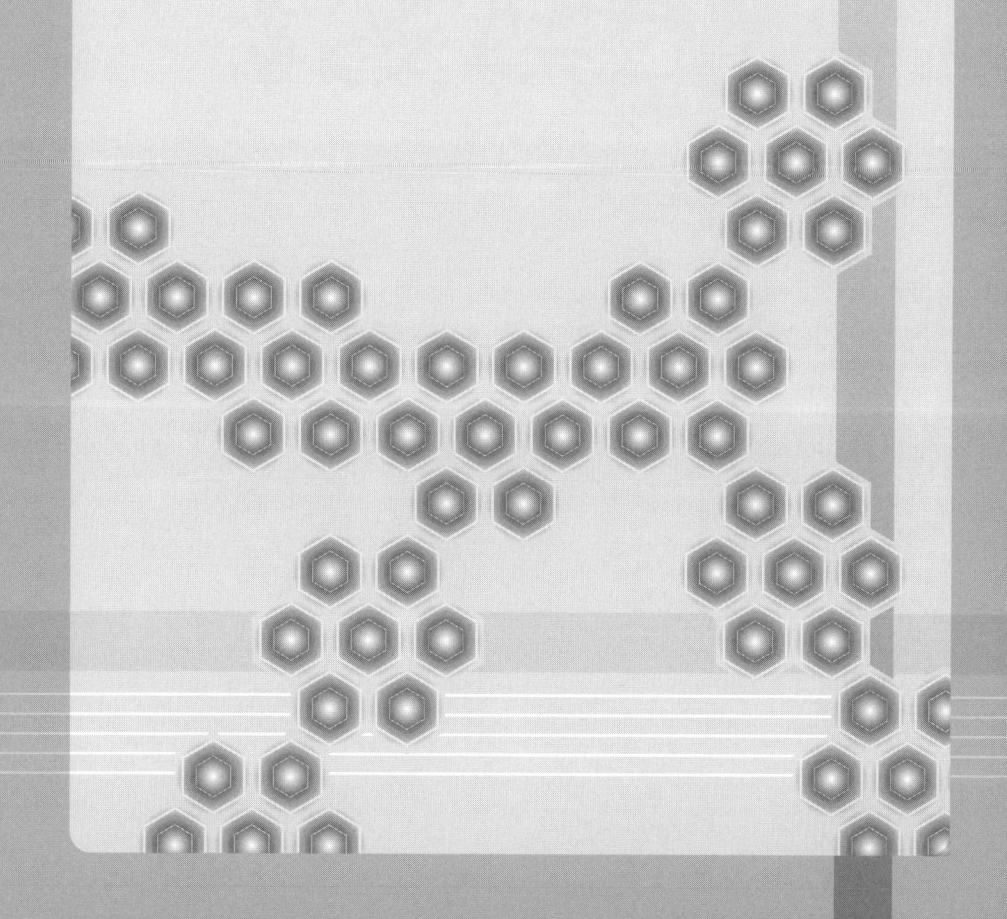

第11講 守れる国益、守れない国益

日本は、一人では生きていけない

　以上では、日本の国益を定義し、日本をとりまく国際情勢を見てきた。戦略的思考とは、国益を定義し、情勢を認識し、国益実現のための方策を考えることだと述べた。となれば次に必要になる作業は、国益を実現する上での課題を特定することである。独力で守れる国益と、守れない国益を識別することである。

　自分の国力だけで、たやすくすべての国益が実現できるのであれば、外交戦略の果たす役割は小さくてすむ。逆に、自分の力だけで自分の生存や繁栄を全うできないような場合には、全身の神経を尖らせて、知恵をしぼって生きていかなければならない。

　それでは、私たちが定義した国益を実現する上で、私たちの力だけで実現できないものには何があるだろうか。以下に順番に見ていくこととするが、最初に結論を言ってしまえば、日本は絶対に孤立しては生きていけない。私たちは、このことを肝に銘じて外交戦略を練る必要がある。

日本は、自分だけで国民と国土を守れるか

　第1に、安全保障上の国益を考えてみよう。私たちは、最も重要な国益である生存を、自分の力だけで守ることができるであろうか。国民の生命と財産を、日本の国は独力で守れるだろうか。「第3講　国家の安全とは何か」の中で、「日本をどうやって攻めるか」という議論をしたのを覚えているだろうか。第1に、核兵器で恫喝する。第2に、海上優勢と航空優勢を取る。第3に、着上陸して政府を攻め滅ぼす。このあたりが、常識的な日本攻めの方法である。

　日本の国力は大きなものがあるが、それでもかぎられている。東アジ

アは、米国、ロシア、中国という世界最強の軍事大国が踵(きびす)を接する地域である。みな安保理常任理事国であり、安保理で拒否権を有している。彼らを巻き込む紛争では安保理は機能しない可能性が高い。また、３カ国とも核兵器国である。これらに加えて日本は、自国の周辺に大日本帝国の滅亡から生まれた朝鮮半島分断と台湾海峡問題という二つの深刻な安全保障上の問題を抱えている。さらに近年では、中国が工業化の波に乗り、史上初めて強大な近代的軍事力を持って台頭しつつある。また北朝鮮は、核武装に踏み切った。

　結論を先に言ってしまえば、このような厳しい戦略環境の中で、日本が独力で日本の安全保障を全うすることは難しい。

　以下、日本が自分で自分を守る力がどのくらいあるかを見ていくが、そのためには自衛隊の防衛体制だけではなく、同時に現在の日米同盟の軍事体制を眺めてみることが必要である。戦後、日本の防衛体制は、米国の東アジア防衛体制の一部に組み込まれており、米軍兵力と自衛隊の兵力が相互補完的に機能している。その全体像を把握しておかないと、視野狭窄に陥って地に足がついた議論とならないからである。

核の恫喝にどう対応するか

　核に対抗するには、核を持つしかない。非核兵器国が、核兵器国に核兵器で恫喝されたら、屈服するしか道はない。それは、仮にそのような事態になれば、責任ある指導者ならばどんなに辛くても下さねばならない決断である。それでは日本は、核の恫喝にどう対応すればよいのだろうか。理論的には、方法は二つある。一つは、自主核武装である。もう一つは、第三国が提供してくれる核の傘への依存である。

自主核武装はなぜ難しいのか

　自主核武装は難しい。日本では、一方に極端な小国主義と幻想的な平和主義があるにもかかわらず、他方で日本は、本気になれば軍事大国になれるという幻想がある。双方の幻想とも、1950年代後半から熾烈になった日本の安保論争を下敷きにしており、その時点での戦略的環境を前提

としている。見方を変えれば、アジアの中で日本だけが突出して工業化し、強大な国家となったという成功体験と、その後の敗戦という苦い体験から卒業していないということである。だから一方では、日本は二度とあのような軍事力を持つべきではないという議論になり、他方では、いつでも軍事大国に戻れるという議論が出る。双方とも時計が止まっているのである。

日本はもう、極端に強くもなければ、それほど弱くもないし知恵も回るといった、中年のおじさんのような国になっているのである。極端を離れて中庸を探すべきである。一方の極端である幻想的な平和主義の危険については、「第2講 国家戦略とは何か」の中で述べた。本講では、もう一方の極端である自主防衛論、特に自主核武装の幻想について、少し詳しく考えてみよう。

核戦略の核心 ── 第2撃能力の確保

では、なぜ核兵器を持つことが難しいのか。第1に、核兵器を保持するのであれば、第2撃能力を確保しなければならない。核兵器は、とりあえず数発持っていればよいというものではない。核戦略論のところで説明したが、敵の第1撃で当方の核兵器が壊滅すれば、報復能力がなくなって相互確証破壊が成立しなくなり、屈服するしかなくなるからである。したがって、核抑止論では、第2撃能力の確保が至上命題になる。

第2撃能力の確保は容易なことではない。例えば、敵の目を逃れるために、静粛性の高い原子力潜水艦に長距離弾道ミサイルに積んだ核兵器を搭載させ、長時間海中に哨戒待機させる方法がある。

英国は、トライデント型ミサイルを搭載した戦略原潜を4隻持っている。常時、少なくとも1隻を大洋に出すためには、往路に1隻、復路に1隻を配備し、1隻はドックに貼りつけてもう1隻を整備点検に回さなければならない。余裕のあるローテーションを考えれば4隻が必要なのである。敵の海軍は、近代的な対潜能力を駆使して、こちらの戦略原潜を追い回すことになる。徹底的な隠密行動を取らないと、出航を偵察衛星で監視され、大洋に出た瞬間から追尾されて有事になった瞬間に撃沈

される。非常に厳しい世界である。

あるいは、地下深くにサイロを作って弾道ミサイルを格納するか、長距離爆撃機に積んだ核を24時間待機させて、すぐに空中に浮かべられるようにしておかなければならない。米露中に対抗して、核兵器大国になるという話ではない。英国型の最小限の核兵器国になるにしても、第2撃能力の確保は必要なのである。

情報衛星網の運用

第2に、情報偵察衛星網の設置と運用である。核の対峙の世界では、お互いが銃を向け合っているわけであるから、気を抜くことはできない。24時間、相手の銃口を神経を張り詰めて眺めている必要がある。すなわち、敵国と相互確証破壊に入るためには、敵の核ミサイル発射を瞬時に捕らえることのできる情報衛星網が不可欠なのである。赤外線により、発射の瞬間の大量熱放射を正確に捕らえなければならないし、その後の飛翔経路を追わなければならない。

弾道ミサイルの動きは比較的単純であるが、時間が短い。自分に向かって飛んでいるミサイルなのか、他所に向かっているミサイルなのか、あるいは宇宙衛星の打ち上げなのかが瞬時にわからなければ、反撃の意思決定ができない。さらに、発射基地周辺の画像を、常時入手しておく必要がある。米国は、冷戦期間中、軍備管理交渉の検証の必要もあって、このような偵察衛星網を地球的規模で整備した。その運営費用は、1年間で数兆円の単位がかかるとも言われている。

原子力の平和利用との関係

第3に、核不拡散体制からの逸脱がもたらす原子力政策上のマイナスである。核不拡散体制は、原子力の平和利用と裏腹の関係にある。終戦直後からしばらくの間、旧敵国である日本とドイツの核武装阻止こそが、核不拡散体制の眼目であったことを忘れてはならない。日独両国による原子力の平和利用にも、厳しい視線が注がれていた。日本の原子力関係者は、その逆風の中で核不拡散体制に協力するために血のにじむような

努力をして、今日の原子力平和利用を実現したのである。ドイツが、環境問題とのからみもあって、1998年に原子力発電の世界からドロップアウトし始めたことは、前に述べた通りである。

　日本が核武装に踏み切るということは、戦後国際秩序の根幹にある核不拡散体制を揺るがす事態ととらえられる。したがって、日本が現在米英仏などから受けている原子力関係の技術的、物質的協力は断ち切られることになる。現在、世界の原子力平和利用の世界を仕切っている三菱とアレバ（仏）、東芝とウェスチングハウス（米）、日立とＧＥ（米）の関係も見直しを余儀なくされ、日本勢に代わって韓国勢が欧米勢とのパートナーシップを独占することになるであろう。また、原料の供給先であるカナダやオーストラリアも、日本にウランを売ることを拒否するようにもなるだろう。日本による原子力の平和利用は立ちゆかなくなる。現在、日本の電気供給の大きな部分をまかなう原子力発電所が、機能しなくなるのである。さらには、国連制裁により、原子力分野などに関連するすべての世界貿易が、日本から遮断されるであろう。

核不拡散体制離脱と政治的・経済的孤立

　第４に、日本経済全般にも悪影響が出ると思われる。欧米諸国を中心にして、日本への投資に暗黙の圧力がかかるであろう。21世紀版ABCD包囲網の復活である。それは、イランの例を見ればわかる。あれほどの石油・ガス資源を持ちながら、それを発展させるべき西側の資本が入っていかない。対岸にある小国のカタールが、世界のLNGの需要を大きくまかなっているにもかかわらず、イランはLNGを開発することができない。核不拡散政策でまとまっている、西側の技術と資本が入っていかないのである。自由貿易を生命線とする日本が、このように経済的に孤立させられたら、生きていけないことは自明であろう。

　第５に、日本の核武装がもたらし得る戦略的構図の変化である。「第７講　国際戦略情勢概観（１）――地球的規模の権力関係はどうなっているか」における政治力比較の項で述べたように、核の世界は国連安保理の世界と同様、Ｐ５（戦勝五大国）を中心とした世界である。日本の

核武装は、中露を含む戦勝五大国の結束を強める。米中露が結束し、日本が北朝鮮のように孤立すれば、北東アジアの戦略構図が大きく変わる。

わずか半世紀前に、米中露を一度に敵に回して悲惨な敗北を喫した日本は、まず経済復興を果たし、次いで西側の一員として政治的復権を果たした。20世紀の末になってはじめて、ようやく国連常任理事国を狙うほどに国際的地位を回復したのである。核武装は、この営々たる苦労を水泡に帰するほどの愚行である。日本にとって、米中露三国を一度に敵に回すことは、二度と繰り返してはならない愚行なのである。

「ミサイル防衛」は完全か

なお、現在日本政府が導入しているミサイル防衛であるが、これは真剣白羽取りの世界であって、あくまでも米国による拡大核抑止を補完するシステムであることに留意を要する。核戦略の主役は、今でも攻撃兵器なのである。ミサイル防衛は、所詮防弾チョッキにすぎない。しかも不完全である。例えば、機関銃で撃たれたら防弾チョッキも意味がない。ミサイル防衛も同様で、数百発のミサイルが降ってくるような全面核攻撃になれば、ミサイル防衛は突破されることになる。

ミサイル防衛が有効であるのは、むしろ紛争の初期における恫喝や挑発に対抗する政治的兵器としてであろう。

「お金がない」という現実 ── 破綻した吉田ドクトリン

ここで、日本財政の逼迫について触れておきたい。日本は、吉田総理が軽武装路線によって戦後復興に財政資源を回すことを優先した。その戦略が功を奏したことは言うまでもない。日本経済はやがて絶頂を迎えた。しかし、日本は経済復興後も、米国の庇護に甘えたまま、吉田の軽武装路線を見直すことをしなかった。逆に70年代には、三木総理がGNP１％枠という防衛費枠をはめて、防衛努力を怠ってきた。軍事大国に囲まれた日本にとって、その潜在的脅威がGNP１％の防衛予算で撃退できるという保証がどこにもない以上、怠慢と言われても仕方がない。これは、政府がGNP１％分しか、国民の安全を保証しないと開き直って

いるのと同じである。

　怠慢の原因はどこにあるのか。米国への依存心が、無限の安心感を与えていたということがある。あるいは国策形成上、自国周辺の軍事バランスを計る計算機が壊れてしまっていたのかもしれない。もとより、米国を含む周辺国の対日警戒心がまだ強かったという事情は考慮せねばならない。しかし、米国が相応の防衛負担を求めるようになり、また、もとから強力なソ連軍（ロシア軍）を含めて、北朝鮮軍が核武装し、中国軍が急速に近代化して自衛隊の能力を凌駕しはじめている中では、周辺諸国の対日警戒心は大きく後退し続けている。隣国韓国も、海軍増強に力を入れ、遠洋海軍へと脱皮しはじめている。それでも日本は、防衛費の見直しをしなかった。太平の夢にまどろみ続けたのである。

　今や、失われた20年を経て、日本は、国債・地方債を合わせて1000兆円近い借金を抱えるに至った。国家全体としての借金は、GNPの200％である。蟻とキリギリスではないが、防衛費に関するかぎり、今の日本は完全に冬のキリギリス状態である。

　「大砲かバターか」という古典的な選択を前にして、吉田茂が選択した軽武装による経済成長という路線は、防衛力云々の前に、弛緩した財政規律が原因で破綻してしまっている。今や、「バターさえままならない」というところにまで追い込まれているのである。

　今後、厳しくなる戦略環境を前に防衛費と財政再建の二律背反をどうするかという問題は、日本において再び真剣な国民的議論の対象とならなければならない。これからの南方重視の戦略を考えれば、海空軍力の増強は不可欠である。特に、第2次世界大戦当時から続く潜水艦能力の軽視は、海上自衛隊の力を削いでいる。

　通常兵力の整備さえままならない日本に、まったくゼロから独自の核兵器システムや偵察衛星システムを構築する財政的余力があるだろうか。将来、消費税の大幅値上げなど、抜本的な財政的取り組みが取られればともかく、現在の日本にそんな余力があろうはずはないのである。財政の逼迫は、少子高齢化と並んで、安易な日本の自主防衛論者に対して沈思熟考を強いる問題である。より現実的で効率的な防衛費の増額を

考えねばならない時に来ているのである。

米国の核抑止力は万全か

　日本にとって、自主核武装が困難な選択であるとすれば、どうすればよいのか。ロシア、中国、北朝鮮という大陸側の核兵器国と隣接している日本としては、何としても米国の核の傘に依存せざるを得ない。他に選択肢はない。核兵器の廃絶が望ましいのはその通りであるが、それはまだまだ将来の話である。中露朝の核兵器が隣にありながら、核廃絶のために率先垂範して「核の傘を外そう」というのは、責任ある政策ではない。それでは、仮に有事になったとすれば、国民を犠牲にすることになる。国民を犠牲にする安全保障政策などあり得ない。そのような議論は、目的と手段を取り違えている。

　また、米国の核の傘は無償ではないことに留意を要する。米国は、真に重要な同盟国以外に核の傘を提供することはない。沖縄は、米軍の治世が続いている間、米国が物理的に持ち込んだ戦術核兵器によって守られていたが、日本本土に対して、米国が明示的に核の傘を提供したのは、1975年の三木・フォード首脳会談になってからである。

　日本に提供された米国の核の傘は、日本が核兵器の物理的な持ち込みを拒否してきたために、あくまでも抽象的な傘にすぎない。では、米国の核抑止力の正体とは何であろうか。米国の核抑止力は、地上配備のミニットマン、戦略原潜に配備されているトライデント型ミサイル、戦略爆撃機であるB52やB２爆撃機に積まれている空中発射型巡航ミサイルからなっている。かつてトライアッドと呼ばれた、米国の戦略核体系である。また戦術兵器としては、NATOに戦術核が存在することは周知の事実である。現在、NATO加盟国への戦術核配備継続の是非が、NATO内で議論されはじめている。これらの核兵器はF-16が搭載するが、将来はF-35が搭載することになるのであろう。海洋核に関しては、冷戦後、ブッシュ大統領（父）の決断で、空母のような水上艦配備の核兵器はその搭載能力とともに撤去された。2010年４月に発表されたニュークリア・ポスチャー・レビュー（NPR）では、さらに潜水艦配

備の核トマホークを完全に退役させることが決定された。

　米国の戦略核を見るかぎり、米国の第2撃能力は、ほぼ完全である。これに対し戦術核については、通常兵器とからめた複雑なバランスを計算する必要がある。戦術核は、通常兵器の劣勢を補うための兵器だからである。通常兵器に劣る側が戦術核を使用すれば、戦略核の報復を招くというエスカレーション・ラダーが説得力のあるものとなっているかどうかを、常に検証する必要がある。米国政府は、2010年のニュークリア・ポスチャー・レビューで、米国の拡大核抑止は万全であると結論づけているが、その根拠は示されていない。この点については、実は未だ十分な議論がされているとは言えないと思われる。

核をめぐるドイツの苦悩

　冷戦中、ドイツは核抑止力の問題に悩み抜いた。日本は、島国という恵まれた地政学的環境にあったが、ドイツの戦略状況は、日本とは比べものにならないほど厳しいものであった。西ドイツほど、拡大核抑止の実効性を疑い、米国のコミットメントの確保に血道を上げた国はない。

　ドイツと日本は、共に第2次世界大戦の敗戦国であり、旧敵国として戦後を出発した。日独両国とも大きく領土を失い、経済は灰燼に帰し、連合国や周辺諸国がその再軍備と復讐主義に厳しい警戒心を示していた。そのためドイツも日本も、ほぼ非武装のまま独立させられている。冷戦のごく初期である1948年に独立したドイツは完全に非武装であったし、朝鮮戦争勃発後の52年に独立した日本でさえ、警察予備隊以外にまともな軍隊は保持していなかった。

　敗戦当時、日本とドイツの置かれた戦略環境は大きく異なっていた。日本は、明治以前の固有の領土をほぼ保持することを許された。また、極東正面はソ連の政経中枢からはるか遠方にあり、米国の戦略上は、所詮第2の戦線であった。また、日本は島国であり、たとえ40万の大軍を誇った極東ソ連軍でも、強大な第七艦隊を撃破して海上優勢を確保し、日本を侵攻することは困難であった。極東ソ連軍には宗谷海峡を渡るしか南進の道はなかった。この地政学的好条件によって、米陸軍は、日本

防衛を米海空軍および海兵隊に委ねて、米本土へと撤収する。

これに対してドイツは、まず民族と国土を分断された。西ドイツが陸上国境で向かい合う強大な赤軍の先兵は、同じドイツ民族の東ドイツ軍であった。また東ドイツには、すでに赤軍22個師団が配備されており、赤軍全体では常時175師団（有事には300師団）が控えていた。ところが終戦直後、ドイツに駐留した米陸軍は10万の規模にすぎなかった。初代NATO軍最高司令官に就任したアイゼンハワー将軍は、ただちに陸軍を中心とする在独米軍を40万の規模に拡大しなければならなかったのである。西ドイツは、赤軍に一気呵成に蹂躙され得るような戦略的状況下に生まれたのである。

ドイツの再軍備は、日本の再軍備と同様に冷戦の産物である。NATOの主導役である米国から見れば、主力の欧州各国の軍隊を集めて、それにギリシャを加え、さらにトルコを加えても、赤軍との通常兵力差を埋めることはできなかった。1948年に始まったベルリン封鎖は、ソ連の強硬な敵対的意思の表れと受け止められ、冷戦の到来を本格的に告げることになった。49年には、パリに本部を置くNATOが創設され、同時にドイツ再軍備が現実路線になりはじめた。

ドイツ再軍備における最大の論点の一つは、核兵器の扱いである。核兵器をめぐっては、次の3点に留意する必要がある。

第1に、以上に説明した東西陣営の圧倒的な通常兵力格差である。なおかつ東西の両兵力が、東西ドイツ国境を中心に陸上で向かい合っているということである。これは、赤軍側に動員が始まれば、ただちに「万事休す」であって、ドイツは言うまでもなく、ピレネー山脈以東の地域が容易に蹂躙され得ることを意味した。米国から見れば、これを阻止するには核兵器に頼るしか他に方策はなかったのである。

第2に、冷戦前期には、厳しい対独・対日警戒心が、依然として主要連合国の中に存在したということである。彼らからすれば、日独両国は未だ西側の一員ではない。依然として旧敵国であった。日独両国が西側の一員として完全に復権するのは、1979年のソ連のアフガン侵攻後、レーガン大統領が指導した新冷戦下である。むしろ冷戦初期には、復讐主義

に駆られるかもしれない日独両国に核兵器を持たせてはならないという強固な意志が、主要連合国側に存在していた。これが、核不拡散条約（NPT）の流れにつながっていくのである。また、ドイツはNATO加入に際して、核兵器を開発しないことを誓わされているし、欧州連合のユーラトム構想は、核燃料を国際化することによってドイツの原子力政策を核兵器開発に向かわせない歯止め政策という面を有していた。

第3に、ドイツから見れば、米国の戦術核のドイツ領内「配備」が赤軍の東進阻止のための絶対的要請であるとしても、その「使用」は、東ドイツのみならず西ドイツの完全破壊を意味したということである。自主核開発の道を断たれたアデナウアー首相（CDU）にとって、「米国の核を持ち込ませることによって赤軍を完全に抑止し、そうして紛争を起こさせないことによって核を絶対に使わせない」という要請が、戦略の次元を超えて、ドイツ国家、ドイツ民族が生存するための絶対的条件となったのである。このようなドイツが直面した現実の厳しさは、島国の日本人が理解しなくてはならないことである。

冷戦中の核戦略の変遷とそれに対応するドイツの反応は、大きくまとめれば次のように言えるであろう。

第1は、アイゼンハワー大統領時代の西ドイツ前線における火力の補充期である。冷戦が始まった後に、オネスト・ジョン、ナイキ・ハーキュリーなど、射程が数十キロの戦術核が在独米軍に持ち込まれていたと思われる。当時は、核爆弾は、火力が大きい通常爆弾のように扱われ、赤軍に対する火力差を補填するものと考えられていたのである。

第2は、「大量報復戦略」時代の幕開けである。これもアイゼンハワー政権時代の産物である。これは、東西ドイツ国境が赤軍によって侵されれば、B29などの爆撃機によって核爆弾を東側諸国の政治経済中枢に大量投下するという戦略である。当時は、「ニュールック」と呼ばれていた。当初一部の西側諸国は、核兵器のほうが、赤軍と同レベルにまで通常兵力を増強するよりも安上がりだと思った節がある。

しかし、大量報復戦略は、ただちにその信頼が揺らぎはじめる。それには、いくつかの理由がある。そもそも、東西国境が赤軍によって限定

的に破られた時に、米国が即時に全面核戦争に踏み切るとは考えにくい。核兵器は、あまりに巨大な破壊力とその非人道性のゆえに、使用の敷居が高い。使いがたいのである。それは、大量報復戦略が硬直的であるということを意味する。さらに決定的であったのは、ソ連による核保有とスプートニク衛星の打ち上げである。これは、大陸間弾道弾によってソ連が米国を、直接かつ必ず壊滅させる能力を持ったことを意味する。当時、米国の突然の脆弱性は、誰の目にも明らかであった。相互確証破壊時代の到来である。

相互確証破壊の時代になると、「ボンが核攻撃された時に、果たしてワシントンは、自らを犠牲にしてモスクワを核で叩くだろうか」というデカップリングの議論が非常に真実味を帯びてきた。同盟国は動揺する。答えは、「ノー」であり得るからである。少なくとも、絶対に「イエス」である保証はない。英国とフランスは結局、独自の核を開発する道を選んだ。しかしドイツには、その道は封じられていた。

ドイツに残されている道は、米国の核兵器を持ち込ませ、かつその使用についての発言権を確保することでしかなかった。その真意は、「米国の核を持ってこい、しかし、勝手に撃つな」ということに尽きるであろう。これが米国核兵器のNATO化（ニュークリア・シェアリング）につながっていく。このようなドイツの絶望感が、放っておけばドイツは核武装に向かうかもしれないと、米国に思わせたのであろう。

世上よく言われるNATOのニュークリア・シェアリングが、どの時点で始まったのかは定かではない。米英間のニュークリア・シェアリングよりは後であろう。この部分に関する歴史は、未だに機密のベールに覆われている。

有事になればNATO加盟国軍の一部が核兵器の配備、運用に参画するというニュークリア・シェアリングは、おそらくかなり早い時期に始まっていると思われる。実際、ドイツ国会によるドイツ軍の核運搬能力獲得容認決議は、早くも1957年に可決されている。

なお、このような核のNATO化は、同盟国の側から見れば、核の傘を戦術核によって確実なものにするという面があり、米国からすれば、

核兵器の運搬手段をNATO同盟国に拡散することによって、紛争初期における米国戦術核の残存性を上げるというメリットがあるものであった。

第3に、ケネディ政権時代の「柔軟対応戦略」である。相互確証破壊が成立した以上、大量報復戦略の硬直性を見直してより柔軟に対応できるようにするということは、同盟国を守る責任を有する米国の立場からすれば当然である。それは、そのままNATOの戦略となる。

その後、キューバ危機、ベトナム戦争の泥沼化、米中国交正常化を経て70年代まで、国際政局は大きく動き、デタントの時代が到来した。ソ連も、長期停滞の兆しを見せながらもブレジネフ政権下で安定期に入っていった。この頃になると、核戦略をめぐる論争は、精緻なゲーム理論の応用など、机上の空論の様相を呈してくる。

しかし、西ドイツは、柔軟対応戦略にも、大量報復戦略と同様に心の底から信頼を寄せていたわけではない。柔軟対応戦略とは、突き詰めれば「米ソは核戦争をしないけれども、ドイツを中心とする欧州戦域だけでならば核使用を含めた戦争があり得る」ということだからである。柔軟対応戦略が広まれば広まるほど、ドイツの指導者の中では、再びデカップリングの悪夢が頭をもたげてくるのは必然であった。

西ドイツの懸念が火を噴いたのが、シュミット首相時代（SPD）のユーロミサイル論争である。ソ連による中距離ミサイル（SS20）の配備は、俊敏なシュミット首相には、米独の戦略的絆を断ち切る斧に見えたはずである。SS20でドイツ主要都市が攻撃され、ドイツが壊滅した時、誰がドイツのために核を撃ち返してくれるのだろうか。米国は、そこでソ連を大量報復するのではなく、逆にドイツの屍を横目に、ソ連との休戦協定（modus vivendi）交渉へ移ろうとするのではないか。シュミット首相は、そう考えたのである。もしそうだとすれば、西ドイツは初めからソ連に降伏したほうがよい。これがデカップリングである。デカップリングとは、心理戦である。

デカップリングを防ぐ唯一の方法は、欧州戦域での戦争が、必ず米ソ全面核戦争へ結びつくように、「核の階段」（escalation ladder）を組み

上げておくことである。それは端的に言えば、「死なばもろとも」ということである。すなわちドイツへの限定的侵略が、必ず大量報復に結びつくようにするということであり、同盟国が米国に対して、柔軟対応戦略と大量報復戦略の切り離しを許さないようにする戦略だと言ってもいいであろう。

SS20に対するシュミット首相の戦略は、欧州戦域での核戦争に対してこの核の階段をできるだけ緻密に組み上げることであった。だからシュミット首相はパーシングⅡミサイルの欧州配備に固執し、米国を説得したのである。逆説的にそれこそが、限定的な戦域内の紛争を完全に抑止する道であると考えたのである。

このシュミット首相の考え方は、卵をできるだけ多く積み上げれば、誰も怖くて籠を揺すらないだろうというものである。追い詰められたドイツの発想であり、これは弱者の発想である。

なお、ユーロミサイル論争が、中曽根首相の介入でゼロオプションというかたちの終焉を迎えたことは、よく知られている事実である。

このようにドイツの核兵器への対応を眺める時、核の拡大抑止をめぐる一つのはっきりしたパターンが見えてくる。一方で、核の傘を差し出す米国の側からすれば、敵対する国家と相互確証破壊に入れば、硬直的な大量破壊戦略から柔軟対応戦略に転換せざるを得ないという現実主義が出てくるということであり、他方で、核の傘を提供されるドイツからすれば、柔軟対応戦略の下では、常にデカップリング（ドイツが壊滅した後に、米国は反撃せず、敵と休戦協定を結んでしまう）の恐怖に苛まれるということである。

この時、ドイツからすれば、核の傘をより実効性があるものにしようと思えば、第1に、米国の核兵器を持ち込み（配備）、第2に、米国の核兵器配備のみならず使用についても発言権を確保し（ニュークリア・シェアリング）、第3に、欧州戦域の限定核戦争が必ず米ソの全面核戦争に発展するように、緻密な「核の階段」を組み上げるしかない。

特に、第3点は、米国のコミットメントのレベルを、ドイツが核攻撃されれば必ず大量報復を行わざるを得ないというところにまで常時上げ

させておく、ということである。核戦争を戦域に押し込もうとする米国に対し、ドイツはまさに米国を引き込み、米国にしがみつき、「死なばもろとも」というレベルにまで米国のコミットメントを確保しようとしたのである。

日独核政策の比較

戦後の日本の核政策を眺めれば、日本がドイツとはまったく異なる方向に進んだことがわかる。広島、長崎という唯一の被爆経験は、核兵器の非倫理性、非人道性という面を日本国民の記憶に深く刻みつけた。1960年代後半には、沖縄返還交渉における核兵器撤去交渉方針がそのまま本土にも適用されて「非核三原則」の方針が固まっていく。核不拡散条約交渉は、被爆国である日本こそが主導するべきものとされ、またその後の国連総会でも、毎年日本が主導する核軍縮決議が可決されている。

その一方で、冷戦の厳しい戦略的環境に鑑みれば、日本防衛のために核兵器が必要であるという認識は、日本政府指導部内に明確に存在していた。池田総理や佐藤総理にもあったと言われている。自主核の選択があり得ない以上、米国の核の傘への依存は、日本の安全保障を確保する上での絶対的な必要条件であった。

米国は、韓国、沖縄および海軍への海洋核配備を進め、日本は事実上米国の核の傘に入っていった。1975年には日本は米国から核の傘の提供を公のコミットメントとして受けるようになった。しかし日本政府は、ついにドイツのように、核の傘を戦術核の持ち込みによって実効あらしめるという方向へは向かわなかった。むしろ日本は、返還される沖縄を含め、日本領内への戦術核の持ち込みを拒否したのである。日本人には、デカップリングの恐怖よりも、広島・長崎に起因する反核感情のほうが強かったのであろう。

この間政府は、米国の核の傘を実効あらしめるという戦略的要請と国民の反核感情との間で、厳しい対応を迫られ続けた。それが、いわゆる核持ち込みの「密約」というものを生んだのであろう。「密約」については、21世紀に入って政府自らの手によって、その内容・経緯が詳らか

にされた。

　日本周辺の戦略環境は、冷戦期のドイツとは大きく異なる。20世紀のドイツの核戦略が、そのまま21世紀の日本の核戦略になるわけではない。しかしながら、ドイツの苦悩には学ぶところもやはりあるであろう。日独の核政策の比較は、私たちにいくつかの示唆を与えてくれる。

　第1に、島国である日本を侵略しようとする者は、まず海上優勢、航空優勢を取らなければならない。海上自衛隊と米第七艦隊、航空自衛隊と米第五空軍（在日米空軍）のバリアを破ることは容易ではない。通常戦力において圧倒的に不利であったドイツと異なり、日本は、戦術核で抑止しなければ一気呵成に蹂躙されるというような状況にはない。島国の日本は、大陸国家であるドイツに比して、地政学的に恵まれているのである。

　第2に、逆に言えば、通常兵力において劣勢な大陸勢力が、先に核兵器を使うことはあり得るということである。例えば、ロシアは通常兵器の劣勢を補うために、21世紀に入ってから戦術核の開発と再配備を始め、核の先制使用を公言している。バックファイアー爆撃機、オスカーⅡ型潜水艦、アクラ型潜水艦、キーロフ型原子力推進水上艦、スラヴァ型水上艦、ウダロイ型水上艦などは、戦術核の搭載が可能とされている。

　ロシアの戦術核の実態は闇の中であるが、現在、少なくとも数千発の弾頭を保有していると言われている。また中国は、核の先制不使用を宣言しているが、中国の核戦略はあまりに不透明であり、信用する専門家はほとんどいない。

　第3に、中国は、米露間のINF条約にしばられることがないので、日本を射程に入れた中距離ミサイル（東風21）を保有している。東風21は、吉林省や中国東北部のいくつかの基地に分散して展開されていると言われている。これは、ドイツにとってのSS20配備に匹敵する、日本への直接的な潜在的脅威である。

　第4に、日本侵略において核が使用されるとすれば、まず対米空母機動部隊攻撃のように、海上（または空中）において使用される恐れがあるということである。日米の優位は海上にある。これを砕けば、一気に

戦局の潮目は変わる。海上核戦争の恐ろしいところは、民間人のコラテラル・ダメージがほとんどないために、倫理的、人道的な歯止めがかかりにくいということである。海上での戦術核兵器使用は、単に火力の大きな兵器の使用として認識されやすい。

　オバマ政権は、唯一残る海上核能力である潜水艦搭載の核巡航ミサイル（TLAM／N）廃棄を決定したが、TLAM／Nは、まさに海上で空母機動部隊を核攻撃するロシア爆撃機に対して、戦術核で報復するという米国の意思表示であった。その真意は、核の敷居を越えてはならない、というメッセージを送ることにある。

　将来、TLAM／Nがなくなれば、F-35が唯一の戦術核運搬手段となる。しかし、米空母はすでに核搭載能力がないため、F-35は地上基地から発進することになる。しかし、直近の米国領土は、遠いグアムである。それで海上での核攻撃を抑止できるのだろうか。

　第5に、海上において核の敷居が越えられてしまえば（たとえそうでなくても）、日本に所在する軍事施設に対する戦術核攻撃の可能性があるということである。少なくとも日本周辺の核兵器国には、その能力が十分にある。それは、ドイツと同様に、深刻なデカップリングの懸念が常にあるということである。米国が、西太平洋戦域の同盟国が核攻撃された際に用いる戦術核兵器運搬手段としては、先に述べたF-35戦闘機しかない。F-35が使えなかったら、あるいは不十分な反撃能力しか提供できなかったらどうなるのであろうか。米国は、トライデントやミニットマンやB2のような戦略核を使うだろうか。ここで、デカップリングの議論、すなわち核の傘の信憑性の問題が出てくることになる。

　なお、トライデント・ミサイルなどの長距離精密誘導型通常兵器が、核兵器の代わりになると言う人もいるが、敵方から見れば、核弾頭の長距離ミサイルと通常弾頭の長距離ミサイルの識別は不可能であり、そう簡単な話とは思えない。

　冷戦の重圧から解放され、領域内に持ち込んだ米戦術核兵器の撤去に関する議論が始まったドイツと異なり、西太平洋および北東アジアの情勢は、ますます混沌としている。21世紀の日本は、20世紀後半のドイツ

と入れ代わって、厳しい国際戦略環境に直面することになる。アデナウアー首相、ブラント首相、シュミット首相は、みな厳しい冷戦の現実の中でドイツ国家とドイツ国民のために核抑止問題で悩み抜いた。今度は日本人が、21世紀の日本の安全保障のために、核抑止力についての真剣な議論を国民的に行わなくてはならない時代なのではないだろうか。

先にも述べたが、菅総理の諮問に対して報告書を提出した安全保障防衛懇談会は、初めて非核三原則の中の持ち込みに関する見直しを提言した。「新たな時代における日本の安全保障と防衛力の将来構想——『平和創造国家』を目指して——」と題されたこの報告書は、「本来、日本の安全保障にとって最も大切なことは、核兵器保有国に核兵器を『使わせないこと』であり、一方的に米国の手をしばることだけを事前に原則として決めておくことは必ずしも賢明ではない」と初めて喝破した。この提言が、核抑止力に関する国民的議論の深まることに貢献することを期待したい。

核抑止力については、米国に「おんぶにだっこ」ではなく、日本をとりまく四囲の状況によく目を配り、真に抑止が機能するのかどうかを常に米側に問いただす心構えが必要である。それは冷戦中、日本がまったく手をつけず、一方、西ドイツが必死になってやってきたことなのである。今度は、日本が真剣になる番である。

通常兵力の世界 —— 日本は独力で海や空が守れるか

次に、通常兵力の世界に目を移してみよう。ロシアや中国という強大な軍事国家と隣接している日本を守るには、海、空のバリアを固め、長大なシーレーンを守りつつ、着上陸進行する敵を撃退しなければならない。結論を先に言ってしまえば、それは日本の自衛隊だけでは無理である。現在、日本人が鼓腹撃壌の生活を楽しんでいられるのは、自衛隊を補完する米軍がいるからに他ならない。逆に言えば、米国の東アジア防衛態勢に自衛隊が補完的に組み込まれていることが、日本を安全にしているのである。

これから順次説明するが、谷内正太郎早稲田大学教授（元外務次官）

が言われるように、在日米軍の主力は「七五三」と覚えてほしい。在日米軍の軍種である。海を守る第七艦隊、空を守る第五空軍、陸を守る第三海兵師団のことである。この「七五三」からなる米軍が、それぞれ日本の海上自衛隊、航空自衛隊、陸上自衛隊を補完する兵力となっている。ただし、第七艦隊と海上自衛隊ではその規模と能力からして海上自衛隊の方が、第七艦隊を補完する格好となっている。洋上の第七艦隊は在日米軍ではなく米海軍本隊であり、それは当然と言えば当然である。

　そして日本の自衛隊の後ろに150万の米軍本隊がいて、そしてさらに米国の同盟軍がいる。主なところだけを挙げても、英国、フランス、ドイツ、スペイン、イタリア、ポーランド、トルコといったNATOにおける7人の侍がいる。アジア太平洋地域にはオーストラリアがあり、韓国がある。この総合兵力は巨大であり、地上のいかなる単一国家も、これを覆す力を持たない。

　また、日本の自衛隊と米軍の組み合わせを考える際には、「盾と矛」の役割分担ということを覚えておいてほしい。専守防衛という狭い枠組みの中で作り上げてきた日本の自衛隊は、敵地攻撃能力を持たない。攻撃能力は、すべて米軍に依存している。日本の自衛隊は、敵のパンチを受け止めるだけが仕事であり、敵のボディや顔面にパンチを打ち込むのはすべて米軍の仕事なのである。だから「盾と矛」なのである。

　この組み合わせは、非常に特殊な組み合わせである。米軍がいなければ、日本は殴られっぱなしとなる。敵攻撃能力の源泉を叩くことができないからである。この点については、20世紀後半に大量に拡散したミサイル兵器との関係で深刻な問題を惹起するが、後に日米同盟の役割分担を考える際に改めて触れることにしよう（第13講を参照）。

「海を取る」とはどういう意味か

　まず、日本だけで海を守れるかということを考えてみよう。日本は島国であり、海を取られたら生存は覚束ない。360度、どこからも攻撃され得ることになる。また、自由貿易体制を最大限に利用し、工業化によって経済的繁栄を達成した日本が海外貿易と遮断されたら、経済的に繁栄

しようがないことも自明の理であろう。海の価値は、漁業資源だけではない。海そのものが、物、人、金、情報が、膨大な量で行き交うパイプのようなものなのである。そのパイプは、数千海里のむき出しの動脈である。島国の日本は、海を取られ、このパイプを遮断されたら、屈服するしかない。

この「海を取る」ということは、どういうことかわかるだろうか。言うまでもなく、海は大量の水だけでできている。山もなければ河もなければ、谷もない。陸軍は、必ず地勢を利用して戦争をする。基本は、敵がよく見える尾根を取ることである。だから日露戦争の時には、203高地の奪取にこだわったのである。ところが海は、国際海峡など特定の場所を除けば、一面の海原である。海には、すべてを取るか、取られるかしかない。自然の地勢を利用した陣立てで、敵対する軍勢が対峙したまま安定するということはないのである。

海戦戦略の基本は、海のすべてを取ることである。海軍国家にとっての海を取るとは、大洋を抑えることを意味する。大海軍を遠洋海軍（blue water navy）と呼ぶ所以である。典型的な海軍国である英国や米国は、7つの海を支配した。陸軍国家であるフランスやソ連（ロシア）は、海軍力において劣勢であり、ナポレオンの大陸封鎖や露極東海軍（太平洋艦隊）によるオホーツク海の聖域化に見られるように、自国領周辺の聖域化に動いた。

歴史を見れば、しばしば海軍力の強勢な海洋国家が大洋を押え、海軍力に劣勢で陸軍力に優勢な大陸国家が自国沿岸部を聖域化するという図式になっていることがわかる。しかし、沿岸部の聖域化は、大陸内部に十分な資源や交通路があり、海を遮断されても生きていける大陸国の戦略であることに注意を要する。日本のような兵糧攻めに弱い島国が取るべき海軍戦略は、英国同様に海全体を押えることしかないのである。

北西大西洋における海軍力の比較

現在、西太平洋、インド洋には、米第七艦隊という横綱の他に、海上自衛隊、ロシア極東海軍、中国海軍という大関と、韓国海軍、インド海

軍、オーストラリア海軍といった親脇がいる。ピョートル大帝以来の伝統を誇るロシア海軍の極東艦隊は、規模を縮小したとはいえ依然として戦術核運用能力を有した強敵である。また中国海軍は、豊富な予算を得て驚くほど急速に実力を上げてきている。韓国海軍も、日本の１個護衛隊群に相当する艦隊を保有しはじめた。日本をとりまく海軍情勢は、厳しくなる一方である。この海域で日本は、どうやって海を押えることができるのだろうか。

　答えは、至極簡単。独力では無理である。現在、世界最強の海軍、米海軍と組むしかない。米第七艦隊は、日本周辺海域を含む西太平洋全域とインド洋全域を作戦担当区域としている。すなわち、北は千島列島から南は南極大陸まで、西はアフリカ東岸から東は日付変更線までを担当する。海軍は機動力に優れるので、定まった兵力を推定するのは難しいが、平時の兵員は、海兵隊を含めて２万人、艦艇は、空母、巡洋艦、駆逐艦、潜水艦を含めて40隻から50隻であり、作戦機は、海兵隊機を含めて約200機である。もとより米海軍の総力は、主力水上艦総数110隻、そのうちイージス艦が約80隻弱である。その一部が、第七艦隊を構成している。

現代海戦の実際と米海軍の実力

　現代海戦をどのように戦うか、考えてみたことがあるだろうか。現代の海戦は、海、空、海中の三次元である。現代海戦の陣立ては、どのようになるだろうか。簡略化して言うと、次のようである。まず中心に、空母が来る。空母は、作戦機70機程度を搭載している。嘉手納にある米空軍のF-15が48機であることを考えれば、米空母は、動く嘉手納と言ってもよい。ちなみに嘉手納は極東最大の軍事空港である。この空母の周辺にイージス艦を配置して防空に当たらせ、また水中には攻撃用潜水艦を配置するとともに、対潜用ヘリやP3Cを飛ばして敵潜水艦の攻撃を阻止する。

　言うならば、空母を中心として球形のバリアのような結界が張られることになる。この球形円陣の半径は、約200海里である。この球の中に

他の攻撃用の水上艦などが入って、爆撃機を搭載した空母とともに機動打撃部隊を構成することになるのである。半径200海里と言えば、沖ノ鳥島の200海里水域に相当する。奄美諸島から沖縄を経て台湾に至る第１列島線と小笠原諸島からグアム島に至る第２列島線の間の水域を、ほとんど覆ってしまうほどの巨大な面積である。それが大洋を自由に動き回る。空母機動部隊とは、それほどの威力を持つのである。米海軍は、11隻の原子力空母を保持している。ちなみに世界史上、真に空母を大規模かつ機動的に運用できたのは、米海軍とかつての日本帝国海軍だけである。

　日本の海上自衛隊の実力はどうであろうか。確かに、４個の護衛隊群（横須賀、佐世保、呉、舞鶴）からなる日本の連合艦隊は、世界でも第一級の規模である。しかし海上自衛隊は、敵の基地が存在する地上を攻撃する打撃力を持たない。特に、へそになる空母がない。攻撃型の原子力潜水艦もない。トマホーク巡航ミサイルも持っていない。海上自衛隊の主力は、防空用のイージス艦と言い、対潜戦用のP3Cと言い、ヘリ航空部隊と言い、圧倒的に守りなのである。「盾の海軍」「亀のような海軍」と言ってもよい。

　海上自衛隊は、米第七艦隊の空母機動部隊と力を合わせることによって、日本周辺海域を威圧できている。米第七艦隊の空母機動部隊こそが、敵基地を含む策源地を攻撃する「矛」である。米第七艦隊と海上自衛隊が組み合わさってはじめて、米英艦隊のような世界最強の連合艦隊が実現するのである。海上自衛隊だけでは、とてもそうはいかない。

　また、米国との協力関係で付言しておかなければならないのは、偵察衛星網をはじめとする米国の情報力である。情報工学の浸透した精密誘導兵器を多用する現代戦では、情報量が決定的な力を持つ。海上自衛隊が強いのは、米国の情報力を利用しているからでもある。海軍の戦闘だけではない。日本がイージス艦に搭載したミサイル防衛も、米国の情報網から切り離されたら機能しない。

シーレーンの安全

　米第七艦隊との協力関係は、日本周辺海域を越えた長大なシーレーン全体の安全確保という観点からも重要である。海上自衛隊の防衛範囲は、日本周辺海域1000海里にかぎられている。これは、単純に規模と能力の問題である。海上自衛隊が、いかに世界で第一級の海軍とはいえ、周辺をロシア海軍、中国海軍に囲まれた中で、自国周辺を離れて7つの海を制覇に出かける力はないのである。

　ところが、日本のシーレーンは、マラッカ海峡からインド洋を経てホルムズ海峡まで、6000海里ある。それ以外にも、インド洋からアデン湾を通りスエズ運河を経て欧州と結ぶシーレーンや、太平洋を横断するシーレーンがある。海上自衛隊の目が届かないインド洋や太平洋で、日本のシーレーンを守っているのは、米第七艦隊なのである。

　もし、強大な遠洋海軍を持つ国との有事になれば、シーレーン上で日本関連の商船が攻撃にさらされる恐れがある。禁制品の没収という中立法規の適用だけならまだしも、海上封鎖をかけられれば、第2次世界大戦の時のように全商船が撃沈される恐れもある。敵勢力は、潜水艦を多用し、海上自衛隊の水上艦撃沈のみならず、商船艦隊を全滅させることによって、兵糧攻めにかかるであろう。この長大なシーレーンを防護できる能力を持った海軍は、広大な大洋に比べれば限られた能力ではあるが、同盟国の米海軍しかいない。

日本は大陸勢力の着上陸侵攻を阻止できるか

　軍事問題の最後に、日本は、大陸勢力の着上陸侵攻を阻止できるかということを考えてみよう。

　海のバリアを突破されると、敵勢力は海路を遮断して兵糧攻めに持ち込む。日本はエネルギーや鉱物資源のほとんどを国外に依存しており、海上封鎖は非常に有効である。この時点で、すでに敗色は濃厚であろう。同時に、日本周辺から飛び立つ爆撃機が頻繁に日本を訪れ、敵のミサイル攻撃から生き残った軍事施設や政経中枢の破壊が始まる。

これを迎え撃つのは、日本の航空自衛隊の迎撃機である。航空自衛隊は、第4世代の戦闘機を中心に、12個の飛行隊が、千歳、三沢、百里、小松、築城、新田原、那覇に展開されている。作戦機350機で、そのうち約260機が戦闘機である。2010年時点で、航空自衛隊の保有する第4世代の戦闘機は、約200機程度である。第4世代の戦闘機数を比べてみれば、中国が383機、台湾が331機、韓国が約200機であるので、すでに中国空軍に押されつつあるとはいえ、航空自衛隊がそれなりの空軍力であることがわかるであろう（平成22年版防衛白書）。現在、ステルス性能に優れたF-22やF-35などの第5世代が登場しつつあるが、第4世代の戦闘機が今しばらくの間は世界の主流である。
　ただし日本のF-15は、対地攻撃能力、すなわち敵基地の爆撃能力がない。F-2には、対地攻撃能力があるが、これは、次に述べる着上陸進行の際の陸上自衛隊支援が任務であり、敵の策源地攻撃用ではない。
　基本的に、航空自衛隊は、迎撃専門の「盾の空軍」なのである。敵基地の爆撃は、米空母機動部隊と並んで米第五空軍の仕事になる。米空軍のF-15（嘉手納）やF-16（三沢）は、日本のF-15と異なり、爆撃能力、すなわち対地攻撃能力がある。また、米太平洋軍総司令部直轄のグアムから飛び立つ長距離爆撃機も、策源地攻撃に加わることになる。空の世界でも、「矛は米軍」なのである。
　空のバリアが壊れると、敵勢力の本格的な着上陸戦が始まる。日本の陸上自衛隊は、要員15万人で、8個師団、6個旅団に編成されている。このうち、1個師団が機甲師団、いわゆる戦車師団である。陸上自衛隊は、大陸国家である中国陸軍63個師団160万人、北朝鮮陸軍27個師団100万人、韓国陸軍22個師団56万人に比べれば、はるかに小さい。大陸陸軍の伝統が残る国民党が作った台湾陸軍も20万人の規模である。これは日本が島国であるために、陸上国境がないことの反映であろう。
　先にも述べたが、日本は狭隘な国土で縦深性に乏しい上に山岳に富むという、陸軍兵力の戦略機動に不向きな国である。すなわち、陸上自衛隊には守りにくい国である。陸上自衛隊に加勢するのが、第三海兵師団である。第三海兵師団は、米海軍の支援によって優れた機動力を発揮し

て、FA18による空からの援護を確保しつつ着上陸侵攻を行うことができる。海路で日本のどこにでも駆けつけることができるし、逆に敵基地に攻撃を加えに出かけることもできる。これは、奪われた島を取り返せるということである。陸上自衛隊に、この機動力はない。ある島からいったん退いたら、二度と上陸できない軍隊なのである。

　以上の話を総合的に考えてみれば、日本の防衛がどうなっているか、一通りのイメージが湧いてくるであろう。これが、陸海空の自衛隊と「七五三」の在日米軍による日本防衛態勢である。もしそれでも足りなければ、米本土から150万の米軍本隊が支援に駆けつけてくることになる。日本を攻撃する国は、必然的に多数の米兵を殺すことになる。米軍本隊の怒りは大きく、行動も速い。また、米国の同盟国も支援に駆けつけるであろう。その総合軍事力は巨大である。だからこそ、現在、日本に侵攻しようという国はないのである。

大陸勢が日本を侵攻すればどうなるか

　大陸勢が日本に着上陸したらどうなるか、ということをもう少し詳しく考えてみよう。現在、ロシアの軍事力は強力であるが、冷戦後は基本的戦略を防御に転じている。現在の極東ロシア軍の陸上部隊は9万人の規模であり、陸上自衛隊の60％程度の規模となった。中国の軍事力は急上昇しつつあるが、人民解放軍が米軍と自衛隊を一度に敵に回すには、まだまだリードタイムがある。また、中露ともに、東アジアの安定と繁栄という戦略的利益を共有しており、戦争に向かうような死活的利益の対立も見当たらない。

　そこで、日本にとって最も戦略環境の厳しかった冷戦初期を例に取って、もし仮に日本に着上陸侵攻が起きたらどうなるか、というイメージ訓練をしてみよう。当時、極東ソ連軍は、約40万を数えていた。これに対する陸上自衛隊は18万である。中ソ対立以前には、ソ連は「兄弟」と呼んでいた中国に兵力を割く必要がなかったし、朝鮮半島は、北朝鮮と中国に任せることができたから、全兵力を日本に集中できた。20世紀中葉の日本の戦略環境は、飛鳥時代以来、最悪の環境であった。1945年当

時のスターリンの脅威は、クビライの元寇でさえ及ばないほど大きなものであった。

　もし欧州に戦端が開かれれば、ソ連（ロシア）は、日本を中立化できないかぎり、機先を制して同時に極東正面でも戦端を開いた可能性がある。彼らは、圧倒的な陸上兵力をできるだけ無傷で日本に送り込もうとするであろうから、大陸から間宮海峡を渡海して樺太島に兵力を集中し、樺太島南端から宗谷海峡を渡ることを目指したであろう。主戦場は北海道になる。もしソ連軍が上陸すれば、日本側は虎の子のF-15と90式戦車のほとんどを繰り出すことになったであろう。

　しかし、圧倒的な兵力差は覆いがたい。戦争の結果は、総合火力の足し算で決まる。奇跡は起きない。日本の軍事的思考には、兵力差を補うために奇襲作戦を重んじる傾向があるが、守る側に奇襲はない。攻める側は一点に集中できるが、守る側はまんべんなく守らねばならない。攻める側が守る側の３倍の兵力があれば普通は勝てる。兵法の常識である。ソ連（ロシア）軍は、３倍とまではいかないまでも、自衛隊を凌駕する強大な兵力であった。

　もし極東ソ連（ロシア）軍が総力を挙げて北海道に上陸すれば、陸上自衛隊と航空自衛隊が力を尽くして戦っても撃退することは難しかったであろう。そうなれば、北海道は蹂躙される。北海道が落ちれば、ソ連（ロシア）軍は津軽海峡を渡海して本土に上陸し、南進を続けるであろう。

　日本側は、陸上兵力を集中した北海道戦で負ければ、残る師団は個別撃破されていくことになる。東京が陥落するまで、数カ月かかるとは思われない。おそらく数週間であっただろう。政治中枢の東京が陥落すれば、外国に亡命政権でも立てないかぎり、日本政府は降伏し、日本全土は、北海道から沖縄まで、ソ連（ロシア）軍の軍政下に置かれることになったはずである。

　前述の通り、現在、極東ロシア軍の水準は約９万に落ちた。それでもロシア軍全体では、100万の兵力である。欧州正面が落ち着いて、極東正面に戦略重心を移せば、極東ロシア軍が増強されることは常にあり得る。またロシアは、択捉島、樺太島に、陸軍を常時１個師団配備してい

る。さらに海空軍は、規模を縮小したとはいえ依然として強力であり、通常兵力の劣勢を補うべく戦術核兵器を搭載できる爆撃機、戦闘機、水上艦、潜水艦、地対艦ミサイルなども多く配備している。ロシア軍が、依然として日米同盟に次いで強力であることは疑いない。その上に、中国軍も急速に力を伸ばしている。

　島国の特性から、わずか15万と小振りな陸上自衛隊にとって、仮にでも海上・航空自衛隊が撃破され、大陸勢力からの大規模侵攻を許すような事態になるとすれば、まず頼りにするのは数万に膨れ上がるであろう在沖縄米海兵隊であり、それでも持ちこたえられなければ、西海岸から米陸軍の来援を待つことになる。冷戦後も、この基本的な構図は変わっていない。

米陸軍の不在がもたらす戦略的脆弱性

　実際、日本に対する大陸勢力の大規模侵攻が始まれば、それを撃退できるのは、米陸軍と米海兵隊だけである。日本に常駐する米海兵隊（Ⅲ・MFF）は小規模で、数万人の規模にすぎない。これに対して米陸軍は、十万単位で太平洋を渡ってくる。

　さて、読者はここで、なぜ米軍の本体とも言うべき陸軍が日本にいないのか、と不思議に思うであろう。

　陸軍兵力の投入は、大きな政治的決定である。海軍、空軍、海兵隊は、機動力に富み、投入も撤収も簡単である。しかし、陸軍の投入はいかにも重い。数万人の兵士、戦車や重火器やヘリといった正面装備に加えて、弾薬や食糧といった兵站を持ち込まねばならない。

　冷戦初期、米国は米陸軍を、陸上国境で共産圏軍と対峙せざるを得ない欧州正面と朝鮮半島に駐留させた。このような陸上国境は、一触即発の緊張した状況にあり、いったん戦端が開かれれば一気に味方の同盟国が蹂躙される恐れがあるからである。

　これに対して日本の国は海上にあるために、海上優勢、航空優勢が日米同盟側にあるかぎり、敵勢力による大規模な着上陸侵攻作戦は容易ではない。だから米陸軍は、占領行政の終了とともに撤収したのである。

しかし、日本の安全保障政策上忘れてはならないことは、「距離の絶対性（tyranny of distance）」という問題である。これは、日本の安全保障政策上の脆弱点である。どういうことか説明しよう。米太平洋陸軍は、シアトルにいる。日本にはほとんどいないと言ってよい。これは、万が一敵勢力の着上陸侵攻が始まれば、米陸軍の来援まで在日米軍と自衛隊だけで対処しなければならないことを意味する。太平洋は広大である。大西洋よりもはるかに広い。太平洋を横断し、数十万人の兵力を整えて十分な戦闘態勢で投入するには、米国といえども時間がかかる。それがどれほど残酷なことか、考えてみたことがあるだろうか。

　例えば、もし米陸軍の来援が北関東までソ連軍に侵攻された後、東京陥落寸前になるとすれば、その前にソ連軍との戦闘に巻き込まれた北海道、東北、北陸、北関東などの地域は灰燼に帰すであろう。人口稠密な日本であるから民間人に多大の被害も出るであろうし、さらに敵の支配下に入った地域は敵の徴発対象になる。仮に米軍来援が東京陥落の後になれば、自衛隊の残存兵力はソ連（ロシア）軍の指示の下に、同盟国であった米国に銃を向けさせられることになるかもしれない。それが、軍事的に降伏するということである。

　イメージを膨らませたければ、第1次湾岸戦争を思い出せばよい。サダム・フセインがクウェートに侵攻した後、イラク兵はクウェートを蹂躙した。国連が多国籍軍を送り出してフセインをクウェートから追い出すには、1カ月かかっている。この間、クウェート人がイラクの軍政下で、どれほどの苦しみを味わったかを想起すれば、想像力の幅が広がるであろう。

　また米陸軍は、最強の陸軍ではあるが、無限の兵力があるわけでもない。冷戦の初期、核対峙の下で、東西陣営は平和共存へと舵を切った。しかし、もし朝鮮戦争に続いて欧州正面と極東正面で戦端が開かれていれば、米陸軍は、主力を欧州正面と朝鮮半島に釘づけにすることになる。陸軍の主戦場は、やはり大陸なのである。日本のために米陸軍の総力を割けるわけではない。ということは、米陸軍来援によって、必ずしも極東ソ連（ロシア）軍が一蹴されるわけではないということである。

そもそも他の紛争地域との見合いによっては、十分な数の米陸軍を来援に回せないかもしれない。仮に、十分な数の米陸軍が日本に上陸できたとしても、今度は、極東ソ連（ロシア）軍を押し返す戦闘が開始されることになる。北海道から北関東まで、いったんはソ連（ロシア）軍に蹂躙された地域で、今度は逆に戦火が野火のように北上する。もちろん、この虎の子の米陸軍が負ければ、日本は絶体絶命である。

なお、冷戦中、自衛隊の「小規模限定侵略対処」という考え方が喧伝されたことがあった。これは、事実を逆に言ったものである。冷戦中に日本を攻撃する力があったのは極東ソ連（ロシア）軍だけであって、極東ソ連軍が侵攻してくれば、大規模侵略になることは必定であった。「小規模限定侵略対処」とは、自衛隊にはそれだけの能力しかなく、数週間で全滅に近い状態となるということを暗に意味していたのである。

この自衛隊の能力の限界は、日本が自ら課したものである。誰から押しつけられたものでもない。ここにも、一定の防衛努力の後は、国民の安全を放棄して米国に対応をまかせるという無責任な「甘え」が顔を出しているのがわかるであろう。

国連安保理で決議を通すにはどうしたらよいか

さて、軍事的な話を離れて、話を外交に戻そう。紛争が始まれば、その平和的解決を求めることが外交の常道である。今日では、外交交渉、国際司法裁判所への提訴、国連安保理への提訴など、平和的紛争解決に向けての多くの手段がある。世界の平和と安全に責任を持っている国際機関と言えば、まず国連安保理である。

日本は、紛争の平和的解決のために、国連安保理を上手に使いこなせるかという点を考えてみよう。当然のことながら国連安保理は、日本の安全保障に大きくかかわっている。例えば、北朝鮮のミサイル実験や核実験に対しては、国連安保理が制裁決議案を採択している。その決議案がどういう中身になるかは、日本の安全保障に直結する。

残念ながら、第2次世界大戦の敗戦国であり旧敵国である日本には、国連を牛耳る力はない。日本は、ほぼ5年に一度、非常任理事国に返り

咲いてはいるが、常時、安保理に議席を占めているわけではない。また日本は、1956年の雪解け時代に国連に加入し、高度成長以来、国連財政に大きく貢献してきたが、国連安保理は、あくまでも創設者である戦勝五大国（Ｐ５・英米仏露中）が牛耳る世界であり、日本の影響力はかぎられている。

国連安保理では今でも、Ｐ５がその拒否権のゆえに圧倒的な力を持っている。もとより拒否権と言っても伝家の宝刀であって、しょっちゅう使えるわけではない。米国は、中東紛争とのからみでアラブ諸国が出してくるイスラエル批判決議を拒否権をもって頻繁に葬り去るが、米国以外に拒否権を頻繁に行使する国はいない。「安保理という公器を私している」として、国際的な批判を受けるからである。

中国が一時期、ハイチなど台湾と国交のある国へのPKO派遣に拒否権を行使しようとしたことがあるが、利己的な拒否権行使に憤慨した国々が、安保理を素通りして国連総会での「平和のための結集決議」に訴えようとしたため、安保理の権威失墜を恐れた他の常任理事国が中国を説得するというようなこともあった。

また、常任理事国の強みは拒否権だけではない。半世紀にわたって議席を占めるＰ５の経験は、議事運営上、圧倒的な強みである。さらには、Ｐ５同士の貸し借りも出てくる。実際Ｐ５は、例えば日本のように、北朝鮮の決議案に特に関心があるというわけではない。あらゆる決議案を扱うＰ５には、独特の貸し借り勘定がある。

またＰ５各国は、独自の国益を持っている。日本の利益が常に考慮されるとはかぎらない。特にＰ５の死活的利益がかかると判断されれば、安保理は、拒否権によって麻痺することもあり得る。日本もまた、常任理事国として同じ職責を果たしたいと考えるようになっているが、その実現には、憲章改正作業が必要である。

以上に加えて、国連に関しては、安保理決議の履行を誰が担保するのかということも、常に考えておかなくてはならない。PKOには多くの国が参加しはじめているが、第１次湾岸戦争のイラクによるクウェート侵攻の場合のように、本格的な戦闘を必要とする段になると、やはり米

国の主導する多国籍軍が登場する。本格的な多国籍軍を糾合できるのは、米国しかいないのである。その場合、やはり中露両国は外れて、米国の同盟国が集合することが多い。逆に言えば、本格的な戦闘を必要とする場合に、米国以外の国が決議の実質的なスポンサーとなることは、かなり難しいのである。

　なお、国連安保理が拒否権のために麻痺してしまうことが予想される場合には、集団的自衛権を根拠にして、多国籍軍が出撃することもある。あるいは集団的自衛権を根拠にした多国籍軍が活躍し、その後で、国連安保理の決議が後追いで出ることもある。

　北朝鮮の核実験のように、日本の安全保障にかかわるような事態で日本が国連安保理決議を獲得しようとすれば、まず同盟国であり圧倒的な国力を持つ米国と協議する他はない。同時に、同じ先進民主主義国の英仏両国との連携が不可欠である。しかし、拒否権を持つ中露両国を反発させれば、交渉は非常に難しくなる。国連安保理では、中露両国にも十分配慮した外交が必要になる。米国も、常に拒否権を持つ中露両国の出方を気にしている。ただし、北朝鮮をめぐるＰ５の利益は常に一致するとはかぎらない。そこに国連外交の難しさがある。

地球的規模での権力均衡を維持するにはどうしたらよいか

　「第3講　国家の安全とは何か」の最後のほうで、国際的な権力関係の安定が、安全保障にとって最も重要であると述べたことを覚えているだろうか。日本の安全を全うするには、地球的規模で大国間の勢力が長期的に安定して均衡していることが重要である。もっと言えば、可能なかぎり自国に有利となるかたちで均衡していることが望ましい。

　個々の紛争を火事や強盗とするならば、権力関係の安定が崩れることは大地震に喩えられる。外交官にとって、安定こそ安全保障上の最高の国益と呼んでもいい。この均衡が崩れると、あたかも地震が起きたかのように地盤全体が揺れて、国際関係は動揺する。朝鮮半島や台湾海峡のような潜在的紛争地域が不安定化しやすくなる。地震が起きれば、どこかで必ず火事になるのと同じである。

均衡の崩れ方も問題である。軍事のところでも述べたが、いかなる紛争であれ、敵味方がどう分かれるかで紛争の様相が決定的に変わってくる。戦争の結果は、たいてい、誰と組むかによって戦う前から決まっているのである。第２次世界大戦のように、みなが自分の上にのしかかって来るかたちで均衡が崩れるのが、最悪なのである。このような地球的規模の権力均衡はもとより、狭い東アジアの中での権力均衡でさえ、日本一国の国力で支えることはできない。それは、自明であろう。

この地球的規模の権力均衡こそ、国家戦略論の要諦の一つである。それは国家首脳レベル、あるいは外相および国防相レベル、さらには自衛隊統幕長レベルの関心事項でなくてはならない。また外交官はもとより、自衛隊においても将校クラスから上が、常時考えていなくてはならない課題である。

関与政策の成否が地球規模の安定を左右する

今世紀に起きる国際政治の地殻変動は、中国やインドなどの新興工業国家によってもたらされる。それは、産業革命によって工業大国に変貌した国々が織りなしてきた近代史の最終章である。今世紀の末に向かって、新しい国際体系がかたち作られていくであろう。200年前、日本や欧州諸国が中国やインドを抜いたのは、工業化したからである。工業化は、自由経済の法則に従って、途上国へと波及する。労賃が安いからである。誰も、工業化した中国、工業化したインドを見たことがない。それは、工業化した清朝、ムガール帝国が現れるということである。

今世紀の後半になれば、国際政治の主役として残る総合国力を持っている国は、米国、欧州連合、中国、インドではないだろうか。人口が１億台の日本、ロシアや（統一）韓国は、その後列に並ぶことになるのかもしれない。しかし、ロシアが本来の潜在力を出し切っていないことには留意が必要である。

この地殻変動をどう乗り切るかが、今世紀の日本外交の最大の課題である。最善のシナリオは、新興工業国家が、共通の利益と価値を持つ、責任感のあるリーダーに転化することである。リーダーシップの共有や

世代交代がうまくいくには、これまで伝統的工業国家が築き上げてきた平和と繁栄の仕組みや人類に残そうとする価値観を、新興工業国家が受け継いでくれることが最も望ましい。それが、「関与政策(engagement)」の眼目である。

関与政策をどのように構築すればよいかという問題は、実は日本の大戦略をどうするかという問題と裏腹である。この点については、後の講で詳しく述べることとする。ここでは、日本一国の力では、中国にも、ロシアにも、インドにも関与できず、米国、欧州諸国、韓国、オーストラリアといった先進民主主義国との連携が不可欠であるということを覚えておいてほしい。

自由貿易をどうやって守るか

安全保障の話が長くなったが、次に経済的繁栄について考えてみよう。資源のない私たちが繁栄するために必要な条件は、まず自由貿易制度が機能していることである。日本は戦後、自由貿易制度の中で勤勉で優秀な国民が、良質な商品を安く作り、それを外国の消費者に提供することによって発展してきた。戦後復興を実現してきたのである。

国際経済関係は、当然であるが軍事面の国際関係とはだいぶ様相が異なる。経済関係は、軍事関係と異なり、すでに19世紀的な武力による経済利益の排他的独占の発想やゼロ・サム・ゲームの発想が薄れており、自由貿易体制が根づいているからである。すなわち、自由な交易と競争を通じて世界経済全体が発展することが、各国の利益であると同時に人類社会の利益でもあるという考え方が浸透しているのである。

自由貿易制度は、そこに加盟する国々が守らなければならない。日本だけで守れないことは自明であろう。自由貿易制度を牽引してきたのは、米国、英国、オランダ、ドイツといった国々である。他の欧州諸国も、程度の差はあるが、自由貿易支持派である。日本は農業という弱点を抱えているため、自由貿易支持派の中では少し役者が落ちるが、それでも自由貿易制度を米欧の国とともに守っていくことは、日本の国益であり、人類社会の利益なのである。

シーレーンと海賊対策協力

ただし、自由貿易制度が機能する前提として、次の3つの条件を考えておかねばならない。すべて、日本が独力で守ることの困難なものばかりである。

第1に、日本の対外貿易の90%を占める海運が、つつがなく機能することである。そのためには、マラッカ海峡からインド洋を経てホルムズ海峡、ペルシャ湾へつながるエネルギーのシーレーンと、インド洋で枝分かれして紅海へ入りスエズ運河を抜けて欧州へと向かう対欧貿易シーレーン、太平洋を横断して北米大陸へつながる対北米貿易シーレーンといった、長大なシーレーンの安全が脅かされないことである。

「第4講 いかにして繁栄するか」で述べたように、シーレーン防護には、まずチョーク・ポイントとなるマラッカ海峡やアデン湾、それに加えてシンガポールなどのハブとなる国際港湾の安全が重要である。

マラッカ海峡やアデン湾は、欧州と日中をはじめとする東アジア諸国を結ぶ重要なシーレーンである。前述の通り、前世紀の末にはマラッカ海峡で年間200件近い海賊事件があった。今世紀に入ってからはアデン湾の海賊が、年間200件を数えるに至っている。現在アデン湾では、米国のコアリション、NATO、EU、日本、中国、韓国などが参加して、パトロールが行われている。このような海賊対策は、日本一国でなし得ることではない。

また、もし不幸にして遠洋海軍を持つ国と有事になれば、日本のシーレーン全体が脅かされる。これについては、本講の「『海を取る』とはどういう意味か」という項目ですでに述べた。

巨大消費市場の存在

第2に、巨大な消費市場が存在することである。日本の3倍以上の大きさで北米市場があり、欧州市場がある。中国市場が日本を抜き、やがて巨大なインド市場が登場するであろう。これらの市場の活力が、日本経済を牽引しているのである。世界経済は、工業化の始まった国に投資

が流れ込み、急速な発展を遂げて世界経済を引っ張ることが多い。戦争の傷跡から立ち直った日本とドイツは、1970年代のオイルショック時代に、世界経済を牽引した。

現在は、中国やインドやブラジルといった国々の経済が、世界経済を牽引しはじめている。また、リーマン・ショックの後に、G20という枠組みができた。現在、産業国家として世界経済に影響を与える国は、20か国を数えるということである。そこにはアジアから、日中両国の他に、インド、韓国、オーストラリア、インドネシアが入っている。

日本経済は、工業化の最終段階を越えつつある。これから日本企業は、開発・製造を海外で行い、その製品を北米、欧州、中国、ロシア、インド、ブラジルその他のG20の国々へ売りさばいて生きていくことになる。そのような企業が、21世紀の勝ち組となる。日本の経済外交にとって、これらの新しい市場の国々との関係は、前世紀に比べてはるかに重要になるのである。

エネルギー安全保障のための協力

第3に、エネルギーなどの一次産品へのアクセスが確保されていることである。第4講で説明したように、特に化石燃料やウランといった主要なエネルギー源は偏在しており、かつ新興国の資源ナショナリズムは依然として強い。自由貿易体制を前提にして、エネルギーを安定的に供給する方策を考える必要がある。石炭、天然ガス、石油、ウラニウムといったエネルギーなど一次産品の輸入先として大切にしなければならない友邦は、カナダ、オーストラリア、インドネシア、マレーシア、ロシア、湾岸地域の国々、そしてカザフスタンである。

また、中東のようなエネルギー政策上最重要な地域が、政治的、軍事的に不安定化しないようにする必要がある。それには、第4講で説明したように、米国の中東戦略が大きな鍵を握るのである。

さらに言えば、日本が特に意を用いるべきは国際エネルギー市場の安定であるが、日本一国でそれができるわけもない。IEAを調整機構とした戦略的備蓄の努力などに歩調を合わせることが重要である。

また原子力の分野では、新興国を中心に大幅な原子力平和利用の増大が見込まれている。それに見合った核セキュリティの実現が、国際社会の重大な課題となる。原子炉の安全、核物質の厳正管理、核テロ防止、濃縮技術拡散阻止とからむ核燃料の国際的安定供給といった課題が出てくる。これも、日本が一国で対応できないことは自明であろう。国際社会全体の努力が必要であるが、日本としては特に、核燃料サイクルを保有している米国、英国、フランスとの協力が重要であり、また濃縮能力の高いロシアとの協力が重要である。

日本の政治力だけでは人類社会をリードできない

　最後に、価値と倫理の問題に移ろう。現代国際社会において、主流となっている政治的価値観は、17世紀の英国に端を発した啓蒙思想である。それが、民主主義制度となって結実している。民主主義制度とは、思想の自由、言論の自由、報道の自由、集会の自由を確保した上で、普通選挙、複数政党制の下で議会政治が運営され、議会の定立した法律と予算を行政府が執行し、独立した司法府が、国民の権利救済を行うという一連の仕組みからなっている。

　なぜ民主主義が貴重であるかについては、その淵源とともにすでに説明した（第1講および第10講を参照）。これは、現代日本民主主義の正統性にもかかわることであり大切な問題なので、もう一度その理由を考えてみよう。

　人類の社会には、発展の程度を問わず、必ず法があるということを述べた（第6講）。それは、ここでいう法とは、日本人にとって天であり、欧州人にとって自然法であり、神であり、インド人にとって真理であり、中国では礼とも呼ばれる。人間社会があるところ、必ず法があり、法が人間社会を支配している。法は、知識と記憶によって広められ、受け継がれているだけではない。法の機能は、もっと深く人間のDNAの中に組み込まれている。法の目的は、人間が、個としてのみならず、家族として、国家として、さらには、種として生き延びることである。生きること自体が素晴らしい。命をつなぐこと自体が素晴らしい。それが、法

の目的なのである。人間は、生き延びるために群れを作る。それが社会である。群れには統率者が必要である。それが権力である。権力は、法に奉仕する道具であり、それ自体が目的ではない。権力は、リーダーの優れた統率力と、服従するものの自発的な忠誠の組み合わせによって機能する。力で服従させることのできる人間の数は、たかが知れている。服従する者が、自らのさらにはその集団の生存のために自発的にリーダーに服従するから、強大な権力が成立する。法の目的が集団の生存にある以上、法に仕える権力の目的もまた、統率する集団の生存である。

人間は、生存に適したことを本能的に快く感じる。それが幸福感であり、それを導く判断が善である。この幸福感を生み、それを善と判断させる心の機能が良心である。人間には群生の動物らしく、他者への優しさと深い思いやりが生み出す物悲しい共感が幸福感の中に織り込まれている。良心が働く時、その優しさと幸福感が無限にあふれ出す。儒学者はこれを泉から水が湧き出るようだと言い（孔子・孟子）、日本の伊藤仁斎は薪に炎が移ったようだと言う。社会生活の中で、人々の善に関する判断が積み上げられ、様々なルールが積み上げられて、倫理と道徳が成熟していく。

このように考えることによって、権力の目的は、すなわち一人ひとりの人間を大切にすることであり、そうすることによって集団の生存を確かなものにすることである、ということが理解される。そして権力もまた、倫理と道徳のしもべなのである。

このような考え方は、「法の支配」や「人間の尊厳」と呼ばれる。それは、人類社会のどこにでもある。それは知識だけではなく、生理でもあるからである。群生する人間のDNAが命じるところなのである。別に近代欧州の発明でも何でもない。ゲルマン系諸族が文明化する以前から高度な文明を誇っていた国々はもとより、人間の社会であるかぎり、未開の集落にさえも必ずあるものである。例えば、法の支配、人間の尊厳という考え方は、お天道様を馬鹿にしてはいけない、民は慈しまなくてはいけない、という日本人の平均的な政治道徳観と同じである。さらに権力は、民を慈しむ仁政実現の道具であり、暴虐な君主は君主でなく

匹夫にすぎず、殺されても仕方がないと説く孟子の思想と同根である。
　しかし、近代欧州に生まれた啓蒙思想の優れている点は、民を慈しむのではなく、民を慈しむようにさせるにはどうしたらよいかという逆転の発想にある。抵抗者の視点である。西欧の王権神授説は、中国皇帝を天の使いと教える2500年にわたる儒教とは伝統が違う。やはり欧州やインドでは、「王は奪う」という発想のほうが自然なのである。
　権力が自分の目的を忘れ、権力自体を自己目的化しないようにするにはどうしたらよいか。常に社会構成員の良心を活性化させ、彼らの善悪の判断を聞き、そこから一般意思を読み取ってそれをルールに書き落とし、権力にそのルールを執行させる仕組みを作るしかない。また権力を、常に掣肘する仕組みが必要である。ここから民主主義が生まれ、議会主義が生まれ、三権の分立が生まれる。ここに、欧州近代啓蒙思想が人類になした、最大の貢献がある。
　だから、17世紀以降、ゲルマン系欧州人の思想的奔流に始まり、共産主義、社会主義など多くの思想的実験の後に結局、古典的な啓蒙思想が力強く生き残っているのである。日本人は、仏教と儒教によって磨かれた深い倫理観を有している。それが江戸時代には儒教の浸透とともに政府の正統性という問題に直面し、江戸後期には徳川幕府の正統性簒奪へと進み、明治維新において王政復古を果たしたのである。
　しかし私たち日本人は、維新後ただちに憲法を起草して立憲主義を確立したが、権力と対峙する「市民」となる前に、帝国主義時代のなかで近代化へ向かう荒ぶるナショナリズムに導かれて滅私奉公の「国民」となってしまった。そのために日本人は、権力の目的を忘れてしまった。ルソーは孟子であると喝破した中江兆民の思想も、天皇は国家機関であると喝破した美濃部達吉の憲法論（天皇機関説）も、ナショナリズムに高揚した国民の間には広がらなかった。権力と対峙する日本「市民」は、300万人の命を奪った悪夢のような第2次世界大戦敗戦を契機にして、ようやく日本政治史の主役として登場したのである。
　現在、アジア、アフリカの多くの国々が民主主義へと向かっている。非民主主義社会には法の支配がないとか人間の尊厳がないと言うのは、

言いすぎである。ある社会が民主主義制度を採用していないということは、その社会が、スターリン時代のソ連やヒトラー時代のドイツのような残酷な独裁の下にあることを意味するわけではない。近代欧州の政治制度を知らないアジアやアフリカの文明国家でも、あるいは未開の集落であっても、平和に楽しく暮らしている人々は間違いなくいたのである。

ただし、民主主義制度が機能していなければ、社会にいくつかの弊害が出てくることだけは間違いないであろう。

第1の弊害は、王権の濫用から国民の権利侵害を救済する制度が、未成熟であるということである。権力者が名君ならばよいが、暗愚である時に王権をコントロールできない社会は不幸である。

第2の弊害は、社会変動を、円滑に道徳や法制度に変換することが難しいということである。民主主義の最大の美徳は、常に社会の構成員の良心を活性化させ、善悪の判断を促し、自由な討論と集会によって国民の一般意思形成を促し、その一般意思を選挙を通じて議会に投影することによって権力をしばり、同時に権力に一般意思を執行させるところにある。実体社会の変動が、容易に道徳や法の世界に反映されていくのである。これが民主主義が実現する、穏健な経験主義である。

それは容易なことではない。権力は腐敗し、往々にして自己目的化する。権力が社会への奉仕を忘れた時、権力は社会の変動に背を向けて自己保身に走る。そうして社会秩序が流動化し流血が始まる。人類の歴史の中で、政治社会体制の大変動は、穏健な経験主義に基づく対話よりも革命や戦争といった流血によるもののほうが多かったのである。

特に現代産業国家のように、急速に変化し、かつ複雑に利害のからまる巨大国家においては、国民の一般意思の形成に民主主義制度は欠かせない。民主主義制度の広まりは、歴史の必然なのである。

現在、民主主義を採用しはじめている多くのアジアやアフリカの国々は、明治時代の日本のように、外来の政治制度である民主主義と伝統的価値観のはざまで悩むであろう。そこで、150年の伝統を持ち、アジア最古の議会主義の伝統を持つ日本が、一つのモデルとして果たす役割は大きい。アジアやアフリカ諸国の伝統と近代化の相克に対する悩みを共

有することは、ヨーロッパ人や米国人にはなかなかできないことである。しかし、民主主義の伝搬という大事業を、日本だけで実現することはできない。

　そのためには、やはり近代啓蒙思想の生みの親であり、現代国際政治において依然として大きな発言力を有している米国と西欧諸国との連携が重要である。特に、人類社会が19世紀の「天下無道」の世界から21世紀の「天下有道」の世界へと移る際に、初めて人類社会全体を貫く普遍的な原理として、啓蒙思想の原理を世界政治のレベルに持ち出した米国の功績は大きい。

　英国もフランスもドイツも日本も、斉藤道三や武田信玄などの戦国大名のように覇権を狙いはしたが、人類社会を統一する普遍的な倫理や原則を打ち立てようとはしなかった。それは、20世紀に米国がなした人類史への最大の貢献であろう。だから、米国が未だに人類社会を統率する力を有しているのである。

　このような観点に立てば、啓蒙思想の直系であり、今日の多くの国際的政治制度や国内的政治制度を生んだ米国と西欧諸国が、自然なパートナーとなる。このような観点からは、次にアジアにある先進民主主義国である韓国とオーストラリアとの、また90年代に次々と民主化を遂げたASEANの国々との、そして世界最大の民主主義国であり20世紀の偉人であるガンジーを生んだインドなどとの関係構築が重要となる。

　その上で、中国などの非欧州的伝統を持つ国々の一部や、ロシアのように共産主義体制から決別して間もない国々の関与を実現しなければならない。彼らは、もはや革命勢力ではない。彼らもまた、やがて日本やドイツのように、先進民主主義国として世界をリードする大国へと生まれ変わるであろう。中国のような新興工業大国やロシアに「関与」して、責任とリーダーシップを分かち合い、彼らを指導的大国へと転化することは、日本の利益であり、先進民主主義国の利益であり、国際社会全体の利益である。それは、日本一国でできることではない。関与政策のあり方については、また章を改めて説明しよう。

第12講 日本の大戦略はどうあるべきか

大戦略の考え方

　大戦略とは、どのように構想すればよいのだろうか。戦後日本は、米国のパックス・アメリカーナの中で平和と繁栄を享受してきた。しかし同時に、戦後の日本人は日本を再武装した米国への反発から、米国への安全保障上の依存を忘れて孤立した平和の幻想に閉じこもる傾向があった。そのことは、第2講で説明した通りである。その結果日本は、米国を超えて世界全体を見渡すことが苦手になっている。世界観が欠如しているのである。

　大戦略とは、自国の国益を最大化できるように、可能なかぎり自国の利益と国際社会の公益を重ね合わせることによって人類社会全体のあり方を構想し、それを実現することである。さらに言えば、自国の利益を最大化できるように人類社会と人類史を構想し、指導することである。そのためには、一定程度以上の国力がいる。もとより日本は、国際秩序の幹ではない。しかし、大枝の一本ではある。日本が勝手に国際システムをデザインすることはできないが、日本の行動は世界の秩序に影響を与えずにはおかないし、また世界史の流れに一定の影響を与え得る。

　自国の利益と国際公益を重ね合わせるためには、他の諸国、特にG20など一定以上の国力を持つ国々が、どういう戦略やヴィジョンを持っているかを十分に考慮しなくてはならない。その上で、各国により異なる利益を調整しつつ共通の利益へと高め、また異なる倫理観および価値観を普遍的倫理観および普遍的価値化へと成熟させ、それを共有することによって国際社会を構想し、人類史を指導していくべきである。

　それではもう一度、これまでの講を振り返って、虚心坦懐に考えてみよう。日本の国益は、第1に安全の保障、すなわち生存および安全の確

保、平和の維持、安定の確保である。第2に、経済的繁栄である。そこには、経済発展だけではなく、その前提となっている自由貿易体制の堅持、シーレーンの安全、エネルギー安全保障、地球環境の保全が含まれる。第3に、基本的倫理観、価値観の維持と伝搬である。その中核には、現代日本の自由と民主主義がある。それは日本の政治思想が、文明に目覚めてから1500年もかけて到達したものである。それを守り、また、それを地球社会に伝搬することも、日本の国益である。

　前講でも述べたように、それは日本一国の手には余る。日本だけで、今述べたような日本の国益は維持できない。なぜなら、日本の平和と安全、繁栄、倫理観および価値観は、グローバル化の進む今日では、国際社会の平和と安全、世界経済の繁栄、基本的人権と民主主義を主流とする地球社会の倫理観および価値観と、不可分に結びついているからである。21世紀において、日本の国益は、すでに大きく国際社会の公益と重なっているのである。

　このように考えると、日本の安全と繁栄を守り、自由と民主主義を守るためには、国際社会の安全と繁栄を守り、自由と民主主義を普遍的価値観として促進する必要があることがわかるであろう。実はそれは、人間の社会生活における真理でもある。人は自分の利益だけではなく、多かれ少なかれ社会全体の公益に資することが求められる。利己的な人間に友達はいない。国家でも同じことである。富と権力を手中にした人は、社会に貢献する責任がある。同様に、国力の大きな国は、自国の利益を最大化するだけではなく、国際社会全体の利益——安定や繁栄や普遍的価値観の伝搬——を考える責任があるのである。

　したがって大戦略を考える時には、自国の利益だけではなく、さらにもう一段上に立って、21世紀にどのような地球社会を構築することが最も日本の国益に資するのか、また同時に人類社会の利益にも資するのか、という観点をあわせて考えなくてはならない。自らの国益を実現するだけではなく、地球社会の全体像についてのヴィジョンを持った上で他国に語りかけ、そのヴィジョンを実行するべく戦略を組み上げていくことが必要なのである。そのためには、独りよがりではない普遍的な世界観

を持たねばならない。そして、生存本能と良心を活性化させることが、何よりも必要なことなのである。

　読者は、日本国の外務大臣になったつもりで考えてほしい。21世紀の国際社会を大きく安定、発展させていくために、日本外交は何をすればよいだろうか。同時に、日本の安全と繁栄といった基本的な利益を守るにはどうしたらよいのだろうか。また、21世紀の人類社会を貫く共通の普遍的倫理基盤を、どのようにして成熟させればよいのだろうか。そしてそのためには、国際社会においてどのような戦略的枠組みを作り上げればよいのであろうか。

　このような問いに答えることが、「大戦略を考える」ということである。その答えを出すためには、まず21世紀の国際社会に関するヴィジョンが必要である。つまり、デザインがいるのである。

世界観を持とう
——「21世紀の地球社会のヴィジョン」とは何か

　それでは日本の国益——安全、繁栄、価値観——を守るために、そして国際社会の公益——国際の平和と安全、世界経済の成長、自由と民主主義の伝搬——を実現するために、望ましい戦略的構図とはどのようなものだろうか。それを考えてみよう。この国際環境の中で、日本の国益を最大化し、かつ、その営為を国際公益の最大化に結びつけるにはどうしたらよいか、ということである。この問題に答えるためには、読者自身の世界観が必要である。世界観のない人間に、国家戦略も外交戦略もあり得ないからである。

　世界観を持つためには、国際環境をきちんと認識することから始めなくてはならない。国際戦略環境については、第7講と第8講で国際的な権力関係からこれを眺め、第9講と第10講でその倫理的成熟という側面を眺めてきた。ここでこれら4講を大きく総括して、みなさんなりの国際政治観、健全な歴史観に裏づけられた世界観を構築してほしい。本講では、みなさんの思索の出発点として、私なりの世界観を提示してみよう。読者のみなさんは、良心に照らして批判的に検討してほしい。

現在、北米大陸の米国を中心として、東側に北大西洋条約機構が、そして西側に太平洋同盟網があり、ほとんどの先進民主主義国、すなわち先発工業国家がそこに参集している。（イ）その総合軍事力は近代的であり、量的にも巨大である。その中には、米英仏という核兵器国、安保理常任理事国もある。（ロ）その総合経済力は、2010年の時点で、依然として日本や中国の7倍はあり、ロシアやインドやブラジルの20倍近くもある。（ハ）政治的には、ロシアと中国の急進的な共産主義思想がイデオロギーとしての生命力を失い、先進民主主義国の掲げてきた法の支配、人間の尊厳、自由と平等、政治参加（民主主義）、市場経済、といった啓蒙思想時代に遡る古典的な政治理念が、人類に共通の普遍的な倫理基盤を準備しつつある。

　これを一言で言えば、かつて冷戦時代に西側と呼ばれた米国とその同盟諸国が、現在は軍事力、経済力、思想の力のすべてのレベルで大きな力を有しており、国際社会の主流を構成しているということである。

　21世紀の国際政治の特色は、この先進民主主義国を主流とした国際体系が、経済的な力関係の変遷を主たる動力源として大きく変化していくことにある。それは、情報技術の発達と市場経済の地球的拡大によって、グローバリゼーションの波が地球の隅々にまで届いたことによる。

　このグローバリゼーションが、優秀で廉価な労働力を豊富に提供できる中国やインドなどの国々に、飛躍的発展の機会を与えた。日米欧を含む世界中の投資資金がこれら新興工業国家に流れ込み、特に21世紀の大国である中国とインドは急速に工業化しつつある。工業化した中国とインドの国力は、やがて米国以外のすべての国を凌駕するであろう。また、中国やインドの見せる旺盛なエネルギーへの食欲が、国際エネルギー市場を高騰させ、それがロシアの復活につながっている。中国やインドだけではない。南米では、ブラジルが猛追を始めている。

　経済的な力関係の変化は、市場経済と自由貿易のルールに従っているところに特徴がある。それは、20世紀後半にできた国際経済のルールであり、冷戦終了後、共産圏経済が消失したことにより地球的規模で定着している。経済競争は、権力闘争ではない。ルールがあるからである。

それは、スポーツのようなものである。能力があり、正しく努力する者が報われるという倫理的な仕組みができているのである。日米欧のような伝統的な先進工業国はもとより、中国やインドやブラジルのような新興工業国の中にも、自由貿易や市場経済の仕組みを壊したいと思っている国はない。市場経済、自由貿易を通じた「繁栄」は、すでにすべての主要プレイヤーが共有する戦略的利益となっているのである。

この経済的な力関係の変化は、軍事的な力関係の変化に直結する。新興工業国の経済発展は、軍事力の増強を伴う。それが国際的な権力均衡を、大きく変貌させることになる。経済競争はスポーツであるが、軍事の世界は基本的に権力闘争である。これが一番の悩みどころと言ってもよい。特に、大きな人口を有する巨竜（中国）と巨象（インド）は、経済の次元だけではなく、軍事力においても巨大化するであろう。現在、国際社会の主流を成している米国およびその同盟諸国が、新興工業国家の軍事的優位に屈しないということであれば、権力の均衡を保つために、早晩、新興諸国に追い立てられるかたちで軍拡の対応を迫られることになるかもしれない。また、米国のような軍事大国の防衛コミットメントを受けられない国々では、巨大な新興国の国力に圧倒されて彼らの勢力圏に飲み込まれ、「フィンランド化」することもあり得るであろう。

通常、台頭する国々の側から、現状維持派の国々に軍縮交渉を持ちかけることは少ない。自然に追い抜けると思っている側は、自らの軍事力増強に「ふた」をされることを嫌うからである。これは、19世紀末からのドイツや日本の台頭の際に顕著に見られた現象である。米国と旧ソ連との間で軍備管理・軍縮交渉が進んだのは、旧ソ連が早期に長期停滞傾向を見せはじめたためである。

旧ソ連と異なり、新興工業国家は昇竜の勢いである。特に、中国はそうである。新興工業諸国が、自らの勢いを減殺する軍縮交渉を受け入れることはないであろう。新興工業国家の軍事大国化と、それに伴う国際的権力関係の変化は、21世紀のもう一つの避けられない側面である。

ただしここで重要なことは、国際社会のすべての主要プレイヤーが、国際秩序の「安定」を志向しているということである。1930年代のよう

に、戦争が容認され、排他的経済圏が横行し、「持てる国」と「持たざる国」の差別が存在するわけでもない。国家間の暴力は禁止され、国際連合による集団安全保障体制が敷かれている。中国やロシアは、戦勝国として安保理に常任議席を占めている。また、中国を含む多くの新興国が、市場経済と自由貿易体制の中で国際権力関係の安定を維持し、経済成長に励みたいと考えている。現在、武力に訴えて、国際社会の現状を変更しようとする国はないであろう。

　もとより、拡大する国力が生み出す過剰な自信に溺れて、力を背景とした外交の誘惑に駆られる国はあるだろうし、また国際政治のプレイヤーが入れ替わる過程で一定の軋轢は不可避であるが、21世紀において第3次世界大戦のような事態は想像しがたい。「安定」もまた、すべての主要プレイヤーの共有する戦略的利益となっているからである。

　このように見てくると、経済を中心に国際社会が大きく変貌し、それに伴って軍事の世界が変貌を遂げることによって国際体系が大きく不安定化し、再び新しい均衡へと向かう動態的過程の中でも、世界的に見て、国際の平和と安全、世界経済の成長という戦略的利益が共有されており、そのこと自体が大きな安定材料となっていることがわかるであろう。

基本的倫理観や価値観の共有

　さて、安定と繁栄、あるいは平和と発展という戦略的利益が新旧の工業国家群に共有されているとすれば、この変容の過程が最終的に安定するか否かは、21世紀の国際社会に普遍的な倫理基盤が共有されるか否かにかかってくると言ってよい。

　今日、国際倫理において主流となっている政治的価値観の淵源は、グロチウスの国際法と、ロックの啓蒙主義である。これに、経済的自由主義が加わる。そこから、法の支配、人間の尊厳、基本的人権、政治参加（民主主義）、司法の独立、市場経済、自由貿易、戦争の禁止、集団安全保障などといった、現代において主流を成している価値観や制度が出てくる。このうち、法の支配、自由貿易、戦争の禁止、集団安全保障といった分野については、誰も異論を差し挟まないであろう。しかし、人間の

尊厳、基本的人権、政治参加（民主主義）などの一連の民主主義制度の採択については、依然として違和感や反発を感じている国々がある。

第1に、同じ啓蒙思想から出発しながら、急進化して袂を分かった共産主義の国々である。しかし、ソ連共産主義の70年は、独裁と経済停滞を招き、失敗に終わった。東欧諸国とバルト三国は、半世紀弱の共産党支配を投げ捨てて、冷戦終結と同時に民主主義と市場経済を受け入れ、次々とNATOに加入し、また欧州連合の一員となってきている。

旧ソ連は、15の国に解体されたが、第2次世界大戦の初期に武力併合されたバルト三国を除けば、旧ソ連圏の国々は共産党時代の70年間にわたる孤立と停滞のもたらした結果に苦しんでいる。しかし、本来が19世紀の帝政時代末期から離陸した先発工業国家の一員であり、G8の一員であるロシアは、すでに近代化への大きな土台を有していると言える。エリツィン時代に、制度上は民主主義と市場経済へと大きく舵を切り、経済社会の実体のほうを制度に合わせようとして努力している。ウクライナも同様である。

第2に、アジア、アフリカの国々である。彼らの多くは、60年代以降に独立した国々である。インドのようにはじめから民主化した国もあるが、多くの国が、開発独裁と呼ばれる独裁体制を敷いた。彼らは、植民地時代の宗主国の影響を受け、欧州起源の制度を輸入したり、押しつけられたりした国々である。彼らは、啓蒙思想もその前の宗教改革も、ルネサンスも知らない。また、産業化とともに出てきた自由主義、社会主義、共産主義といった思想的奔流についても、西欧諸国と共時的な体験がない。彼らが、西欧起源の人間の尊厳、基本的人権、政治参加（民主主義）といった価値観や制度を、真に受け入れることができるかどうかは、これらの価値観が普遍的たり得るかを占う重要な鍵である。

第3に、旧共産圏であり、かつアジア、アフリカの開発途上国である国々がある。中国やベトナムなど、いくつかの国は、独立闘争の過程で、当時まだ影響力のあったロシア革命の思想を受け入れ、共産主義体制の下で工業化、近代化を選んだ。特に注目されるのは、1949年に共産党が国家を武力で統一した中国の帰趨である。中国は、鄧小平時代に経済的

には資本主義に舵を切ったが政治的には一党独裁を保持し、共産イデオロギーが色あせた今日では、一種の開発独裁化している。

　問題の核心は、現在、先進民主主義国が掲げているような価値観が、中国を含むアジア、アフリカの国々や、それ以外の旧共産圏の国々にも受け入れられ、人類社会にとって真に普遍的となり得るのかということである。言葉を変えれば、西欧出自の価値観の中に、全地球的に通用する普遍的倫理基盤を見出すことができるかということである。

　少なくとも、日本は150年間の苦悩の末に、東西の政治的価値観の融合に成功した。韓国も台湾もそうであろう。「第6講　日本の価値観とは何か」の最後でも説明したように、日本は、西欧の啓蒙思想の中に、儒教や仏教や武士道で磨かれてきた自国の倫理観と通底する共通の倫理的基盤を見出したのである。

　実は残っている問題は、民主主義を担保する「制度」導入とそのタイミングだけなのである。やがて中国もロシアも、多くのアジアやアフリカの国々も、いつか先進民主主義国家に変容するであろう。そうして東西の文明に磨かれてきた価値観を融合させて、より普遍的な人類全体の倫理基盤を構築するための作業に大きな貢献をすることになるはずである。なぜなら、中国やロシアやその他のアジア、アフリカの国々は、西欧とは異質な文明的背景を持つと同時に、深い精神的土壌を有しているからである。

　それだけではない。人は社会を作る動物であり、そこには必ず法がある。法を生み出す良心がすべての人間のDNAに刻まれている以上、「人類社会」という社会が成立しないはずはないからである。

　それをすることが容易だ、と言うつもりはない。とても困難な仕事になるだろう。ハンチントンの言う「文明の衝突」といった軋轢も、もちろんあるであろう。しかしそれは、人類の宿命ではないはずである。やがては、仏教、ヒンドゥー教、儒教、イスラム教といった宗教の垣根を越えて、中国文明圏、インド文明圏、イスラム文明圏、ユーラシア文明圏、キリスト教文明圏などの文明圏の枠をも超えて、人類に共通の普遍的な倫理基盤がさらに磨き上げられていくと信じたい。

日本の大戦略はどうあるべきか

　それでは、この21世紀の国際社会において、日本の国益をどう実現するべきであろうか。そのために、日本外交はどう組み立てられるべきであろうか。その手段を考えてみよう。

　結論を先取りしてしまえば、日本の大戦略は、先進民主主義国を中心とした軍事、政治、経済的な国際社会の現状（status quo）がゆっくりと変化していく中で、（イ）一方で、先進民主主義国との協調を強化し、（ロ）他方で、中国、インド、ブラジル、そして冷戦後復活しつつあるロシアなどの新興工業諸国を、責任ある指導的大国の立場に立って、現状の中に取り込んでいくことである。大関与政策と言ってもよい。

二国間関係を束ねても大戦略にはならない

　それは、決して単に重要な二国間関係を束ねるということではない。いくら二国間関係を束にしても、大戦略は生まれてこない。対米関係、対中関係、対露関係、対印関係、対欧関係、対韓関係、対豪関係、対ASEAN関係、対中東諸国関係等々を書き連ねても、大戦略にはならないのである。

　そもそも、「この利益に必要な友邦はこの国である」という論理は、勝手な日本の都合である。自分の都合だけで友人関係を築こうとすれば成功することが少ないのと同じで、国際関係でも、そんな身勝手は通用しない。人には、人それぞれの都合がある。「こちらを立てれば、あちらが立たず」という状況は、国家間関係でもよくある話である。

　外交の基本は敵を作らないことであるが、皮肉なことに、八方美人外交はうまくいかない。それは、人間の世界と同じである。人の友人関係に濃淡があるように、国家の外交関係にも濃淡がある。暑苦しくても頼りになる親戚同士のような国もあれば、友達のように気の合う国もあり、どちらかと言えば友情よりも利害で結ばれている国もある。

　それでは、日本の大戦略——外交戦略——は、どのように構築すればよいのであろうか。

第1に、アメリカ合衆国である。本書の第2講で、「最強の大国と同盟し、周辺国がいつも助けてくれるように友誼を結べ」という太公望の言葉を紹介したのを覚えているだろうか (「六韜」豹韜篇・第四九・少衆)。これは、剣道で言えば青眼の構えであって、外交の黄金律である。
　日本が独力で安全を保障できない以上、米国との同盟が安全保障上の命綱になる。「まさかの友」は、米国だけなのである。
　軍事面を見れば、米国の必要性は明らかである。有事になれば、単純に総合火力の比較だけがものをいう。第11講で詳しく見たように、日本には多くの軍事的能力が欠落している。まずは、核抑止力を提供してくれる同盟国が必要である。また、海洋を支配している同盟国が必要であるし、大陸勢力の侵攻に際して迅速かつ大規模に来援する陸上戦力投射能力を持つ同盟国が必要である。さらに言えば、現在の自衛隊の純粋防衛用の正面装備が続くと仮定すれば、敵の基地を叩く攻撃能力を持った兵力を日本に駐留してくれる同盟国が必要である。またそれに加えて、国連安保理の場で、日本の利益を深く理解してくれる常任理事国を確保しておかねばならない。
　最後に、そもそも中国の台頭、ロシアの復活、インドの伸張を目の当たりにして、これをカウンター・バランスして、地域のあるいは国際的な安定を図ろうと思えば、日本の国力だけではとうてい足りない。米国をこの天秤の上に引き込むしかない。これだけの条件を満たし得る国は、アジア太平洋地域には米国しかない。だから私たちは、日米同盟を選択しているのである。日本一国の力では、権力均衡による安定を維持することは不可能だからである。
　経済面でも、米国は依然として世界最大の市場であり、日本にとっても最も重要な輸出市場の一つである。しかも米国は、競争が公正で利益の上がりやすい市場である。その米国が、世界自由貿易体制を構築し、堅持している。日本は、この開かれた貿易システムがなければ生きていけない。確かに、規模だけを見れば中国が、日本の輸出・輸入市場として米国を抜いている。しかし、中国に輸出された日本の部品は、中国で組み立てられて米欧の大市場に出荷されている。中国があれば、米国市

場や欧州市場がいらないなどということにはならないのである。

　政治面を見ても、自由や民主主義という価値観を掲げて国際社会をリードし、中国やロシアやインドやブラジルに有効に「関与」できる力のある国と言えば、米国しかない。啓蒙思想は、18世紀の末に、フランス革命と米国独立戦争という大きな激震を生んだ。フランス革命は、結局未完の革命となり、風雲児ナポレオンは保守的なウィーン体制に押しつぶされた。その後、フランス国内で自由主義者は、急進的な社会主義・共産主義や保守的な王党派の双方と、血なまぐさい政治闘争を続けなければならなかった。フランスと異なり歴史の短い新大陸では、啓蒙思想が純粋培養されて、米国という非常に原理主義色の強い若い共和国を生んだ。自国の掲げる政治原理にこれほど忠実な国は、米国しかない。

　日米同盟については、話すべきことがたくさんあるので、今後の講においてさらに詳しく説明することにしよう。

　第2に、米国の同盟国であり、アジア太平洋地域の先進民主主義国家である韓国、オーストラリアとの関係が重要である。日米豪韓の4か国が作り出すダイヤモンド、すなわち戦略的四角形は、現在、総合国力において西太平洋で圧倒的な重みを持っている。

　オーストラリアは、人口こそ約2200万であるが、資源に恵まれた国であり、日本にとっては資源の後背地でもある。移民国家であるオーストラリアは、通常の国民国家と異なり、移民の受け入れによってさらに人口が増える可能性がある。オーストラリアのGNPは、ロシア、インドより少し小さいだけであり、韓国や、ASEAN全体のGNPに匹敵する経済規模を誇る。総勢5万のオーストラリア軍は、近代的であるのみならず、外敵の不在もあって、どこへでも派遣できる戦略的柔軟性の高い軍隊である。オーストラリアは、1901年の建国以来、米国の戦争にすべて参戦してきた。したがって、ベトナム戦争以外は負け知らずである。

　小泉政権や安倍政権以降、日豪関係は飛躍的に進展してきている。日米豪の戦略対話が次官レベルで行われるようになり、日米関係にならって日豪間の「2＋2」会合（外相・防衛相合同会合）も開催されるようになった。オーストラリアは、またインドネシアの南翼を支え、またオー

ストラリア大陸の西方はインド洋に面している。その戦略的位置の重要性を忘れてはならない。

　人口約4887万を数える韓国は、そのGNPを見ればオーストラリアと同規模であり、ロシアやインドとあまり変わらない大きさである。総勢約70万人の軍隊も、強力である。ただし韓国軍は、北朝鮮軍抑止のために南北朝鮮を分断するDMZに貼りつけられて、戦略的柔軟性が低い。昨今は、韓国海軍のブルー・ウォーター・ネイヴィ化もあり、李明博大統領のリーダーシップの下でようやく戦略的柔軟性の議論が出てきた。これに日米同盟が加われば、その総合国力は大きい。日米同盟と米韓同盟は、米軍の前方展開兵力と相まって、アジア太平洋地域安定の礎となっている。

　韓国は、新羅による統一を見た古代から、中国との安定的関係の保持に外交的エネルギーを注入してきた。韓国が対中関係をうまく処理してきたからこそ、日本は、漢民族や、中国を制覇した北方騎馬民族から侵略されずにすんだのである。実際、日本が大陸から攻撃されたのは、元のクビライが高麗を従属させた時だけである。その韓国が、史上初めて米国という海洋大国と同盟して、中国やロシアという大陸側の巨大国家と向き合おうとしている。その心理的負担は、千数百年海上王国として独立と平和を享受してきた日本人には想像できないほど大きなもののはずである。韓国は中露両国と地続きの大陸国家だからである。

　その韓国が、このような外交戦略を取ることは、日本にとって計り知れない利益である。しかし日韓関係は、日米関係や韓米関係に比べて、日本による韓国の植民地化という歴史的経緯のゆえに機微であるとともに脆弱である。日本は、その脆弱性の克服のために、大きなエネルギーを傾注する必要がある。対韓関係の改善のためならば、どんなに努力してもしすぎるということはない、ということを覚えておいてほしい。

　韓豪両国に加えて、ASEAN諸国がある。その総合経済力は未だ韓国程度であるが、5億を超える人口を抱え、経済発展も著しく、また90年代にはフィリピン、インドネシア、タイなどの主要国が相次いで民主化した。現在、かつての共産主義国であるカンボジアが民主化への道を歩

んでいる。ベトナムの経済発展も著しい。ASEAN諸国と日本との関係は良好である。2010年に入って、中国が南シナ海を「核心的利益」と呼んで、西沙諸島や南沙諸島とその経済水域および大陸棚を実力で囲い込もうとしはじめたことから、突然、中国とASEAN諸国の関係がきな臭くなりはじめた。西沙、南沙を基点に中国の排他的経済圏を設定すれば、南シナ海は中国の湖になる。その圧迫感は、例えば日本海のほとんどがロシアの経済水域になったようなものと思えばよい。実際地図を広げると、南シナ海全域に海南島からだらりと中国の経済水域が下がっている。「牛の舌」と呼ばれるゆえんである。

米国は、おそらく戦後初めて、東南アジアに対して真剣に戦略を模索しはじめている。ベトナム、マレーシア、シンガポール、インドネシア、フィリピンといった南シナ海周辺国家との関係は、21世紀の米国と日本にとって死活的に重要になる。

冷戦時代には、日米同盟は北方のロシア（旧ソ連）に関心を集中し、中国を戦略的に日米側に引き込むことに意を用いてきた。当時、南方のASEANに対しては、むしろ日本が経済協力することによって、共産主義勢力の浸透や内部からの騒乱を予防していた。そのことを考えると、日米同盟が北方から南西方面に関心を移すことは、時代の大きな変遷を感じさせるものと言える。

第3に、先進民主主義国の多い欧州が重要である。欧州諸国とは、多くの利益と価値観を共有している。英仏両国は、核兵器国であり、安保理の常任理事国である。英仏独（G3）の国際的な影響力は大きく、これにスペイン、イタリア、ポーランドを加えたG6の国力は大きい。欧州とアジアの境目にあるトルコは、人口約7000万の大国で、軍事力も大きく経済的にも台頭しており、G20の一員となっている。欧州連合全体の経済規模は、米国より少し大きい程度で日本の約3倍であるし、総人口も約5億である。また、英仏独西伊土およびポーランドといった欧州の七大主要国は、そのままNATO主要加盟国である。

日本としては、欧州連合と北大西洋条約機構の連携が重要であるが、同時に英仏独伊西およびポーランド（G6）に加えて、トルコなどの欧

州主要国との二国間連携をも強化する必要がある。トルコは非常な親日国であるが、それを外交に生かし切れていないのではないだろうか。また、東欧革命支援以来、東欧と日本の関係が非常に密接になっていることも忘れてはならない。特にポーランドは、人口約4000万人を数える将来の大国である。

　またスペインは、すでにイタリアの経済規模に追いつきつつある。スペインは、日本が民主化、市場経済化を熱心に支援したポーランドとは逆に、70年代にフランコ独裁が倒れた頃には日本外交の地平に入っていなかったことから、依然として関係が希薄であり、最近ようやく日本外交の本腰が入りはじめたところである。なお、リスボン条約発効後、権限の大きくなった欧州議会も、新しいプレイヤーとして登場している。

　ただし、欧州諸国の利害は複雑に異なっており、また、そもそもアジア太平洋に戦略的関心を持つ国はかぎられているので、彼らとの戦略的または政策的協調は必ずしも容易ではない。これからの努力が必要な分野である。

　第4の課題は、中国の「関与」である。中国が、今世紀日本にとって、米国に次いで重要な国となるのは言うまでもない。中国は早晩、世界第2の大国となる。経済的には、米日中の経済の一体化が進み、市場経済の論理に従って、そこにアジア経済全体が巻き込まれていくであろう。経済的には、もはや中国のいない世界は考えられない。

　しかし中国は、2020年頃には、軍事的にも端倪すべからざる巨竜に変貌する。中国は、1964年以来の核保有国であり、国連安保理の常任理事国である。中国をアジア太平洋の責任ある指導国に転化できるかどうかが、今世紀の日本外交の最大の課題であり、また日米同盟の最大の課題であるとともに、日米欧の先進民主主義国全体にとって避けて通れない課題である。この関連で、台湾問題の帰趨が懸念材料となる。中国については、別途第16講の関与政策との関連で詳述する。

　第5の課題は、復活するロシアの関与である。日ロ関係の改善は、21世紀の日本外交が抱える最重要な戦略的課題の一つである。ロシアは、安保理常任理事国であり、核兵器国であり、縮小したとはいえその軍事

力は依然として強力である。日露協力関係から得られる戦略的利益は大きい。21世紀の日露関係は、冷戦時代と同じように喧嘩さえしていればよいというような関係ではない。互いの戦略的利益の調整と関係の強化が必要である。

またロシアは、東シベリアと極東地方の膨大な資源の開発にようやく目を向けはじめた。日本にとって、同じ伝統的工業国であり、軍事的にも防御姿勢に軸足を移したロシアは、関与の仕方次第では大きな安定要因であり得る。日本に隣接する東シベリアや極東地方には、豊富な資源も眠っている。領土問題の解決と資源確保というエネルギー安全保障上の連立方程式を上手に解いて、ロシアの関与を深める必要がある。

ロシアについても、対露関与政策に関する第16講で、より詳しく説明することとする。

第6の課題は、インドである。最大の民主主義国家であり、ヒンドゥー教の伝統から人類愛を政治理念として謳うことのできるインドは、先進民主主義国の掲げる価値観に対しても大きな違和感はない。ガンジーを生んだインドは、常に人類愛という普遍的倫理基盤を力まずに語れる深い精神的土壌を有している。インドが重要であるのは、その軍事力と経済力の規模だけではない。先進民主主義国の支える価値観を守っていく上で、外交的資産たり得る巨大な存在なのである。

インドとの関係は最近、特に強化されてきている。インドの秘めている経済的な潜在力は、中国と同等であろう。インドの人口は、早晩、一人っ子政策の中国を抜くはずである。現在、インドのGDPは韓国より少し大きいだけであり、軍事的にも中国に比して劣勢である。インドは当面四方に気を配った外交をせざるを得ないであろうが、将来的には、アジア太平洋地域の権力関係を大きく安定させる力を有するに至るであろう。

第7の課題は、ブラジルである。中南米に対する日本の伝統的関心は資源と移民（日系人）であるが、ブラジルが世界的な権力関係の変動をもたらす変数となっていることを踏まえ、新しい中南米外交に向けた戦略の構築が日本外交にとって急務となっている。

第8の課題は、中規模の新興国との連携である。日本外交は、これまでのように米中露韓といった主要隣国と英米仏などの欧州の主要国と付き合っていればよいという外交では不十分となった。相対的に力をつけてきている中規模新興国、特に欧州ではスペイン、イタリア、ポーランド、欧州と中東のはざまにあるトルコ、アジアでは韓国、インドネシア、フィリピン、タイ、ベトナム、シンガポール、北米ではカナダ、中米ではメキシコ、アフリカではエジプトや南アフリカといった国々との関係に、今まで以上に大きな外交的エネルギーを割き、日本の戦略の中に位置づけていかねばならない。

　第9の課題は、資源保有国である。日本は資源が少ない国であるため、資源の後背地となっている国々との友誼を深めることは当然である。資源やエネルギーという特殊な切り口からは、オーストラリア、カナダ、ロシア、インドネシア、マレーシア、サウジアラビアやアラブ首長国連邦などの湾岸諸国、ブラジル、カザフスタンなどが浮かび上がってくる。これらが、現在、日本への資源供給国として重要な国々である。リーマン・ショック後の経済が復調すれば、再び資源争奪戦が起きるであろう。資源に乏しい日本としては、彼らとの関係強化には特別に意を用いる必要がある。

　第10に、国連である。第2次世界大戦直後に設立された国連は、古色蒼然としながらも機能を続けている。20世紀の後半に英仏露といった国々が大きく国力を落とし、一方、21世紀に入って中国が大きく国力を伸ばしているが、いずれにしてもこれら戦勝五大国を中心とした安保理運営の実態は、しばらく継続するであろう。

　冷戦中にはほとんど機能しなかった安保理も、冷戦終了後は再び機能を取り戻している。安保理改革は急務である。戦勝五大国の既得権益のみならず、新常任理事国の座を争う権力闘争もあって、容易ではないが、よりよいグローバルガヴァナンスを実現するために粘り強い努力が必要である。

日米同盟に代替策はあるか（1）
── 国連は頼りになるか

　ここで、日本の外交論調の中で、時折日米同盟の代替案として唱えられる国連中心主義について考えてみよう。理論的には、そもそも集団的自衛権に基づく日米同盟は、普遍的集団安全保障機構である国連が実効的措置を取るまでの間、暫定的に行動するものであると明記している。国連と日米同盟は、法律的には当初から補完的な仕組みなのである。

　しかし、国連は本当に実効的措置を取れるであろうか。安保理は、現代正戦論の復活と、それを担保する集団安全保障体制の要となる機関である。しかし安保理は、全能とはほど遠い機関である。

　第1に、自前の軍隊を持っていない。常時、数十万の近代軍を保持しようと思えば、数兆円の経費は覚悟しなければならない。PKO予算と合わせて1兆円程度の予算しかない国連には、常備軍創設など、どだい無理な話である。国連予算は、日本の都道府県並みの規模なのである。安保理は、結局、各国軍隊を寄せ集めた多国籍軍を用いるしか軍事力を用立てられないのである。特に相手がイラクのように軍事的に強国である場合には、国連安保理の決議を実施するのは事実上、米国を中心とした多国籍軍しかないのである。

　第2に、国連安保理では、戦勝五大国が拒否権を持っている。それは、米露中英仏の死活的利益にかかわれば、安保理は麻痺するということを意味する。日本は、米露中に囲まれた国である。日本が直面する安全保障上の問題には、この三国がすべてかかわる場合が多いであろう。そこでこの三国の利害を一致させることは簡単ではない。ということは、日本周辺の安全保障上の問題を安保理に持ち込んでも、安保理が機能しないことは十分あり得るということである。それもまた国連中心主義の限界として、覚えておかねばならないことである。

日米同盟に代替策はあるか（2）
── 「バランサー論」をどう考えるか

次に、「バランサー論」についても少し見ておこう。日本の世論の一部には、「日本は、米国から距離を置き、米国とアジア、あるいは米国と中国のバランサーとなることが望ましい」という議論がある。かつて、韓国の盧武鉉大統領も、同じことを述べていた。

しかしそれは、現実主義の立場から見れば不可能なのである。まず、日本の「重さ」と「軽さ」を再確認しよう。「第11講　守れる国益、守れない国益」でも述べたが、日本には、一国で国際関係全体を切り盛りする国力がない。バランサーとは、19世紀に「栄光ある孤立」を貫き、欧州大陸を一カ国の勢力下に置かないように、常に弱小な側に肩入れして勢力を均衡させていた英国のような国を言うのである。英国は、また地球的規模では、ユーラシアの中央から暖かい海を求めて外延部に打って出ようとするロシアに対して、インド北側でのグレート・ゲームや日本、トルコへの支援を通じて、牽制をしていた。このようにバランサーとは、最も「重い」国の仕事なのである。

20世紀に入って、米国が大英帝国の役割を引き継いだ。米国は、2度の大戦を通じてドイツの欧州覇権、世界覇権の野望を挫き、軍国日本の野望を砕き、冷戦を通じてソ連（ロシア）の膨張を押しとどめた。

日本が、世界史の中でバランサーと言えるほどの「重さ」があったのは、第2次世界大戦が始まって、真珠湾攻撃までの2年間だけである。ナチス・ドイツの猛攻にソ連（ロシア）が倒れかけ、米国が議会の孤立主義のゆえに参戦できなかった時期である。日本の帰趨は、世界の指導者の中でもスターリンが最も気にしていたであろう。日本の戦略的値段が、世界史の中でこの時ほど高かったことはない。しかし日本は、最も愚かな真珠湾攻撃という決断を下して、孤立していた米国を英国とソ連側に追いやり、自滅したのである。

日米同盟に代替策はあるか（3）
―― マルチラテラリズムをどう考えるか

　最後に、日本の外交論調の一部には、日米同盟のような二国間の仕組みをやめて、マルチラテラリズムを探求できないかという議論がある。「何でもみんなで集まって話し合えばよいではないか」という主張は、それ自体、間違ってはいない。しかし現実の外交は、錯綜する利益をどう整理するかという厳しい問題に直面し続ける。利益と価値観を強固に共有する国同士が結びつき、その輪を広げていく。当然、異なる利益グループが生まれる。人の世に派閥は付き物である。国際社会でも同様である。

　国際社会においても、国家集団間の対抗を熾烈にしないように配慮しながら、共通の利益や国際公益を掲げて、その実現のために共同歩調を訴えて世の中をまとめ、多数派を作っていく。それが外交である。逆に、グループ間の対抗が熾烈になってくると、相手のグループを裁断する工作が行われる。孫子の言う通り、まず敵の謀（戦略）を破り、交わり（同盟）を伐るのが常道だからである。

　「みんなでまとまればうまくいく」というほど、現実は甘くない。国際社会は、学生のサークルではない。生き馬の目を抜く社会である。少し戦略性のある国であれば、孫子の言う通り、ただちに戦わずして勝てるように多数派工作に動く。国連という普遍的な国際機関が誕生しながら、未だに同盟が重んじられ合従連衡が続くのには、理由があるのである。

　日本が、日英同盟廃棄に追いやられた後、何が起きたかを考えてみればよい。日本は、第1次世界大戦後、日英同盟廃棄に追い込まれた。その後ろには、米国やカナダといった北米大陸諸国の、アジアでの日本の台頭を抑えようとする意図があった。しかし、それだけではない。米国は、日英同盟の廃棄によって当時まだ宿敵であった英国の、アジアにおける影響力を削ぐことを目的としていたはずである。その結果が、日英同盟の解消と米英仏日の4か国条約であった。

日本は、第1次世界大戦後、日米英仏伊の戦勝五大国として大きな影響力を持っていたが、英国との艫綱を断たれた後、米国の圧力に反発して孤立を深めていくこととなった。

　マルチラテラリズムは、欧州連合のように安全保障上の利益が完全に一致し、文化的、歴史的、宗教的背景を同じくして、かつポストモダンの流れの中で経済的に共同体を営むことを決心した国々の中で完全に機能する。そのような前提条件がなければ、OSCEのような単なる信頼醸成のための組織となりがちである。

　OSCEは信頼醸成のために大きな役割を果たしたが、NATOのような力を用いた安全保障政策とは無縁の組織である。戦略的利害の錯綜する東アジアにおいてNATO型の組織は難しい。ASEANがマルチ外交のフォーラムを主催しているが、安全保障に関する限り、OSCE型の信頼醸成の域を出ない。

　現在、日米同盟を切って、マルチラテラリズムに切り替えた場合を考えると、日本が得る国益と失う国益を比べれば、失うほうがはるかに大きい。信頼醸成措置だけで安全は保障できないからである。マルチラテラリズムは同盟の代替にはならない。それは、日英同盟解消の際に日本が思い知ったことでもある。

　例えば、北朝鮮の核問題を討議する6者会合の主役は、朝鮮戦争で銃を取って相まみえた米中両国であるが、だからといって、その背後で行われている日米韓の同盟国同士の協議の重要性が減るわけではない。むしろ同盟国である日米韓の連携があってはじめて、中国とも利害の調整が上手にできるのである。

第13講 日米同盟をどう運用するか

同盟とは何か

　それでは、日本の大戦略の筆頭に挙げた、日米同盟について考えてみよう。まず、そもそも同盟とは何だろうか。安全保障における選択は、国の命運を左右する。特に同盟政策は、長期的には国運を決するし、短期的には紛争の勝敗を決する。それは、国民の生活、生命、財産の安全に直接影響する。

　日本は、第2次世界大戦で大敗北を喫し、目が覚めた時には米占領軍がそのまま同盟軍として居座っていたので、同盟を結ぶ主体的選択をしたという意識が薄い。むしろ、第2講で説明した「逆コース」への反発と燃え残ったナショナリズムが化学反応を起こして、反米感情に火がついたようなところがある。

　日米安保条約にたった一人で署名した吉田総理のように、日米同盟が日本の死命を制するという意識を持っていた日本人が、1952年の独立当時、そう多くいたとは思えない。そうでなければ、60年の激しい反米・反安保闘争がなぜ起きたのかが理解できない。21世紀の私たちは、もう一度、「そもそも同盟とは何か」から考えたほうがよいのかもしれない。

　同盟の本質は、血の契りである。そもそも兵士は、自国の利益のために命をかける。自国民を守るために殉職したり、負傷したりする。他国のために死ぬ兵士は、世界中どこを探しても一人もいない。兵士は、それが自国の利益であると確信するから、他国の戦場へも赴くのである。米兵も、人がよいから日本を守っているのではない。それが米国の利益だからである。同盟政策は、友達同士の付き合いではない。惹かれ合う男女の結婚でもない。利益と価値観を共有した国が、軍事、安全保障という中核的利益を基礎にして締結する相互援助の条約である。同盟とは、

国および国民の命運と、兵士の命をかけた厳しい主権的選択なのである。

　私たちは、独立を回復するに際し、吉田総理の下で日米同盟を選択した。現在も、日本の戦略環境は厳しい。中露両国という軍事大国・核兵器国と隣接し、分断された朝鮮半島には核武装した北朝鮮が控え、中国が統一を狙う台湾島を間近に抱える日本は、独力では自分自身の安全を全うできない。安全だけではない。「第11講　守れる国益、守れない国益」で見た通り、日米同盟なくしては守れない国益が、他にもある。そのいちいちをここで繰り返すことはしない。

　私たちが日米同盟を結んでいるのは、私たちの利益のためであり、私たちの主権的選択であるということを、まず理解してほしい。

米国とはどういう国か

　ところで、孫子は、「諸侯の謀を知らざる者は、預め交わること能わず」（「故不知諸侯之謀者不能預交」孫子・軍争篇または九地篇）と述べている。相手がどういうことを考えているかわからずに、同盟などしてはならないというわけである。それでは、日本の同盟国である米国とは、そもそもどういう国なのであろうか。

　日本は、敗戦のショックから目覚めた時には、戦争中は鬼畜米英と呼んでいた米国と同盟関係にあった。戦後日本は、米国とはどういう国かを熟知して同盟したわけではない。ほとんど相手のことを知らずに、結婚してから夫婦になる努力をしているようなものである。

　それでは、米国とはどういう国であろうか。米国は、移民国家として実に多様な顔を持っている。そのすべてを描き出すことは、とてもできない。ここでは、米国外交や米国政治を見る上で知っておくべき特徴のいくつかを指摘しておこう。

　第1に、米国は、清教徒が移住した北東の植民地が中核となっているということである。南北戦争の南部と言っても、首都ワシントンの南はすでにヴァージニアで、南部である。米国の歴史は、北東部沿岸部から始まる。そこに住み着いた敬虔な清教徒の生活は、今日の米国からは想像もできない峻厳な宗教社会であった。関心のある人は、ホーソーンの

『緋文字』を読んでみるとよい。入植したばかりの頃の、厳しい宗教社会が垣間見える。中には、モーゼの十戒をそのまま法として定め、違反者は死刑というような極端な刑法もあったという。

米国人の峻厳な宗教感情を知らなければ、なぜ米国がこれほど急激な経済発展を遂げながらも文化的に退廃しないのかがわからないであろう。教会に毎週行く人の数は、欧州では人口の10％程度であるが、米国では半数近くになる。神と直面することで覚醒した清教徒は、旧大陸では旧教徒との対立から30年戦争などの流血を引き起こしたが、新大陸の米国では神と直面して生きる峻厳な宗教的共同体を建設したのである。

第2に、大自然である。米国と言うとニューヨークやロサンゼルスの大都会を思い浮かべる人が多い。確かに、日本人の都鄙感覚からすれば、米国は世界の都会でなくてはならないだろう。ところが米国の本体は、圧倒的な大自然である。やはり元は植民地なのである。ワシントンでも、車で30分も走ると人の手の入っていない鬱蒼とした森が現れる。CIAの本部があるラングレーも森の中である。ダレス空港に向かう途中では、よく野生の鹿がはねられて死んでいる。ニューヨークも、狭隘なマンハッタン島を出てしまえば、すぐに広々とした美しい大自然が開ける。

中央部に行くと、砂漠の中を一直線の道が地平線までまっすぐに伸びている。周囲には、パラパラと牛がいる広大な牧場があり、その中にポツンと一軒だけ家らしき建物があって、家の前にはカウボーイ・ハットにジーンズ姿のおじいさんがライフルを片手に座っている。これが、本当のアメリカである。自立心が旺盛で、大自然の中で他人に寄りかからず生きていく。自分の身は自分で守る。それがアメリカ人の真の姿である。

第3に、アメリカ合衆国独立の理念である。啓蒙思想の最盛期に独立を果たした米国人は、啓蒙思想に強い影響を受けた。英国王権のくびきを外すために彼らが貪り読んだのは、福沢諭吉風に言えば「天は人の上に人を造らず、人の下に人を造らず」という啓蒙思想であった。米国は、自由、平等、民主主義を、建国の理念に据えている。トマス・ペインの著作に、当時の雰囲気がよく出ている。

よく言われるように、日本人は島の上に建国し、米国人は原理の上に建国した。啓蒙思想は、米国人にとっては、日本のように輸入した思想ではない。米国人にとっては、ヤマトタケルの神話が合衆国憲法なのである。

　米国は、建国からわずか200年の若い共和国であり、楽天的で未来志向で原理主義的であり、人権問題のように原則にかかわる話になると性急で一本気になりがちである。伝統的な価値観と啓蒙思想の融合に苦しむ日本人や、あるいはその他のアジア人やアフリカ人が伝統的な価値観との相剋に苦労する心理は、なかなか理解できない面がある。

　しかし、その妥協を排した強靭な倫理観が、自らの力で奴隷を解放し、公民権運動を貫徹し、スエズ動乱では英仏に掣肘を加え、戦前から唯一のアジア植民地であったフィリピンの独立実現を果たさせたのである。理念と行動の一致が、若い米国の魅力であり信頼性（クレディビリティ）である。

　第4に、孤立主義である。米国は、戦前の日本の対中政策への干渉をはじめ、朝鮮戦争やベトナム戦争などのように、アジアでは積極介入の顔を見せるので、日本人には米国の孤立主義と言ってもピンと来ないところがある。

　しかし米国は、実際のところ、建国以来一貫して欧州の冷酷な権力政治を忌避してきた。それが、モンロー主義である。米国は欧州との関係では、ひたすら「巻き込まれたくない」という消極的な平和主義を貫いたのである。ベトナム戦争やアフガニスタン戦争やイラク戦争のように、米国が泥沼化した戦争に巻き込まれて厭戦感が出てくると、欧州で米国の孤立主義回帰がすぐ話題になるのは、そのためである。

　モンロー主義の背景には、フランスなどの勢力が南北新大陸を蚕食するのを阻むために英国艦隊が大西洋を遊弋（ゆうよく）しているという事情があった。しかし米国人は、そのような権力政治の側面には目をつむって、一国平和主義の殻に閉じこもっていた。それは、まさに戦後日本と同様の、「依存を忘れた幻想」の中での平和主義であった。消極的平和主義という観点で見ると、戦前の米国は実は、戦後の日本によく似ている。強大

な敵対的国家と陸上国境を持たない心やすさが、平和は自分で選べると誤解させ、このような幻想的な平和を夢見させたのであろうか。

第5に、国際秩序への構想力と責任感である。米国が、国際社会の平和と繁栄を支えるのは自分しかいないと決意するのは、1945年のことである。いかに米国の国力が巨大であったと言っても、ほとんど外交経験のない米国にとって、それは非常に大きな重荷であった。

米国は、人類史上初めて地球社会を構想した国である。それ以前の歴史的帝国は、例えばペルシャ帝国であれ、ローマ帝国であれ、中華帝国であれ、ムガール帝国であれ、オスマン帝国であれ、どんなに大きくても所詮地域帝国の次元にとどまり、また、近代欧州の世界覇権を確立した大英帝国やフランス共和国にしても、自国の影響力拡大を狙っただけで、地球社会全体に責任があるという考えは持っていなかった。

彼らはみな、秀吉以前の日本の戦国大名のように、自らの利益のために覇権を唱えただけの国であって、地球社会という「天下」を統一するための価値観や原理や制度を提案した国はない。

地球社会を構想したのは、20世紀の米国が、初めてなのである。徳川家康も、三河の一武将であった頃から、統一後の天下をどう運営するかを構想していたわけではあるまい。関ヶ原の勝利が、家康に否応なく天下統一後の日本経営を考えさせたのである。米国もまた、独立後200年で大英帝国の指導的立場を引き継ぐことになろうとは、考えもしなかったであろう。しかし第2次世界大戦が終わった後に、世界政治・経済運営の重責が若い共和国の両肩にずっしりと食い込んだ。そのまま東西冷戦が始まり、ソ連の軍事的、科学的、経済的猛追が始まると同時に、米国の同盟国である英仏などの欧州植民地帝国が崩壊しはじめる。

そのような戦略的環境の中で、米国は20世紀の後半、経験も乏しいままに、想像力と構想力と大きな国力をもって、国際社会の創造に取り組んだ。ディーン・アチソン国務長官の回想録の標題が、当時の米国人の気持ちを代弁している。それは、「創造の現場に立ち会って（Present at the Creation）」というものであった。

米国は、自らの作り上げた戦後世界を、自らの力で守り抜いた。国際

連合を作り、自由貿易体制を立ち上げ、NATOや日米同盟を整備して同盟網を敷き、欧州に核を配備して赤軍の進入を抑止した。ベルリン封鎖を空輸で破り、朝鮮半島では３万7000人の兵士を犠牲にして北朝鮮と中国の武力攻撃から韓国を守った。そして日本を半世紀の間、ロシアの軍事的重圧から守り抜いた。

今日の私たちは、米国主導で築いてきた20世紀後半のこの世界秩序を守ることが、日米の国益を守る最善の手段であることを知っている。だから私たちは、米国を同盟相手として選択しているのである。同盟を選択した以上は、米国と対等に同盟上の責任を果たす義務がある。それを引き受ける覚悟がなければ、同盟など結ぶべきではない。

もとより、米国も無謬ではない。米国は、中東では、英国のアングロ・イラニアン石油会社国有化問題にからんでイランに介入した。またアジアでは、フランスのベトナム撤収問題にからんでベトナムに介入した。両者とも、共産圏対自由圏という対立軸よりも、宗主国の権益対ナショナリズムという対立軸の側面が強かったはずであるが、世界のリーダーとしての重責を引き受けたばかりの若き米国は、老大国である英国やフランスから共産主義を食い止めるために必要であると吹き込まれれば立ち上がらざるを得なかったのであろう。イランとベトナムは、後に米国自身が苦しむ問題となった。

米国の世界戦略

それでは、米国の世界戦略はどうなっているだろうか。孫子が言うように、米国の謀（戦略）を知らずして、交わる（同盟する）ことはできない。また孟子は、大国に接するには智恵を、小国と接するには仁（優しさ）を大切にせよと述べている（「惟仁者為能以大事小」「惟智者為能以小事大」孟子・梁恵王章句篇）。大国と接し、彼らの利益や戦略を理解するには、小賢しい小智や狭い利己的な視野だけではなく、大国と同じ広い視野と戦略的発想、そして公に対する責任感が必要である。

現実主義に立って客観的に国際情勢を眺めれば、日本の国益を独力で確保できないことは自明であり、国益を確保するための外交戦略を構築

しようとすれば、当然ながら日米同盟がその中核となる。孟子の言うように、大国と付き合うには智恵がいる。したがって、米国が何を考え、何をしようとしているのか。それは、日本の利益と合致しているのか。国際社会の公益と合致しているのか。国際正義に合致しているのか。日本としては、米国との同盟からどれだけの利益を得、どれだけのコストを払うべきなのか。そういうことを考え抜かなければならないのである。

　米国の戦後の外交政策を少し詳しく見てみよう。米国は、国際の平和と繁栄を担うと決意した。それは、わずか半世紀前のことである。これは国際社会全体から見れば、地方議会の若い政治家が、突然東京に出てきて総理大臣になったようなものである。その後の米国は、アングロサクソン族らしい持ち前の制度構想力を発揮する。まず作ったのが、国際連合である。ここに戦勝五大国を引き込んで、集団安全保障体制を整備すると同時に、日独の復讐主義に備えた。

　ところが、冷戦の開始によって国連が機能しなくなる。巨大な軍事力を誇った共産圏を前にして、米国は日独両国を復活させた。

　欧州正面には、米国は北大西洋条約機構（NATO。本部：ブラッセル。但し、当初はパリ）を作り、冷戦の半世紀、赤軍の西進を抑止して欧州を防衛した。ドイツに欧州最大規模の米軍基地を置いて、数十万の兵力を展開し、ドイツ領域内に数千発の核兵器を配備したと言われている。

　日本に比べてドイツは米軍基地問題の負担が少ないと言う人がいるが、現実を知らない議論である。陸上国境でソ連軍を筆頭とする巨大な赤軍に対峙したドイツの戦略環境は、島国の日本よりはるかに厳しく、米国の核兵器を持ち込み巨大な米陸軍を呼び込まなければ、ドイツ防衛は不可能であり、その重圧も大きかった。しかも、自分たちが銃を向けている赤軍の先兵は、同じドイツ民族である東ドイツの兵士である。

　ドイツ人はしばしばこう言う。日本人は、米国に守ってもらっておいて米国の悪口ばかり言う。それで一体どうしたいというのか、と。米国はまた、戦争で荒廃した欧州諸国の復興にマーシャル・プランを立ち上げて、欧州諸国の経済的体力を復興させた。

　太平洋正面では、朝鮮戦争で北朝鮮軍と中国軍を撃退し、韓国の独立

を守った。その後米国は、太平洋軍（司令部：ハワイ）が、日米同盟、米韓同盟、米比同盟、米豪同盟といった二国間同盟を束ね、半世紀にわたりアジア太平洋地域の平和を支えてきた。

アジア太平洋においては、NATOのような集団防衛機構はできず、二国間同盟が主流である。これをハブ・アンド・スポウクス（hub and spokes）と呼ぶ。

中東正面は、70年代のオイルショックとイラン革命以降、米国にとって軍事力をもって守るべき死活的利益のかかった地域となる。米国は、中東を管轄する中央軍を創設し（司令部：フロリダ・タンパ）、米国および同盟国へのエネルギーの安定供給を守ることを主要任務として規定した。

もともと米国の発展は、エネルギー革命を主導してきたことにも起因している。「石油の世紀」と呼ぶべき20世紀の石油消費文明を築いたのは、米国である。旧ソ連は、西側諸国を消費者とする巨大な国際エネルギー市場、原油と天然ガスを売ることによって外貨を稼いできたのである。石油だけではない。米国は、天然ガスの利用を大きく取り入れた。ただしスリーマイル原発事故以来、原子力の平和利用に関しては低調であるが、核不拡散と核セキュリティの分野では依然として強いリーダーシップを示している。

貿易面ではGATTを立ち上げ、地球的規模での自由貿易制度を構想した。それが、巨大な力を持つ米企業にとって最も有利であったことは疑いがない。しかし、他の国々も大きく利益を享受した。日本の復権も、GATT加入が大きな契機となっている。今日のWTO（世界貿易機関）である。共産圏が消失した今日、自由貿易制度は、文字通り全世界を包含している。自由貿易制度は、植民地帝国のような排他的経済圏を武力で確立するという考え方を、完全に時代遅れなものとして葬り去った。また、国際金融面では、ドルが基軸通貨としての地位を確立し、国際通貨基金、世界銀行を設立して、国際金融の中心をロンドンのシティから、ニューヨークのウォール街へと移したのである。

これが、私たちが同盟している米国が構想し、実現してきた戦後社会

である。日本は、敗戦後7年の空白を経て国際社会に復帰したが、その時にはすでに米国が、戦後国際社会の基礎を築いた後であった。あたかも新生児が初めて見る世界を昔からあると誤解するように、日本はそれがはじめからあるかのように考えがちであるが、それは、若くしてリーダーとなった米国が自分の力で、諸外国に訴えて作り上げてきたものなのである。自由貿易をはじめとする米国の作り上げたパックス・アメリカーナの仕組みを、最大限に利用してきたのは日本であることを忘れてはならない。米国の提供する平和と繁栄なくして、第2次世界大戦という世界史の関ヶ原で敗れた日本の復活はあり得なかったのである。

　日米の国益を守る最善の手段は、米国主導で築いてきた20世紀後半の世界秩序を守ることである。米国を同盟相手として選択した以上は、米国と対等に同盟上の責任を果たす義務があるのである。私たちは、その点をもう一度よく考える必要がある。

　ところで先に述べたように、米国もまたもともとは孤立主義、モンロー主義を実践していた国である。第1次世界大戦後でさえ、孤立主義から抜け出すことができなかった国である。その米国が、世界平和と繁栄を支える決意をしてから、すでに半世紀が経った。その重責は、米国の肩にずっしりと食い込んでいる。日本は、パックス・アメリカーナと言われた20世紀後半の国際秩序を最大限に利用して、大きな国力と国際社会における市民権の回復を果たした。今、日本は、米国が背負った重責を共に背負うかどうかが問われている。それができないというのであれば、あるいはその現実から目を背けたいというのであれば、はじめから米国と同盟など結んではならないのである。

米国の海軍戦略（太平洋とインド洋）

　ここで米国の海軍戦略を見ておこう。日米同盟における日本の戦略的意義を理解するには、米国の海軍戦略を理解することが必要である。

　米国の海軍戦略と言っても、日本に関連するのは、太平洋とインド洋を責任範囲とする米太平洋軍である。海軍戦略の要諦は、7つの海を押える機動力を確保するために、戦略的要衝に中継基地を置くことである。

参考のために、20世紀前半の英国海軍の戦略を考えてみよう。

　英国海軍戦略は、インドと英国を結ぶ交通路の要所を押えることであった。「点と線」の戦略である。特にインド総督府の発想は、英国本土と、王冠の宝玉と呼ばれたインド亜大陸こそが重要なのであって、その中間の地域は、海軍の中継地点と位置づけられていた。

　英国本土とインド亜大陸の中継路を支配下に置くために、英国は、「３Ｃ」政策を取った。カルカッタ、カイロ（スエズ運河）、ケープタウン（喜望峰）を、最重要中継地として押えたのである。この中継基地を押えることによって、英国本土とインド亜大陸を結ぶシーレーンを確保し、かつその周辺の大洋を手に入れる。これが海軍戦略の考え方である。

　英国が面で押えて大陸分割に動くのは、エジプトの属国化、アフリカ分割、オスマン帝国解体以降のことである。

　同様に米軍も、世界中に展開する軍隊である。米軍の海軍戦略上の拠点は、太平洋およびインド洋から湾岸にかけての、ハワイ、グアム、横須賀、佐世保、沖縄、シンガポール、ディエゴ・ガルシア、バハレーンなどである。これらの地点は、将棋盤に喩えれば、真ん中の升目のようなものであって、どのような作戦を取るにしても絶対に必要な升目なのである。あるいは、渡り鳥の止まり木と考えてもらってもよい。

　これらの地点がなければ、米軍といえども大洋を股にかけて世界中を闊歩することはできない。その意味で沖縄は、米軍の世界戦略の要の一つであるということになる。この点については、後で沖縄に駐留する海兵隊の意味を説明する段で重要な点なので、覚えておいてほしい。

　ちなみに、沖縄を西太平洋のへそとすれば、インド洋のへそと言うべきはモーリシャス諸島の南端にあるディエゴ・ガルシアである。ディエゴ・ガルシアを海軍基地にしたのは、英国海軍である。戦間期に強大となりつつあった日本海軍のインド洋進出を恐れた英国が建てた海上要塞が、ディエゴ・ガルシアなのである。また、ディエゴ・ガルシアを一大海空軍基地に変貌させたのは米国であるが、その理由もまた日本海軍への対抗である。第２次世界大戦開始当時、ナチスに深く攻め入られて瀕死となったソ連（ロシア）を助けるために、英国と米国は大量の支援物

資や兵器を、イラン経由でソ連（ロシア）に送り込んだ。彼らが最も恐れたのは、むき出しのインド洋シーレーンに日本海軍が襲いかかることであった。そうなれば、ソ連（ロシア）が倒れ、ナチスの全勢力が西欧に向くからである。もとより日本の帝国海軍に、そのような地球的規模の戦略があるはずもなく、英米の恐怖は杞憂に終わっている。

この中継基地確保という海軍戦略の要諦は、空軍戦略とも通じる。そして、最強の陸軍が海空戦力によって投射されることを考えれば、海軍戦略とは、実は米軍全体の世界戦略の骨格であることがわかるであろう。

同盟運営の基本的考え方

同盟とは、どのように運営するのであろうか。今度は、同盟運営の基本を説明しよう。日本の議論を聞いていると、米軍は押しつけられた負担であり、それを軽くすることが安全保障だというような論理を聞くことが多い。基地問題自体は重要な問題であるが、それしか議論しないということ自体、現在の日米同盟論議がいかに矮小化されているかを示している。ここで、本来同盟とはどのように運営するべきものなのかを考えてみよう。

第1に、同盟の運営は、基本的な利益と価値観の合致を確認することから始まる。現代外交の同盟は、ビスマルク時代の知恵の輪のような便宜的な軍事同盟ではない。より長期的、かつ安定した関係を構築することを目指している。ちなみに瀬島龍三氏によれば、ビスマルクは、同盟とは騎士と驢馬の組み合わせだと言ったそうである（『大東亜戦争の実相』）。一方が他方を馬鹿にして利用だけしようとするようでは、真の同盟は生まれない。残念ながら、それが日本がナチス・ドイツと結んだ同盟であった。戦後の日米関係は、そうではない。日米両国のように力のある国同士の同盟は、現代国際秩序の梁となる一辺を構成する基本的な関係となる。実際、日米同盟は、アジア太平洋地域の脊椎とも言うべき同盟なのである。

より長期的で安定した関係を築くためには、基本的な利益と価値観の合致が必要である。日米首脳会談の後の文書はたいてい、「日米両国は

アジア太平洋地域において、さらに地球的規模において、平和、安定、繁栄といった戦略的利益を共有し、自由、民主主義といった普遍的価値観を共有する」といった出だしで始まる。それは飾りではない。それが同盟の原点なのである。利益と価値観を共有しないのならば、同盟など結ぶべきではない。

　第2に、現在および将来の国際情勢に照らして、共に守るべき戦略的利益の具体的内容を特定していく。「共通戦略目標」と言われるものである。日米同盟においては、2005年まで「共通戦略目標」が存在しなかった。それは、米国が、日本を対等に見ていなかったことを意味する。戦略目標は、米国が一方的に設定できると考えられていたのである。

　対等な同盟関係においては、同盟の運営は、相互の戦略的利益を並べ上げ、共通の戦略目標を特定することから始まる。何が目的の同盟なのかを明確にさせるのである。同盟は、友情だけではない。特定の利益が、両者を結びつけているのである。

　2005年に初めて策定された日米の「共通戦略目標」には、次のようなものが並べられている。

　まず、アジア太平洋地域内の戦略目標である。そこでは、冒頭にアジア太平洋の平和と安定を強化し、日米両国に影響を与える事態に対処するとある。それから、朝鮮半島の平和的統一、北朝鮮の核問題、中国の関与、台湾問題の平和的解決、中国軍の透明性確保、ロシアの関与、北方領土問題の解決と日ロ関係の正常化、東南アジア支援、シーレーンの安全などが挙げられている。これらは、本書でこれまで日本の国益にかかわる講で見てきた事項と重なっていることがわかるであろう。朝鮮半島、台湾島については、すでにある程度説明した。対中関与と対露関与政策については、以降の講でもう少し掘り下げて説明しよう。

　次に、地球的規模の戦略目標である。基本的人権や民主主義、法の支配といった普遍的価値の促進、平和協力・開発協力におけるパートナーシップの強化、大量破壊兵器および運搬手段の拡散阻止、テロとの戦い、日本の安保理常任入りと安保理の実効性強化、エネルギー安全保障などの項目が挙がっている。これもまた日本にとっての国益と重なっている

ことがわかるであろう。

　これらの国益のうち、日本だけで実現できるものとそうでないものがあることをこれまでの講で順次見てきた。その事情は、程度の差はあっても、超大国である米国にとっても同じなのである。孫子の「戦わずに敵を屈するこそ善の善なり」という言葉を覚えているだろうか。米国は、同盟国がなければ生きていけない国ではない。しかし、孤立主義を脱して世界の指導者としての責任を引き受けてからは、同盟国を増やし、常に国際政治の主流を率いることを目指しているのである。

　第3に、共通の戦略目標実現の方策を考えることである。そのために、同盟国双方の持っている軍事的、政治的、経済的能力を持ち寄り、互いの役割を確認する。特に安全保障面では、軍事的アセットと軍事計画のすり合わせが必要になる。これを「役割と任務」(roles and missions)の検討と呼ぶ。どのような不測の事態が起き得るか。その時、どのように協力するかを考えるのが「役割と任務」の検討である。難しいことではない。将棋に喩えれば、駒を持ち寄り、一緒に作戦を考えるということである。

　例えば冷戦時代、自衛隊は極東ソ連軍に歯が立たなかった。有事には、北海道戦での玉砕覚悟で、文字通り専守防衛を旨として本土防衛に徹していた。自衛隊は守りに強い。逆に攻撃能力はほとんどない。牙と爪がないのである。しかし甲羅は堅い。大きさもある。自衛隊は、ゾウガメのような軍隊なのである。自衛隊は、敵地攻撃作戦をほぼ完全に米軍に任せてきた。先に述べた通り、これを「盾（自衛隊）と矛（米軍）」の役割分担と呼ぶ。自衛隊は実は、米軍と組み合わさってはじめて敵を攻撃できる軍隊なのである。軍事作戦における「役割と任務」は、軍事能力面、軍事作戦面での対米依存が如実に現れている。

　冷戦が崩壊して、北方の守りに余力ができた時、朝鮮半島核危機が起きた。それを契機にガイドライン法が制定され、周辺事態の安定に寄与するという新しい役割が自衛隊に与えられた。任務としては、後方での兵站支援である。

　これからは、インド洋洋上給油や海賊対策やイラク復興支援のような、

域外の国際任務も多くなるであろう。とすれば、今後は輸送力を強化する必要がある。輸送力を強化すれば、再び役割と任務を再定義することが可能となる。駒の種類が増えるからである。

第4に、米軍の基地問題が来る。米軍基地は、米軍が世界に軍隊を派遣するための中継基地であり、同時にその基地を置く国を守るための防衛拠点である。よく米軍基地はどう使われるのかという質問を聞くが、基地は将棋の升目であるので、その使われ方は、敵が誰であり当方の駒がどう動くかで大きく変わる。変わらないのは、特定の升目の戦略的重要性である。米軍は、海軍戦略、空軍戦略を支えるために、最重要な升目を地球的規模で押えているのである。

米国の戦略的要衝に位置する国は、米国の庇護を受けることが可能になる。日本はその一つである。日本が南太平洋や中央アジアに存在すれば、日米同盟は存在しない。日本の戦略的価値が違ってくるからである。

また、英国などのように米軍の来援で第2次世界大戦を勝利した国々と、ドイツや日本のように負けた後に米軍を進駐軍として迎えた国々とでは、対米軍感情が決定的に異なる。さらに、ドイツと比較しても日本の対米軍感情は厳しい。ドイツは現実主義的である。厳しい赤軍の軍事的重圧を支えるために、米軍の存在を必要不可欠であると正確に認識していた。現実主義と空想主義の違いが、日独の大きな違いである。

どちらが正しいかと言えば、ドイツが正しい。安全保障政策上、米軍の存在は自らの抑止力を万全にするために必要不可欠なのである。

いずれにしても、米軍基地を置くのであれば、地方自治体の負担をどう軽減するかという問題が出てくる。基地問題は、取り組まなければならない重要な問題であるが、実際の日米防衛協議の90％は、実は基地問題に割かれている。キッシンジャーが周恩来とアジアの戦略的構図の変換を図るべく秘密協議を続けている頃、訪米した日本の総理が首脳会談の場でニクソン大統領に対し、「在日某米軍基地の赤い壁の評判が悪いので、壁の色を塗り替えてくれ」と直談判したところ、ニクソンが目を丸くしたという逸話が残っている。

基地問題は重要であり、それはそれで真剣に対処するべきことは言う

までもないが、それだけに集中し、同盟の目的や共通の利益・価値観、役割・任務の話を対等にできないようでは、対等な同盟にはなり得ない。それでは、下請けの同盟になり下がってしまうのである。

沖縄に海兵隊の常駐は必要か

　ここで、もう少し詳しく基地問題を議論してみよう。日本にある重要な米軍基地としては、海軍から見れば、第七艦隊のへそと言うべき原子力空母ジョージ・ワシントンが寄港する横須賀と佐世保、空軍から見れば、司令部のある横田、極東最大の軍事空港である嘉手納、米国本土から最短距離にある三沢、陸軍は少数であるが、司令部のある座間、そして海兵隊から見れば、世界中でただ一カ所、遠征師団規模で海外常駐している沖縄が、死活的に重要ということになる。

　日本には、ドイツや韓国のように大規模な米陸軍は駐留していないが、米海兵隊が常駐している。在沖縄第三遠征師団であり、海兵隊の唯一の海外駐留部隊である。この海兵隊は、日本の防衛にとってどういう意味があるのかについては、第11講で、日本の海の守りが破られて巨大大陸勢力の侵攻がある際の命綱になる、という説明をした。

　海兵隊は、海軍に所属しており、かつての日本帝国海軍陸戦隊のような存在である。その特色は、陸海空のすべての兵種の機能をコンパクトにまとめた自己完結的な組織である。機動力に優れ、獰猛で真っ先に切り込むことが多いので、「槍の先端（tip of the spear）」と呼ばれる。彼らの礼服（制服）には黒地に赤い線が入っている。一見、女子学生の服のように見えるが、赤い線は、一番はじめに名誉の傷を負うのは海兵隊であるという自負心の象徴である。赤い色は、血の色なのである。

　海兵隊が日本の沖縄に常駐しているということは、日本侵略に際して、陸上自衛隊の機動部隊とともに即座の反撃が可能であることを意味する。現在、イラク戦争などのために沖縄の海兵隊数は縮小されているが、日本有事になれば、容易に数万の単位に膨れ上がる。数万とはいえ、日本の陸上自衛隊が15万しかないことを考えれば、海兵隊の存在は大きい。海兵隊を日本から出してしまえば、まず、攻める側にとっては誘惑

になる。日米同盟の抑止力が弱くなるからである。

なぜなら、第1に、いったん米軍を米本土に返してしまえば、敵が来襲したからといって、すぐに米軍が再来する保障はないからである。議会の手続きもあるだろうし、敵の大きさによっては準備に時間がかかるかもしれない。米軍常駐のメリットは、敵の来襲があれば在日米軍と自衛隊が共に攻撃され、即時に共に戦い始めることにある。これが「在日米軍は導火線（trip wire）」と呼ばれる議論である。在日米軍を殺傷すれば、本国にある150万の米軍本隊が即座にかつ本気で怒って来襲する。同僚を殺された軍人の怒りは激しい。国民も政治家も自国兵士の殺害には厳しく反応する。この米国の反応が、敵には一番怖いのである。

第2に、沖縄米海兵隊を本土に帰してしまえば、日本に帰ってくるのに移動の時間がかかるということである。仮に、ホワイトハウスや米議会が日本防衛にゴーサインを出したとしても、肝心の米海兵隊も米陸軍も、準備を含めて日本に到着するまでに数週間はかかるであろう。これが「距離の絶対性（tyranny of distance）」である。米軍が太平洋を渡る間に、日本国民の生命と財産は蹂躙され得るということを忘れるべきではない。

とりあえず自衛隊だけで頑張って、米軍は後から呼べばよいではないかと言うのは、軍事を知らない無責任な議論である。敵の攻撃に直接反撃するのと、一度でも敵の軍靴に蹂躙されてから敵を追い出すのでは、国民、国土への被害規模がまったく異なる。最悪の場合、日本占領後、敵勢力が戦略的に有利な地位を固めてしまえば、米海兵隊は物理的に日本に帰ってこられないかもしれないのである。その時、降伏した自衛隊は、武装解除されるか、逆に米軍に銃口を向けることを強制されることになるのである。

第3に、米海兵隊には着上陸侵攻能力があるということである。これは、敵に奪われた島を取り返す力があるということである。日本は、2000の島嶼からなる島国である。特に、本州、九州、四国、北海道の4島が中核を成している。これに沖縄へ連なる「第1列島線」、硫黄島へ連なる「第二列島線」が加わって、日本国のかたちとなっている。海と

空の守りが破れて敵が日本の島を奪ってしまえば、陸上自衛隊はそれを取り返すことができない。専守防衛の陸上自衛隊には、敵が占領した領土に這い上がる能力が与えられていないからである。現在の陸上自衛隊は、死力を尽くしながらじりじりと退却するしかない軍隊なのである。敵が占領した島へ上陸して反撃ができるのは、米海兵隊なのである。

このように考えれば、米海兵隊の常駐の必要性が理解できるであろう。常駐米軍と非常駐米軍の違いは、喩えて言えば、警備員が常にマンションの入口にいるのと、殴られた後に契約をしている警備員を呼ぶのとの違いである。あるいは強盗に２階を占拠され人質を取られてから警察を呼ぶのと、強盗が入らないように警備員を雇うのとどちらが安全かということである。警備員が常に入口にいたほうがよいに決まっている。

ただし、島国の日本に米陸軍は常駐してくれない。韓国のような緊張した陸上国境を有する国と異なり、一触即発で日本列島が大量の戦車で蹂躙されることはなかなか想像できないからである。だから、世界各地を飛び回る海兵隊が常駐しているのである。この点は、次項の沖縄の重要性に関するところで、もう少し説明しよう。

どうして米国にとって沖縄が戦略的に重要なのか

では、なぜ海兵隊の常駐する場所が、沖縄でなくてはならないのか。なぜ米軍基地は、沖縄にあるのか。グアムや北海道や東北地方や関東地方など、日本の他の場所ではなぜだめなのか。沖縄の海兵隊に触れたので、ここで少しこの問題を考えてみよう。この点を理解するには、日本が島であることと、米軍が世界を睥睨している軍隊であることを、考え合わせれば理解できる。

日本は、朝鮮半島のDMZのような一触即発の陸上国境を持たない。DMZに張りつけられている軍隊は、敵対するラグビーチームがスクラムを組んでいるようなもので、動かすことができない。事実上動員の終わった兵力が、一線を挟んで大量に銃口を向け合っているのである。このような軍事態勢では、戦略的柔軟性はかぎりなくゼロに近くなる。

これに対し、日本は島国である。仮に、敵対する大陸勢力が対日戦争

のために動員をかけるとなると、一定の時間がかかる。しかも日米両海軍力の総合力は大きく、その渡海には大きなリスクが伴う。日本の戦略環境は、常に一触即発というわけではない。だから沖縄の海兵隊は、きな臭くなれば沖縄に張りつけるが、日本周辺地域が安定していれば他地域に遠征させることができる。これを戦略的柔軟性が高いと言う。沖縄の海兵隊は、日本の地政学的特性のゆえに、戦略的に柔軟な運用が可能なのである。

　沖縄の重要性を考えるには、兵力投射、特に海軍戦略論のイロハがわかっていなければならない。残念ながら、日本は世界帝国として君臨したことがない。大日本帝国も、所詮は地域帝国の域を出なかった。第2次世界大戦の初期に一気に支配地域を拡大したが、すぐに負けてしまったので、本格的な海軍戦略がなく、恒常的な中継基地の必要性を認識するに至らなかった。また、第1次世界大戦で日英同盟に従って参戦した日本は、大英帝国から、地中海の激戦海域だけではなく、中継地点である喜望峰周辺および戦略的に真空となる南太平洋とオーストラリア周辺海域への帝国艦隊派遣を依頼された。これが、「点と線」を結ぶ海軍世界戦略の定石であるが、そのような記憶も、第1次世界大戦後、速やかに失われたようである。現在の日本人は、地球的規模での中継基地がいかに死活的に重要であるかという、戦略的発想を欠落させている。

　兵力投射、すなわち兵力輸送の根幹は海軍であり、次に空軍である。海軍戦略の基本は、大洋を押えることであると述べたことを覚えているだろうか。そうすることによって、世界中のどの沿岸にも自国の軍隊や物資を大量に運べるからである。そのために、海軍国家は、中継地点の確保に血眼になる。よい中継地点が確保できなければ、7つの海は確保できない。空軍も同じである。世界中の空を股にかけて飛び回るには、やはり中継地点が必須になる。

　米軍が西海岸から北東アジアへ、東南アジアへ、さらにはインド洋へ、湾岸地域へ、戦力を投射しようとすれば、ハワイ、グアム、日本本土、沖縄、シンガポール、ディエゴ・ガルシアが決定的に重要な中継基地になるのである。このことを理解しないと、沖縄の重要性は理解できない。

「沖縄の海兵隊は、日本のためにいるのではない」という議論をどう考えるか

　日本の議論に、「沖縄の海兵隊は、日本のためにいるのではない」という論調を見かけることが多い。それは、日米同盟のかたちを理解していない発言である。

　米国は、日本防衛を死活的利益として定義し、そのための防衛政策や軍事作戦を組んでいる。第１に、核の傘をかぶせることにより、核攻撃および核の恫喝から守る。第２に、第七艦隊と第五空軍（在日米空軍）により、海と空を守る。第３に、仮に海と空のバリアが破れ、大陸勢力の巨大陸軍が渡海してくる場合には、在沖縄海兵隊が陸上自衛隊の支援を行う。第４に、それでも追いつかなければ、米陸軍が本土から来援する、ということになっている。

　日本に常駐する米軍の本隊は、米空軍と米海兵隊である。これに洋上の第七艦隊が加わる。みな戦略的柔軟性の高い軍種であり、いったん有事となれば、中東などの他地域に転戦する。もちろん日本周辺がきな臭ければ、日本に集結するであろう。その場合は、米本土の海空軍および海兵戦力も、在日米軍増強のために派遣されてくるであろう。

　米軍の運用は、地球的規模である。常駐しているのは、日本が戦略的に利便な場所にあるからである。日本に来た米軍は日本だけを守れ、という議論は、そもそも米国と同盟するということがどういうことかがわかっていない論理である。

　米軍は、親ではない。日本だけを見ているわけではない。米国は地球的規模で、国際の平和と安全に責任を持っている。米軍が日本だけを見ていると考えるのは、契約警備会社が自分の家だけを守ってくれていると勘違いするようなものである。

　そもそも日本からは、戦略的柔軟性が低く、べったりと常駐する米陸軍が引き上げていることを忘れるべきではない。米陸軍は、陸上国境を挟んで敵陸軍勢力と一触即発の状態にないかぎり、外国に常駐することはない。先に述べたように、典型的な米陸軍常駐の例は、冷戦中に巨大

な赤軍と対峙していた在独米陸軍と、今も北朝鮮軍（および場合によっては中国軍）と対峙し続ける在韓米軍である。冷戦後、在独、在韓米軍基地も縮小されている。

　島国の日本には、米陸軍は常駐しなかった。戦略的柔軟性の低い米陸軍がべったりと日本に常駐していれば、米軍は日本を守るためだけに常駐しているのではない、といった議論はなかったであろう。しかし、米陸軍は常駐しなかった。それは、日本の戦略環境が、ドイツや韓国に比べてはるかに恵まれていたことを意味しているのである。

第14講 対等な日米関係を目指して

米国と対等になるとはどういうことか

　最近、「対等な日米関係」という言葉が聞かれるようになってきた。敗戦から半世紀経って、ようやく日本の精神的自立が始まったように見える。自立は、引きこもりの幻想からではなく、現実との接触から出てくる。

　それでは考えてみよう。「米国と対等になる」とはどういうことだろうか。日米両国の国力は違いすぎる。国力に差があっても、対等になれるのであろうか。

　人間は、能力やお金や血筋に関係なく、友人として尊敬し合うことができる。特に、同じ理想を掲げて公の利益ために闘う同志のような友は、人生において掛け替えのない存在である。国家も同じである。国家同士の関係に置き換えるならば、真の友邦とは、責任ある国家として国際社会の平和と安定を支え、国際経済を持続的に成長させ、さらには人類社会全体の道徳的成熟に対して共に貢献できる国のことである。

　米国といえども、一国で地球の出来事すべてに対応できるわけではない。人は、「どうしようか」「どうしたらいいだろうか」と悩むことも多々ある。その時に「こうしたら、いいんじゃないだろうか」と助言し、共に汗をかくことのできる者が真の友人である。上に立ち統率する者は、恨まれることも多い。みんなにいい顔はできない。不満のある者を力で押し切れば、恨みが残る。上に立つ者は孤独であり、相談相手がほしいこともたびたびある。そういう時にこそ、相談できるのが友人である。

　国も同じである。国力に差があってもいい。視野の広さと志の高さと有言実行の高潔さがあれば、対等な関係の構築は可能である。それは、人間関係と同じなのである。

ここで、20世紀に入ってから、特に第２次世界大戦後に、米国が国際社会に対して背負ってきた重荷は何だったのかを、もう一度考えてみよう。世界史は米国を、20世紀後半にナチス・ドイツと軍国日本を下して世界平和を回復し、独裁政治の共産圏を相手に半世紀にわたる核の対峙を勝ち抜いた国として、また自由貿易制度を掲げて世界経済を繁栄させると同時に、国際連合、国際司法裁判所、世界貿易機関などの国際社会の制度化や道徳の復活に尽くした国として、記録するであろう。
　19世紀には、モンロー主義を掲げて欧州権力政治にかかわることを忌避していた若い国が、独立後わずか150年で突然、世界のリーダーになったのである。戸惑いもあっただろうし、蛮勇と呼ぶべき決断もあったであろう。中には誤謬もあっただろう。しかしいずれも、米国が世界史になした巨大な貢献を否定することはできない。後世、20世紀後半は、「パックス・アメリカーナ」の時代と呼ばれ続けることになるだろう。
　残念ながら日本は、戦前は、ナチス・ドイツの同盟国となってアジアに大きな破壊をもたらした国として、また戦後は、深い反省に基づいて自粛したのはよいが、経済復興と一国平和主義の殻に引きこもりがちだった国として、記憶されることになるだろう。唯一、ODAによる開発途上国支援や東欧諸国支援が、地道ながら積み上げられた善行として高い評価を受けることになると思う。
　日本が「米国と対等になりたい」と言うのであれば、米国が人類の歴史においてなした貢献の数々に匹敵するとまでは言わないが、少なくとも同程度の積極性と責任感を持って取り組むことが必要である。平和、繁栄、自由、民主主義と口で言うのはやさしい。問われるのは、日本が人類社会のため、すなわち公のために、何をしたのか、どれほど汗をかいたのか、いくら払ったのか、果たして血を流したのか、ということである。
　日本は、いつまで経っても自分のことしか考えないようではだめである。自らの安全を他人に任せ、そのお陰で独り平和に暮らし、少々金持ち国となったからといって、それが他の国の人々にとって一体何だというのだろう。それだけでは、「米国と対等」などと言って胸を張れるは

ずがないのである。米国に助言したいと言っても、米国が聞く耳を持つはずがない。例えば、自分のことにしか関心のない男が、少々金持ちになって、友人面をして目の前に現れたとしよう。読者は、したり顔の彼の助言をありがたく受け取るだろうか。そうではないであろう。国も同じなのである。

「平和を創造する国」と「平和を享受するだけの国」

戦後、米国は平和を作る国であり支える国であった。米国は、20世紀後半以降、半世紀にわたって若きリーダーとして重い責任を果たしてきた。第2次世界大戦終了後、20世紀の後半にかけて10万人近い米兵士が命を落としている。第2次世界大戦の米国兵士の死者総数は数十万と言われているから、その数分の一を戦後に失っているのである。

また米国は、冷戦中、共産圏の重圧に耐えて、戦略核兵器をもってソ連と対峙を続けることとなった。その中で、核兵器と強大な陸軍戦力を欧州と朝鮮半島に張りつけ、北大西洋全体をNATOの防衛範囲に指定し、同時に日本周辺に空母機動部隊を常時一個張りつけることで、東側陣営の軍事力を可能なかぎりユーラシア大陸内部に押しとどめてきたのである。このように米国は、自らの力で、常に平和を支える柱であることを引き受けたのである。

日本は第2次世界大戦の結果、旧敵国の烙印を押され、国際的な市民権の回復のために二度と武力は使わないという平和主義を貫いてきた。しかし日本の平和主義は、「平和を創る積極的平和主義」ではなく、「平和を乱さない消極的な平和主義」である。そして、自衛隊の海外派遣に逡巡するあまり、国際平和への直接的、軍事的貢献からはまったく腰を引いてきた。米国の分厚い庇護の下で常に傍観者を装い、自分に直接火の粉のかからない紛争は、決して自分の問題として考えようとしなかったのである。

日本は、隣国が戦火に焼かれた朝鮮戦争では特需に沸いた。1950年代の台湾海峡危機については、関心さえ払わなかった。朝鮮半島も台湾島も、つい少し前まで、日本が統治してきた人々が暮らしているにもかか

わらず、自分には関係がないという態度を取ったのである。泥沼となったベトナム戦争では、反戦運動に燃えた。自分が安全なところにいて、人の苦労や誤りをあげつらうのは簡単である。戦後半世紀の間、日本は常に平和を叫ぶ側にあり、平和を創る側、支える側に身を置こうとしたことがなかった。しかも不思議なことに、そうした中でも米国の軍事的庇護から抜け出そうとする動きは、ついぞ見られなかったのである。

　平和が貴いことは当然である。誰しもそう思う。しかし、その平和を守るために、誰かが血と汗を流しているのである。そういう国が尊敬される。あるいは、身を捨ててでも非暴力を実践するガンジーのような絶対平和主義を掲げでもすれば、別の感動があったかもしれない。

　米国に依存したまま、お独り様の平和に居心地よく引きこもった日本が、何の努力もしないで平和を叫ぶだけでは、国際社会を動かす力は出てこない。誰も感動しないからである。自分は安全なところにいて、そこから高尚なことを述べても、人の過ちをあげつらっても、尊敬されることはない。汗を流して社会を守る警官や消防士は尊敬されるが、どんな立派なことを言っても親の脛をかじりながら炬燵で寝ているフリーターが尊敬されないのと同じである。

現在の日米同盟は「甘えの構造」

　日米同盟を立て直す議論をする前に、まず、安全保障に関しては、日米関係が対等どころか、日本の一方的な依存関係にあることを確認しておこう。産経新聞の高畑昭男論説委員がかつて紙面で喝破したように、まさに「甘えの構造」なのである。そもそも日米同盟は、普通の相互防衛の仕組みではない。米国が、ほぼ一方的に日本を庇護する仕組みになっている。

　第1に、法制度上は、シーファー元駐日米国大使がかつて読売新聞でのインタビューにおいて明言した通り、日米安保条約は、法的、制度的に「米国は日本を守るが、日本は米国を守らない」という片務的な構造になっているのである。これで対等と言えるはずがない。

　第2に、第11講で述べたように、日本は、GNP比で1％を切る低い

防衛費で正面装備のうちの防御能力だけを固め、攻撃能力をすべて米軍に頼ってきた。敵のパンチを受け止めるだけが日本の自衛隊で、パンチを繰り出すのはすべて米軍である。攻撃作戦は、完全に米軍に依存しているのである。しかも、冷戦中は少なくとも公には「小規模限定侵略」のみを自衛隊の任務として掲げ、大規模侵略は米軍におまかせするという有様であった。

第3に、陸海空の自衛隊は、各々、「七五三」の在日米軍、すなわち第七艦隊、第五空軍、第三海兵師団の強力なバックアップを受け、さらに太平洋の向こう側には、核兵器・通常兵器のいずれにおいても最強の、150万の米軍が控えている。

これを見れば、日本が一方的に庇護されている構図が浮かび上がるであろう。どうしてこのような一方的な構造になったのか。答えは簡単である。大日本帝国の崩壊後、ソ連（ロシア）や中国のみならず、米国さえも軍国日本の復活を望まない冷戦初期の状況の中で、日本を武装解除したまま旧大日本帝国圏の大部分（日本本土、朝鮮半島および台湾島）の防衛責任を引き受けた米国が、強大な共産圏と対峙するというかたちが定着したからである。それは、日本を「大砲か、バターか」という厳しい選択から解き放って、経済復興に財政資源を割くことを可能とした。後世、「吉田ドクトリン」と言われる選択である。

しかし、朝鮮戦争の勃発や日本の国力回復に伴い、徐々に米国から「甘えるのはやめて、自分のことは自分でやってくれ」というメッセージが出はじめる。国力が回復すれば、応分の責任を引き受けるのは、当然のことである。1950年の朝鮮戦争勃発後は、有無を言わさず日本再軍備が行われた。ベトナム戦争が泥沼化してからは、米国はニクソン・ドクトリンの下で同盟国の自助防衛努力を慫慂するようになる。

欧州諸国は、日本と同じように経済復興か防衛責任かという二律背反の問題に直面しつつも、両者をバランスする方向で進んできた。これに対し、戦後の日本国の世論は、激しい厭戦感情と反軍国感情にとらわれて、孤立主義に近い幻想的な平和主義へと心情的に大きく傾斜していた。

朝鮮戦争を契機に、米国が日本に再軍備や防衛努力を求めるようにな

ると、日本の世論に激しい反米感情が噴き出すようになり、やがて対米批判がほとんど自己目的化するほどになった。その一方で、米国への安全保障上の依存を減らそうという動きはまったく出てこなかった。これが、第2講で説明した「幻想と依存」の構造である。これ以降の日本は、親の脛をかじりながら親の悪口ばかりを言う子供のようになってしまった感がある。

日本は瓶の中の小鬼か、在日米軍は瓶のふたか
── 米国の対日警戒感の消失

ここで、確認しておきたいことがある。それは、21世紀に入り、終戦直後の米国に根強くあった対日警戒感は、ほぼ完全に消失しつつあるということである。20世紀の前半、米国と日本は、アジア太平洋地域で唯一工業化に先んじた国であった。ロシアが革命の混乱に沈んだ後、日米の覇権争いが太平洋戦争に突き進んだ。その当時、日本の軍事力、工業力は、アジア諸国の中では圧倒的であった。それゆえに、終戦後しばらくの間、軍国日本の復活が非常に恐れられたのである。

しかし、20世紀末に日本の国力はピークアウトした。日本は、すでに米国の戦略的対抗心をあおる存在ではなくなった。むしろ米国は、復興を遂げた日本に「自分のことは自分でやってくれ」「少し、国際社会の平和を支える仕事を手伝ってほしい」と考えているのである。

かつて、日本は、「瓶の中の小鬼」と呼ばれ、「在日米軍こそが瓶のふたである」という悪いジョークが流行ったが、それは古い話である。今や、瓶はひっくり返され、米国から日本に対して「早く瓶から出てきて手伝ってくれ」と言われている状況なのである。にもかかわらず、瓶の内壁にへばりついて出てこないのが、現在の日本なのではないだろうか。

今日、中国や韓国も工業化の進展で大きく力を伸ばした。中国軍は200万の大軍であり、核武装し、装備も近代的であり、自衛隊の2倍を超える膨大な予算を与えられている。人民解放軍は、防衛予算も削られっぱなしの自衛隊に対して、ますます自信を深めてきているであろう。日本の中国大陸侵攻など、とうていあり得ない軍事情勢である。また、韓

国軍も70万に近い数を数え、海軍も遠洋海軍化しつつある。アジアの国々の対日脅威認識も大きく変わりつつある。米国や中国、韓国の対日脅威認識を逆手に取って、防衛努力を値切るような時代ではもはやない。そのようなのどかな時代は、遠い昔に終わっているのである。

日本は基地を貸しているから対等なのか

まただいぶ昔になるが、日本は米軍に基地を提供している代わりに日本を守ってもらっているのだから、日米は対等だという議論があった。そこには地政学的な真理が含まれている。

米国は、冷戦中、欧州と極東、そして70年代からは中東を死活的利益のかかった戦略的な地域として定義し、ユーラシア大陸内部からこれら地域を脅かす強大な赤軍を封じ込めねばならなかった。

日本列島は、米国が強大な海空軍力を、ひいては米陸軍を世界中に展開するための中継地点として絶好の地位を占めている。それは、太平洋のハワイ、グアムや、マラッカ海峡に臨むシンガポールや、インド洋のディエゴ・ガルシア、欧州側では、インジルリク（トルコ）、ナポリ（伊）、フランクフルト（独）と同様なのである。

特に対ソ正面に位置する日本の米軍基地は、欧州の基地と同様に強力なソ連などの赤軍と対峙するための防衛拠点でもあり、かつ世界中に米軍を展開するための中継基地でもあったのである。だからこそ、米海空軍および海兵隊が常駐しているのである。日本が、ユーラシア大陸内奥部のような地理的位置にあれば、冷戦初期に東欧諸国が失われたように、米国は日本を守ることを早々に放棄したであろうし、米軍を常駐させることもなかったであろう。占領を終了した米軍に、「グッド・ラック」と言われたに相違ない。

日米同盟の初期、日本は、自らの戦略的位置を売り物にして米国の防衛責任を引き出し、米国の庇護を受けることによって自らの防衛責任を軽くしたのである。これが、吉田茂の「グランド・バーゲン」である。対ソ封じ込めのための米国の戦略的利益と、敗戦後の少ない予算で日本防衛と経済復興を実現しなければならなかった日本の利益が合致したの

である。

　しかし、それを21世紀の今日でも「対等」と呼ぶのはどうだろうか。敗戦直後、軍隊もなくお金もなかった時代の日本が提供できるものと言えば、基地の供与しかなかった。だから、日本の対米基地供与と米軍による日本の軍事的庇護が交換材料のように考えられたのである。

　しかし、21世紀の今日においてまで、日本は基地を貸しているから日本を守っている米国と対等だと言うのはいただけない。それは、本当の意味での「対等」ではあり得ない。特に日本の国力が肥大化した今日、米国人にこのような議論をしても、耳を傾けてくれる人は少ない。米国から聞こえてくるのは、「もう少し自立してほしい。少なくとも、自分のことくらい自分でやってくれ」という声ばかりである。

まず対米依存心を捨て、自分のことは自分でやる

　さてそれでは、対等な日米同盟を実現するためには、何をすればよいのだろうか。

　まず精神論であるが、悪いことをしないという「消極的平和主義」から、平和を作る「積極的平和主義」に転換することである。また、「無差別平和論」を捨てて、国際標準の「正戦論」「義戦論」に与することである。そのためには、基本中の基本として、まず米国に対する依存心を捨てなければならない。依存しているかぎり、幻想の結果は破れない。現実主義に戻れない。それは、孤立して自主防衛に切り替えるということではない。日米同盟の枠の中で、日本防衛の責任、つまり本来、自分自身のものである日本防衛の責任をできるかぎり果たす努力をすることである。その上で、アジア太平洋の周辺地域、さらには地球的規模での安全保障問題において具体的な協力を果たしていくことである。

　「自分のことは、できるかぎり自分でやる」という自立の精神は、国家理性を呼び覚ます。それは、現実主義を取り戻す原点である。孟子の言うように、国家は「安楽に死に、憂患に生きる」生き物だからである。

　敗戦後、米国が旧大日本帝国圏（日本本土、朝鮮半島南部および台湾島）と旧米領であるフィリピンの防衛責任を引き受けてから、残念なが

ら日本は、一度として自立した防衛政策を持ったことがない。米国に依存し続けてきたのである。第2講で述べた通り、独りで対抗するには、極東ソ連軍があまりに強大すぎたせいもある。また敗戦直後の疲弊した日本には、そのような力があろうはずもなかった。さらには、米国自身やアジア諸国から日本に厳しい目を向けられたという事情もあった。

しかし日本は、その後の高度経済成長時代を経て国力を充実させたにもかかわらず、日米同盟の枠の中で日本防衛のための分担を増やしていこうとしなかった。国際情勢も大きく変貌した。アジアの国々は近代化を遂げ、特に1990年以降は中国が急激に軍備を拡張し、韓国軍も遠洋海軍化した。北朝鮮に至っては、ついに核兵器を保持するようになった。彼らの対日警戒心も後退した。

対日警戒心の薄れた米国は、逆に日本に積極的な安全保障上の貢献を求めるようになった。しかし、安逸の夢に浸った日本が防衛努力強化に向かうことはなかった。

前にも述べたが、冷戦中に喧伝された「小規模限定侵略対処」戦術などは、その典型である。これは、「『ちょこっ』とした侵略までは自衛隊で対処するが、敵が大規模攻撃をかけてきたら米国におまかせする」という戦術を、上品に名づけたものに他ならない。まさに小さな敵なら戦うが、大敵が来れば国民を放り出すと言うのと同じである。これほど無責任な戦術があるだろうか。

「自分のことは自分でやり、足りないところを友邦の力で補う」のが責任ある安全保障政策である。確かに、世界最大の核兵器保有国、軍事大国が踵を接する北東アジアにおいて、平和主義の日本が独力で防衛を全うすることは難しい。まず自立して努力した上で、足りない部分があるからこそ、対米同盟政策で補うのである。

したがって、はじめから米国に依存してはいけない。自分のことは、できるかぎり自分でやらねばならないのである。日本がバブル経済を経験し繁栄の絶頂にあった90年代冒頭、日本の対米軍事依存姿勢が「無責任なタダ乗りである」と、米国内から強い批判を浴びるようになった。それは、決して理由のないことではないのである。

積極的平和主義への道（1）
── 湾岸戦争の衝撃と国連PKOへの参画

　日本の平和主義が、消極主義から積極主義に転じるのは、冷戦後の1990年からである。第1の契機は、湾岸戦争であった。サダム・フセインのクウェート侵攻は、黒白のはっきりした完全な侵略行為であった。日本政府は、自衛隊の多国籍軍派遣を実現しようと法案を提出するが、国会で拒否されたため、結局、1兆円を超える資金援助をすることになり、そのために増税までしたのである。

　しかし、日本が尊敬されることはなかった。どれほど役に立とうと立つまいと、大小の国々がイラクと戦うために自国の兵士を派遣している時に、お金だけですまそうとしたからである。

　善良な子供が暴力団に殴られて、町内会全員で抗議に行く時に、「自分は行かない」と言って、代わりに袱紗に10万円包んで持ってくる人のことを、一体誰が尊敬するだろうか。その人が、「私は平和主義者です」と言ったら、納得する人がいるだろうか。「逃げているだけじゃないか」「卑怯じゃないか」と思われるのが落ちである。残念ながら、それが「小切手外交」と批判された当時の日本であった。

　莫大な財政的貢献をしたにもかかわらず、国際社会から受けた冷笑と軽侮は屈辱的でさえあった。その後、日本の動きは早かった。湾岸戦争後、海上交通の安全確保のため、海上自衛隊が機雷掃海作戦に派遣された。激しい議論を経て、PKOへの参加が始まった。モザンビーク、ケニア（ルワンダ）、ゴラン高原、カンボジア、東ティモールと、自衛隊は大きな成果を上げて高い評価を得、新日本軍として旧日本軍の悪評を一掃した。内戦に疲れ果てたカンボジアでは自衛隊はまさに国作りの一翼を担った。今日、平和構築と言われる活動のはしりである。平和は、享受するだけではなく、支えねばならないという意識がようやく出てきたのである。積極的平和主義の胎動であった。

PKO参加と武器使用権限問題

　ここで、よく新聞紙面を賑わしている武器使用の話をしておこう。今でこそ、大新聞も含めてPKOに賛成する人が多いが、90年代前半のPKOを開始する当時は、国民世論に強い反対があり、日本政府は大変な苦労をしたものである。憲法第9条との関係が云々されて、自衛官は極めて厳しい武器使用の制約を受けることになった。

　PKO法を作った時、外国で自衛官が武器を使ってよいかということが問題となった。憲法第9条の解釈が、自衛隊による武力行使を日本本土防衛以外には認めないとしていたためである。そこで「自然権論」というものが唱えられた。自衛官であっても、自分を守るためならば、武器を使用してもよいというものである。

　その一方で、職務遂行のための武器使用は、原則として拒否された。職務遂行上の武器使用は、武力行使ではないかという形式論理にはまったのである。その根には、自衛官は武器を持たせれば暴走するという根強い軍人不信があった。その後、武器使用基準は少し緩和されたが、職務遂行のための武器使用禁止という原則は、基本的には変わっていない。

　ところが、ルワンダ難民救援のためのザイール（現コンゴ民主共和国）への自衛隊派遣に際して、日本人NGO関係者の生命を確保するために急行しなければならないという事態が起きた。当時のPKO法では、民間人の救命は、任務に入っていなかった。にもかかわらず急行した陸上自衛隊の将校が、武器を携帯していたとして政治的に譴責されるという事態が起きた。この自衛官が、自分の権限を超えてまで他人の命を救おうとしたためである。それは、おかしくはないだろうか。彼の行為は、本来、気高い行為ではないだろうか。

　民間人の救助要請を無視してベッドで寝ていれば、彼の将来は安泰だったのである。しかし、彼は勇気を奮って駆けつけた。彼の部下も自主的に従った。腰に銃があったのは当然である。丸腰でいけば彼も彼の部下も被害に巻き込まれ、二次災害となっていたかもしれないのである。

　日本政府がこの自衛官を派遣したのは、重武装したゲリラの出没し得

るジャングルである。400年も前に秀吉が刀狩りを終えた平和な日本ではない。停戦合意があっても、まさかのことは起こり得る。そこで人命を救った兵士が譴責され、傷つけられるようでは、はじめから法律のほうがおかしいのである。結局PKO法は、後に改正されることになる。

　日本政府や地方政府には、年に数百万円に満たない給料で身体を張り、時には命さえかける人たちがいる。殉職者もいる。警察官、消防士、海上保安官がそうであり、自衛官もそうである。外交官もそういう危険な職務に就くことがある。このような人たちの命を、現実離れした法律論争の具にしては絶対にいけない。人の命を政治の具にしてはいけないのである。それは必ず、シビリアン・コントロールを腐食させることになる。

　厳しい任務に要員を派遣するのであれば、正当かつ十分な武器使用権限を与えるのは当然である。それが軍を指導する政治の責任である。本来PKOは、武力紛争中を避けて、紛争以前の予防措置か、紛争終了後の平和維持に派遣される。そこでの武器使用は、武力の行使ではなく、警察権の行使に近いものである。それを、集団的自衛権の行使ではないかという曖昧な理屈だけで、しばってよいものだろうか。

　安倍総理が諮問した有識者委員会「安全保障の法的基盤の再構築に関する懇談会」は、PKOの武器使用は警察権行使の範疇であり、これまでのように集団的自衛権問題の範疇に入れて議論してはいけないとの結論を出した。正しい判断ではないだろうか。

積極的平和主義への道（2）
── 第1次北朝鮮核危機とガイドライン法

　湾岸戦争の次に、日本の平和主義が積極的となる契機は、第１次北朝鮮核危機である。北朝鮮が核不拡散体制を離脱して、核兵器開発に乗り出そうとした90年代中葉のことである。当時、北朝鮮はすでに日本を射程に収めるノドン・ミサイルの実験に成功していた。核弾頭が開発されれば、日本は北朝鮮の核ミサイルの射程に入ることになる。

　当初、クリントン政権は、非常に厳しい態度に出た。最終的には、

KEDOの枠組みによって北朝鮮に原子力発電所を与えることでいったんは合意ができるのであるが、そこに至るまでの間には、第2次朝鮮戦争が起こるのではないかとさえ疑わせるほど非常に厳しい観測が流れた。当時の日本は、宮沢自民党政権崩壊の政局騒ぎで、国内のメディアはこの問題をほとんど報じなかったが、CNNを見ていれば軍事的緊張は明らかであった。この瞬間、日本は戦後、最も戦争に近いところにいたと言ってよい。詳しくは、オーヴァードーファー・ワシントンポスト記者の書いた『2つのコリア』（共同通信社）を読んでほしい。

ソ連崩壊によって、極東ソ連軍の脅威がすでに大幅に減退していた頃である。こうした環境下の90年代中葉、米国の一部に、北方のロシアからの軍事的重圧が減っているのであるから、自衛隊ももう少し戦略的柔軟性をもって朝鮮有事に備えてくれてもいいではないか、と考える人が出てくるのは当然の話である。

その結果、「ガイドライン法」が生まれた。これは、日本の安全保障に影響を与える日本周辺での紛争において、その平和と安全に責任を持っている米軍に後方地域支援を与えようというものである。後方地域支援とは、前線に至らないところで行う、直接の戦闘行動ではない兵站活動のことである。本土防衛以外に自衛隊の武力行使が許されないという憲法解釈と整合性を取るために、後方地域の兵站支援という法律上の概念が生み出されたのである。

このガイドライン法によって、日本は戦後初めて、日本本土防衛の次元を超え、自国周辺地域の平和と安全に一定の責任を持つようになった。なおガイドライン法それ自体は、地理的な規定を持たず、特定の地域を念頭に置いて起草されているわけではない。

積極的平和主義への道(3) ── 9.11同時多発テロの衝撃と海上自衛隊のインド洋派遣、陸上自衛隊のイラク派遣

21世紀に入って、「幻想と依存」の結界（cocoon）を大きく破ったのは、小泉総理（当時）であった。2001年、アル・カーイダの実行した9.11同時多発テロは、国連安保理が武力行使と断定した蛮行であった。ニュー

ヨークの世界貿易センタービルに２機のジャンボジェットが満タンの燃料を搭載して突っ込んだ。また米国国防省にも、もう１機が突っ込んだ。合わせて数千名の命が、一瞬にして失われた。

　小泉総理は、日米安保条約上、法的義務がまったくないにもかかわらず、域外のインド洋に海上自衛隊の艦隊を派遣した。対アフガニスタン作戦に従事する多国籍軍（coalition）の軍隊に給油するためである。当時、軍艦５隻からなる日本艦隊は、英国艦隊の規模を凌駕し、米国艦隊に次ぐ規模であった。海上自衛隊の給油作戦は、後に「洋上ガソリンスタンド」と揶揄されたが、派遣当時は各国海軍とも軍事作戦の真最中であったのである。

　それまで日米同盟の歴史の中で、先に武力攻撃を受けるのが米国になろうとは、誰も考えたことがなかった。しかし、アル・カーイダの対米攻撃は、国連安保理によって「国際の平和と安全に対する脅威」として集団的自衛権行使を正当化する武力行使であると認定され、NATOが初めて５条事態を発動するに至ったほど、大規模なものであった。小泉総理は、ワシントンやニューヨークで無差別テロにより数千人が虐殺されたことに際して、傷ついた米国の支援のために、勇断をもって新規に立法までして海上自衛隊を派遣した。これがブッシュ・小泉の黄金時代を築くことになる。日米同盟が一瞬、対等な同盟に見えた時代であった。

　いずれの国の兵士も、自国を守るために自国の指導者に忠誠を誓う。他国を守るために死にたいと思う兵士はいない。だから、他国を守るために兵を動かす指導者は、そこに重大な国益がかかっていると確信していなくてはならないし、それを国民に説得できねばならない。小泉総理は、得意のワン・フレーズでこう述べた。「北朝鮮が日本を攻撃した時、日本を守るために誰が来てくれると言うのか。米国だけではないか。その米国が攻撃されたのだ」と。

　日本人は、日本を守るために米兵が死ぬことを、決して当たり前と思ってはいけない。「生き死に」のかかったところで甘えれば、いかなる友人関係でも芯から腐食する。国家間の関係も同じである。何度も言うように、同盟の本質は血の絆である。甘えた「対等」はない。同盟におけ

る「対等」の原点は、常に共に生き共に戦うことにある。確かに日米安保条約は、米国が攻撃された時に、日本に対米防衛義務を課してはいない。しかし、同盟の原点を見失わなかった小泉総理は、黄金時代と言われた戦後最高の日米関係を築き上げたのである。

この経験が、次にイラク復興支援のための陸上自衛隊派遣につながる。米国は、イラクが化学兵器の放棄を求めた安保理決議を履行しないという理由で、多国籍軍を編成してイラクを攻撃した。フセインは、化学兵器を保持していると思われていた。実際、イラン・イラク戦争やクルド人弾圧のために、化学兵器を使用していた。サダム・フセインが、国連の査察を拒否した時、化学兵器除去のために米国を中心とする多国籍軍が投入された。国際世論は分かれた。英豪が米国に従い、仏独西は戦争に反対した。陸上自衛隊は、サダム・フセイン政権が崩壊し戦争が終結した後、新生イラクの復興支援のために派遣された。戦後初めて、陸上自衛隊が第三国の土を踏んだのである。

彼らは、サマワで復興支援任務を立派に果たして帰還した。何人かの外務省員も、陸上自衛隊とサマワで寝食を共にした。彼らの多くは、仲間の誰かが日本に帰れなくなることを覚悟していた。宿営地には数多くの白木の箱も準備されていた。軍隊が異民族の中に武装して入っていくということは、容易なことではない。陸上部隊の難しさはそこにある。しかし、陸上自衛隊の活動は現地でも高く評価され、初めてのPKO任務の際と同様に、新しい日本の軍隊を強く印象づけて帰国したのである。

積極的平和主義への道(4)
── アデン湾での海賊対策

2009年、アデン湾での海賊跳梁が目に余るようになり、海上自衛隊が投入された。もともと海賊は、マラッカ海峡が本場であった。それが、日本をはじめとする各国の協力によって、だいぶ下火となってきた。年間200件の海賊事案が、70～80％近く減少したのである。ところが、これと反比例するように、アデン湾での海賊事案が一気に年間200件近くにまで増大したのである。

アデン湾は、東アジアと欧州を結ぶシーレーン上にあり、日本にとってはいわば幹線道路である。日本関連の商船からすれば、アデン湾で襲われようとマラッカ海峡で襲われようと、同じことである。日本から遠いからアデン湾は重要ではない、ということではない。アデン湾は、マラッカ海峡と同様に戦略的に重要な場所なのである。

　アデン湾の海賊対策は、フランス人の乗ったヨットを海賊に乗っ取られ、怒ったサルコジ大統領が海軍特殊部隊を投入して人質を解放してから、加速度的に進みはじめた。フランスが主導した欧州連合の「アタランタ」作戦は、欧州連合が主導する本格的な軍事作戦である。トラファルガー以来競争意識の強い英仏海軍の共同作戦は、開始当時話題になった。欧州連合の作戦は、海賊対策に参加しているNATOよりも活発である。この他、米国、ロシア、中国、韓国、イランも、海賊対策に加わっている。

　海上自衛官によると、自衛隊がアデン湾での海賊退治に乗り出してから、すれ違う日本の商船が旗を揚げて挨拶するようになったということである。これがどういうことかわかるだろうか。第2次世界大戦当時、日本の帝国海軍は民間商船を熱心に護衛しなかった。そのため、ほとんどの日本商船隊は米潜水艦隊の餌食となって海の藻屑と消えた。日本商船の船員の死亡率は90％に上った。日本海軍の死亡率は50％であったにもかかわらずである。その結果、日本商船隊の日本海軍に対する信頼は蒸発した。

　ところが、戦後半世紀以上経ってはじめて、海上自衛隊の艦船が日本の商船隊を守りはじめた。日本船員組合が、戦後初めて海上自衛隊に謝意と敬意を表しはじめたのである。「国民を守り、国民に感謝される任務が最も誇らしい」とは、私の知り合いの海上自衛官が吐露した率直な気持ちである。

防衛費を切り続けて「対等」は難しい

　それでは、日米同盟を対等に近づけるにはどうしたらよいだろうか。これから順次、防衛費問題、集団的自衛権の問題、武器輸出3原則を見

ていくことにしよう。

　第1に、防衛費について考えてみよう。いくら自立すると言っても、北東アジアの厳しい戦略環境にもかかわらず防衛費を切りまくっては、「対米対等」の言葉にも説得力はない。自衛隊の能力をどんどん落としておいて、より大きな日本防衛の責任を果たすと言っても、論理矛盾と笑われるだけである。

　日本は、70年代、三木内閣時代にGNP1％の防衛費枠をはめた。しかし、防衛費1％の日本で対応できるような弱い敵が、日本周辺にいるだろうか。当時、特に極東ソ連軍は強大であり、とうてい自衛隊の勝てる相手ではなかった。にもかかわらずGNP1％しか防衛費を使わないということは、「小規模限定侵略対処」戦術と同じで、GNP1％の防衛費で対処できない敵から襲われたら後は国民の運命を米国にまかせるという、無責任な開き直りである。

　欧州の国々も、日本と同じ厳しい戦後経済状況から出発したが、GNPの2％から3％の防衛費を払うようになった。日本であれば、10兆円、15兆円の規模である。冷戦の終了によって、欧州正面では戦争の可能性がほとんど消えたため、最近になって、2％を切る国々も出てきているが、おおよそGNP2％というのが、普通の国の国防費である。

　日本の戦略環境に関しては、冷戦終了時に一時好転したが、朝鮮半島分断、北朝鮮の核武装、台湾海峡問題、中国による南シナ海海洋権益の「核心的利益」化、人民解放軍の劇的な増強、極東ロシア軍の復活と、その懸念材料は欧州正面とは比べものにならないほど大きい。しかし日本の防衛費は、冷戦中であれ冷戦終了後であれ、さらに21世紀に入ってからであれ、GNP比1％の水準を大きく上回ることはなかった。防衛政策における米国への依存や甘えは、そのまま財政政策における米国への依存と甘えに他ならない。それが続くかぎり、「対米対等」はあり得ない。

　特に現在、中国の軍事費が日本を凌駕する規模に達し、かつ依然として非常に速いスピードで伸びている。2008年で公称額6兆円の軍事費は、日本の防衛費を凌駕する。これが米国防省の推計では15兆円（1ドル

100円で換算）に達するとも言われるが、日本の公共事業予算、文教予算および防衛費を合わせた総額と同じである。中国軍の重圧が増せば増すほど、日本は、再び米国の軍事的庇護に深く依存せざるを得なくなりつつある。しかるに現在、日本のGNPが米国の3分の1に届いたにもかかわらず、日本の防衛費は米国の国防費の6分の1（現在は、米国が戦時中なので米国の20分の1）で、減る一方なのである。

　厳しい財政状況の中でも、筋肉質の自衛隊を再生させるためには、防衛費の増額が必要である。と言っても、中国の軍事費膨張を真似する必要はない。自衛隊の正面装備には、細々としたものであるとはいえ、この半世紀の積み上げがある。また、日米同盟が提供する米国の抑止力は、引き続き日本の財政面での負担を大幅に軽くしてくれている。4兆円台後半の防衛費をとりあえず5兆円台の前半に増やすだけで、まだまだ自衛隊は頼りになる同盟軍として甦る可能性を秘めている。いくら借金が膨らんだとはいえ、90兆円の予算をまかなう国が、国家防衛という国策の根幹に数千億円を回せないわけはないのではないだろうか。

　現在、団塊の世代の退職と高齢化によって老齢者が増え、毎年1兆円の予算が余計に必要になっている。それが国家予算を大きく圧迫している。しかし、防衛費を公共事業などの他の経費と同様に、ひたすら切り続けてよいのであろうか。それは、個人の家で言えば、おじいさんの介護費がかかるから、戸締りの費用を疎かにするということである。他に切り詰めるものはないのだろうか。それは、消費税の引き上げとともに、国家最高レベルの財政的優先順位のつけ方の問題なのである。

自分だけ守ってもらうという虫のいい話は続かない

　第2に、米国との対等を主張する上で避けて通れないのが、集団的自衛権の問題である。民間では80年代に、東大の佐藤誠三郎教授が初めて禁忌を破って問題提起を行い、読売新聞や日本経済新聞が集団的自衛権行使是認の論調へと舵を切った。政府としても、小泉総理が集団的自衛権の問題を議論することは構わないと断を下し、集団的自衛権に関する議論がほぼ半世紀ぶりに解禁された。その後、安倍総理が諮問した有識

者委員会である「安全保障の法的基盤の再構築に関する懇談会」は、いくつかの場合を例示して、限定的ではあるが集団的自衛権行使を是認するべしとの報告書を提出した。

　安倍総理が諮問した委員会の報告書が取り上げている例の一つは、次のようなものである。ある国から米国と日本に向けて撃たれた弾道ミサイルを、日米共同で撃ち落とす場合、米国は日米双方に向かうミサイルを撃ち落としているとしよう。ところが、日本は日本に向かうミサイルだけしか撃ち落とさない。果たしてこれでよいのだろうか。

　読者は、何の話かと思うであろう。これが、実際に政府がまじめに議論している内容なのである。弾道ミサイルがある国から日米双方に向かって発射される時、海上にはミサイル防衛能力を持った海上自衛隊艦艇と米軍の艦艇が待機している。敵国が十発のミサイルを発射したとしよう。敵のミサイル1発に、日米双方の迎撃ミサイル全弾が集中しては、他の敵ミサイルが日米双方に着弾する。最も効率よくコンピューターを使って、迎撃ミサイルを最適なかたちで配分しなければならない。しかし日本は、憲法解釈上、集団的自衛権を行使できないので、米国本土を防衛することはできない。だから日本の迎撃ミサイルは、日本に飛んでくるミサイルだけを迎撃するという議論になるのである。

　これでは、米国が怒るのは当たり前であろう。それならば、米国も米国に向かうミサイルしか迎撃しないという話になるであろう。当然のことである。そうすれば、最適な迎撃ミサイルの配分は失われ、日米両国民の被害は大きくなる。これが集団的自衛権行使の禁止から導かれる結論ならば、不合理である。見直しが必要である。そう、報告書は結論づけている。

　そもそも集団的自衛権の放棄などとは、憲法のどこにも書かれていない。それは、1947年の憲法制定当初には、存在しなかった議論である。1960年の、岸総理による安保改定の直前くらいから出てきた議論なのである。当時は、自衛隊による自衛権行使とは日本防衛のことであるから、外国の防衛に自衛隊を派兵することはないという単純な専守防衛、海外派兵禁止の議論にすぎなかった。

国会での小さな議論が、ジャックと豆の木に出てくる豆の木のごとくに膨れ上がって、その後の国論を大きく左右することがある。戦前は、統帥権干犯問題が国会で党派間の政争の具として現れ、それが軍部に利用されて、軍国への道を開いた。集団的自衛権の議論も、学会や裁判所ではなく国会での議論が発祥地である。日本の国会における集団的自衛権の議論は学術的な背景がなく、イデオロギー色の強かった冷戦初期に出てきた政治的議論であることに留意を要する。

　実際、日本の集団的自衛権の議論は、強い東西冷戦の磁場の中でイデオロギー色を濃くしていくうちに、やがて集団的自衛権の学問的範疇を超えて、中立論議と同じような傾向を見せはじめた。また最後には、中立政策の範疇さえ超えて、絶対孤立主義のような性向まで見せるようになった。それが、日本外交政策や安全保障政策を大きく規定してきたのである。

　例えば冷戦華やかなりし頃には、NATOのセミナーに日本外交官が出席することさえ集団的自衛権の行使ではないか、というような議論が国会で出たし、また中立法規でさえ規定していない武器の絶対禁輸政策（後述の武器輸出3原則の項参照）が採用されたのも、このような孤立主義的な傾向の現れである。憲法の本質は、もとより政治の法であることは間違いないが、憲法の政治化は、度を過ぎれば、立憲主義の立場から見て問題である。憲法の権威をかえって下げる危険があるからである。それは、立憲主義の危機に他ならない。

　どうして、このようなことになったのであろうか。おそらく1960年安保改定当時から、政治が判断するべきところをすべて法律の解釈というかたちにすり替えて役人に答えさせてしまったことが、その原因なのであろう。その結果、例えば「核兵器は合憲であるが、核兵器の運搬手段は違憲である」というような奇妙な憲法解釈がたくさん生まれた。そのようなことが、憲法のどこに書いてあるのだろうか。

　そもそも自衛権の本質は、急迫不正の侵害に対して、比例性のある均衡の取れた力で侵害を排除するという点にある。正義と不正の対比と、不正な暴力排除のための比例性が自衛権にかかわる法理の眼目であり、

個別的か集団的かという議論は、むしろ些末、技術的であって、本質的ではない。例えば、個別的自衛権しか使ってはいけないという話になると、自分より強い国が現れたら負けても仕方がないという論理的帰結になる。それは、自衛権の本質を否定する議論である。

　もう少し具体的に説明してみよう。国家は、体格に大差のない個人と異なり、人口が10億を超える国から数万の国まで、大きさがまちまちである。小国は、個別的自衛権だけを持っていてもあまり意味がない。自衛権を行使しても、大国に蹂躙されることは必定だからである。国連が、迅速に機能するとはかぎらない。むしろ、現実にはそうでないことが多い。とすれば小国は、自分たちでまとまるか、大国の支援を受けるしかない。そうしなければ、国際社会では自衛の論理は貫徹しないのである。

　そのような主張が、国連創設のサンフランシスコ会議で、チャペルテペック防衛条約を結んでいたラテン・アメリカの国々から出された。アラブ連盟の国々もそれを支持した。その結果、国連憲章の中で、集団的自衛権が認められたのである。

　集団的自衛権を放棄するということは、自分より強い敵が出てきたら、降伏するか全滅するということである。それは、唯一可能な生存のための外交手段、安全保障の手段である、「友邦の来援」という選択肢を自ら封じることなのである。したがって超大国でもないかぎり、集団的自衛権を放棄することは、自然権である国民の生存権を放棄することに他ならない。憲法も否定できない権利は、国民の生存権である。それを否定することは、国家の目的の否定であり、国民への背信ではないだろうか。それは、憲法における根幹論理の否定になるのではないのだろうか。

　自衛権の本質を忘れ、個別か集団的かという枝葉の問題にこれほど固執するのは、世界中で日本だけである。自衛権論議の本来の目的は、不当な暴力から国民をどう守るかという点にあるはずであるが、この目的が見失われている。目的と手段が混同されたり逆転されるのは、日本の安保論議の特徴の一つである。

　集団的自衛権行使を認めるのであれば、憲法改正が筋であるという意見がある。しかし、そうだろうか。では、なぜ今、解釈によって個別自

衛権が認められているのか。なぜ集団的自衛権のほうだけ、解釈で認めることができないのか。そこに合理的な理由はあるのだろうか。

憲法は、虚心坦懐に素直に読めば、完全非武装を規定しているようにも読める（もちろん、そうでない読み方もできる）。日本の非武装は、日本国民の願いであっただけではなく、軍国日本の復活を恐れる連合国の意思でもあったから、それは当然である。しかし、その後の歴史の中で、自衛権までをも否定することは、国民の自然権、生存権を否定することになるので、日本政府は、自衛権だけは例外的に認められるとの解釈を取った。だが、個別的自衛権だけでは国民の生存は全うできない。だとすれば、集団的自衛権まで認めるのが論理的なのではないのだろうか。

集団的自衛権放棄に関する議論が横行する前提として、「どうせ米国が守ってくれる」という無制約な「甘え」が、残念ながら未だに無意識の内に潜んでいるように見える。おもしろいことに、対米依存心が残り続けている一方で、日本が米国を守ろうとしなければ、いずれ米国も日本を守らなくなるかもしれない、という現実的な議論は出てこない。

米国は、友人である。母親ではない。小泉総理が、インド洋給油作戦への海上自衛隊投入によって示したように、防衛義務は、友邦間のものであり、本来相互的であるべきものである。一方的に米国に依存してよい時代は、はるか昔に終わっている。自立と対等は、真の友情の当然の前提である。

武器輸出政策をどうするか

次に、武器輸出政策の問題を取り上げよう。日本は、60年代から武器輸出3原則を実施している。60年代に佐藤総理が、国連制裁対象国、共産圏、そして現在紛争中で武器売却が紛争を悪化させる国への武器輸出を自粛する方針を打ち出した。それは、国際社会の平和と安定に貢献するための合理的な政策であり、十分に理解され得る政策であった。

ところが、70年代に入り、三木総理の下で、同盟国である米国を含むすべての国に対して、武器のみならず武器に関連する技術、資本、公共事業さえも輸出を禁止することとなった。つまり、武器禁輸それ自体を

目的とした、絶対禁輸政策に転じたのである。

　これは、武器を生産する能力のある国としては、かなり特殊な政策である。例えば、国際法上の中立法規は、国家が第三国間の紛争に介入することを厳しく禁じるが、私人が第三国である紛争当事国に武器を売却することはまったく禁じていない。それは、私人のリスク管理の問題としてとらえられている。日本の絶対武器禁輸政策は、中立法規よりもさらに厳しいものであり、絶対的孤立主義と呼ぶべきものである。

　武器輸出3原則（実態は完全武器禁輸政策）を、一方では、日本の平和主義の証左であるとして支持する声がある。しかし他方では、すでに10年以上前から、経団連や読売新聞や日本経済新聞が厳しく批判してきた。どうしてだろうか。ここで、少し考えてみよう。

　まず、武器輸出政策の目的は何だろうか。日本が平和国家であることを示すことが一つの目的である。では、それが世界の平和に貢献するだろうか。日本が武器を売らなければ、世界は平和になるだろうか。そんなことはない。世界中は、諸外国が作る武器であふれている。あるいは、誰かが日本に追随して、武器売却を控えるだろうか。そんなこともない。それが現実である。

　もう少し突っ込んで考えてみよう。武器を売る人間がいるのは、武器を買う人間がいるからである。武器が絶対悪であり、武器を売ることが悪いとなれば、武器を買うことも悪いことである。日本は、武器の輸出こそしていないが、大量の武器を米国から買っている。後述するが、日本の防衛産業は青息吐息であり、とても変化の激しい国際兵器市場についていく力はない。自衛隊が、まともに戦おうとすれば、米国製、欧州製の武器を買わざるを得ないのである。

　では、なぜ日本が米国製の武器を買うことは善であり、米国やその他の外国が日本製の武器を買うことは悪なのか。もし日本が米国製の武器を買うことが必要悪であると言うならば、なぜ米国やその他の国が日本製の武器を買うことは必要悪ではないのか。このように武器自体が絶対悪であるという議論をすると、あまり説得力のある議論は出てこない。

　武器を売る人間が、すべて魂を悪魔に売った死の商人なのか。では我々

は、死の商人のお陰で日本を守れているのか。あるいは、そもそも武器を売る者が「死の商人」なら、武器を買う者も「死の買付け人」ではないのか。それではどうもおかしくないだろうか。

　そもそも武器輸出は絶対悪なのだろうか。違うのではないか。柳生宗矩は、兵法家伝書の中で、剣は殺人の道具（殺人剣）であるが、正義を実現する時には活人剣となると述べている。武器は、使う人の目的によって、活人剣になったり殺人剣になったりする。誰がどういう目的で使うかを見極めることが重要なのである。

　戦争に正義の戦いと無法な侵略があるように、国際の平和と安全を守る武器輸出と、乱す武器輸出があるのではないか。とすれば、国際の平和と安全を守る武器輸出を認め、乱す武器輸出を禁止することが、武器輸出政策の目的になる。その実現のためには、お独り様の武器管理では実効性がない。国際協調が必要である。

　もう一度、確認しよう。武器輸出政策は手段であって、目的ではない。目的と手段を混同してはならない。武器輸出政策は、自国の安全を確保し、国際の平和と安全を確保するための手段なのである。とすれば、自国の安全を確保し、国際の平和と安全を確保することができる武器輸出政策こそが、真の武器輸出政策である。三木内閣以来の武器の絶対禁輸政策は、日本の安全保障に貢献しているだろうか。この論点をめぐっては、10年以上、マスコミを二分して論争が行われているのである。

　武器輸出3原則が、日本の安全保障に及ぼす弊害は、大きく言って5つある。

　第1は、日米防衛産業協力を阻害し、ほとんど不可能にしてしまったことである。日本は多くの進んだ技術を持っている。日本が、日米防衛産業力を拒否することは、米国から見れば同盟の裏切りに近い。そもそも米国の厚い庇護をほとんど一方的に当てにする同盟国でありながら、対米防衛産業協力を拒否する国があるだろうか。それは、自分自身の安全を危うくすることである。汎用技術を含めた日本の総合技術力は世界最高水準である。技術こそ、日本が日米同盟に貢献できる最高の「弾」である。しかし日本は自らそれを封印しているのである。

第2に、日本の防衛産業の技術水準が、国際社会から大きく遅れはじめていることである。冷戦後、米国をはじめとする各国の国防費が大幅に削減されたため、次世代兵器は国際分業と共同開発が主流となっている。典型的な例が、第5世代戦闘機であるF-35の生産であろう。多くの欧州諸国が資金と技術を持ち寄りF-35の開発に参入する中で、日本は完全に取り残されたのである。このような技術力、資金力を持った国際集団が開発する兵器に、日本が単独で挑戦しても追いつけるはずもない。

　第3は、そもそも日本の防衛産業が衰退してしまったことである。自衛隊だけを相手にした、小さな取引だからである。規模が小さすぎるのである。スケールメリットが働かないと言えば、ピンと来るだろうか。戦闘機の開発には数千億円かかる。したがって、1000機売れば、開発費の負担は、1機当たり数億円になる。1機当たり数十億円というのが、戦闘機価格の相場である。航空自衛隊の国産F‐2戦闘機（第4世代）は、100機しか作らなかった。だから開発費を上乗せすると、1機当たり150億円近くになる。世界最強のF-22（第5世代）でさえ、米空軍が普通に買えば120億円である。F-16（第4世代）ならば、20億円で買える。

　スケールメリットを無視すると、こういう不合理なことが起きる。日本の防衛産業は、政府によりかかり、非常にコスト・パフォーマンスの悪い兵器を作り続けるだけの存在になってしまったのである。

　第4は、財政上の巨大な非効率である。日本の安全保障政策上、防衛産業が皆無になることは受け入れられない。衰弱した日本の防衛産業基盤を維持するためには、どんなに割高の兵器でも一定数を買わざるを得ない。その結果、値段が何十倍もする国産兵器を買うことになる。また、日本が作れない最新兵器のほとんどは米国から買うことになっているが、そのままを買えば割安なのだが、日本でわざわざ分解して、一部日本の製品を入れる。その部品がまた非常に高価である。したがって、最終的な値段が米国製そのものを買う場合の4倍、5倍となる。

　60年代から80年代にかけて見られたような右肩上がりの日本経済ならばともかく、長期不況の中で膨大な借金を抱えた政府が続けてよい政策ではないのではないだろうか。

第5は、自衛隊の戦闘能力の低下である。本来、同じ予算でより効率的な兵器体系を整えられるにもかかわらず、割高の日本製の武器や日本製部品を差し込んだ米国製武器を買わざるを得ない。その結果、自衛隊の正面装備は、本来の姿よりも脆弱となる。それはそのまま、自衛隊の戦闘能力の低下となって表れるのである。
　なぜ、このようなことになるのだろうか。病巣は深く、致命的である。その理由は、実は日本に自前の調達計画がないことである。兵器の開発は、20年後30年後の国際情勢を前提に進めていく。そこでありとあらゆる戦争を仮定し、シミュレーションし、必要な兵器体系を決めていく。調達政策は、防衛政策と裏腹にある最重要な国防政策であり、防衛官僚の真骨頂が問われる分野である。米国防省では、調達局は最も力の強い筆頭局である。
　自前の調達計画がないということは、自前の防衛政策がないと言うに等しい。自分自身の安全保障という一番の基本から米国に依存してしまっており、自分の考えがないということだからである。将来の国際情勢を分析し、周辺国の装備を予想し、あり得るすべての紛争を予想した上で、米国との役割分担を考え、自分の分担任務を十分にこなすのに、どのような装備が欠けているかを考えなければいけないのである。
　三木総理の始めた武器の絶対禁輸政策を、佐藤総理の武器輸出3原則に戻すことは真剣に検討されてよい。三木時代の「自己目的化した絶対禁輸政策」から、日本の安全保障と世界の平和と安定を目的とした、佐藤時代の「手段としての武器輸出規制政策」に戻す時が、すでに来ていると思う。それは、同時に同盟国との防衛産業協力の可能性を開く。
　日米両国は、世界の技術をリードしてきた大国である。その両国が防衛産業協力を日本側の一方的な拒否によって禁じられているというのは、日本のためにも日米同盟のためにも、おかしな話である。日米両国の安全保障を高めるための防衛産業協力は、むしろ促進されてしかるべきである。
　他方で、国際の平和と安定を害するような武器輸出は、国際協調主義の下で厳しく管理していかなくてはならない。例えばMSTRなどのレ

ジームと歩調を合わせて、大量破壊兵器とその運搬手段拡散防止のための国際協調を実現し、また紛争地への武器禁輸を課す国連安保理決議を誠実に履行することは、日本として当然すぎる責任である。このような世界標準に照らして、武器輸出政策を再検討し、策定するべきであろうと思う。少なくとも、佐藤総理時代の合理的な政策に戻すことは考えてもよいと思う。

「盾と矛」の役割分担は見直さなくてよいのか
── 攻撃能力獲得の是非

　最後に、日米の役割分担の問題である。「米国と対等になる」と言うからには、同盟の軍事作戦面における日米間の役割任務（roles and missions）分担の見直しは避けて通れない論点である。

　これまでの説明でわかったと思うが、日米同盟の役割分担は、基本的に攻撃任務が在日米軍、防御任務が自衛隊である。剣道に喩えて言えば、面や小手や胴といった防具が自衛隊で、竹刀が米軍である。面や小手や胴は、敵の竹刀を受けるのが仕事である。それが自衛隊である。竹刀は、敵の面や小手や胴を叩くのが仕事である。それが米軍である。この役割分担は、「盾と矛」と呼ばれる。もちろん、自衛隊が盾であり、米軍が矛である。

　具体的な日米同盟における軍種ごとの組み合わせは、陸上自衛隊と第三海兵師団、海上自衛隊と第七艦隊、航空自衛隊と第五空軍である。

　もとより米軍は、在日米軍にかぎらない。太平洋の向こうには、米陸軍をはじめとする米軍本隊の大きな通常兵力が控えている。もちろん、これに加えて米軍による核抑止が効いている。ちなみに日本防衛を担当する米陸軍は、米陸軍第一軍団であるが、日本に常駐するのは3000人弱で、本隊は米本国のシアトルにいる。これを加えて在日米軍は、「七五三一」と覚えておくとよい。

　さて、この「盾と矛」の役割分担は、このままでよいのだろうか。特に最近の現象として注意が必要なのは、弾道ミサイルや巡航ミサイルの著しい拡散である。例えば北朝鮮のノドン・ミサイルは、1990年に入る

図表4 北朝鮮の弾道ミサイルの射程

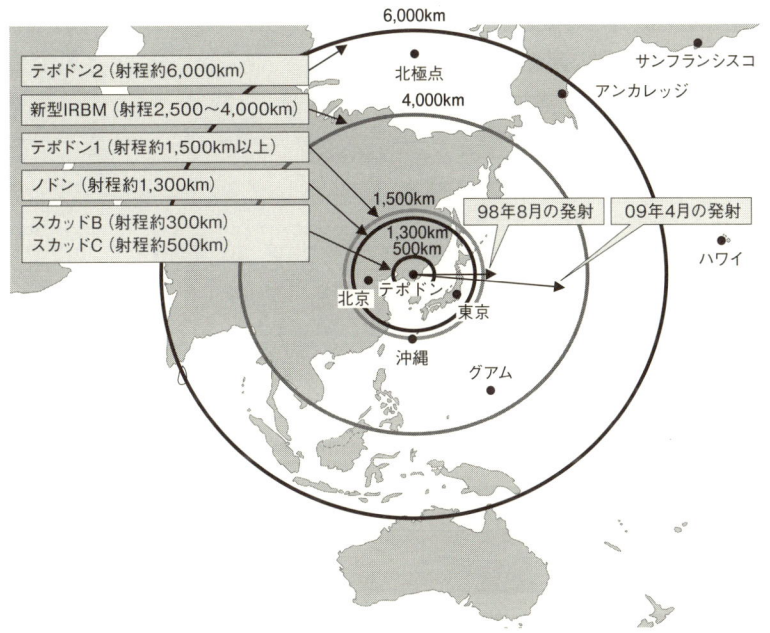

- テポドン2（射程約6,000km）
- 新型IRBM（射程2,500〜4,000km）
- テポドン1（射程約1,500km以上）
- ノドン（射程約1,300km）
- スカッドB（射程約300km）
- スカッドC（射程約500km）

※上記図は、テポドンを中心に各ミサイルの到達可能距離を概略のイメージとして示したもの。
【出所】『平成22年版防衛白書』

までゼロであった。今や米国防省の推定では200発という数字が出ている（2006年3月上院軍事委員会での書面証言）。また、台湾海峡を挟む中国人民解放軍の短距離弾道ミサイルは、1000発と言われている。それは、日本の先島諸島を射程に収める。だが、それだけではない。中国は、台湾を越えて日本に届く多くの中距離弾道ミサイルや巡航ミサイルを有している。中国も北朝鮮も、米露が結んだ中距離ミサイル廃絶条約（INF条約）の締約国ではないのである。

現代戦では、開戦から十数分で数多くのミサイルが政経中枢や軍事施設に向かって飛来することになる。その戦果が勝敗を決する。20世紀中葉までのように、2カ月前に相手国の動員準備が始まる徴候を見て、数日前に相手国の動員開始を確認して、それから実際の戦闘に入る、というような悠長な時代ではない。固定燃料の弾道ミサイルは、燃料の注入さえない。ボタンを押せばただちに飛び出して、数分から数十分のうち

図表5 中国（北京）を中心とする弾道ミサイルの射程

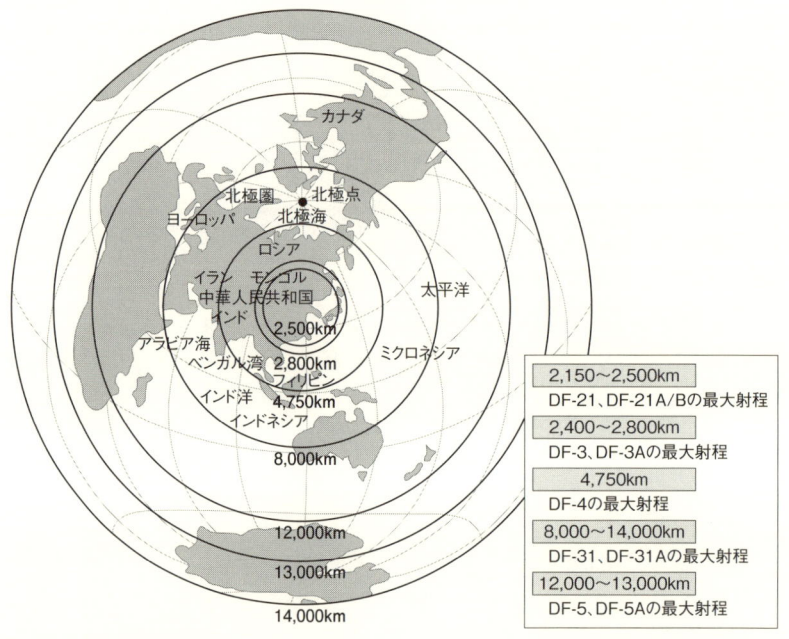

2,150〜2,500km	DF-21、DF-21A/Bの最大射程
2,400〜2,800km	DF-3、DF-3Aの最大射程
4,750km	DF-4の最大射程
8,000〜14,000km	DF-31、DF-31Aの最大射程
12,000〜13,000km	DF-5、DF-5Aの最大射程

【出所】『平成22年版防衛白書』

に敵の領土に着弾するのである。ミサイルに対しては、F-15の迎撃部隊も役に立たない。

　日本の安全保障は、ミサイルの東アジア拡散によって、この20年間に急激に脆弱化している事実を正確に認識するべきである。実際、20世紀の末、つまりミサイルがこれほど拡散する以前には、ロシア軍を除いて日本の領空・領海を侵して日本本土に通常兵力で損害を与えることのできる軍隊は、東アジアには存在しなかった。今では、劇的に増強されつつある中国軍はもとより、北朝鮮軍もミサイルによって日本に甚大な被害を与えることができるのである。

　日本政府はこれまで、自衛隊を叩かれても叩かれても死なない、厚い甲羅の亀のような軍隊に育ててきた。冷戦終了時まで、それを踏みつぶせるのはロシア軍だけだった。しかし現代は、ミサイルという非常に防御の難しい運搬手段によって、瞬時に大量の火力を投射できる時代であ

る。亀の甲羅は、ミサイル攻撃には脆弱である。今は、中国や北朝鮮の投げる手裏剣が、瞬時にして亀の甲羅に容易に何百本も突き刺さる時代になっているのである。

このミサイル時代に、どう対応したらよいのだろうか。もちろん、ミサイル防衛システムは導入ずみである。しかし、ミサイル防衛は万能の兵器ではない。ミサイル防衛は「真剣白刃取り」のような兵器であって敵の手裏剣が百本以上飛んできたらもう役には立たない。それは、竹刀を持たずに防具だけつけて剣道の試合に出るようなもの、あるいは防弾チョッキだけをつけて機関銃の前に立ちはだかるようなものである。

ミサイル防衛は、恫喝や挑発のために打ち込まれる十数発のミサイルを止めるための兵器であり、多分に政治的な兵器なのである。

ミサイル時代の抑止は、防御と攻撃の補完的な組み合わせによってはじめて可能になる。相手方にミサイルを100発撃ち込めば、ただちに100発のミサイルを撃ち返される、さらには爆撃機が飛んでくるに違いないと敵に考えさせなければ、十分な抑止は働かない。

読者の中には、米国の核弾頭ミサイルによる反撃があるから、日本に攻撃を仕掛ける国はないのではないかと思う人もいるであろう。それは、柔軟対応の重要性にかかわる大切な論点なので、少し詳しく説明しよう。

通常戦力のレベルで紛争が始まった時に、核の敷居を越えることは容易ではない。よほど通常兵力で劣勢でないかぎり、そのような決断をする指導者はあまりいないであろう。核兵器は最後の「切り札」であり、通常戦争の最中に簡単に切れるカードではない。アイゼンハワー米政権の「大量報復戦略」が信頼されなかったのは、そのせいである。

核兵器を搭載しない通常弾頭のミサイルをバラバラと撃ち込まれたからと言って、そこでいきなり米国が核兵器で反撃するというわけにはいかない。やはり通常兵力で叩き返すのが普通である。そのほうが、政治的コストが低いのである。ところが、通常兵力において叩き返すことができなければ、敵勢力は紛争の過程において、当方は意味のある反応ができないと理解するであろう。その結果、かえって敵につけ込まれ、戦争の主導権も和平の主導権も奪われることになるのである。一言で言え

ば、流れを引き寄せることができなくなるのである。ある程度、敵の攻撃に比例して柔軟な反撃ができることが、抑止のためには必要である。十分に柔軟な対応ができることが、抑止力を高めるのである。それが、柔軟対応の重要性である。

　このように考えてくると、自衛隊の通常戦力強化、特にミサイル攻撃能力獲得の問題が、机上の空論ではないことがわかるであろう。敵のミサイルによって日本が甚大な被害を被っている時に、敵基地の攻撃を一切米軍にまかせておくことが、本当に正しいことなのだろうか。

　例えば、中国軍の増強は著しい。その総合国力はやがて冷戦中のソ連をはるかに抜き去り、米国と並ぶ可能性がある。米国の軍事費にもかぎりがある。すでに台湾海峡には1000発に達する短距離ミサイルが配備されている。もし、中国の中距離ミサイル攻撃能力が同様に圧倒的なものとなれば、米軍の攻撃能力だけでは抑止が利かなくなる恐れがある。米軍は中国軍のミサイル攻撃を避けるために、空母、海軍隊、F-15、F-16といった主力の軍事力を日本から東方へ引き下げる恐れもある。そうなれば日本の安全保障は一気に脆弱化する。

　そうさせないようにするにはどうしたらよいか。自衛隊と在日米軍の基地を全部地下に移せと言う人もいるが、現実的ではない。やはり、日本自身が通常兵力による一定のミサイル攻撃能力をもって米軍の攻撃力を補完することによって、抑止力を高める以外に方法はないのではないか。

　この点、鳩山総理と菅総理が諮問した「新たな時代の安全保障と防衛力に関する懇談会」の報告書「新たな時代における日本の安全保障と防衛力の将来構想——『平和創造国家』を目指して」は、「弾道ミサイルおよび巡航ミサイルに対しては、防御に加えて打撃力によるシステムを補完し、米軍の打撃力を主とした抑止力を向上させるための日米共同の機能について、適切な装備体系、運用方法、費用対効果を不断に検討する必要がある（傍点筆者）」と述べて、明確な問題提起をしている。

　「日米共同の機能」とは何かが明示されていないが、米軍の打撃力と言えば、弾道ミサイル、地対地・空対地・艦対地の巡航ミサイル、長距

離・中距離爆撃機、爆撃機を搭載した空母機動部隊などである。同懇談会の最初に、鳩山総理がタブーなき議論をしてほしいと命じたことを受けて、ここまで踏み込んだのであろうが、「盾と矛」の役割分担の見直しを初めて提起した、勇気ある発言である。このような報告書が出ること自体、隔世の感がある。

　もし自衛隊が攻撃能力の獲得を考えるとすれば、正面装備の調達分野で上がってくる課題は多い。故江畑謙介氏に、『日本に足りない軍事力』（青春出版社）という名著がある。江畑氏が明確に指摘されているように、日本には敵地攻撃用の弾道ミサイル攻撃能力も巡航ミサイルもない。長距離爆撃機のような長距離攻撃能力もないし、その前提となる精密誘導の対地攻撃能力もない。空母機動部隊や揚陸強襲艦や大型輸送機などのパワープロジェクション能力もない。それで、離島を奪われたら、どうやって取り返すのだろうか。将来は、江畑氏の掲げるような装備が、真剣な議論の俎上に上ることになるであろう。その要否は、日本周辺の軍事的な均衡と日米同盟の中での役割分担と、そして日本の財政状況や国民の支持の有無を総合的に判断して、国民が決めることになる。

　どこの国にも、「バターか、大砲か」という議論がある。その結論には、バターの選択もあれば、大砲の選択もある。個々の兵器の導入についても、イエスもあればノーもあるであろう。一方で、1000兆円を超えそうな借金を抱え、しかも団塊の世代の高齢化によって毎年高齢者対策費が１兆円ずつ増えるという財政状況を考えれば、簡単に防衛費増額にイエスと言うことは難しいであろう。他方で、日本周辺の戦略環境が急速に悪化していることも事実である。国民的に議論をして、その結果を踏まえて政府が責任ある選択をすることが大切なのである。逆に、思考を停止したり、あるいはタブーを作って議論を封殺すれば、戦前と同様に国家理性は壊死し、戦略は失われる。

「地球の果てまで米国に付き合うのか」という議論をどう考えるか

　さて、日本が対等になるのはいいが、そうすると日本は、「地球の果

てまで米国の戦争に付き合わなくてはならなくなるのではないか」という議論をよく聞くので、この論点を考えてみよう。

　冷戦後、自衛隊の戦略的柔軟性はどんどん上がってきた。国際任務の拡充である。自衛隊は、冷戦終了後、国際的な活動の場を広げてきた。国連PKO然り、周辺事態対処のためのガイドライン法の制定然り、国際テロとの戦いのためのインド洋補給作戦然り、イラク復興支援然り、また海賊対策然りである。

　これらは、必ずしも米国のために行っているものではない。国際平和への積極的貢献として行っているのである。実際、自衛隊が参画したPKOの多くは、米軍の仕事とは関係のないところへ行っている。しかし、大規模な軍事作戦となれば、米国が主導することが多くなる。

　安保理決議を履行するためであっても、あるいは五大国の利害がまとまらずに安保理が機能麻痺を起こし、その枠外で集団的自衛権の行使として武力行使をする場合であっても、いずれにせよ突出した軍事力を持つ米国が多国籍軍（coalition）を指揮して、侵略国と戦うことが多い。

　国際正義の実現とか安保理決議による武力制裁の履行とか、口で言うのは簡単であるが、米国以外に軍事的なリーダー役を務められる国は、実は存在しないのである。

　とすれば、日本が米国と対等になれば、米国のかかわるすべての武力紛争に駆り出されるのではないかと考える人がいても不思議ではない。そういう人々がよく「米国の後を追って地球の果てまで付き合わなくてはならないのではないか」という質問をする。さて、どう考えたらよいだろうか。

　そのような危惧は、実は自分の国益を理解せず、自分なりの戦略を持っていないところから出てくる、いくぶん情けない質問である。自分の考えが確立していれば、そんな質問が出てくるはずはない。米国からすれば、まず「あなたの国益は、一体何なのですか」と聞き返したくなるだろう。国益の重なるところで協力するのが同盟である。その上で、貸し借りや義理や恩といったことを考えていくのである。主体的に考えればよいのである。そもそも「外交は主体的であるべきだ」と声を上げて言

わなければならないのは、世界中で日本くらいのものである。外交とは、主権のせめぎ合いであり、主体的でない外交などあり得ないからである。

世界中の国は、普通に自国の軍隊を海外に派遣できる。だからと言って、「地球の果てまで、米軍に付き合わなくてはいけないのですか」と自問している国はない。まず自分の国益と自分の戦略をよく考えて、かつ日米同盟で確認した共通利益と役割任務の分担をよく考えて、出るべき時は出ればよいし、出ないほうがよい時は、出なければよいのである。その判断は、事の軽重に応じて国会にまかせればよい。

重要なことは、その判断の元になる国家戦略である。国益の定義、情勢の分析と予想される脅威や紛争の特定、それに対する手段の構築、このようなことを普通に考え、日常から国民と議論しておくことが重要である。そうでなくても、有事に際しての出兵の議論は、国論を二分することが多い。しかし、「政争は水際まで」というのが、普通の国である。国論を統一できるような健全な国家戦略論議が、国民の中に存在していなくてはならないのである。

いくつかの例を取って考えてみよう。日本の安全に直結する周辺事態においては、自衛隊は出動するべきである。また、海賊対策のように日本の主要なシーレーンが危殆に瀕している時は、自衛隊は出動するべきである。中東のように日本が石油の90％以上を依存する地域の安定のためには、自衛隊は出動するべきである。9.11同時多発テロ事件後のアフガニスタン戦争のように、同盟国である米国が武力攻撃を受けた場合には、たとえ域外であっても、たとえ安保条約上の義務はなくても、自衛隊は出動するべきである。国際の平和と安全を守るために国連憲章第7章に基づいて国連決議が下されている場合には、ますます出動するべきである。五大国の利害対立により安保理が麻痺している時には、自分の利益と国際正義に照らして正しいと判断できるのであれば、自衛隊は多国籍軍に参加するべきである。なお、地球上のどこであれ大規模自然災害に自衛隊が出動するのは、人道上当然のことであり、国益というよりも日本の責任であると思う。

逆に、中米のような地域での小規模で地域的な紛争のために、地球の

裏側まで自衛隊が出かけなければならないかと言うと、そうではないであろう。それは、米軍やカナダ軍や、狭い大西洋を渡ってすぐにやって来られる欧州諸国の軍隊に、まずはまかせてよいのではないだろうか。このような国益をすり合わせると、先に述べたような共通戦略目標になる。それが、同盟を管理するということなのである。

　もとよりここに挙げた例についても、賛否両論があるであろう。それでよいのである。それが民主主義である。だから、国民の選良が集まる国会の場で議論をして、自衛隊派遣の是非を最終的に判断すればよいのである。

恒久法の制定について

　日本が、これからPKO、周辺事態などの特定の場合を超えて、さらに安保理決議履行のための武力行使、あるいは安保理が麻痺した場合の集団的自衛権の行使としての武力行使、大規模自然災害への対処などに対応しようとすれば、そのための法律的な枠組みが必要になる。集団的自衛権については先に述べたが、憲法論が整理されればよいというものではない。自衛隊法を改正して、国会承認を条件とした国際出動の項目を作るなりしなくては、自衛隊は動けない。

　自衛隊法は、極めて制限的に解釈されているために、書いてないことはしてはいけないことになっている。そのために、PKO法、ガイドライン法（周辺事態法）、失効したインド洋海上給油法およびイラク復興支援法、海賊対策法などの法律が、次々と作られてきた。そこには必ずしも整合性があるわけではなく、その全体像は、いくぶん、温泉宿の渡り廊下のように入り組んだ仕組みとなっている。

　しかし本来であれば、自衛隊法に「国際出動」の一条を設け、国会承認（緊急の場合は事後承認）にかからしめるのが常道であろう。あるいは国際出動全般を規律する恒久的な自衛隊派遣法を作成するべきなのであろう。

日米同盟が対等な同盟になったらどうなるか

　この講義の最後に、では日米同盟が本当に対等になったら、つまり例えば、北大西洋条約機構（NATO）や全米相互防衛機構や米豪同盟や米韓同盟のようになったら、一体どうなるのだろうかということを考えてみよう。対等な日米同盟という言葉がマスメディアに踊っているが、本当に対等になったらどうなるか、というところまで想像力を働かせた記事は稀である。

　そこで仮定の問題ではあるが、同盟の運営という観点から、これまで述べてきたことを総動員して頭の体操をしてみよう。もとより、総軍150万で世界最強の核兵力と通常兵力を有し、平時でも日本の6倍の軍事費を使っている米国と日本が肩を並べることはあり得ない。しかし、英国などの欧州諸国も、オーストラリア、韓国も、みな形の上では対等な立場から米国との同盟運営に頑張っているのである。もし未来の世界で日米同盟が対等になるとしたら、どういうことになるかを想像してみよう。

　それは、まさに、第12講で説明したような同盟の基本的考え方に戻るということである。第12講を思い出してほしい。

　第1に、日米両国がアジア太平洋地域の平和や安定や繁栄という基本的な利益を共有し、自由や民主主義といった基本的な価値観を共有することを確認する。

　第2に、日米間の具体的な共通利益を定義する。それは、「日米の共通戦略目標」に掲げられている通りである。日米の共通戦略目標は、日米両国本土の安全といった狭い利益だけではない。日米両国の利益は、アジア太平洋地域全般に及ぶ。同地域における日米の具体的戦略目標は、朝鮮半島の平和的統一、北朝鮮の核問題、中国の関与、台湾問題の平和的解決、中国軍の透明性確保、ロシアの関与、北方領土問題の解決と日ロ関係の正常化、東南アジア支援、シーレーンの安全にまで及ぶ。これに加えて、日米同盟、米韓同盟および米豪同盟と、台頭する中国、復活したロシア、また将来に大きく伸びていくであろうインドなどの主要国

との戦略的均衡を維持することも、日米共通の重要な利益である。

　日米両国の利益は、その国力からして地球的規模においても展開している。地球的規模における日米共通の戦略目標としては、基本的人権、民主主義、法の支配といった普遍的価値の促進、平和協力・開発協力におけるパートナーシップ強化、大量破壊兵器および運搬手段の拡散阻止、テロとの戦い、日本の安保理常任入りと安保理の実効性強化、エネルギー安全保障などが挙げられる。

　第3に、このように共通の具体的戦略目標が定まったら、それらを実現するために日米両国でどのような方策を講じるべきか、どのような役割分担をしなくてはならないのか、を考える。そのためには、日本がどこまで役割を分担する意思と能力と装備を持っているのか、という点が重要になる。日米両国の戦略的利益は、今見てきたように、アジア太平洋地域にはとどまらず、地球的規模に広がっている。しかし日本には、米国のように欧州の面倒を見、中東の面倒を見、北東アジアの面倒を見、南北米大陸の面倒を見るというような力はとてもない。やはりアジア太平洋地域を重点として、地域を超える問題に対しては、かかってくる国益の比重に照らして自衛隊の「任務と役割」を考えていくことになる。

　ここから、将来どういう能力や装備を調達するべきなのか、どういう作戦計画が必要なのかという防衛戦略や軍事戦略が出てくることになる。また基地問題に関しても、在日米軍基地問題のみならず、有事の際に自衛隊の戦力をアジア太平洋地域における米軍基地にどう配置することが日米同盟上最も効果的かというような点も、新しい課題となる。

　それでは、読者自身が外務大臣になったつもりで考えてほしい。対等な日米同盟とは、現在の日米同盟とどう異なることになるのであろうか。新しい日米同盟にかかわる論点はとても多岐にわたるので、ここでは、「新日米同盟上における共同防衛義務の地理的広がり」という観点にしぼって考えてみよう。

　第1に、当然のことであるが、対等な日米同盟を実現すれば日本は米国防衛の義務を負うことになる。同盟の基本形が相互防衛である以上、それは当たり前のことである。と言っても、自衛隊の能力と装備を考え

ればそれは簡単ではない。米国は広大である。それに加えてアラスカ州という大きな飛び地がある。それだけではない。グアム、北マリアナ諸島、プエルトリコ、米領ヴァージン諸島、米領サモア、ベーカー島、ハウランド島、ジャービス島、ジョンストン環礁、キングマン・リーフ、ミッドウェー島、ナバッサ島、ウェーク島、セラニャ礁、バホヌエボ礁といった地域が、米国の現実の施政下に置かれている。日本は、米本土と、これら米国の施政下にある地域の防衛義務を負うことになる。

実際には米国は、このすべてを共同で防衛してくれとは言わないであろう。米国は、NATO諸国であれ韓国であれオーストラリアであれ、大洋に浮かぶ米国施政下の孤島や環礁のすべてを共に防衛してほしいとは考えていないと思う。その国の意思と能力に応じて、役割分担を頼んでくるはずである。もし米国が対等を志向する日本に期待するとすれば、西太平洋にあるグアムのような米国の戦略的要衝であろう。

アジア第2の経済力を持つ日本が、米国に対等な協力を申し出るとすれば、米国が、アジア第一の同盟国である日本に対してグアム防衛の役割分担を求めたとしても不思議ではない。

第2に、日米同盟が共同防衛作戦を実施するにあたって、日米両政府の施政下にある領域を超えてどの地理的範囲を同盟の責任範囲とするかという問題が出てくる。現行の日米同盟は、日本の施政下にある領域だけを防衛することが眼目とされているが、対等な同盟が実現すれば、自衛隊と米軍が日本の国境を越えて協働するようになる。

実際には、周辺事態（ガイドライン）法、インド洋給油作戦、イラク復興支援、海賊対策というかたちで現行の日米同盟下の防衛協力のあり方も大きく変化してきており、すでに日米共同作戦は、狭い意味での日本有事を超えて実現している。

新しい日米同盟は、極東という狭い地域を超えて、アジア太平洋地域の平和と安全のための協力を謳うことになるであろう。また、シーレーンの安全という観点からすれば、インド洋の安全はアジア太平洋地域の安全と不可分であることにも留意することになるであろう。それは日本が、米国が戦後背負い込んだアジア太平洋地域における平和と安全に関

する責任を、能力に応じて分有するということである。

　その際、日米同盟は、地理的にどの範囲を共同防衛範囲にするべきかという問題が出てくるのである。この論点を、北大西洋条約機構（NATO）などとも比較しながら、具体的に考えてみよう。

　まず、公海上の軍隊、船舶、航空機の防衛問題が出てくる。北大西洋条約機構（NATO）では、北大西洋地域における軍隊、船舶、航空機への攻撃を、NATO諸国に対する武力攻撃とみなす、との明文規定が置かれている。では、新しい日米同盟は、どこまでを守備範囲にするべきだろうか。

　日本周辺で有事となれば、ただちに、日本海、黄海、東シナ海、南シナ海、沖縄から台湾へ続く第1列島線と火山列島からグアムへと続く第2列島線に囲まれた水域（沖ノ鳥島の排他的経済水域と大きく重なっている）で、海戦のきな臭いにおいが立ち込めることになる。冷戦時代のように、ロシアが北海道へ侵攻してくるというような大規模な陸戦は、もはやしばらくの間、起きないであろう。将来の有事は、島嶼や海洋権益を奪い合うローカルな海戦と空戦が主体となるのではないだろうか。とするならば、日本海、黄海、東シナ海、南シナ海およびマラッカ海峡を含む北西部の太平洋地域における日米の軍隊、船舶および航空機の保護は、当然に守備範囲でなくてはならないであろう。

　例えば日本周辺の海域で、米第七艦隊の艦船に、他国の爆撃機の群れが襲いかかり、あるいは弾道ミサイルや巡航ミサイルが霰のように撃ち込まれている時に日米同盟が発動されないとすれば、そのような同盟関係が21世紀において何の意味を持つだろうか。

　それでは、インド洋はどうか。日本は、海上交通に大きく依存している国であり、太平洋のみならずインド洋のシーレーンの安全も、日本にとっての死活的利益である。インド洋のシーレーンは、インド洋本体だけではなく、アンダマン海、ホルムズ海峡、ペルシャ湾、アデン湾、バブ・アル・マンデブ海峡、紅海を含んでいる。それを守っているのは、インド洋を担当する米第七艦隊と、ペルシャ湾を担当する米第五艦隊である。米海軍だけが、太平洋とインド洋の双方を押える力を持っている

のである。

　ところで、紛争がエスカレートしていけば、日本のような島国はシーレーンが弱点となる。有事の際の対日海上封鎖は、日本周辺でだけ意味があるとはかぎらない。長大なシーレーンの分断は、インド洋側のアンダマン海でもアデン湾でもホルムズ海峡の外側でも、どこでもできる。シーレーンは日本の大動脈であり、首の動脈を刺されようと腹の動脈を刺されようと、あるいは大腿の動脈を切断されようと、致命傷になることは間違いがない。第七艦隊と海上自衛隊の組み合わせに、正面から通常兵力で海戦を挑む国があるとは思えないが、弱者には弱者の戦術がある。もし、いずれかの国が米国と日本に海で挑むとすれば、正面から正々堂々と挑むのではなく、「海の忍者」である潜水艦を大量投入して、防御の薄い商船隊、特に日本の商船隊を狙うことになるであろう。

　日本の商船隊がインド洋で武力攻撃されて全滅し、物資とエネルギーを運ぶシーレーンが断たれた時に、それは日米同盟の対象でないということでよいのだろうか。とすれば、日本は同盟が発動される前に、疲弊するか、もしくは降伏することになるであろう。

　さらに、宇宙空間にある衛星はどうか。宇宙空間には、偵察衛星網およびその他の衛星網がある。冷戦時代、米国とロシアの間には宇宙空間の偵察衛星網には相互に手を出さないという、暗黙の合意があった。冷戦時代の核対決とは両手にピストルを持った男が至近距離で向かい合っているようなものである。そこで、相手の目に砂をかけるような卑怯なことをすれば、相手は恐怖からむやみに発砲することになる。それは、相互抑止を不安定化させる。だから米国もロシアも、宇宙にある相手の「眼」（衛星）には手を出さないようにしていたのである。21世紀に入って間もなく中国が、衛星攻撃能力を誇示するために自らの衛星を宇宙空間で破壊してみせた。これには、多くの国が危惧したものである。

　実際、宇宙空間に浮かぶ多くの「眼」（衛星）は、精密誘導兵器を多用する今日の軍事作戦にとって不可欠であるのだが、そのほとんどは無防備である。将来、米露のような紳士協定が通用しない国が現れるとすれば、日米の衛星網を破壊することを、日米両国に対する武力行使とし

てとらえなくてよいかという問題が出てくるのではないか。

　最後に、サイバー空間である。サイバー空間への武力攻撃は、どの規模のサイバー攻撃から武力攻撃と断定するか、攻撃主体は国家か犯罪者かをどうやって見分けるか、というような難しい論点を含んでいるが、サイバー攻撃が通常兵器による攻撃と同様に広範な損害を与えることができることは、もはや常識であろう。サイバー攻撃に対する共同防衛をどうするかについては、現実の課題として考えていくことが必要である。

　対等な同盟において、このように共同防衛義務が広がるとすれば、日本は大きく損をするのではないか、と考えるかもしれない。しかし、そうだろうか。実際には、逆の現象が起きる。米国が日本の数倍の国力を持っていることに鑑みれば、広大な地域を共同防衛にするという合意をすれば、結局日本よりも米国の持ち出しのほうが多くなるのである。

　したがって将来、対等な防衛の下で、米国と共同防衛義務の範囲について合意しようとすれば、米国は、日本の利益の広がりではなく、むしろ日本の能力が及ぶかぎりまでは共同防衛に付き合うが、それ以上は米国の一方的な持ち出しになるので防衛義務にコミットしないという可能性もあるのである。

新しい日米同盟と基地使用の目的

　新しい同盟下において、共同防衛範囲を地理的に変更するとすれば、在日米軍の基地使用の目的も変わってくる。現行安保条約下では、それは極東の平和と安全のためとされている（第6条）。安保条約に言う極東とは、厳密な地理的概念ではないが、おおむねフィリピン以北の非共産圏の国とされている。つまり米国の植民地であり、かつて米軍基地を置いていたフィリピンと、米国が大日本帝国崩壊後に自らの防衛圏に組み込んだ韓国と日本および台湾が、極東の範囲とされていたのである。極東の範囲とは、すなわち日米同盟の防衛対象であり、そこに共産圏が入ってこなかったのは当然である。

　日米安保条約第6条では、在日米軍の基地使用の目的が、この「極東」の平和と安全のためとされている。実際米国は、米韓同盟、米華同盟（た

だし、米中国交正常化まで)、米比同盟を組み、これらの国々の防衛義務を引き受けるとともに、日本に対しては、そのために在日米軍基地を使うことを合意させた。それが、現行の日米安保体制なのである。

これに対し、新しい同盟の下では、米軍と自衛隊が共に太平洋地域における平和と安全に貢献するということになる。そうなれば、同盟の実効性と効率性を確保するために、太平洋地域にある日米双方の基地を、米軍と自衛隊が相互に乗り入れて使用することになるであろう。グアムやハワイへの自衛隊の駐留が当たり前の現実になるかもしれない。

それは、日本が、まったく軍事力を持たない敗戦国から世界で2位、3位を争う経済大国に成長し、世界有数の軍隊である自衛隊を保有するまでになった以上、もはや当然のことと言えるであろう。

前にも述べたが、今や、「敗戦によって裸になった日本が米軍に基地を貸し、米軍が日本を庇護し、日本周辺（極東）の安全に責任を持つ」という半世紀前のグランド・バーゲンは、はるか以前に賞味期限が切れているのである。

第15講 関与政策とは何か

関与政策とは何か

　最近、外交の世界で「関与」(engagement) という言葉をよく聞くようになった。それは、中国やインドといった新興工業諸国に対し、伝統的な先進工業諸国が将来の協調関係の実現に向かって、あるいはリーダーシップの共有に向かって、積極的に働きかけていこうとする政策である。ロシアは、先進民主主義国の一員としてすでにＧ８の一員であるが、冷戦後のロシアと西側世界との協調関係を築くために、ロシアに対しても関与政策という言葉が使われる。

　関与政策とは、これから巨大な国力を手にするであろう新興工業諸国と、冷戦後資源大国として復活しつつあるロシアに対して、法の支配、人間の尊厳、民主主義制度、国家間の暴力の否定、自由貿易といった現代国際社会の価値観やシステムを、日米欧の先進民主主義国とともに責任ある大国として支えていくように慫慂し、教導するということである。

　「第12講　日本の大戦略はどうあるべきか」で述べた通り、現在、軍事的、政治的、経済的に巨大な力を蓄えていた先進民主主義国群を中心とする現状維持 (status quo) 勢力がゆっくりと縮小していく中で、新興の工業国家である中国、インド、ブラジルなどの国々に加えて、冷戦後復活しつつあるロシアを、国際的な公益に責任を持つ指導的大国に成長するように働きかけ、現状維持勢力の中に指導的立場の国として取り込んでいくことが、日本にとっても先進民主主義国全体にとっても、またおそらく国際社会全体にとっても、最も望ましい21世紀の戦略的方向性である。

関与とは強制ではなく説得である

　関与政策の核心は、中国やインドやブラジルなどの新興国や復活したロシアの国際的な責任感への自覚を促すことである。関与とは強制ではない。あくまでも説得である。

　その作業は、あたかも人生の先輩から後輩への助言に似ている。あるいは父から息子への助言に似ている。その要諦は、権力と富を求める野心あふれる若人に、私の利益の上にある公の利益に対する責任感への自覚を促すことである。伝えるべきメッセージは明瞭である。力のある者は、指導的立場に立つ責任があり、指導的立場に立つ者は、自分だけではなく社会構成員すべての幸福を守る責任があるということである。また、指導的立場にある者は、個としての利益だけではなく、社会全体の利益を考える必要があるということである。

　しかしそこには、人間の世界に似て特有の難しさがある。力と自信にあふれる若い世代は、衰えつつある世代の助言に従うよりもむしろ反発しやすいということである。先達の知恵と経験は、あふれる自信を持てあます若い世代には、むしろ「くびき」のように感じられることが多い。

新興国に見られる主権の絶対性とナショナリズム

　特に注意しなくてはならないことは、ロシアを除けば、現在、急速に国力を伸長させつつあるアジア、アフリカ、および南米の諸国は、欧米世界が倫理的に成熟する以前の19世紀から２世紀近くにわたり、みな主権を奪われたり、植民地に貶められたりして、手ひどい目にあっているということである。踏みつけられてから這い上がってくる国の心には、傷ついたゆえに一層強くなった自尊心と「負けてたまるか」という競争心が同居している。激しいナショナリズムにあおられた主権意識が先鋭化し、対外対等、内政不干渉それ自体が、外交の目標になってしまう。それが、20世紀後半に植民地支配を脱した多くの国に見られる主権の絶対化現象である。

　そこには同時に、必ず先発の産業国家（宗主国）や近代の国際システ

ムそのものに対して、いくばくかの復讐心も出てくる。また、「力を背景にした外交をやってみたい」という衝動が出てくることもあるが、それはいじめられっ子が成長した後、いじめっ子になってしまうのと似たところがある。

　また、新興国はナショナリズムをたぎらせることが多い。新興国は、近代化、産業化の過程で、激しい社会変動に見舞われることになる。それは、芋虫が美しい蝶に変わる前に、蛹（さなぎ）の中で内臓も筋肉も再統合されて巨大な変容を遂げるようなもので、国全体が生まれ変わる。変容には、政治的、社会的な激痛を伴う。社会の変容の中でも特筆するべきは、すべての国民が近代的な意味での「国民」に生まれ変わり、新しいアイデンティティを与えられ、国家と自分を同一視するようになる、ということである。そこから近代的な意味での「国民」国家が生まれる。その時、国家という巨大な人間集団を再統合するためのエネルギーが生まれる。

　それは、常日頃はあまり目にすることのない、核融合エネルギーのような巨大なエネルギーである。それが近代的なナショナリズムである。このナショナリズムは、外敵に囲まれると一層激しく燃え上がる。ちょうど蛹から孵った蝶が羽も乾かないうちに外敵に襲われるようなもので、生存本能と闘争本能が全開になるのである。

　この主権の絶対化と激しいナショナリズムは、後発国家が国力を急激に増大させる時に出てくる現象である。それは、病理ではないだろう。むしろ、人間集団の生理であって、変容と成長がもたらす痛みであると言ってよい。

近代日本の黎明期との比較

　激しいナショナリズムにあおられた主権意識がどれほど絶対的なものとなるか、読者には想像できるだろうか。21世紀の日本人は、すでにそれを忘れている。明治時代や昭和前期の日本のことを思い起こせば、少しはわかるはずだ。当時、新しく生まれた近代的日本「国民」は、自己を大日本帝国と同一視し、士農工商という身分差別を忘れ、みな天皇の赤子として命をかけて国家に絶対的忠誠を誓うようになった。

また、明治から昭和前期にかけての日本にとって、対外主権はほとんど絶対的な価値となった。それは、明治の不平等条約改正時だけの話ではない。むしろ、国力が充実しはじめた1920年代後半くらいから太平洋戦争終結まで、若い官僚（革新官僚と呼ばれた）や中堅軍人の心は国民の激しいナショナリズムと同調し、民族の誇りとか国家の威信という言葉に陶酔するようになったのである。

　その結果、しばしば国益の本質は国民の生存と幸福にあるという単純な真理が忘れられた。主権の達成と維持は国家の手段であって、目的ではない。至高の目的は、国民の生存と幸福なのである。

　主権の絶対性や激しい排外的なナショナリズムには、多くの場合、その根に鬱屈した暗い感情がある。それは、近代化の初期にいじめられた記憶から生まれてくる。日本は、19世紀の後半に工業化に成功し、欧州諸国を追いかけてアジアの植民地帝国へと転じたが、その過程では、欧州諸国から人種差別や不平等条約にひどく悩まされた。このような辛い記憶は、心の奥底にとぐろを巻き、国力が充実しはじめる頃に暗い感情となって噴き出してくることがある。

　明治外交は日清戦争後、陸奥外相の指導の下に独仏露の三国干渉に耐え、臥薪嘗胆を念じて潮の転じる時期を待ったが、国力が充実しはじめる日露戦争以降になると戦略眼が曇りはじめ、やみくもに軍国と拡張に走りはじめた。第1次世界大戦後には、ドイツ権益の空白を狙って、対中21箇条の要求のような力を背景とした対中権益の主張が始まった。

　1930年代に入ると、石原莞爾のような陸軍中堅官僚を中心に、満州への野心が顕著になりはじめる。それは、日本人と同様に近代的な意味で民族の誇りに目覚めはじめた中国人との衝突の始まりであった。大日本帝国は、満州建国、対中戦争と突き進み、日中関係は泥沼化していく。

　また海軍においては、1920年代の海軍軍縮時代の後半から名将であった加藤友三郎海軍大将が、日本の国力をわきまえて米英と争わず太平洋の戦略的安定を確保しようとした路線が忘れ去られ、正反対に加藤路線を屈辱的として対英米主権対等を盲信し、戦略兵器である海軍力の対等こそ絶対的な戦略的要請であると信じた加藤寛治のような軍人たちが暴

走を始める。この帝国海軍の姿は、冷戦時代に核の対米パリティこそが超大国としての威信であるとして、国家予算のほとんどを注ぎ込んだ旧ソ連軍人の姿を彷彿とさせる。さらに外務省においても幣原喜重郎の国際協調路線が忘れられ、日本を焦土としても満州を守ると叫ぶ、内田康哉外相のような人物さえ現れた。

　この頃に国家指導することは非常に難しい。覇気にあふれ、興奮しやすい青年を指導するようなものである。この時国家指導者は、国民から自らを切り離し、国益を見据えて、冷徹に政治と外交を運営することが求められる。しかし、現実には逆の現象がよく起きる。多くの指導者が、国民の激しい熱情から冷徹に距離を置かねばならないとわかっていても、国民的情熱に毒され、やがては国家理性を曇らせてしまうのである。

　「国民が求めている」というだけで外交や軍事を操る者は、指導者としては二流である。「国民が求めている」という議論は、権力行使の正統性を確保するためには必要である。しかし、指導者の評価は結果で決まる。指導者の仕事は、国民の生存と幸福を守ることである。一時の熱情に浮かされて国を滅ぼし、現在および将来の国民に多大の苦痛を与えてしまっては、指導者としては失格なのである。大きな失敗をした後で、「国民が求めていたから」と言っても、指導者の責任は解除されない。それが、第2次世界大戦敗戦の教訓である。

　こうして日本では、一方で、海軍を中心に米国に反発しながら、他方で、陸軍を中心にソ連を刺激しないように配慮しつつ満州、中国へと拡大路線を積み上げるという、破局への路線が敷かれたのである。この過程で、明治のいじめられっ子が、体が大きくなるにつれて負けず嫌いな昭和のいじめっ子に変貌していく様子が、見事に見て取れる。

　当時の日本人は、心の奥底で国際社会の倫理に対する信頼が壊れていたように見える。「自分もやられた」という気持ちが、倫理や道徳への冷笑的気分と、武力以外に正義はないというゆがんだ考えを生んだのであろう。そして「今度は強くなった自分の番だ」という気持ちが先走り、先行する米英両国に対する頑なな反発が根づく一方、中国のように「やられる側」の民族の痛みには鈍感になっていったのである。

他の後発近代国家の場合 ── ドイツとロシア

　実は、このような現象は、日本が追いかけたドイツの場合も同様である。ドイツ人には、17世紀の冒頭にフランスのリシュリュー卿にしてやられた30年戦争以来数百年の間、民族分断に甘んじ、ドイツ民族統一を果たせないままにフランスに踏みつけにされてきたという苦い気持ちがあった。同じフランク族から身を起こし、数の上ではフランス人より多いはずのドイツ人が、黒い森（シュヴァルツヴァルト）の向こうに住む田舎者のように扱われてきたのである。ビスマルクが統一ドイツ帝国の戴冠式を、普仏戦争で下したフランスのヴェルサイユ宮殿で行った時、彼の心の中には密やかで甘美な復讐の気持ちがあったことは間違いないであろう。先の講で紹介した「法より力である」というビスマルクの岩倉遣欧使節団への忠告は、ナポレオンにベルリンを占領されたドイツ人の屈折した心理を考え合わせなければ、本当には理解できないであろう。

　ロシアもまた、同様な面がある。ビザンチン帝国の栄華に憧れながらキエフ公国を建国して間もなく、13世紀にチンギス・ハーンの孫であるバトゥの軍靴に蹂躙され、以後、カザンでモンゴル軍を破った16世紀のイワン雷帝までキプチャック汗国に臣下の礼を取った国である。17世紀に入って、ようやくピョートル大帝がスウェーデンを大北方戦争で下し、ロシアを北方の大国の地位に押し上げた。

　ピョートル大帝は、モンゴルの遺産を洗い流して急激に欧化政策に舵を切るが、その時すでに西欧は、大航海時代を終えて新大陸とアジアに雄飛し、宗教改革とルネサンスという知的爆発を経験していた。近代化、産業化にも後れを取り、必死で西欧の後ろ姿を追いかけたロシアは、「いつか見返してやる」という気持ちを漲らせていたのであろう。ナポレオンにモスクワまで攻め込まれたロシアが、長身の美男子であるアレクサンドル1世に導かれてワーテルローでナポレオンを下してパリに入場した時、その高揚感はいかほどのものであったろうか。

　またロシア革命は、世界史上初めて共産国家を作ったロシア人に、英国、フランス、ドイツを抜いて、ようやく世界史の先頭に立ったという

自負と自信を与えたであろう。またそれは同時に、ピョートル大帝以来の急進的欧化政策を投げ捨て、母なるロシアへの回帰を求める激しいナショナリズムの噴出の機会でもあったはずだ。常に、英国、フランス、ドイツの後塵を拝してきたロシアが、誰の真似をするでもなくロシア自身として、世界思想を導き、世界史を導く立場に立ったのである。その高揚感は、激しいものであったはずである。

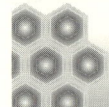

後発国家は、当初は先発国の作ったシステムに責任感を感じない

このように、日本、ドイツ、ロシアなど、非主流派から主流派に転じる国々に特徴的な問題として、国際社会における既存の主流派が作り上げた制度やシステムに対して、どうしても責任感や愛着が欠如しがちであるという点が挙げられる。むしろ逆に、自分たちの国家モデルを世界の標準モデルにしようという野心が出てくるのである。それが、彼らを現状維持派ではなく、現状打破派へと駆り立てる。

その事情は、21世紀になっても変わらない。例えば中国のような新興国にも、先発国が多くの失敗を繰り返しながら苦心惨憺して作り上げた既存のシステムを利用しようという気持ちはあっても、それを支えようという気持ちにはなかなかならないものである。みな青年期の人間に似て、自分は誰の真似もしたくない、自分たちには自分たちの道があると信じたいのである。「北京モデル」などという言葉が出てくる所以である。

このような外交は、国民感情の底にとぐろを巻いている劣等感や、場合によっては恨みをバネとしている。それは、多くの後発近代国家において、近代化、産業化の初期に出てくる。しかし、それだけでは、決して人類を指導する国にはなれない。後発近代国家であるドイツも日本もロシアも、そのために失敗したところがある。中国などの21世紀の新興国家には、20世紀の新興国家と同じ轍を踏んでほしくはない。

国際社会全体を引っ張っていくには、「なにくそ」という発奮や負けず嫌いの根性も大切であるが、いつかは国際公益のために身を切る度量の大きさと、地球社会全体、特に弱者をかばう責任感と、そして地球社

会全体の人々を引っ張っていく明るい理想が必要である。それは、国内政治と同じなのである。

関与政策は長期的には成功する

だが、新興国が先発国に反発するとは言っても、関与政策は、長期的に見れば必ず成功するであろう。現在は、ドイツや日本やロシアが挫折した20世紀とは、地球社会の様相が大きく変わっているからである。その理由は、いくつかある。

第1に、中国、インド、ブラジルといった新興工業国家の多くは、自由貿易が確立し、グローバリゼーションの波に乗って発展している。先行した伝統的工業諸国も、自由貿易の仕組みの中で後発の工業国家に追い上げられることを覚悟している。それが世界経済のダイナミズムを維持する最善の方法だからである。誰も、市場経済と自由貿易に基づく今日の「繁栄」を、武力で崩そうとは考えていない。自由貿易体制の下では、そもそも先発の「持てる国」と後発の「持たざる国」のような生存圏をめぐる対立は、生じ得ないのである。日本が苦しんだ英仏のブロック経済からの排除というようなことは、もはや起こり得ない。新興国も先発国もみな、「繁栄」という戦略的利益を共有しているのである。

第2に、国家間の武力行使禁止にかかわる国際道徳が、成熟してきていることである。もはや、無差別戦争の時代ではない。国際社会には、国際連合憲章が許容する正義の武力行使以外の武力行使は違法とするという常識が定着してきている。それだけではない。むしろ先発国も新興国も、みな持続的な経済発展のために国際社会の「安定」を希求しているのである。これは、先進民主主義国と新興工業諸国との間に、「安定」という戦略的利益が共有されていることを意味する。

第3に、新興工業国家の多くは、すでに指導的大国としての扱いを受けているということである。そもそも新興工業国家の代表のように言われている中国も、また最近復活してきたロシアも、戦勝五大国の一員として、国連安保理に常任議席を占めている。「第7講　国際戦略情勢概観（1）——地球的規模の権力関係はどうなっているか」の中の政治力

に関する部分で説明したように、彼らは現代国際社会の秩序をかたち作る第１基層の主要メンバーなのである。中露両国は、国連の集団安全保障体制の中で、さらには核不拡散条約（NPT）の世界において、現状維持勢力の最も重要な一部となっているのである。

また戦後独立したインドは、核兵器保有に踏み切った後も、戦勝五大国の取り仕切る核不拡散の世界から放逐されることなく、むしろ逆に米印原子力協定に見られるように国際秩序を支える指導的大国として承認されつつある。これは、戦略的にはインドが将来の指導的大国として遇されていることを意味している。もとよりそれは、インドが核不拡散に完全に協力している国だからでもある。

インド以外にも、多くの国々が新興国として登場している。ブラジルがそうであり、韓国、オーストラリア、インドネシア、トルコ、スペイン、メキシコがそうである。その結果、リーマン・ショックによってもたらされた世界経済の失速を契機として、先進工業国首脳会議であるＧ８が、ついにG20に変貌を遂げたのである。

第４に、先発の先進民主主義国家のほとんどが、新興勢力に対して関与政策を採用しており、彼らを責任ある指導国として受け入れようとする姿勢を示していることである。米国は、ブッシュ政権時代に、ゼーリック国務副長官が対中政策に関し、中国を「stakeholder」にするという考え方を打ち出した。これは、責任を共有する者という意味である。

米国だけではない。日本や欧州主要国のように、やがて一国だけの力では中国やインドのような新興工業国に対抗できなくなるであろうと悟った国々は、みなすでに関与政策へと舵を切っている。日本も、中国と戦略的互恵関係（安倍総理）を結び、国際社会に対して共同責任を果たす（福田総理）という政策を対中外交の軸としている。

これは、先発組に度量があるということである。1920年代には、米国や英国の圧力で、当時戦略兵器とされた海軍力の点で、日本は絶対に米英の60％を超えてはならないという枠をはめられ、強烈な軍縮圧力を受けた。その結果、反発した中堅海軍人たちが暴走したのである。21世紀の先発国は、20世紀の経験から、新興国を抑えつけるだけでは失敗する

という教訓を汲み取っていると言えるであろう。

　第5に、伝統的工業国である先進民主主義国家の総合的な軍事力と経済力は依然として巨大であり、中国、インド、ブラジル、ロシアといえども、そう簡単には圧倒できないということである。また、利益が錯綜し、プライドの高い中国、インド、ブラジル、ロシアといった国々が、反米連合として団結し、同盟することも考えにくい。

　それは、力による現状の変更がないことが、道徳面、制度面、あるいは利益調整の次元のみならず実力の世界においても、権力の均衡をもって担保され得ることを意味する。やがて中国やインドは、米国に次いで世界第2、第3の国力を備える大国に育つであろう。その過程で、権力の均衡が一方的に覆されないということは、過渡期の国際情勢が安定する可能性が十分にあるということである。

　第6に、産業革命以来、近代化、産業化による社会経済の激変が生み出した様々な政治思想の奔流が、ほぼ2世紀にわたる壮大な実験を経て、啓蒙思想に根ざす古典的な民主主義思想へと収斂しつつあることである。特に20世紀末の共産圏の消失は、急進的な共産主義と経験主義的な自由民主主義という最後の大きな思想的対立に終止符を打った。

　これからは、日本のみならず欧州や米国に見られる小さな政府の自由民主主義と大きな政府の社会民主主義という穏健な路線対立が、国内政治の健全なダイナミズムを生んでいくことになるのであろう。

　ただし、関与政策が成功するためには、米国、欧州、日本、オーストラリア、韓国、あるいはASEANといった先進民主主義国が、自らの掲げる価値観と、自らが築き上げてきた普遍的な価値観や国際的な諸制度を守るために、緩やかに団結していることが必要である。先進民主主義国間の団結が崩れれば、米国以外、誰一人として独力で新興の大国に関与できる国はなくなる。先進民主主義国側の団結が崩れれば、「我々が彼らに関与する」のではなく、「彼らが我々に関与する」ようになるであろう。

関与政策の核心的論点
── 先進民主主義国の価値観は普遍的か

　では、なぜ関与政策は難しいのだろうか。中国やインドやブラジルに代表される新興工業国も、また復活しつつあるロシアも、「安定」や「繁栄」といった戦略的利益を、先発の先進民主主義国家と共有している。しかし、未だすべての国と、少なくともすべての主要国と、国際社会の倫理観や価値観が共有されているとは言えない。

　多くのアジア、アフリカの国々は、20世紀の後半に独立したばかりであり、未だ独立後、ほぼ半世紀が経つのみである。その多くが共産化し、あるいは開発独裁化した。また、共産圏が倒れたのはわずか20年前である。中国では共産党の一党独裁が続いているし、ロシアも依然として基本的人権や民主主義といった価値観を咀嚼するのに苦しんでいるように見える。地球社会の倫理的変容は、実は始まったばかりなのである。

　確かに、植民地のほとんどが独立し、人種差別が撤廃され、国際法が規律する世界が地球全体に広がり、「人権の国際化」が叫ばれるようになってはいる。多くの国々が、苦しみながらも民主化を断行し、またグローバリゼーションの波に乗って市場経済に移行している。私たちは、この流れを必然と考えていてよいのだろうか。アジアやアフリカや中南米の人々は、真に欧米社会に起源する政治的価値観を自家薬籠中のものとすることができるのだろうか。

　科学技術や数学理論の伝搬は速いが、倫理観、価値観の伝搬には時間がかかる。前者は、技術者の論理的思考だけで受容できるが、後者は、社会全体の構成員による良心の試験を受けなければならないからである。西欧生まれの倫理観、価値観を受容できるかという問題は、実は旧共産圏や旧開発独裁の国々が背負うだけの問題ではなく、21世紀に非欧米文明圏の国々のすべてが背負う共通の課題なのである。

　ここでもう一度、虚心坦懐に考えてみよう。先行する工業国家が現代社会の中心に据えた価値観が、本当に普遍的なのだろうか。私たち先進国の人間は、それを当然視していてよいのだろうか。この問いから逃げ

ることは許されない。それが、関与政策の正否を握る核心だからである。
　私たち先進民主主義国のほうが「関与する」と言うからには、こちら側が「本流」であり「標準」であり、先方の行動様式や価値観をこちら側に合わせてもらうべきだと主張することになる。本当に、それでいいのだろうか。私たちがどうして世界史の「本流」と言えるのだろうか。それは、ただの傲慢ではないのか。そうでないと言うのならば、一体なぜ、私たちの掲げる価値観が新興勢力に受け入れられる普遍性を有していると言えるのだろうか。関与政策を標榜する者には、この問いに答える責任がある。
　私たちが普遍的価値観と言う時、法の支配、人間の尊厳、基本的人権、権力の分割、普通選挙、国家間の暴力の否定、市場経済と自由貿易、などを指すことが多い。特にその中でも、民主的政治制度がその典型的な例とされる。民主的政治制度とは、思想の自由、言論の自由、集会の自由などの基本的人権、議会政治、複数政党制、普通選挙、司法の独立など、一連の制度の総体である。その上で、現在、先進民主主義国である私たちは、この民主主義制度を「普遍的価値観」と規定しているのである。
　しかしそれは、あくまで私たち先進民主主義国が、「『普遍的と呼んでいる』価値観」である。私たちが今一度問うている問題は、現在、先進民主主義国が「『普遍的と呼んでいる』価値観」が、真にこれからの人類社会全体に受け入れられるほど普遍的か、ということである。
　ここで、「第1講　人間社会を認識するモデル」の講義内容をもう一度思い出してほしい。価値観とは信条の体系であり、信条とは善悪にかかわる倫理的判断が踏み固められたものであり、その善悪の判断はすべての人に等しく備わっている良心から出てくる。言葉に転じた価値観は、宗教、文明によって固有であるが、良心の存在は人類に共通の生物的機能であり、普遍的である。なぜなら良心は、人類の種としての生存本能に深くかかわっている生物学的な機能だからである。
　このように考えれば、良心という「根本（孟子）」に戻ることによって、必ず人間は価値観や信条の融合に成功できるはずだ、と得心がいくであ

ろう。価値観や信条が衝突する時には、それぞれの良心にまで戻りさえすれば、必ず共通の言葉が見つかる。普遍的な倫理基盤を持つことができるはずである。共通の倫理基盤が確定すれば、異なる価値観や信条を争いの種とすることに意味はない。いや、してはならないのである。言葉も良心も、人類の生存のために与えられたものだからである。

信条と価値観のために人を傷つけようとする者は、道具である言葉のためにその目的である命を傷つけようとしているのであって、それ自体が非倫理的であり、神慮への冒涜であることを知らねばならない。

さて、それでは私たちは、今日、国際社会の主流となっている欧米生まれの「『普遍的と呼ばれる』価値観」の基底に、21世紀の人類社会に共通する「真に普遍的な倫理基盤」を見ることができるだろうか。

日本の文明史的立ち位置
── 東西の結節点、近代と伝統の結節点

日本には、「できるはずである」と答える資格がある。日本とともに近代化した韓国と台湾も、おそらくそうであろう。近代日本こそ、東洋的伝統と西洋的近代の間で、最も早くから最も長く、そしておそらく最も激しく苦悩してきた国だからである。近代日本の経験を踏まえて、その内容を抽出しようと試みたのが、「第6講　日本の価値観とは何か」の講である。そこで検討した普遍的倫理基盤の諸要素を、もう一度思い出してほしい。すべての人間社会に通底する素朴な倫理の共通要素として、次のようなものを取り上げたのを覚えているだろうか。

「社会あるところ法あり」（法の支配）

「人間を愛しいと思う気持ち」（人間の尊厳）

「リーダーシップは、統率される者の生存と幸福のためにある」
（民主主義）

「国家間の恣意的な暴力は許されない」（平和と正戦論）

「働く者は、自由な交換を通じて報酬を得ることによって正しく報われる」（勤労倫理と市場経済原理）

などの考え方を説明し、これらの基本的なものの考え方は人類に共通

であることを説明した。

　このような倫理の基本は、人類社会のどこであれ、その発展の程度がどうであれ、必ず見られるものである。これらは、先進的な米欧諸国であれ日本であれ新興工業国の中国であれインドであれ復活しつつあるロシアであれイランであれ、あるいは他のいかなる大陸であってもいかなる文明であってもいかなる国であっても、変わらない。なぜならそれが、個々人の良心が判定する、人間社会の真理だからである。

　西欧文明の倫理的な基盤それ自体は、例えば儒教や仏教の影響の強い私たち中国文明圏の倫理的伝統と大きく変わるところはない。自らと異なる文明圏が、ことさらに残虐であり人道に外れるというのは、欧州のみならず、20世紀前半まで世界の各地に見られた狭隘で傲慢な偏見である。いかなる国家もいかなる民族も、所詮は同じ人間の集団である。そこには、人の情愛があり、人の幸福がある。それをどう言葉に置き換えて信条を練り上げ、価値観の体系に練り上げるか、またその上にどのような政治的・経済的制度を乗せるかが、異なっているだけなのである。

抵抗者の視点 ── 東洋思想に欠けているもの

　ただし、西欧の政治思想には常にあり、東洋の政治思想には欠落しがちな視点がある。それは、権力を下（被統治者）からコントロールするという抵抗者の視点である。権力の分割によるチェック・アンド・バランスや、権力の下からのコントロールを担保する議会制度や直接選挙といった制度は、抵抗者の視点に立った思想である。

　西欧では、権力を悪と見がちである。法権と王権が分離することによって、無慈悲な絶対王政が生まれ、絶対王政に対抗する思想として生まれた啓蒙思想が、清教徒革命、フランス革命、アメリカ独立戦争、ナポレオン戦争、パリ・コミューン、ロシア革命へと、欧州の歴史を動かしてきた。そのため西欧の国々では、日中韓などの東アジアの国々と比べても権力の本質を悪と見る傾向が根強いのである。抵抗の思想は、彼らの政治史の中に強く脈打っている。

　しかしそのような抵抗者の視点は、家父長的な伝統が強く権力の本質

を善や徳の象徴と見がちな国では、なかなか理解されにくい。西欧型の発想は、まさに下剋上礼賛に聞こえるからである。そうした政治的伝統の国では、西欧生まれの抵抗者の視点に立った政治制度をそのまま飲み込むことは難しい。この点が実は、欧米文明に属さない国にとって一番難しいところである。第10講で述べたことであるが、例えば皇帝を天子と考える中国思想では、なかなか出てこない発想である。孟子の易姓革命の論理は、殷（商）から周への政権交代を説明するために使われたが、ついに革命を不要とするような民主主義制度を生み出すことはなかった。抵抗者の視点を理解できないと、権力に抵抗する人間に、なぜ天賦の人権を認めなければならないのかが理解できない。基本的人権の発想は、生まれないのである。

　これは、西洋政治思想と東洋政治思想のいずれが正しいか、という話ではない。権力は、常に双方向である。権力構造は、優れた統率と自発的な服従から構成される。支配する方も支配される方も、生存のための本能に突き動かされて集団を生成しているのであり、統治者にも被統治者にも、集団としての生存を保全するように本能の力が働く。それが、支配と服従という行動様式を可能にしているのである。中江兆民が、君主制も共和制もなく、統治の本質は「君民共治」であると述べているが、権力の双方向性を理解した正鵠を射た発言である。

　東洋では、双方向の権力構造を治める側から構想した政治思想が多く、西欧では、双方向の権力構造を治められる側から構想する啓蒙思想が主流である、ということである。しかし、東洋のように支配する側から政治制度を構想すると、どのようにして権力を効率的に行使できるようにするかということに知恵が回りがちで、権力の濫用から「人間の尊厳」を守るとか「法の支配」を守るためにはどうしたらよいか、というような制度的保障の側面にはなかなか頭が回らない。

　政治思想を語る者は、いかにして上手に民を治めるかというだけではなく、いかにすれば治められる人々を政治的に覚醒させ、要所要所の判断で政治に参画させることができるかを考えねばならない。権力構造は、双方向だからである。そのためには、高邁な理念を掲げるだけではなく、

やはりそれを実現する制度が重要なのである。制度がなければ、どんな政治理念も理想も、絵に描いた餅になる。

だから、民主主義制度が大切なのである。民主主義は、いったいどのような機能を持っているから大切なのか。第1講でも、第10講でも説明したが、大切なことなので、もう一度簡単におさらいをしよう。

第1に、民主主義制度は、権力に対して、治められる者の痛みや不満を強制的に聞かせるということである。その結果、社会構成員のほうでは、何のために「共に生きているのか」「国家があるのか」を考えるようになる。それが、民主主義制度の強さと倫理性である。

第2に、経験主義に基づいて、穏健な方法で社会を変えていけることである。穏やかな経験主義が、権力を柔らかくし、急激な体制変更やそれに伴う流血の暴力沙汰を避けることができる。

第3に、現代産業国家では、財界、労働界、職能集団、マスコミ、NGOといった、大きな力を持つ非政府団体が権力と対峙する。このダイナミックで複雑な政治を過程調整できるのは、民主主義制度しかないのである。

だからこそ、基本的人権の保障、複数政党制、議会主義、自由、普通選挙、三権分立、司法の独立といった民主主義制度の仕組みが、現代社会においては「普遍的」と呼ばれるようになるのである。

しかし、そのような政治的教訓は、いくら人から聞いても、また紙の上で勉強してもだめである。すべての国民が、市民社会の成熟とともに自らの政治的経験の中で学んでいくしかない。一国の憲法は、その国民の政治的経験の幅を出ないと言われる。その通りである。実は、関与政策の実現にあたっては、ここのところが一番難しいのである。

権力を統御し得るだけの力がある市民層が存在しなければ、民主主義制度は有効に機能しない。逆に、市民社会が成熟すれば、民主主義制度の導入は必然の要請となるのである。

第16講 対中・対露関与政策の論点

市民社会の成熟と中国およびロシア

　民主主義は、現代社会の要請であり、普遍的価値観であるということは理解できたと思う。しかし、民主主義が正常に機能するためには成熟した市民社会が必要であるとすると、民主主義を真に受容するためには、まず市民社会が成熟していなくてはならないということになる。

　このように考えると、近代化の過程で成熟した市民社会の登場前に共産主義に転じた中国とロシアが、成熟した市民社会を構築できるかどうかが、関与政策の成否を占う最も重要な鍵となる。中国とロシアは、共産主義体制という強力な独裁体制の下で近代的「国民」を作りはしたが、近代的な「市民」は作らなかったからである。

　そもそも中国とロシアは、日本と同様に、17世紀以降の西欧諸国における啓蒙思想の発展を完全に共時的に共有しているわけではない。

　まずロシアでは、ピョートル大帝が急激な欧化への舵を切ったが、時すでに遅く、宗教改革の混乱は治まり、西欧のルネサンス時代は遠く過ぎ去ろうとしていた。18世紀には、フランスのポンパドゥール夫人、ドイツのフリードリッヒ大王、オーストリアのマリア・テレジア女帝と並び、啓蒙専制君主として賞されたエカテリーナ大帝が登場する。エカテリーナ大帝はドイツ生まれである。また、ピョートル大帝が築き上げ、エカテリーナ大帝が磨き上げたサンクトペテルブルグの華麗な宮廷文化は、日本の鹿鳴館文化のようにロシアの現実から浮き上がった特殊な欧化空間であった。このようにロシアは、ゲルマン系西欧諸国の知的・精神的爆発を引き起こしたルネサンスや宗教革命に関して、日本と同様、西欧諸国と共時的な歴史体験を完全には共有していないのである。

　中国に至っては、日本と同様、西欧とはまったく異なる文明圏の国で

ある。中国思想は、孔子、孟子といった儒家を中心に、殷から周への王朝交代に関して啓蒙思想に近い易姓革命という優れた政治思想を生んだが、その後、宋代の壮大な哲学的発展にもかかわらず、また、科挙を通じて士大夫というインテリ層による強大な官僚組織が1500年にわたり歴代王朝にビルトインされたにもかかわらず、最後まで権力を下から統制するという発想に行き着かなかった。このように中国政治思想は、抵抗者の視点を、正統な政治思想として受け入れることができなかったのである。むしろ中国では、天の代理人である天子による修身が称揚され、宮廷内には過剰忠誠の気風と重い儀礼が発展した。

　中露両国とも、英国風の穏健な自由主義の進展もフランス風の急進的な自由主義革命も経験しないまま、共産主義体制に進んだ点が共通している。特に、工業化が進展し、社会の変容が始まり、ナショナリズムが噴き出し、強固な「国民」が登場しながらも、成熟した市民社会が登場しないうちに共産党一党独裁の体制に進んでしまった点が、両国における市民社会の未成熟を考える上で重要である。

　ロシアは1917年から、中国は1949年に共産化している。特徴的であるのは、マルクスの予言と異なり、近代化、工業化の遅れていたロシアと中国が共産化したことである。そこには、政府と対峙するほど力のある市民階級が育ってはいなかったのである。

　70年代に入ると、両者の道は分かれた。中国は、鄧小平の指導の下で、1949年以来わずか20年で計画経済を放棄し、経済の自由化に向けて舵を切った。とはいえ中国は、政治的には未だに共産党一党独裁を続けている。現在、中国が経験している社会変動は、市場経済の導入、工業化によるものであり、それに伴って噴き出す社会矛盾は、19世紀以来先発の工業国家がみな経験した激しいものである。日本で言えば、明治と昭和が一緒に来たようなものなのである。

　中国は、工業化の経験なしに共産化した後、今度は共産主義を捨てた後に工業化の矛盾に向かい合っている。中国が、これから民主政治という安全弁なしにどこまでこの社会矛盾に対処できるかは、中国のみならず東アジアの安定を占う上で非常に大切である。

これに対しロシアは、90年代に70年間に及んだ共産主義を放擲し、エリツィン大統領の下で政治的に民主化し、経済制度も市場経済に舵を切った。ロシアは、民主化、市場経済化を遂げはしたが、依然として欧州や米国とは異なるロシア独自の近代化や民主主義の道があると信じているように見える。制度はすでに整っている。今度は、ロシアの社会がどう変わるかが問われている。中国と異なり、70年の共産主義体制の遺産は重い。世代で言えば、3世代である。共産主義経済をわずか20年で放棄した中国のように、改革開放に舵を切ればすぐに経済や社会が元に戻るというわけではない。70年にわたって考え方を固められた人間社会は、そう簡単には変われないのである。

　中露両国は、まぎれもない大国である。これから両国の中で、民主主義はどうなるのだろうか。市場経済はどうなるのであろうか。中露両国が民主主義と市場経済化に成功するかどうかが、長期的観点から、私たちの関与政策が成功するかどうかの大きな分かれ目となるであろう。中露両国が、名実ともに他の先進民主主義国と並んで世界のリーダーシップを共有する日が来るであろうか。現代国際社会の民主的諸制度を、名実ともに普遍的なものとして受け入れ得ることができるだろうか。これから順次、中国とロシアに対する関与政策について考えてみよう。

　この点、英国王権のくびきを外した瞬間から民主主義の伝統を受け継いだインドは、同じ新興工業国でありながら、むしろ先進民主主義国にとって「資産」と呼ぶべき国であろう。また、その他G20に参加している多くの国々も、民主主義と市場経済化の道を歩むであろう。少なくとも、中国やロシアのように、先進民主主義国の関与政策全体を揺るがすほどの混乱を引き起こす力はないと思われる。

中国、ロシアと主権の実質的平等

　また、中国とロシアに特有の現象として、現代の主権平等の世界を尊重できるかという問題もある。現在の国際社会は、絶対王権が横一線で並んだウェストファリア体制の上に、主権の実質的平等と一国一票という民主主義的な仕組みを持ち込んだ米国主導の国際政治が覆いかぶさっ

てできている。

　それを当然と思う国々と、そうでない国々とがある。例えば東南アジアの国々はASEANの枠組みの中で、独特の熟達したマルチラテラリズム外交を発展させてきており、それが地域の安定に大きく貢献している。もうずいぶん前から、日本も中国も韓国も、ASEAN主導のマルチ外交の一員となったし、2010年からは、東アジア首脳会議に米国やロシアも参画するようになった。

　このようなウェストファリア型の主権国家が並存する国家体系は、決して国際的に普遍的な現象ではない。特に戦後国際政治に見られる主権の実質的平等は、米国が国際政治に持ち込んだ民主主義思想によるものであり、非常に新しいものである。19世紀までは、主権は形式的に平等であったが、実態は弱肉強食であった。

　日本は、室町の戦国時代にウェストファリア体制に近い権力体系を経験し、またその後の徳川幕藩体制も、所詮は徳川家の武威の下に軍隊や法制を異にする各藩がまとまった連邦制であったがために、明治の志士たちには、ウェストファリア型の国際社会は理解しやすいものであったであろう。戦後、ようやく国際会議の民主主義的運営にも慣れてきたというところである。

　これに対して、ウェストファリア体制よりも帝国型の秩序に慣れてきた国もある。アジアでは、帝国型の国際秩序のほうが主流である。強大な国が出現して、場合によっては世紀を超えて周辺国を服属させたり、朝貢させたり、租税を納めさせたりする。その国家体系は、平板で原子論的な体系ではなく、上下関係のはっきりした円錐形として認識されている。

　そうした伝統のほうになじみが深い国々も多い。中国がそうである。中国では、周の春秋戦国時代と五胡十六国時代を除けば、漢民族の王朝であろうと北方騎馬民族の征服王朝であろうと、中国を中心とした円錐状の国際秩序を当然とみなす傾向が強かった。

　ロシアは本来、欧州の国であり、ピョートル大帝以来、ウェストファリア体制の一員となるが、キプチャク汗国時代には、ユーラシアを制

覇したモンゴル帝国という円錐状の国際秩序の中に組み込まれた。イワン雷帝がカザンでモンゴル軍を破り、次いでロマノフ朝に移り、19世紀に入りユーラシア大陸内陸部を席巻してからは、逆にかつて自分たちを服属させたモンゴル・トルコ系の周辺国を、ロシアに服属させた。ロシアの版図は、かつてのキプチャック汗国とチャガタイ汗国を含む広大なものに膨れ上がった。ロシアが、この円錐型の帝国秩序の頂点に立ったと考えるのも不自然ではない。

　帝国型の秩序に慣れた国々は、どうしても周辺の中小国を見下しがちである。実質的に対等な主権国家同士という相互尊重の気運よりも、皇帝と家来、親分と子分のような縦の意識がぬぐいがたく出てくる。それは、単なる大国意識と言うにとどまらない。序列意識や階層意識は、群生の人間の本能に根ざしており、根強く存在し続ける。中露両大国を関与するには、彼らの独特の縦型国際社会の意識にも留意する必要がある。

　特に中国の場合には、近代的「国民」国家形成期において、強いナショナリズムとともに、「追いつき追い越せ」「一等国になった」というふうに国際的な序列意識が活性化しやすい点にも留意が必要である。

中国に対する関与政策

　それでは、まず中国に関して私たちの関与政策はどうあるべきかを見てみよう。21世紀の日本外交の最大の課題は、中国である。中国は、隣国であり、かつ昇竜の勢いで巨大化している国であって、日本が一番大きな関心を払う必要があるという点は、自明であろう。

　中国は、世界史の中で一貫して重きを成してきた非欧米文明の雄であり、また近代化の過程で、古典的な自由主義を選ばず、工業化と市民社会登場の前から急進的な共産主義思想に進んだ国である。その中国が、先進民主主義国と同じような価値観を持つ国になるだろうか。

　実は、英国に端を発する啓蒙思想と、易姓革命を発明した中国の古典的政治思想には、共通の普遍的要素がたくさん含まれている。市民は議会を通じて自らを治めているのであり、王権はその意思の執行道具にすぎないという発想が啓蒙政治思想の神髄であるとするならば、民を慈し

む政治（「仁政」）こそが天命に従う理想の政治であり、天命は民意を通じて現れるという孟子の考え方とは、根本のところで通底している。両者ともに、非道な権力者に対する武力革命を肯定する。儒教の伝統である仁政を恒常化し革命を防止しようとすれば、その制度的保障としての民主主義制度が輸入できないはずはない。孟子の思想は、中国に市民社会が登場しつつある今日、一層新しいのである。

　そもそも中国は、儒教、仏教、さらには独自の道教に根ざす古い伝統と深い倫理観を持っている。中国は、「普遍的な倫理基盤」を独自の思想や方法で完成させた古い文明の国である。その中国に、人間の尊厳を至高の価値とする啓蒙思想が根づかない理由はない。

　この150年間に、日本で世界史に残るような東西文明の融合が起きたように、これから中国でも、孔子や孟子の現代的再解釈を通じて西欧起源の啓蒙思想との絢爛たる融合が始まるのではないだろうか。それは、人類社会への巨大な倫理的貢献となり得る。

　ただし、難しいのは、権力を下からコントロールするという発想のない中国に、モンテスキュー風の権力の分割や、複数政党制と普通選挙による権力の民主的統制といったルソー風の民主主義制度が、受け入れられるかという問題である。私は、最終的にはそれは可能であろうと思う。近代中国の父である孫文も、中国は、必ず軍人独裁から賢人独裁を経て立憲民主主義に移行すると、100年前に、「三民主義」の中で予言している。なぜなら、産業化の進展は、必ず市民社会を成熟させるからである。中国は今、13億人が「国民」化しつつあるが、いつかはこの13億人が「市民」化するはずだからである。

過渡期における中国人の心理 ── 主権の絶対性

　繰り返すが、対中関与政策の要諦は、台頭する中国が、やがて国際社会全体に対する責任感を持つようになり、21世紀の指導的大国として私たちの重要なパートナーになることにある。実際、いつかは中国も政治的に成熟し、変わる日が来るであろう。孫文の予言の通りである。今の共産党一党独裁は、孫文流に言えば、「賢人独裁」ということになるの

であろう。

　かつて中国は、卓越した文明水準と東洋倫理の源として、中韓日越などからなる中国文明圏の中心であり続けた。近代化以前の中国は、民族国家ではなく、むしろ文明であり、古典的な帝国であった。中国に多くの他民族が参入し、漢民族化していった。そこでは血筋ではなく、儒教に代表される漢字文明の共有が条件であった。しかし20世紀以降、中国は欧米の打ち立てた異なる文明に参入しようとしている。これは中国にとって初めての経験である。また、共産主義イデオロギーの生命力がなくなった今、中国には他に提示し得るような近代的な政治経済社会のモデルがあるわけでもない。

　今世紀、中国は西側諸国の作り上げた現在の国際システムの中で、大国として育つことになる。いつかは現在の開発独裁段階が一段落し、中国の市民社会が成熟するであろう。対中関与政策とは、それまでの過渡期の中国とどう付き合うかということなのである。

　中国は、今のところはまだ、基本的人権、民主主義、議会政治、普通選挙といった現代国際社会で主流となっている民主主義制度に対して、強い違和感を有している。また中国にしてみれば、自由貿易体制や国連安保理など、既存の国際システムを利用することを考えても、それを支えようとする気持ちはあまり湧いてこないというのが本音であろう。

　この関連で、現代中国人の心理に言及しておきたい。長い歴史を持つ中国は、非常に誇り高い国である。同時に、アヘン戦争で清朝の弱体ぶりが明らかになって以降、中国には欧州列強や日本により圧倒された苦い思い出が深い心の傷となって残っている。日本人はもう忘れてしまったが、日本にも、19世紀後半から20世紀前半にかけて、人種的偏見に苦しみ、主権対等それ自体が国家の目標となった時代があった。

　そのような心理は、アヘン戦争以来、中華人民共和国成立までの約100年間、一貫して屈辱的な扱いを受けてきた中国にとっても同様なはずである。むしろ数千年の間、東洋の雄を自認していた中国にとっては、より屈辱的であったであろう。ここから劉傑教授が言う中国外交における頑ななまでの「主権の絶対性」（『中国人の歴史観』文春新書）が出て

くる。また今の中国は、「主権の絶対性」と並んで、世界の主要な指導的国家として尊敬されたい、そのために強く豊かな国になりたい、という「対等願望」が、国家至高の目標となっている。

　それは、燃えるようなナショナリズムに裏打ちされている。中国のナショナリズムは、60年代から70年代にかけて植民地解放闘争を戦って独立を遂げた多くの新興国と同様に、先進工業国家に対する反発と強い被害者意識を含んでいる。その矛先は、アヘン戦争以来中国を半植民地にした欧州列強よりも、30年代に満州事変から日中事変を引き起こした日本に向かいがちである。愛国教育の影響もあるであろう。同時に中国のナショナリズムは、近代国家、工業国家が登場する時に見られる、国家経済社会の大変容とアイデンティティの再確立のための統合エネルギーの噴出という側面も有している。そのエネルギーは巨大であり、時として政府自身をも飲み込んでしまうほどの激しいものとなる。それは、産業革命以来、先発の工業国家である英国、フランス、米国、ドイツ、日本、イタリア、ロシアなどが経験したことである。近代国家創設期の政府の舵取りは、戦前の日本政府を見ればわかるように、非常に難しい。

　近代国家創世の時期には、みな膨れ上がる社会矛盾の解決に忙殺される。同時に、まだ脆弱な国家組織の確立や、安全保障に血道を上げる。そのような時、指導者は国際公益よりも国益を優先し、また民権よりも国権を優先せねばならないという切羽詰まった気持ちになる。したがって、その上にある高次な国際公益や国際責任といったところには、まだなかなか目がいかない。

　日本だって、あまり人のことは言えない。日本が、ODAや自衛隊の派遣を通じて国際貢献などと言いはじめたのは、冷戦が終わったわずか20年前のことであり、明治維新から1世紀以上経った後のことなのである。さらには、国家と自分を同一視してナショナリズムに酔った「国民」が、政府を糾弾する「市民」に変わったのも、つい半世紀前のことである。

　このように考えれば、19世紀後半から20世紀前半の世界史において、常に被害者としての立場にあった中国が、欧米諸国や日本が作り上げてきた近現代国際システムに対して、果たして自分のものだという愛着

(ownership) やそれを支えねばならないという責任感を、感じることができるだろうか。誰でも成熟して責任感のある大人になるには時間がかかる。日本が、まさにそうだったのである。

このようなアジア人の心理は、工業化の先頭を走った米国や英仏のような国々には、なかなか理解できない面がある。しかし、アジア人であり日本人である私たちは、理解しなくてはいけないことである。

過渡期の中国が直面する3つの問題

中国が国際社会における指導的国家としての責任感を持つようになるまで、まだしばらくの時間がかかるであろう。中国が成熟するまでの過渡期には、かなり利己的な行動を取ることになるであろう。国家も、人間の成長に似て、青年期は不安定であると同時に頑なである。特に、「転んでも痛くない」と思える若さがある間はそうである。日本もドイツも米国もロシアもフランスもみな、近代化の初期に、自己主張の強い過渡期を経験している。中国は、数千年の長い歴史を持っているとはいえ、近代国家としては若い国である。若い国は、自己主張が強い。また、大きくなった国力に過大な自信を持って、ナショナリスティックになりがちである。過去にいじめられた思いがある国は、特にそうである。日本の昭和前期を思い出せばわかるであろう。

過渡期の中国は、近代国家形成と近代的国民統合のために、特に次の3つの問題については、増大する国力を背景に、妥協を排した強い態度を取り続けることになるのではないだろうか。まさに「主権の絶対性」が、自己主張を始めるのである。少なくともこれから20〜30年の間、日本は、自己主張を強める中国と向かい合うことになるであろう。

第1に、経済成長のための資源獲得である。共産党のイデオロギーが意味を失った今日、共産党による支配の正統性は、一にかかって経済成長にある。中国共産党は、鄧小平以降、イデオロギー色の強い共産党独裁と言うよりも、一種の開発独裁化している面がある。共産主義の退潮に伴い、経済成長の停止は、権力の正統性の喪失と体制の不安定化を意味することになる。中国の経済規模は日本と並んでいるが、そのエネル

ギー効率は2010年現在で、日本の数分の一でしかない。

　したがって、中国による世界中の天然資源獲得の動きは、どんなに批判されても続くであろう。気候変動問題やイランの核不拡散問題に対する中国の頑なな対応も、経済成長への執念といった観点から見ることが必要である。

　特に注意せねばならないのは、中国の海洋権益確保の動きである。中国は、南シナ海を「核心的利益」と呼んで西沙、南沙諸島の領有権を争い、かつ周辺の海洋資源を独占することを狙っている。海洋権益に関しては資源問題が領土問題とからみやすい。また、東シナ海においては日中中間線上のガス田開発をうかがい、さらに尖閣列島に関しても強硬な態度を取っている。その際に、中国外交における「主権の絶対性」が顔を出す。その背景には、反日感情やナショナリズムというだけではなく、海洋権益確保を任務と心得る中国海軍の野心も垣間見える。

　第2に、少数民族の分離独立に対する拒絶である。新疆ウィグル地区、チベット自治区、そして事実上中国が分裂してできた台湾に黄信号が灯っている。中国政府は、事実上分離している台湾を除き、今後強権を持ってしてでも少数民族の統合に動くであろう。また台湾に関しては、統一という目標を掲げたまま、当面は独立阻止と経済的統合に力点を置くであろう。

　また中朝国境の中国側に居住する200万を超える朝鮮系中国人の動きにも神経を尖らせざるを得ない。中国は90年代初頭に実現した中央アジア諸国（イラン系のタジキスタンを除く）の独立が同族のトルコ系である新疆ウィグル地区に影響を及ぼすことを嫌ったように、将来の朝鮮半島統一が、朝鮮系中国人に及ぼす影響を懸念している可能性もある。

　この問題は、中国が今、近代的な「国民」国家へと生まれ変わりつつあることを考え合わせなければ理解できない。中国は現在、56の民族的伝統を残しながら、近代的「中国人」という「国民」を誕生させる巨大な実験をしているのである。中国は、孫文が「三民主義」で書いているように、20世紀前半にはまだ近代的な意味での国民国家ではなかった。孫文は、中国人は「砂漠の砂粒」のように数は多いがバラバラで、手に

握ればサラサラと滑り落ちる有様なので、なかなか一つの民族としてまとまることができないと嘆いていた。その中国が今、初めて巨大な「国民」国家に変貌を遂げようとしているのである。困難な近代中国の創生期を担当している現在の指導層は、逆に求心力を働かせ続けなければ国がバラバラになる、という恐怖感さえ持っているのではないだろうか。

しかし、多くの異民族を抱える中国にとって、それは決して容易なことではない。欧州でも、異民族の多いハプスブルグ王朝は、国民国家になる前に崩壊した。オスマン・トルコも第1次世界大戦後に解体され、アラブ民族を切り離していくぶん人工的な国民国家になった。もとより米国のように、人種も民族もバラバラでありながら清教徒の峻厳な宗教感情と啓蒙思想の原理を国家統合の基礎に据えて、強烈な国民国家となった例もある。では、中国はどうなるのだろうか。

漢民族が圧倒的に主流の中国で、56の民族が本当に尊敬し合う「国民」として同化され得るかどうかは、よくわからない。異民族の支配は本当に難しい。日本も、台湾島では少なからぬ親日家を残したが、民族の誇りを傷つけた朝鮮半島では、世紀をまたぐ巨大な「恨」を残した。

電気やガスといった近代化の恩恵を持ち込めば、異民族が自分に寄ってくると考えるのは傲慢である。また、支配者然として先祖伝来の土地に大量に入植してくる異民族に対しては、イスラエルとパレスチナを見ればわかるように、激烈な反感が出る。さらには新疆ウィグルのように、支配者階級と原住民の間に構造的な社会格差ができると、少数民族問題は抜き差しならない問題になる。中国が、新疆ウィグルとチベットの問題を、賢明に平和的手法で解決することを期待したい。

第3に、中国共産党の一党支配である。中国における政治参加の実現や民主化がどのタイミングで進むかは、中国自身が決めることである。外からの圧力は、功を奏さないであろう。今の中国政府は、産業化の過程で流動化した中国社会を再統合し、近代国家を構築するという巨大な課題に直面している。しかも、社会格差、汚職、環境問題、労働問題と、多くの社会矛盾が噴き出してきている。正直なところ中国指導部には、個人の権利に目を向ける余裕はないのではないか。現在の中国は、日本

で言えば、明治から昭和の時代を一気に駆け抜けている状態なのである。

　今後、中国における市民の政治参加が円滑に進むか、それとも混乱を伴うかは、中国共産党が決めることである。現在の中国共産党は、あたかも激変する近代日本に対して急速に統治能力を高めていった明治政府の様子に似ている。中国共産党は、まるでアメーバがかたちを変えて生命力を増大させるように、支配能力を急速に高めながら環境の激変にうまく対応している。しかし、いかなる政府であれ、民主主義という民意吸収のための安全弁がない産業社会を運転することは難しい。

　中国共産党が、かつての国民党のように、既得権益保持のための独裁党と化せば、やがて経済社会の変化に対応できなくなり、改革遅延が明らかとなって国民の不満を吸収できなくなる。そうなれば、混乱は避けられなくなるのではないだろうか。中国の政治体制が、中国国民の政治参加実現に向けて軟着陸できるか、大きな混乱をもたらすかは、アジアのみならず地球的規模の影響を有する。

増大する国力とハイパー・ナショナリズムが突きつけるもの

　最近、中国が日本に見せる頑なな態度は、中国指導部が直面する問題の大きさを浮き彫りにする。近代国家創設時の指導者の苦労は計り知れないほど大きい。特に、革命第1世代が交代した後はそうである。

　日本でも、抜刀して明治維新を実現した元勲たちが退き、日清戦争、日露戦争、第1次世界大戦の後は、戦争を知らない自信過剰な世代が登場した。この世代から出た指導者たちは、近代化の過程で噴き出した多くの社会矛盾に対応するために必死の努力をしていたが、やがて国民の激しいナショナリズムに飲み込まれ、巨大化した帝国陸海軍の中堅官僚たちを抑えられなくなった。そうして昭和前期には、政府トップの指導力が急激に弱体化したのである。日本では、第2次世界大戦という国家的危機の最中でさえ、政権が不安定で首相がどんどん交代した。こんな国は、本当に珍しい。チャーチルもルーズベルトもヒトラーもスターリンも蒋介石も毛沢東も、みな最後まで戦い抜いたのである。

中国共産党は、日本の明治と昭和を一緒にしたような中国の近代化を、驚くべき統治能力をもって進めてきた。しかし、腕に銃を抱えて国民党軍や日本軍と戦ってきた毛沢東も周恩来も、もういない。同時に、産業化の進展によって中国の政治、経済、社会は、ますます大きく、ますます複雑になりつつある。人民解放軍や石油会社のような大きな政治力を持つプレイヤーも、政治過程に参入してきた。
　中国指導部の世代交代も進んでいる。2012年には、米国に留学し、自信にあふれ、「日本何するものぞ、米国何するものぞ」と考える若手が次々と登用されるであろう。「太子党」と呼ばれる共産党幹部の子弟たちは、新しいメーメンクラツーラとして中国軍をはじめとして、中国社会の要所にどんどん入り込みはじめている。彼らは既得権益の保全に敏感で、自信にあふれ、愛国的である。
　この世代交代を反映して、習金平、李克強といった次世代のリーダーやさらには2022年に現れるであろうその次のリーダーは、これまでの中国指導者とは異なる自己主張の強いタイプとなる可能性がある。
　さらに、中国国民は、産業化の過程で現れる社会矛盾にますます敏感になり、危険なレベルにまで社会不満を蓄えつつある。代表的な例は、高い学歴を持ちながら、共産党とのコネがないためによい就職口がなく、ネットカフェにたむろしている「蟻族」と言われるホワイトカラーの人々である。もう一つの代表的な例は、第2、第3世代の都市労働者である。田舎に戻り両親のために家を建てることを夢見た第1世代と異なり、第2、第3世代は都会っ子で、田舎への愛着はない。彼らは都市の底辺にたむろして機会を待つが、その夢が叶えられることは極めて稀である。
　このような中国の変化は、対日関係に跳ね返らざるを得ないであろう。日中関係の重要性は、日本においてであれ中国においてであれ、冷徹な現実主義に立つ指導者ならば誰もが理解している。実際、日中の指導者が固い信頼を築くことも可能である。かつての中曽根総理と胡耀邦総書記がそうであった。戦略的互恵関係を進めてきた安倍総理、福田総理と胡錦濤主席、温家宝首相もそうである。しかし日本においては、日米同盟を支持する指導者が「対米追随」とレッテルを張られて指弾されるよ

うに、中国でも対日関係増進の支持者は、同様の批判を甘受しなければならない運命にある。日本にとって、かつて米国が敵であったと同様に、中国にとっても、日本はかつての敵である。

中国の指導者は、伝統的に対日強硬派である軍部や、過剰な自信にあふれた中堅の若手世代や、愛国的で社会不満をたぎらせた蟻族や都市労働者などに直面しなければならない。その中で懸念されるのは、彼ら指導層をとりまく国民世論が、激しい社会矛盾に対するやり場のない怒りを抱えたまま、増大する国力を背景にハイパー・ナショナリズムと言うべき状態に陥っていることである。むしろ国威発揚の中に、国内矛盾からくる不満のはけ口を見出していると言ってもいいであろう。そして、インターネットで発火した反日感情は、容易に反政府感情に転換する。

国民が熱情に浮かされた国の政府では、どのような指導者でも冷徹な現実主義を貫くことは難しい。自信にあふれた新しい世代の登場は、この問題をより困難なものにすることはあっても、より容易にすることはないのではないだろうか。

中国政府を見る時には、その強さだけに目を奪われるのではなく、彼らの抱えている困難にも目を向ける必要がある。その弱さが、余計に中国政府を頑なにさせている面があるのである。それは、近代化初期の日本と、何ら変わらない。近代化初期の日本が、その国力のゆえに20世紀前半の東アジアに大きな影響を与えたように、近代化の軌道の上に載った中国は、その国力のゆえに21世紀前半の東アジア全体の命運を左右せずにはおかないのである。

中国はどこまで大きくなるか

中国への関与政策を考える時、最初に問わなければならないことは、中国は最終的にどこまで大きくなるかということである。その大きさは、私たちの関与政策への負担にかかわるからである。一つ明らかなことは、中国は遠からず総合国力で米国に次ぐ世界第2の大国となるということである。もう一つ明らかなことは、中国は工業化の波の後を走っているために、19世紀前半に産業革命のトップを切った大英帝国のような突出

した圧倒的存在にはならないということである。中国は、工業化を遂げた多くの国々が林立している先進工業諸国の中に入ってくるのであるから、すべての先発工業国に比して中国が突出して巨大な工業国となることはない。そこが、他のすべての国々が農業国家であった時代に一人だけ工業化した大英帝国の場合とは、大きく事情を異にするところである。

次の問題は、逆に中国は、いつ、どのくらいの大きさでピークアウトするかである。それは、誰にもわからない。環境問題や汚職や水問題や男女人口格差など、多くの問題が指摘されるが、中国の成長が止まることはない。中国では、これから社会格差や少数民族問題や民主化にからんで大きな政治的混乱が起きる可能性もあるが、それも中国のピークアウトにはつながらないであろう。民主化に伴う大混乱があったとしても、中国の成長は止まらない。むしろ民主化した中国は、さらに安定して発展する可能性がある。ただし、一人っ子政策のせいで、急速に高齢化が進んでいることは注目に値する。

近代国家は、みな同じ運命をたどり、あたかも一個の生物のように自分のペースでピークアウトする。産業化が爛熟期に入り、都市化が限界まで進み、地方が過疎に苦しむようになると、富が労働者階級や地方にも等しく広がる一方で、コスト高により資本が海外に逃げはじめる。その結果、国内産業が空洞化し、若年労働者の失業率が上がり、最後に少子高齢化が来る。日本の例を見てみよう。早熟な日本は、明治時代から工業化を始めた。太平洋戦争の敗戦はあったが、1960年代には早くも英国、フランス、西ドイツを経済規模で抜いた。21世紀に入ってようやく、日本もピークアウトしたことが明確になりはじめた。日本は、最終的には、米国の3分の1、英仏独などの2倍の大きさで安定しつつある。国民一人当たりが生み出す富が同じになるなら、国民経済の規模は最終的に人口に比例することになる。

それでは、人口が日本の10倍ある中国は、日本の10倍の経済力を持つことになるのだろうか。それは、米国の3倍であり、欧州連合の3倍である。やってみなければわからないことではあるが、中国経済には、先に述べた通り数多くのボトルネックがあるので、そこまではいかないの

ではないだろうか。しかし、それでも中国経済は今世紀中に日本の数倍の大きさとなり、米国や欧州連合と肩を並べるほどのところまで育つかもしれない。名目GNPを一気に膨らませる人民元の切り上げもあり得る。

　それが、軍事面では大きな軋轢を引き起こす可能性がある。中国の国力増大は、プラス・サム・ゲームの経済では競争を活性化させるものとしてプラスに考えられるが、ゼロ・サム・ゲームが基本の軍事の世界では、緊張を高める危険があるのである。中国軍増強の問題については、「第８講　国際戦略情勢概観（２）――東アジアの地域情勢をどう見るか」で述べたので割愛する。

G２の将来
―― 米国が世界覇権を中国に譲ることがあり得るか

　中国はすぐにも経済力で日本を抜くことになる、と述べた。また軍事的にも、このまま軍事予算が膨れ上がっていけば、早晩人民解放軍が自衛隊に勝てる日が来るであろう。しかし米国と比べれば、経済的にも軍事的にも、中国の力はまだまだである。あるいは、日米同盟と欧州連合を加えた西側全体と比べれば、よりそうである。

　もし中国が、軍事力、経済力において、現在、筆頭の国である米国を抜き去る勢いを見せたらどうなるだろう。あるいは、西側全体を抜き去る勢いを見せたらどうなるだろう。米国は、軍事、政治、経済、通貨、エネルギーの各分野で、圧倒的な力をもって世界の覇権を手にしている。米国が、それを順次中国に譲り渡すことがあり得るだろうか。米国が中国の国力に屈し、常に米中の力関係だけがものをいい、米中の妥協で国際社会が動くようなＧ２の世界がやがていつかは来るのだろうか。

　米国の対応は、その時中国が、成熟した責任ある国家として指導的地位にあるか、それとも利己的なアジェンダを推し進める富国強兵路線を突き進んでいるかによって、変わってくるであろう。しかしいずれにしても、総合国力を冷静に比較すれば、米国がそう簡単に中国に屈するとは考えがたい。

経済的には、米国は自由主義のチャンピオンである。米国が、自由競争の結果中国の勢いに脅かされたとしても、日米経済摩擦が日米同盟を根底から壊すことがなかったように、米中経済摩擦が米中関係を根本から壊すことはないであろう。米国は、あくまでも自由主義競争というゲームの中で中国と勝負することを選ぶであろう。これから米国は、80年代の日本に対して行ったように、人民元の切り上げをはじめとして、中国に、より対等で公正な競争をするよう強く働きかけることになるであろう。

　では、エネルギー安全保障はどうだろうか。新エネルギー源の開発競争やエネルギー資源偏在地域への影響力をめぐっては、米国は決してその卓越した地位を渡すことはないであろう。「石油の時代」に世界覇権を握った米国は、自分の国力の源がエネルギー政策にあることをよく知っている。中国は、アグレッシブな資源外交で批判を集めているが、その一方で、賢明にも米国の石油メジャーなどの採掘に出資することによって上流の権益を固めている。米国を刺激しないようにしているのである。中国の作戦は功を奏し、すでに中国の石油輸入の4分の1程度は自前の上流権益からとなっている。中国は、自主採掘にこだわって失敗し続けてきた日本とはまったく逆のコースを歩んでいるのである。

　また、人民元を国際通貨としようとの動きがある。中国が安定して発展を続ければ、人民元がIMFなどの国際舞台で、円のような地位を占めることはあるであろう。ただし、1998年のアジア通貨危機の際に円をアジア通貨としようとした日本のもくろみは、米国の強い圧力でつぶれてしまった。米国が、基軸通貨であるドルの地位を容易に手放すことはない。世界の基軸通貨になるためには、その国自体に対する信用と国際決済のインフラが必要であるが、人民元がそれを獲得することは容易なことではない。

　米国が最もこだわりを見せるであろう問題は、中国の軍事力が米軍を凌駕することを許すかどうかである。現在、米軍の力はあまりにも大きい。米国防総省には、2000年を境にして人民解放軍に対して、ようやく真剣な警戒感が出はじめたところである。米国は、日本のようにこの期

に及んでもまだ防衛力を切り続け、早晩中国に軍事力で抜かれても仕方がない、と安易に考える国ではない。そうなれば、米国が日本から引き継いだ西太平洋地域は、東南アジアを含めて中国の影響の下に入ることになるであろう。確かに、イラク、アフガン戦争の戦費は巨大であり、日本の国家予算に匹敵する規模である。また、米国財政の厳しさを考えれば、米国の国防費は削減の方向に向かうかもしれない。

しかし、米国が中国に西太平洋における軍事的優越を簡単に許すとは思われない。それは、ユーラシア大陸の権力関係を圧倒する国の台頭を危惧する米国の戦略本能を刺激するからである。

特に長期的に安定しないであろう問題として、台湾問題がある。一方的な原状変更を許さないという米国の政策は、中国軍が米軍に対して絶対的な軍事的優勢を獲得すれば、物理的に破綻することは自明である。台湾島は、中国が聖域化しようとしている第1列島線の真ん中に浮かんでいる。台湾島は、中国の海岸線を顔に喩えれば、鼻のような存在なのである。また、チベットや新疆ウィグル地区の分離運動への飛び火を考えれば、中国が台湾島の統合をあきらめるとは、とうてい考えられない。

仮に将来、中国の軍事力が真剣に米軍を脅かすレベルに達すれば、米国は対中軍拡に入ることになるであろう。1990年以来、経済的にほとんど一体化してきた米中両国が軍事的対立に向かうとすれば、それはちょうど第1次世界大戦前にドイツの経済成長に多大な投資をしていた英国が、やがてドイツとの建艦競争に追い込まれたのと似ている。仮にそうなるとすれば、それは東アジア全体にとって、とても不幸なことである。

ロシアは現状維持勢力ではないか

それでは次に、ロシアに話題を移そう。ロシアの関与は、中国の関与とは異質な問題である。ロシアはもともと、安保理常任理事国であるP5の一員であり、G8を筆頭とする先発の工業国家の一員である。19世紀から工業化を始め、しかも20世紀後半には米国と冷戦を構えた国である。中国やインドのように、急激な工業化と国力の発展によってようやく国際権力関係の重心を変える大きさに成長した国ではない。ロシアは、

そもそも現状維持勢力なのである。

先にも述べたが、ロシアは、冷戦の終了後、25％の領土を失った。19世紀の帝政時代に獲得した中央アジアやコーカサスの国々が独立し、またウクライナやベラルーシも独立を果たしたからである。人口は、激減して約1億4000万人である。1億3000万弱の日本の人口と、ほぼ同じサイズである。しかもその中でロシア人の比率は80％くらいであり、後はアジア系の少数民族である。総軍100万の軍隊に縮小したロシア軍は、冷戦終了後から10年間に及ぶ財政破綻の傷跡が深く軍の中に残っている。しかも、ロシアは、依然として日本の45倍もある領土を守らねばならない。

ロシアは、中国を戦略的パートナーとして規定し、中露国境を可能なかぎり静かにした上で、かぎられた軍事的資源を人口の集中する欧州正面へ振り向けることによってNATOの東方拡大を阻止しようとしてきた。これは、台湾正面に神経を集中している中国にとって、渡りに船であった。中国とロシアは、今も中露国境地帯の安定に共通の戦略的利益を見出している。

ただし、ロシアの対NATO敵対姿勢は、あくまでも政治的なメッセージである。軍事的には、ロシアに対して根深い猜疑心のあるバルト三国とポーランドを除けば、英国もフランスもドイツもそしてロシア自身でさえも、冷戦時代のような軍事的緊張が戻ってくるとは、考えていない。むしろ逆に、グルジア紛争後のウクライナにおける政権交代もあり（親米派のユシェンコ前大統領が破れ、親露派のヤヌコビッチ大統領が当選した）、ウクライナとグルジアのNATO加盟ははるかに遠のいたために、ロシアの懸念するNATOの東方拡大は当面実現しそうにない。START後継条約の合意によって、米露関係は、ぎくしゃくしながらも一応リセットされている。欧州正面は、ロシアが敵対心をむき出しにしなければならないほど、実は緊張しているわけではないのである。

資源大国としてのロシアの復権

今世紀に入ってからのロシアの復権は、石油価格やガス価格の高騰に

よるものである。ロシア経済は、依然として石油やガスの輸出に大きく依存している。ロシアの輸出の80％近くが石油やガスであるし、その輸出税はロシアの国庫収入の半分を占める。冷戦終了時にはバレル当たり10ドルを割った石油価格が、リーマン・ショック前には150ドルまで跳ね上がった。リーマン・ショック以来、石油価格やガス価格の低迷が続いたが、現在は再び、高止まりの傾向を見せている。

　第４講でも述べたが、もともと国際石油市場は一次産品市場の一つにすぎず、国際金融市場に比べて小さな市場である。バレル当たり60ドルの単価で計算しても、10兆円程度の市場規模にすぎない。バブルで１京円を超えて異常に膨張した国際金融資産は、リーマン・ショック以降、数千兆円単位の普通サイズに戻ったが、それでも米国年金資金のような健全な投資資金が市場を徘徊しており、有望な投資先に殺到する。エネルギー効率の低い中国やインドの経済成長は、石油市場を興奮させるのに十分なのである。これからは先物を中心に、バレル当たり70ドルから90ドルといったところで、石油価格も高止まりすることになるであろう。

　しかしそれは、ロシアにとって僥倖であると当時に、呪い（curse）でもある。産油国の多くに見られるように、安易に得られる巨額のオイル・マネーは、決して産業化や近代化を後押ししないからである。メドヴェージェフ大統領が、2009年の教書で正しく指摘しているように、それはむしろ、ロシアの資源の切り売りに依存した経済体質を深めるよう作用するのである。

　ロシアは今後も、資源大国としてゆっくりと成長し続けるであろう。しかしすでに先進国であるロシアは、工業化しはじめた中国やインドのように、国際的な権力関係を激変させるほどのモメンタムは持たないであろう。もとより、国際社会を震撼させたロシア革命のイデオロギー的影響力は、完全に色褪せてしまっている。その意味で、前項の冒頭に述べたように、ロシアはやはりあくまでも先発の工業国家の一員であり、むしろ現状維持勢力の一員と考えるべきなのではないだろうか。

ロシアは故郷の欧州に戻るか

　ロシアへの関与とは、ロシアの西側社会への統合問題、特に欧州社会への統合問題である。それは、戦略問題であると同時に心理問題でもある。問題は、ロシア人自身の魂が西と東に引き裂かれているところにある。ロシア人は、自分でよく言うように「ユーラシア」人である。

　世界地図を見ると、ロシア人が「ユーラシア」と呼ぶ空間がはっきりとわかる。中国西域のゴビ砂漠とタクラマカン砂漠の間に、ジュンガリアと言われるイリ河に潤された肥沃な地域がある。そこを通ると、アルタイ山脈と天山山脈の間を抜けて広大なキプチャック草原に出る。バルハシ湖、アラル海、カスピ海、黒海に臨むこの地域は、シル・ダリア、アム・ダリア、ヴォルガ、ドニエステル、ドニエプルと、大きな河川が大地を潤し、東欧を縦に走るカルパチア山脈に出会うまで巨大な緑の帯を構成する。

　国境を持たないアジアの北方騎馬民族にとって、生計を立てる主産業は放牧である。この緑の道が、乾燥した中国西域を抜けてきた北方アジア騎馬民族にとっての絶好の侵略路となったことは、何ら不思議ではない。実際、ゲルマン族の大移動を引き起こしたと言われるフン族、マジャール族、フィン族、ブルガール族、ポロヴェッツ族、モンゴル族、あるいは突厥と言われたトルコ族などが、次から次へと侵入を繰り返している。それは、現在の地図に置き換えれば、中央アジア（特にカザフスタンとウズベキスタン）から、ロシアのトランス・ボルガ地域とウクライナを経て、ポーランドへと続く地域である。

　この地域は文明の十字路であり、特に、ペルシャ（イラン）文明、アレキサンダー大王時代のギリシャ文明、貴霜（クシャーナ）朝時代の大乗仏教を中心とした北インド文明、イスラム発祥以降のアラブ文明、絢爛たるビザンチウム文明、北方アジアの騎馬民族であるトルコ族やモンゴル族の文化、10世紀以降に花咲きはじめたスラブ族の文化が入り混じる地域である。それは、文明的に明らかに、中国文化圏、インド文化圏、ペルシャ文化圏、アラブ文化圏、欧州文化圏とも異なる、独特の文明空

間を構成している。

　スラブ族は、西方のポーランドではカトリックに改宗し、セルビアではハプスブルグ家の影響下に入ったが、キエフにリューリック朝を興した東方のスラブ民族は、13世紀にバトゥ（チンギス・ハーンの孫）による征服後、モンゴル系のキプチャック汗国に服属し、この独特なユーラシア文明の一端を構成するようになった。それがロシアである。17世紀後半に出たピョートル大帝以降、ロシアはこの空間の覇者となっていく。

　ところで、ピョートル大帝はロシアの欧化政策を一気に推し進めたが、あまりに急進的で高圧的だったピョートル大帝の手法は、まるで日本の明治の文明開化に似て、あるいは織田信長の洋物好きに似て、大きな違和感をロシア人の中に残したに違いない。ロシア革命は、ロシア人が強い民族意識の高揚を覚えて都会風のヨーロッパから母なるロシアの伝統へ回帰した現象、という一面がある。

　このようにヨーロッパとアジアの間で揺れ続けるロシア人であるが、ロシア人の素直な気持ちは、やはり本当の故郷である欧州に帰りたいということだと思う。しかしロシアは、欧州連合に入るには大きすぎるし、異質すぎる。この隔絶感、拒絶感が、ロシア人の中に、「ロシアはロシアである」「ロシアに友人はいない」「ロシアはその大きさと力をもって、世界にその存在を感ぜしめる」といった頑なな反応を生むのである。

　しかし、現実を冷静に眺めれば、NATOの軍事力はロシアを上回る。政治的にも冷戦期間中、ポーランドやバルト三国のようにモロトフ・リッベントロップ協定で主権を奪われ、衛星国の地位にしばられていた国々の対露感情は依然厳しい。しかし英仏独などの古くからの大国は、ロシアを安定的に欧州秩序の一部とすることを欲している。特にドイツがそうである。また経済的には、欧州連合の経済力はロシアの10倍であり、欧州大陸の政治経済の磁場は西を向いている。ロシアの人口のほとんども、実はウラル山脈以西の欧露部に集中している。ロシアの将来も、結局欧州に向かうしかないであろう。

　問題は、大国意識の非常に強いロシアが、欧州の一員となるという現実を心理的に受け入れられるかどうかである。確かにロシアは、安保理

常任理事国であり、核兵器保有国であり、100万人の軍隊を持っているが、欧州のグレート・シックス（英仏独伊西およびポーランド）と比べても、その下半分に入る程度の経済力である。その現実をロシアが受け入れられるだろうか。さらに言えば、かつては家来のように扱っていた東欧の中小国と同じ交渉のテーブルにつき、同じ主権国家として対等に話すことができるだろうか。長期的にはそうなるであろう。ただしロシアが、もう一度欧州を向くまでには、もう少し時間がかかりそうだ。

そのためには、メドヴェージェフ大統領に象徴される新しい世代の登板が必要である。仮に欧州とロシアの連携が始まれば、むしろ西欧とは極めて異質なロシアの文明的伝統が、より普遍的で豊かな新しい欧州文明を生み出す可能性を秘めていると思う。

ロシアと市民社会

ロシアは、中国とは異なり、冷戦終了時に政治的民主化と市場経済化を一気に断行した。ロシアは、毎年行われる先進民主主義国首脳会合（G8）の正規メンバーである。しかし、90年代の自由主義から生まれた混乱に嫌気のさしたロシア国民は、プーチン首相のような強権的な手法で社会を安定させる方向を再び志向している。

10世紀の建国以来、ロシア人は厳しい自然環境の中で、忍耐強く団結して暮らしてきた民族である。また、東西両方向からいく度にもわたる侵略を受けてきた経緯もあり、リューリック朝もロマノフ朝も、強力な中央集権国家であった。そのために、権力の外側に権力と同等の力を持ち得る市民社会が存在するという政治文化に、慣れていないように見える。

19世紀末のロマノフ朝時代でさえ、宮廷内の陰湿な権力闘争はあっても、ツァーリと健全に対峙できた力ある富裕層は存在しなかった。この点はロシアが、産業革命後に有産階級の登場を見た欧州諸国と大きく異なる点である。

ロシアの民主化問題は、中国の民主化問題とは異なる。中国の場合は、むしろ制度の問題であり、孫文の予言通り、共産党独裁が終了すれば一

気に一皮むけて市民社会が登場する可能性がある。これに対してロシアの場合は、制度的な制約は何もない。制度的には、すでに一皮むけているのである。制度的には、ロシアは完全に民主主義国家である。ロシアにおける民主化の真の成否は、むしろロシア社会、ロシア市民社会の成熟の問題である。ロシアの政治文化の伝統の中で、権力と健全に対峙する市民社会を創出できるかどうかが問われている。今、ようやく登場しつつあるロシア中産階級が、世代交代後にどのような政治意識を持つかが、これからのロシアにおける民主主義の行方を左右するであろう。

ユーラシア勢力圏を固めようとするロシア

　ロシアは、今後しばらく90年代の屈辱的な経験への反動として、また今世紀に入ってからの民族意識の高揚もあって、旧ソ連圏を勢力圏として固めるほうへ動いている。しかし軍事面では、ロシアの集団安全保障構想（CSTO）に追随するのは、長大な対露国境を有する資源大国のカザフスタンを除けば、キルギスタン、タジキスタン、アルメニア、ベラルーシといった小国にかぎられており、また経済面ではカザフスタンおよびベラルーシとの関税同盟の動きはあるものの、中国が中央アジアに、欧米勢がコーカサスに、資源を求めて触手を伸ばしている状況にある。政経両面で、ロシアの思惑通りには動いていないようである。

ロシア人から見た冷戦後の世界

　ロシアは、非常に大国意識が強い。未だに冷戦の終了を「敗戦」として受け入れることができていない、という問題もある。ロシアは、第2次世界大戦でベルリンを破壊され東京を焼き尽くされたドイツや日本のように、物理的に負けたわけではない。そもそも冷戦は、本当の戦争ではない。ロシアは、冷戦中、アフガニスタンと東欧圏を除けば、どこにも攻め込んではいない。ロシア人にしてみれば、対立から友好へと外交の舵を切っただけであり、「負けたと言われる覚えはない」ということであろう。にもかかわらず、ソ連邦は解体され、東欧圏はNATOに奪われ、90年代は政治的にも経済的にも大きな国内的混乱を味わった。ロ

シア人の目には、それがとても理不尽に映っているはずである。したがって、冷戦終了後も超大国としての特別扱いを望む気持ちは、ロシア人の心の底に根強く残っている。

　その気持ちが、例えば「ロシアの意思に反してNATOを拡大するな」「全員がVETOを持つ欧州全体の安保構想を作ろう」という議論になる。そのようなロシアから見れば、東欧諸国が自由意思でNATOに加入することが、どうしても許せないのである。

　ロシア人の心の底には、常に根深い対外不信感と、19世紀的な地政学的発想やゼロ・サム・ゲームの発想がある。「ジャングルの掟(弱肉強食)」を一番否定しながら、一番とらわれているのは、実はロシアなのである。ロシアにはやはり、米国が中小国の多い東欧諸国を裏で操っているように見えてしまうのである。

　このようなロシア人の心理的な反応は、長い歴史の中でアジア系騎馬民族やポーランドやナポレオンやヒトラーによる幾多の侵略を受けた、という苦しい経験から生まれたもので、一朝一夕には変わらない。

　さらには、国境を持たず、移動を繰り返したユーラシアの騎馬民族国家に独特な空間意識が、ロシアの強烈な勢力圏的発想の根にあるのかもしれない。強大な軍事力をもって広大な空間を支配することが最も強い安心感を生むという戦略的性向は、むしろユーラシアにおけるアジア騎馬民族の伝統を感じさせる。

　ロシアは、NATO拡大や中央アジアへの米軍基地設置への反応に見られるように、強国、特に米国の軍勢が周辺に近づくことを極端に嫌がる傾向を持っている。このあたりの心理状態は、まるで日本の戦国武将を見ているようである。

　ロシアの関与政策には、私たちが普通に欧米人を相手にする時に考えるような、ドライな利益調整だけではうまくいかないところがある。ロシアに関与するには、アジアの大国を相手にする時のように、相互の尊敬と真摯な友情が必要であり、面子に対する十分すぎるほどの配慮が重要である。それに加えて、これまでに述べてきたような、いくつかの独特な心理があることを忘れてはならない。

アジア太平洋地域へのロシアの統合

　21世紀の日本にとって、真の日露友好関係を確立することは、最重要な戦略的課題の一つである。日本にとってロシアは、とうの昔に敵ではなくなっている。日本は、冷戦後のロシアを重要な隣国とみなしており、近年は、アジア太平洋地域の戦略的パートナーとして位置づけてきた。といっても、それは現在と言うよりもむしろ将来に託す希望である。なぜなら、ロシアの極東における存在は依然として軍事的なものが主体で、ロシアの東シベリアや極東地方は、躍動するアジア太平洋経済に未だほとんど統合されていないからである。

　しかし東アジア経済は、中国やインドを牽引車として伸び続けるし、彼らのエネルギー効率が低いために大量のエネルギー消費が見込まれている。東アジア近隣地域にエネルギー源を確保することは、日本にエネルギー源の多角化という利益を生むが、それだけではない。それは、日本のもう一つの国益である、国際エネルギー市場安定のためにも重要なのである。

　と言うのも、東アジア諸国にとって資源・エネルギーの後背地は中東、カナダ、オーストラリア、インドネシア、中央アジア、およびアフリカであるが、すぐ隣のシベリアやロシア極東地方が国際エネルギー市場に開放されるのであれば、それはエネルギー供給源の多角化とエネルギー市場の安定という観点から日本の利益であるとともに、アジア太平洋地域全体のエネルギー需給の逼迫を緩和するという意味から地域全体の利益でもあるからである。

　現在ロシアは、西シベリアから石油を運搬するために石油パイプラインを敷設しており、それがスコロヴォロジノで二股に分岐して、一方が中国の大慶に向かい、もう一方が太平洋岸のコズミノに向かうとされている。やがて東シベリアの開発が進めば、東シベリアの石油が大量にこのパイプラインに流入することになるであろう。サハリンからの石油も、コルサコフや対岸の大陸にある港から輸出されている。

　天然ガスに関しては、サハリンのガスが現地でLNG化されており、

図表6 東シベリア・サハリンからの石油供給

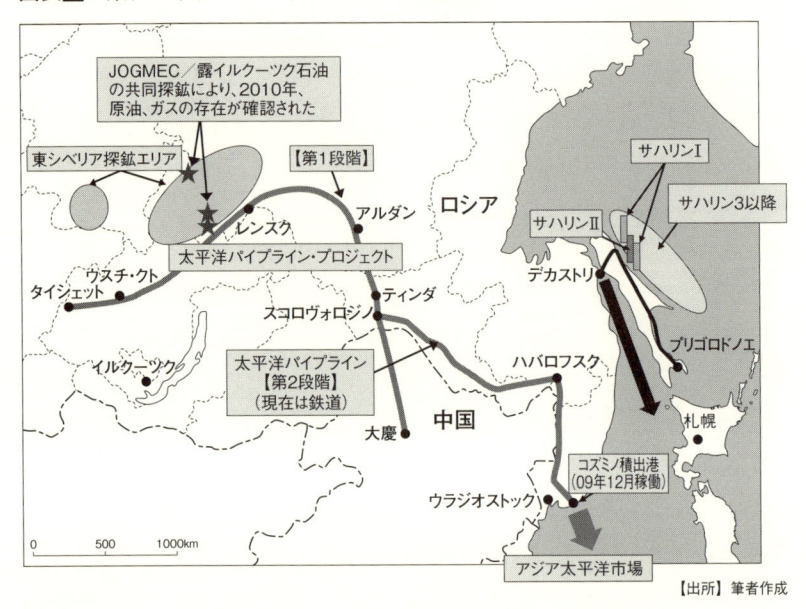

地図中の記載事項:
- JOGMEC／露イルクーツク石油の共同探鉱により、2010年、原油、ガスの存在が確認された
- 東シベリア探鉱エリア
- 【第1段階】
- 太平洋パイプライン・プロジェクト
- 太平洋パイプライン【第2段階】（現在は鉄道）
- コズミノ積出港（09年12月稼働）
- サハリンⅠ
- サハリン3以降
- サハリンⅡ

地名:
タイシェト、ウスチ・クト、イルクーツク、レンスク、アルダン、スコロヴォロジノ、ティンダ、ハバロフスク、大慶、ウラジオストック、デカストリ、プリゴロドノエ、札幌、ロシア、中国、アジア太平洋市場

【出所】筆者作成

図表7 東シベリア・サハリンからのLNG供給

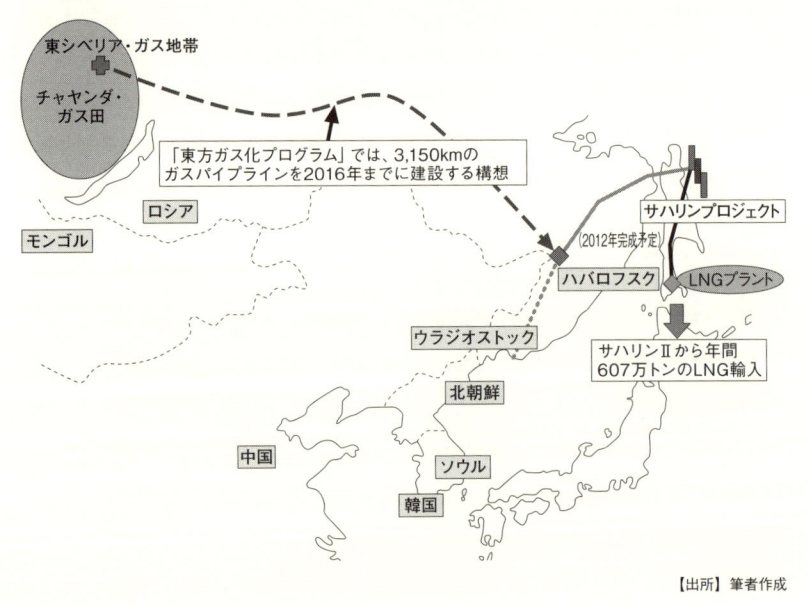

地図中の記載事項:
- 東シベリア・ガス地帯
- チャヤンダ・ガス田
- 「東方ガス化プログラム」では、3,150kmのガスパイプラインを2016年までに建設する構想
- サハリンプロジェクト
- 2012年完成予定
- ハバロフスク
- LNGプラント
- サハリンⅡから年間607万トンのLNG輸入
- ウラジオストック

地名:
ロシア、モンゴル、中国、北朝鮮、ソウル、韓国

【出所】筆者作成

また一部がハバロフスクにパイプラインで届けられて、将来はウラジオストックでLNGにされると噂されている。東シベリアのガス田が開発されていけば、アジア太平洋地域への天然ガスの供給量はさらに上がるであろう。また、巨大なヤマルのガス田がいずれ開発されれば、なおさら供給源が増えることになる。

　もとより、東シベリア・極東地方の開発には困難もある。第1に、ロシアは、戦略物資である石油やガスへの外国資本の参入を嫌う傾向が強く、外国資本の本格的参入は容易ではない。逆に外国資本からは、ロシア政府の資源ナショナリズムは政治的なリスクとしてとらえられている。

　第2に、極東地方および東シベリアの人口が少なすぎることである。ロシア人は、極東地方に600万人（北海道の人口と同じ）であり、ウラル山脈以東の全シベリアと極東地方を合わせても3000万人（中国の黒竜江省1省の人口より少ない）しかいない。しかもロシアは、中国人の大量移民を強く警戒している。

　労働力不足は、貧弱なインフラと並んで、シベリア開発の大きな制約要因である。結局ロシアは、自力でコツコツと東シベリアのガス田と油田を開発していくことになるのであろう。現実には、東シベリアと極東地方は、ロシアのペースで行われる資源開発を通じてアジア太平洋経済に統合されていくことになるのではないだろうか。

　対露関係の改善にあたっては、領土問題の解決と平和条約締結問題を避けて通ることはできない。しかし、冷戦中のように領土問題が解決しなければ経済関係を進めないということではなく、領土問題解決と日露関係の増進が相互補完的であるという前提で、対露関係の全体を進めていくことが肝要である。このような冷戦後のアプローチは、冷戦中の「政経不可分」政策に比して、「（政経）車の両輪」と呼ばれている。

　なお、ロシアは中国と同様に、帝政時代から引き継いだ少数民族を依然として全人口の20％程度有している。気性の荒いコーカサスの少数民族、特にダゲスタン、イングーシ、チェチェンなどの住民の国民国家への統合に、ロシアは苦しみ続けることになるであろう。

補講　近代欧州の覇権
——その成立過程

　国際政治において、大国間の権力関係が安定することがいかに重要か。それを理解するには、欧州近代政治を知ればよい。また、そもそも近代欧州の国際政治史は、今日の国際社会を理解する上で不可欠の歴史的知識である。そこで本書の最後を飾るために、近代欧州政治史の概略を説明しておこう。

　残念ながら、誰にも両親の子供の頃の記憶がないように、日本という国にも明治以前の欧州の記憶はない。近代世界に遅く参入した日本の限界がそこにある。現代世界の基底を成しているのは、欧州世界である。しかしそれは、ギリシャ・ローマの時代から連続しているものではない。現在、先進民主主義国家と言われる国々は、産業革命以来200年にわたって覇を誇ってきたわけであるが、彼らが国際政治の表舞台に出てきたのは、わずかこの500年程度の話である。したがって、今日の国際政治を理解するには、このほぼ500年をさかのぼって欧州の近代史を理解しておくことが重要である。

　さて、歴史を動かす力は、軍事力と経済力と、思想の力である。台頭する国は必ず、このうちのいくつかにおいて傑出した能力を示す。19世紀以降の世界で大きな国力を振るってきたのは、アルプス山脈の北側にある欧州半島北西部の国々、すなわち英国、フランス、ドイツである。これらの国々もはじめから大国であったわけではない。本来は、西漸したフン族に突き動かされて西ローマ帝国を滅ぼした後、徐々にカトリックに帰依したゲルマン系の蛮族であった。その彼らがどうして、「近代欧州の覇権」と言われるまでに成功したのだろうか。

　これらの北西部欧州諸国の主要な国々が、主要国として出揃いはじめるのは、15世紀以降16世紀にかけてのことにすぎない。それまでは、東

ローマ帝国（ビザンチン帝国）やヴェニスやジェノヴァといったイタリア海洋都市国家の栄えた地中海東部が、欧州世界の中心であった。ビザンチン帝国やイタリア海洋都市国家は、7世紀以降のウマイヤ朝やアッバース朝といったイスラム帝国の興隆や、13世紀のモンゴル族によるユーラシア大陸制覇を経て実現した、シルクロードとインド海洋航路という世界二大貿易ルートの結節点であるレヴァント地域（地中海東岸）を通じた交易で繁栄を誇っていた。しかし、トルコ族のオスマン・トルコが興隆してレヴァント地域を支配下に収め、かつビザンチン帝国にとどめを刺してからは、東地中海地域は歴史を動かす力を失ってしまう。

代わって興隆したのが、まずポルトガルとスペインである。イベリア半島からイスラム勢を追い出して気勢を上げた彼らは、思い切って大西洋を通じてアジアとの交易を考えたのである。彼らの新大陸進出とインド洋貿易参入は、交易による富を通じて国力の大きな増大をもたらした。

当時は、ヨーロッパ以外はインドと考えられた頃である。東へ行けば東インド、西へ行けば西インドという稚拙な地理認識の彼らは、東西両方向へ飛び出した。コロンブスなどの西回り組は北米大陸に到達し、またその他の者は中南米の文明を破壊して膨大な貴金属を強奪した。それを元手に、東回り組が喜望峰経由でインド洋交易に参入して胡椒、綿、絹を買い入れ、巨利を上げたのである。やがてアフリカに手を伸ばした彼らは、奴隷貿易でも巨富を築くようになる。

このポルトガルとスペインを駆逐して、海上貿易で巨利を上げたのがオランダと英国である。オランダと英国の角逐は、グロチウスの国際法を生む契機となった。アムステルダムとロンドンが、欧州の金融センターとしての地位を確立する頃である。東インド会社の活躍が始まる。これに対して欧州大陸の中ではフランスとオーストリアが台頭し、繁栄を誇りはじめる。フランスは、英蘭両国にしばらく遅れてインド洋貿易に参入した。

また、宗教・思想の次元で新興勢力である北西部欧州諸国を突き動かしたのは、宗教改革である。16世紀に、ルターやカルヴァンが出る。直接対峙したプロテスタントは強烈な宗教的覚醒を経験し、法王を中心と

するカトリック政界に決別したのである。それはまた、カトリック教会にとっても自己改革の契機となった。

17世紀冒頭、カトリック派と新教派の対立は欧州を二分する大戦争に発展する。ちょうど、日本では関ヶ原の戦いの頃である。それが、スペインにまで領土を広げていたハプスブルグ家を中心としたカトリック派と、英国や北欧などのプロテスタント派との間で戦われた30年戦争である。なお、フランスはカトリックでありながら、ハプスブルグ家と対抗するために新教側についた。宰相リシュリュー卿の卓越した謀略である。この結果、英国、フランス、オーストリアが欧州の大国として残ったのである。ドイツの荒廃はひどく、以後19世紀のプロイセンにビスマルクが現れるまで、再び立ち上がることはなかった。

30年戦争の頃から、欧州の民族国家が、徐々に形を整えていきはじめる。この戦争を契機として、現在私たちが親しんでいる主権国家並存型のウェストファリア体制ができ上がった。ウェストファリアとは、30年戦争を終結した講和会議が開催された場所である。

なお宗教改革は、英国の清教徒を突き動かして清教徒革命を引き起こし、その一部がメイフラワー号で北米大陸に渡って植民を始めたことは、18世紀末の米国独立戦争、20世紀のパックス・アメリカーナとの関係で、特筆しておく必要がある。

この後18世紀には、徐々に北ドイツのプロイセンが台頭を始め、モンゴルのくびきを脱したロシアの台頭が始まる。強力となっていくプロイセンのフリードリッヒ大王を囲むかたちで、ブルボン王家のポンパドゥール夫人、ハプスブルグ家のマリア・テレジア女帝、ロマノフ家に嫁いだエカテリーナ大帝という3人の女性が連携し、欧州のバランスを保っていた。ペティ・コート連合と言われる所以である。

18世紀は、思想の次元においてさらに大きな転換が生じる。17世紀の英国に端を発する二つの大きな思想が、太い流れとなって表に出てくる。一つが、啓蒙思想である。ジョン・ロックが唱えた議会主義や市民的自治という考え方は、欧州大陸に渡ってルソーやモンテスキューという思想家たちによって先鋭化された。清教徒革命、名誉革命の混乱後、王権

が議会に制約された英国では、経験主義に基づく穏やかで常識的な政治的自由の雰囲気が生まれ、漸進的な変革によって政治体制が安定していったが、逆に専制的な体制の多い大陸では、啓蒙思想はフランス革命、ロシア革命を生み出す劇薬となったのである。

　もう一つが、自然科学である。英国の比較的自由な政治風土の中で、ニュートンが自然の法則を聖書ではなく、数式で説明しはじめたのである。東洋風に言えば、「理」の探求である。これが21世紀につながる自然科学の巨大な流れを生み、また18世紀後半には英国に産業革命を生んで、世界の勢力地図を完全に書き換えるのである。特に産業化に先駆けた英国は、世界の富の半分を生産する工業大国としての地位を確立する。

　産業革命は、英国を一気に欧州最強の国へと押し上げた。強力な海軍とインドを中心とするアジア貿易の富に、突出した工業力が加わった英国は、やがて欧州大陸から距離を置き、欧州大陸の勢力均衡を外から制御する重石の役割を自認するようになった。英国は、賢明にもナポレオンやヒトラーのような欧州大陸制覇の夢を見ずに、安定勢力としての役割を担ったのである。それが、英国の「栄光ある孤立」である。

　18世紀の安定を一気に覆したのは、18世紀末から19世紀冒頭にかけてのフランス革命とナポレオンである。17世紀に30年戦争を引き起こしたエネルギーが宗教改革の情熱であったとすると、ナポレオン戦争を引き起こしたのは、啓蒙思想に刺激されて「自由と平等」を掲げたフランス革命の理想であった。その思想の力が傑出したナポレオンの軍事的天才と結びついて、ナポレオン戦争が起きるのである。

　フランス軍が強力であったのは、ナポレオンによって編成された国民軍の存在が大きい。身分制を廃し四民平等となった近代的国民軍の士気は、非常に高いものがある。またフランスは、革命前から人口では筆頭の大国であり、文化的にも先進的で、欧州大陸に覇を唱えていた国であったことも忘れてはならない。

　しかしナポレオンの革命輸出は、皮肉なことに周辺の国々に強烈なナショナリズムを噴き出させた。国境を越えた革命の理念よりも、民族自決の情熱のほうが国際政治の現実だったのである。その結果ナポレオン

は、合同した保守勢力に敗れて退場する。結局は革命の理念よりも、国家・民族の生理とも言うべき動物的なナショナリズムのほうが強かったのである。

　その後、フランスの復讐主義を封じ込めるために、英国、オーストリア、プロイセン、ロシアを主力とする神聖同盟が成立する。宰相メッテルニヒ（オーストリア）や宰相カールスレイ（英）の活躍する時代である。この王政復古の時代には、新興の有産階級はみな、家庭に引きこもり私生活を充実させることに生き甲斐を見出した。今日、ブルジョワジーの美徳として、家庭、貞節、質素、正直がよく取り上げられるが、それは王政復古の下、精神の自由を家庭の中に閉じ込めて思想の爪を研いでいた有産階級の価値観なのである。

　この頃の北西部欧州諸国の変貌には、留意が必要である。彼らは、啓蒙思想によって四民平等という考えに目を開かれ、民族主義を鼓吹する戦争によって対立をあおられて、社会的身分に関係なく一人ひとりが国家と自分を同一視する「国民」意識を持ちはじめる。「国民」の誕生である。近代的ナショナリズムが噴出を始める。当時、初めて最も強烈な国民意識を持ったのは、おそらくナポレオンの作った国民軍兼革命軍の兵士たちであろう。また産業革命は、彼らに巨富とともに強大な軍事力を与えた。

　こうして、19世紀の欧州諸国は史上初めて「国民」国家であり産業国家であるという、二つの特性を持った強大な国家となったのである。それは、それまでの大国である清朝、徳川日本、インドのムガール帝国、オスマン・トルコ、サファヴィー朝イランの国力をはるかに凌駕するものであった。それまでの大国を牛や馬、中小国を犬やウサギに喩えれば、近代欧州国家はライオンか虎のような猛獣であった。猛獣のバトルロワイヤルのような戦国時代が来たのである。18世紀末に建国したばかりのアメリカ合衆国が、欧州権力政治に背を向けてモンロー主義に引きこもり、孤立やユートピアの夢に浸ろうとしたのも、うなずけないことはない。

　また、19世紀に入ると、欧州工業諸国の総合国力はアジア・アフリカ

のすべての国々をはるかに凌駕するようになる。彼らは、東インド会社を通じた支配を通り越して地球を分割し、非欧州地域の植民地化に奔走するようになった。帝国主義時代である。一度もローマやペルシャや中国に匹敵する帝国になったことのない欧州北西部の国々が「帝国」を名乗り、自らの地球覇権の時代を、「帝国主義時代」と呼んだのである。それは、文字通り産業化を遂げ巨大な国力を手にした欧州諸国が、他大陸の文明や民族に襲いかかった時代である。19世紀は、欧州では物質文明の発達が著しく、特にフランスでは「光の世紀」と呼ばれたが、欧州の外の国々にとっては逆に「闇の始まり」であった。

　19世紀後半になると、中東欧の民主主義が欧州大陸を動かしはじめる。特に辺境のドイツ・ナショナリズム、スラブ・ナショナリズムが強くなり、この二つの民族主義に押されて欧州の権力関係が流動化しはじめる。中でも、ホーウェンツォレルン家を戴くプロイセンの台頭が大きい。プロイセンは、ビスマルクという名宰相を得て、まずオーストリアを下し、次いでフランスを下してヴェルサイユ宮殿入城を果たし、悲願であったドイツ統一を完成した。日本の明治維新から2年後の1870年である。

　統一ドイツは、その人口規模でフランスを抜き、30年戦争以来フランスに奪われていた欧州大陸の覇権をその手に取り戻した。慎重なビスマルクは決して奢ることなく、その覇権を確固たるものとするためにロシア、オーストリアと友誼を結び、フランスの復讐主義に備えたのである。

　しかし、スラブ・ナショナリズムの台頭とともにオーストリア領セルビアに独立の機運が蔓延し、ビスマルクが提携したオーストリアのハプスブルグ家とロシアのロマノフ家の関係が悪化する。ロシアは、スラブ族の盟主を自認していたからである。血気にはやる新皇帝ヴィルヘルム2世は老練なビスマルクを更迭した後、短兵急にロシアと手切れに及び、バルカン半島をめぐりロシアと対抗していた老イスラム大国であるオスマン・トルコとの同盟に切り替えた。

　この動きは、ドイツの台頭に危機感を持った英国とフランスおよびロシアの連携をもたらした。英国は栄光ある孤立を捨て、欧州大陸の権力均衡のためについに大陸での権力闘争に身を投じたのである。セルビア

青年によるオーストリア皇太子の暗殺は、この二大ブロックが対峙している最中に起きた。それが、第1次世界大戦勃発の契機となったのである。

第1次世界大戦の結果、ドイツ、オーストリアは敗退し、ロシアは革命の混乱の中に引きこもった。トルコも敗退した。この権力の真空を縫って、ウィルソン米大統領の唱えた民族自決の理念に共鳴した中東欧の国々が独立する。その裏には、戦争によって疲弊した英国、フランスが、ドイツ、オーストリア、ロシアの勢力を弱めようとする権力政治の打算があったはずである。

短い戦間期の後、再び台頭したのはやはり統一によって国力を高めていたドイツであった。第1次世界大戦後のドイツ経済は混乱を極めたが、潜在的には依然として大きな国力を保持していたため、ヒトラーが指導者として登場した時、ヴェルサイユ講和条約の過酷な条件に憤るドイツの復讐主義を止められる者は、もはや誰もいなかった。特に、強大な国力を手にしつつあった米国が、まだ弱小であった頃に掲げたモンロー主義の伝統に引きこもり、ウィルソン大統領の提唱する国際連盟の理想にコミットできなかったことが、ドイツの台頭を許した面もある。

第2次世界大戦は、再びドイツの敗戦で終わる。日本が真珠湾攻撃によって、孤立主義と現実政治の間で揺れていた米国を思い切りリングに蹴り上げたからである。米国の力は傑出していた。戦間期の新興台頭勢力であった日独両国は壊滅し、戦後立ち上がったのは、歴史家であるトインビーが予測した通り、欧州権力政治の中では一貫して端役であった米国とロシアという二超大国であった。

近代欧州の勢力地図において、最後に台頭したのはロシアである。ロシア（ソ連）の最大の武器は、強大な赤軍と言うよりも、世界を震撼させたロシア革命のイデオロギー的衝撃であった。19世紀以降の世界史を動かした力として挙げなければならないものは、産業革命と民族主義の他にもう一つ、社会主義と共産主義である。

産業化による社会の急激な流動化は、激しい社会格差と新しい階層化を生んだ。特に、都市労働者の生活は悲惨であった。人々は、社会秩序

を安定させる公正な社会原理を渇望した。公正、公平を求めて階層闘争を説いた新思想は、共産主義が色あせた今からは想像できないほど激しい衝撃波を生んだのである。マルクスの予言と正反対に、先発の近代工業国家では穏健な社会主義が根づき、急進的な共産主義は最も後発の近代国家で革命となって暴発したことは歴史の皮肉である。

またロシアは、軍事的には東欧圏を編入した強大な赤軍を保有し、経済的には、カスピ海沿岸から西シベリアにかけて発見された巨大な油田群を保有していた。第2次世界大戦後、ロシアは軍事、資源、イデオロギーと、3拍子揃った超大国として登場したのである。

当初、ロシア（旧ソ連）の影響力は、極めて大きかった。ロシア革命以降、ロシア共産主義は世界を風靡した。第2次世界大戦後は、強大な赤軍を保持し、核兵器を手に入れ、東欧諸国を共産化した。ロシアは、東から欧州大陸を圧し、北大西洋条約機構を作って西欧防衛にコミットした米国と、地球的規模で冷戦に突入した。

しかしスターリニズムの生んだ恐怖政治や共産党一党独裁や共産主義的な計画経済は、個人の創意を封殺し、社会を閉塞させ、経済を停滞させた。思想の自由さえ奪われた社会では、良心が窒息する。この行き詰まりによって、ソ連邦は21世紀を待たずに内側から崩壊した。

こうして、ポルトガルとスペインから始まり、オランダ、英国、フランス、オーストリアからドイツ、ロシア、そして米国へと覇権を移していった欧州戦国時代は、一応、幕を下ろしたことになる。欧州諸国は、現在欧州連合の名の下に巨大な共同体を創造することによって地球的規模での生き残りを図っている。これから、21世紀の国際社会はどういう権力均衡を見せるのだろう。台頭する勢力はどこだろう。国際体系は、不安定化するのだろうか、安定に向かうのだろうか。日本は、どうすればよいのだろう。

ここから先は、現代につながるので、「第7講　国際戦略情勢概観（1）——地球的規模の権力関係はどうなっているか」以降を参照してほしい。

読書案内

　本書で引用した書物は、可能なかぎり引用した場所で出典を明示しておいた。ここでは、さらに一般的な読書の指針について簡単に記しておきたい。

　講義の過程で、多くの人から、「どのような本を読めばいいですか」という質問を受けた。読者が何に興味を持つかによって、読むべき本はずいぶん異なる。講義でも述べたが、人間とは、良心と知識の結合である。したがって、良心が命ずるままに読み進むことが一番よい。それが読書の王道である。とは言っても、外交について本を読もうとする時に、最初の道標くらいはあってもよいであろう。下記は、私に質問した人たちの関心に答えるかたちで、私の読書遍歴から、特に影響を受けた本を紹介したものである。他人の読書遍歴がためになるとはかぎらないが、何らかの参考になれば幸いである。

1　戦略眼を持つにはどうしたらよいか

　最も頻繁に尋ねられるのが、戦略眼を持つにはどうしたらよいかという質問である。私の答えは、いつも決まっている。戦略眼を持った人の書いたものを読むのが一番よい。外交官には、「鳥の眼」と「虫の眼」が必要である。高いところから地表の起伏や大河の流れを見極める力と、地面に這いつくばって微に入り細を穿って正確を期す力である。戦略眼は、鳥の眼である。鳥の眼は、虫の眼と同様にある種の才能である。ある人とない人がいる。才能のある人の著述を読むのが一番よい。岡崎久彦大使の『戦略的思考とは何か』（中公新書）はその例である。

　また私が外務省に入った頃に読んだリップマンの『アメリカの外交——共和国の盾』（未訳）は、リップマンが、日本の真珠湾攻撃に衝撃を受け、1943年の時点で、自戒の念を込めて米国が戦前の孤立主義や平和主義の幻想から目覚めることを促し、さらには戦争中でありながらすでに戦後のパクス・アメリカーナを戦略的・制度的に構想した本である。私の外交官としての思索はここから始まったと言ってもよい。

　日本近代外交史の分野では、東大の北岡伸一教授が再評価された清沢洌の

『日本外交史』（東洋経済新報社）がよい。1945年5月に、終戦後の自由と平和を見ることなく死んだ清沢であるが、軍国の戦時下にあってもなお、戦略的均衡感覚を失わなかった清沢の戦略眼は、今も時空を超えて輝いている。私は、若い外交官であった頃に清沢から受けた衝撃を今でも忘れない。

　近代史だけではない。戦略眼を持つには、古代から現代まで、世界史のレベルで歴史を動かしている大きな力を俯瞰することができなくてはならない。軍事力、経済力、思想の力が、歴史を動かす根本的な力である。世界史には、常に、この3つの力を兼ね備えた歴史の重心が存在する。そのような重心となる地域が、世界地図のどこで、ぴくぴくもぞもぞ、あるいは怒涛のように動いているのかが実感としてわからなければならない。そこにいる人々のエネルギーが、人類の歴史を大きく変えているからである。

　また世界史の重心は、一カ所にとどまっていることはない。100年の単位で、地球の上を大きく移動する。どの時代にどの大陸のどの民族が、軍事において、また経済において、思想において、人類史を引っ張っていたかが大づかみにでもわからなければならない。

　この世界史の重心という感覚は、重要である。特に外交を司る者は、地球をひょいと風呂敷に包んで持ち上げたり、あるいは北極を中心に地球をくるくる回してみて、世界中の国々がどう反応し、そこからどういう軍事的、政治的、経済的、思想的流れが出てくるか、またどの流れが本流となるかが、DVDの早送りをするように脳髄のスクリーンにただちに映し出されねばならない。そこから、大きな歴史の方向感覚が出てくる。それがわからなければ、外交を司ることは不可能である。

　このように、歴史の重心を大きく両手ですくい取り、ダイナミックに歴史の流れを描き出すことのできる歴史家はかぎられている。優れた歴史家の書いたものは、外交を考える上で多くの霊感を与えてくれる。彼らに導かれて歴史の高みに上れば、大河が大陸の上をのたうつ姿がはっきりと見えるように、歴史の大河が地球上をどのようにうねり流れているかがくっきりと見える。

　私は、特に京都大学の宮崎市定教授の著作から大きな影響を受けた。宮崎教授は、名著『中国史』（岩波書店）の他にも数多くの著作があり、文庫化されて容易に手に入るものが多い。全集もある（岩波書店）。宮崎教授は、

数千年の中国史を万里の長城の南にある漢族と北の騎馬民族の興亡史としてとらえる。その史観は、戦略を考える者にとって計り知れない刺激を与えてくれる。中国史の復習を兼ねて、ぜひ一読を勧めたい。

　このような広い歴史的視野に立った戦略眼を身につけたら、軍事戦略家の書いたものを読むとよい。人類が手にした最も優れた戦略書は『孫子』（岩波文庫ほか）である。孫子は、政略と軍略を組み合わせ、戦わずして勝つことを教える。武経七書の中でも出色の書である。『孫子』に匹敵する戦略書は、洋の東西を問わず存在しない。もとより、それだけではない。戦略書であるから、戦争の仕方からスパイの使い方まで懇切丁寧に著述してある。安全保障を志す者は、常に、『孫子』に立ち返り、何度も繰り返して読むべきである。

　また、欧米の戦略家と言われるリデル・ハートの『戦略論』（原書房）や、アルフレッド・マハンの『海上権力史論』（原書房）を読めば、歴史の節目において、戦争指導がどう歴史を変えたかが鮮やかにわかるようになる。世界史という大河の流れが、しばしば軍事戦略の可否によって流れる先を変えていくのがわかるであろう。

　軍事戦略は、戦後に生まれた日本人の盲点である。しかし、はじめから軍事戦略家の著作にかじりつくと、狭い軍事史の世界に入り込み、それが戦略だと誤解することがあるので要注意である。戦略の基本は、軍略ではなく政略であるからである。軍事力は確かに国力の裏支えである。だが歴史を作るのは、軍事力だけではない。いったん有事となれば軍事力だけがものをいうが、中期的に見れば軍事力の基礎となる経済力であり、長期的に見れば人の良心を活性化させる思想の力である、ということを忘れてはいけない。

2　歴史観を広げるにはどうしたらよいか

　歴史とは、ある民族の良心の軌跡である。言葉を介して良心が触れ合うことによって、より大きな公の観念が生まれる。しかし、人間の接触には物理的な限界がある。ある民族は、自らの民族が行った交際の範囲でしか外国民族のことを知らない。よく知り合うことのできていない民族が、まだ地球上にはたくさんある。

　日本は幸いにして、文字を手にしてからだけでも1500年の歴史がある。し

かし、それでも日本人の持っている歴史空間は、人類全体の歴史空間のほんの一部でしかない。一般的な日本人の歴史観を見れば、実は外国と言っても、隋唐以来の中国、朝鮮半島、明治以降の欧米諸国くらいしか知識がない。

　それは当然である。私たちの先祖は、その範囲でしか外国と交際していなかったからである。ちょうど読者のみなさんが、親の高校時代や中学時代の友人を知らないように、国も付き合っていなかった頃の他国の歴史には関心が湧かないのである。

　まず隣の中国にしても、隋唐以前の中国、特に殷や春秋戦国時代、秦漢時代、五胡十六国時代などは、日本が文明的に目を開けていなかったために、孔孟らの聖人が記した書物や『三国志』に対する興味以上にはなかなか関心が湧かないのが普通である。中国史には、多くの優れた研究があるが、まずは先に述べた宮崎教授の著作を勧めたい。

　釈尊の生誕の地であるインドにしても、日本人には仏教生誕の地という以上の知識はあまりない。インドは、ヒマラヤ山脈という天然の障害に隔てられ、北東アジアとの接触よりも、実は西側のイランや欧州との接触が多い国である。北東アジアの民がインドに到達するには、玄奘三蔵のように、天山山脈を越え、ヒンドゥークシ山脈を越え、はるかで困難な陸路を行かねばならなかった。日本人には、天竺（インド）は物理的に遠すぎたのである。

　古代インドからムガール帝国まで、インド人がどういう暮らしをしてきたかを知る人は、実は少ない。インドについては、インド哲学史の泰斗である中村元東大教授の著作を勧めたい。仏教が、インドとの接点であるからである。中村教授は、歴史と言うよりは宗教思想の泰斗であり、その著作の普遍性は群を抜いて優れている。自分の良心をのぞき見るためにも、中村元先生の著作を勧めたい。

　欧州にしても、明治時代に私たちが接触した欧州は、科学文明の粋を知り、帝国主義列強として登場した欧州であった。しかし私たちは、実は彼らがどういう出自の人々かを知ってはいない。私たちの欧州に関する知識は、圧倒的に世界覇権確立後の近代欧州に関するもので、その前はフランス革命くらいから啓蒙専制君主時代にさかのぼるのが精いっぱいであって、ルネサンスや宗教改革以前のヨーロッパ人が宗教色の濃い停滞した中世において、何を考えていたかを知る人は少ない。しかも、ジャンヌ・ダルクやバスティーユ

牢獄襲撃など、個々の事件の詳細に関する知識はあっても、欧州史全体の太い流れを理解できているかというとはなはだ心もとない。

産業化以前の欧州に関する優れた著作は多いので、一読を勧めたい。ブローデルの『地中海』（藤原書店）が著名であるが、ミシュレのフランス史に関する著作（『フランス史』藤原書店、『フランス革命史』『ジャンヌ・ダルク』中公文庫など）がおもしろい。近代以前の欧州が、工業化と都市化によって私たちの知っている先進的な欧州へと育っていく様を見るには、例えば川北稔教授の『イギリス近代史講義』（講談社現代新書）などがよい。

なお欧州の歴史は、欧州連合が拡大するにつれて、「欧州」という概念自体の再定義が進み、どんどん書き換えられている。『ヨーロッパとは何か』（クシシトフ・ポミアン、平凡社）などは、その例である。もともと島国の英国人にはヨーロッパという意識が薄いし、ウィーン以東はアジアとさえ言われていた。東欧、南欧を含んだ大ヨーロッパというのは、実は新しい概念である。ヨーロッパ史は今、生成の最中にあると言ってよい。もはや欧州では、個々の国の栄光を書き残すような近代ナショナリズム史観は、文学として以上には流行らないであろう。

また日本では、産業革命以前のヨーロッパが、木造船を乗りこなして世界にどう影響力を広げていったかを知る人も多くはない。彼らの帆船による世界雄飛それ自体は、19世紀の植民地時代と異なり、産業化や工業化とは関係がない。ポルトガル、スペイン、オランダ、英国、フランスといった国々の海外展開は、好奇心と宗教的情熱とアジア貿易による巨利への関心から行われたのである。

16世紀以降のゲルマン系欧州民族の世界雄飛は、日本で言えばちょうど平安時代に行われた北欧のバイキングの世界展開に匹敵する事件である。15世紀のゲルマン系欧州人は、世界の諸文明の中で決して先進的ではなかった。鎖国に転じた私たちは、実は近代欧州の覇権が確立する前の欧州人の世界雄飛の実態をよく知らないのである。羽田正東大教授の著作『東インド会社とアジアの海』（講談社）は、まさに世界の傍流から主流への転換を果たしながら、アジアに雄飛した欧州人の様子を記した名著である。

なお、ゲルマン系欧州人が自らのルーツと考えているのは、自らが滅ぼしたローマ文明である。彼らは、日本人が隋唐宋時代に漢籍によって知的に覚

醒したように、ルネサンス時代にギリシャ・ローマの古典によって知的に覚醒した。したがって、漢籍を知らずに日本文明を理解できないように、ギリシャ・ローマの古典を知らずにゲルマン系の欧州文明は理解できない。

プラトンやアリストテレスの哲学や、ホメロスの『イリアス』『オデュッセイア』（いずれも岩波文庫）や、ギリシャ神話などの古典文学は、現代欧州文明の基層を理解するために読んでおくとよい。キリスト教世界とは異なる人間性あふれたもう一つの欧州の顔がそこにある。ローマ史については、ギボンの『ローマ帝国衰亡史』（ちくま学芸文庫ほか）をひもとかなくても塩野七生氏の大著『ローマ人の物語』（新潮社）がある。

世界文明の中で、中国、インドと並んで世界史を牽引したのは、マホメッド登場以来、モンゴルの侵入という大事件を挟んで、オスマン帝国、ペルシャ帝国、ムガール帝国まで続くイスラム世界である。最近の文献は、欧州文明に追い越されてから、ひたすら欧州文明から押しつけられたイスラム世界に対する偏見を克服しようとするものが多いが、イスラム世界が欧州世界をはるかに凌駕していた8世紀から15世紀くらいまでのイスラム世界ののびのびとした知性には、人類史に残る輝きが残されている。特に、イブン・バットゥータの『三大陸周遊記』（中公文庫ほか）などには、人類史の先頭に立ったと自負する彼らから見た世界が記されており、現代社会の固定観念を批判的に検討するために多くの示唆を与えてくれる。

逆に、西ローマ帝国を滅ぼしたゲルマン民族が、キリスト教を受け入れながら興隆するイスラム世界との接触や刺激によって文明的に目覚めていく様子を知るには、ピレンヌの『ヨーロッパ世界の誕生』（創文社）を読むとよい。ゲルマン民族が文明的に晩熟であるということが、よくわかる。

現代の日本人に、もっと知られていないのは、中国と欧州の中間の空間である。ロシア、中東、中央アジア、中国西域、旧満州（中国東北三省）に広がる広大な草原地帯と砂漠地帯では、スラブ族、ペルシャ人、アラブ人、トルコ・モンゴル系遊牧民族が、大文明が交錯する壮大な歴史絵巻を織り上げている。古代にはギリシャも主役の一人であった。ギリシャ王と仏教徒の問答（『ミリンダ王の問い』平凡社）では、仏教思想とギリシャ思想が火花を散らしている。中国には、玄奘三蔵法師のように、徒歩でインド遊学を果たした偉人が出た。三蔵法師の『大唐西域記』（平凡社）は、近代以前の日本

人が決して体験することのできなかった中国文明とインド文明の交錯を垣間見せてくれる。残念ながら近代以前の日本人の知識は、この地域に関して漢詩の辺塞詩に出てくる西域・胡人の域を出ない。

この地域の歴史を学ぶと、世界史を大きく回転させたトルコ・モンゴル系遊牧民族の姿がくっきりと浮かび上がってくる。13世紀にモンゴル族が大回転させた世界史の様子を眺めると、従来の欧州中心の史観が大きく覆る。この分野では、杉山正明京都大学教授の著作『モンゴル帝国と長いその後』（講談社）ほかを勧めたい。また、ユーラシアの大草原を疾走する騎馬民族の生の息吹に触れることは、島国の私たちには容易ではないが、『元朝秘史』（岩波文庫）、『ジャンガル』『ゲセル・ハーン物語』（いずれも平凡社）などを読めば、北方騎馬民族の生活を彷彿とさせてくれる。さらには、キルギスタンに伝わる『マナス』（平凡社）などの英雄叙事詩も同様である。

歴史の長い日本には、幸いにして優れた歴史家や優れた史書が多い。日本歴史学会は、日本物理学会と同様に国際的に評価が高く、翻訳学問の水準をはるかに超えて独創的な視点を多く与えてくれる。日本の外交官には、うれしいかぎりである。講談社の「興亡の世界史」シリーズや中央公論新社の「世界の歴史」シリーズ（文庫）は、外交官には必携であろう。

3　外交の技術を磨くにはどうしたらよいか

外交官として弁舌の技術を磨くにはどうしたらいいだろうか。細谷雄一慶応大学教授の『外交』（有斐閣）や、英国の外交官であるニコルソンの『外交』（東京大学出版会）や、カリエールの『外交談判法』（岩波文庫）も入門にはよいが、何よりも、外交官がその技術の粋を凝らして他国を説得する際の弁舌に触れるのが一番よい。

トゥーキュディデースの『戦史』（岩波文庫）は、ペロポネソス戦争の最中にアテネとスパルタが繰り広げた同盟国獲得競争において、同盟国を取り込むための説得の過程が子細につづられている。論理の優越を信じた古代ギリシャ人が、賞賛、利益誘導、義理、恫喝と、粋を尽くして繰り広げるこの戦争絵巻は、欧米の外交官には必読の教科書となっている。そこには、今日の欧米の外交官が使う弁舌の手練手管がすべて記されている。

『君主論』(岩波文庫ほか) をはじめとするマキャベリの著作は、外交を超えて政治の本質が何であるかを教えてくれる。また、古代インドのカウティリアによる『実利論』(岩波文庫) は、冷酷な統治の技術を教えてくれる。なお、中国古典の『戦国策』(平凡社ほか) は、些末な戦術に傾きすぎる面があるが、反面教師として、はまってはいけない外交の罠を考えるにはよい教材である。

4　自分の良心に触れるには、どうしたらよいか

　良心に触れるには、まず性善説の思想家の作品に触れるのがよい。孔子の『論語』『孟子』(いずれも岩波文庫ほか)、アリストテレスの『ニコマコス倫理学』(岩波文庫ほか) がよい。人間の活動がすべて善に向かっているという考え方は、知性を持つ群生の動物である人間の精神活動をうまく定義している。

　また当然ながら、宗教家の著作がよい。特に、普遍宗教を生んだ宗祖の生の言葉に触れるのが一番よい。キリストの言動を記録した『新約聖書』、仏陀の言葉を編んだ「ダンパマダ」「スッタニパータ」などの原始仏典 (『ブッダのことば』『ブッダの真理のことば・感興のことば』岩波文庫所収)、マホメットの『コーラン』(岩波文庫ほか) は、人間に生まれた以上、一度は読み通してよい本である。宗教書は、まず宗祖の言葉があり、それから解説書があり、最後に体系書がくる。解説や体系は、時代に応じて変わる。だが宗祖の言葉は、何千年も変わらない。だから、宗祖の生の言葉を読む必要があるのである。

　仏教の入門書は星の数ほど優れたものがあるが、まず釈尊の真の言葉から入るのなら、『ブッダの人と思想』(中村元、田辺祥二、NHKブックス) がわかりやすい。また、大乗仏教の神髄に簡潔に触れるのならば、鈴木大拙師が天皇陛下にご進講された『仏教の大意』(法蔵館) がよい。「般若心経」や「法華経」などの大乗仏典も、美しい日本語で読んでみるとよい。

　現代の聖人は、ガンジーである。『ガンジー自伝』(中公文庫)、『真の独立への道』『獄中からの手紙』(いずれも岩波文庫) は、現代に聖人が現れたら、このような人になり、このような言葉を吐くのかと納得させてくれる。

性善説の哲人や宗教家とは、人類に襲いかかる厄災や困難に身震いして、生存本能の中の良心がかき立てられ、無限の優しさがあふれ、人を救うために発言し、行動せざるを得なくなった人々である。彼らは、自ら信じるもののために、迫害を恐れずに発言し、行動する。その人生の軌跡が人の心を打つのである。だから、哲人や宗祖の言葉が残り続けるのである。数百年に一度しか現れない大きな人物の生の言葉に触れてほしい。

　仏教は、日本では鎌倉時代の日本人に知的・霊的爆発を引き起こした。翻訳学問であり護国宗教であった仏教は、鎌倉の高僧たちの魂の奥底に入り込んだ。そうして彼らは、仏と直面したのである。特に衆生救済のために日本で独特の展開を遂げた浄土門は、法然の念仏思想を生み、親鸞を生んだ。法然の『選択本願念仏集』（岩波文庫ほか）、親鸞の『和讃集』（岩波文庫ほか）や、その言葉を拾った『歎異抄』（岩波文庫ほか）には、日本人の深い霊的覚醒が見て取れる。

　また鎌倉時代は、元寇の時代でもある。日蓮上人の『立正安国論』（中央公論新社ほか）などを読めば、日蓮の心の中に、国家的な危難を前にして良心とともに国家理性そのものが激しく覚醒されている様子がわかるであろう。また、道元禅師の『正法眼蔵』（岩波文庫ほか）は難解であるが、悟りを開いた人の良心がはき出す言葉を教えてくれる。

　日本の儒教思想家の言葉もよい。陰惨な戦国時代から太平の徳川時代に移る中で、京都の町家に伊藤仁斎が出た。仁斎は、日本人の情愛と惻隠の心を重ね合わせ、煩瑣で壮大な朱子学の体系を捨て、孔子や孟子の言葉そのままに、仁の本質を鷲づかみにした。仁斎の著書には、『童子問』（岩波文庫）などが残されている。

　これが幕末の吉田松陰になると、日蓮のように国家理性の覚醒と個人の良心の覚醒が結びつく。わずか29歳で死んだ松陰の透明な言葉は、幕末の志士のみならず、今日の私たちが読んでも刺激的である。松陰の著書の中でも、萩の野山獄や松下村塾で孟子を講義した記録である『講孟箚記』（講談社学術文庫ほか）がよい。松陰が死の前日に牢獄でしたためた『留魂録』（講談社学術文庫ほか）は、今日読んでも胸を打たれる。

5　偉人の回想録はおもしろい

人間は、自分の経験した政治的事件の規模でしかものが考えられないものである。平和な時代に大きな体系書ができて、乱世に人間の真実を抉る名著が出るのはそのせいである。外交官だって、毎日、大事件に接するわけではない。運のいい（悪い）人たちが、戦争や革命といった100年に一度の大事件に遭遇するのである。しかし外交官は、たとえ平時の外交官といえども、国家的大事件に遭遇した時、優れた最高指導者は何に優先順位を置いて考えるかを、瞬時に判断できなくてはならない。

そのために外交官は、常日頃から世界史的大事件を想像できるように訓練されていなくてはならない。それには、各国の偉大な指導者たちの回想録を読み、彼らの生きた激動の時代を追体験するしかない。

20世紀後半を作り上げた偉人たち、特にチャーチルの『わが半生』（角川書店）、『第二次世界大戦』（河出文庫）、ドゴールの『ドゴール大戦回顧録』（みすず書房）、吉田茂の『回想十年』（中公文庫）、中曽根康弘の『政治と人生』（講談社）、トルーマンの『トルーマン回顧録』（恒文社）、アチソンの『アチソン回顧録』（恒文社）、キッシンジャーの『キッシンジャー秘録』『キッシンジャー激動の時代』（いずれも小学館）、ニクソンの『ニクソン回顧録』（小学館）などは、外交を志す者であれば一度は読まねばならない本である。

6　政治と権力の本質に触れる

権力をどうとらえるか、政治をどうとらえるかは、外交官が考えねばならない必須の課題である。本講では、ウパニシャッドの馬車の例を引いてモデルを組み立ててみた。統率者に権力を委ねて生活している人の群れが、知性と言葉によって高度のコミュニケーションを実現し、巨大な表象世界を共有している。統率者は表象世界を操り、正義を定義し、暴力を独占する。しかし、統率者は全能ではない。人の群れは、群れの生存本能に支配されているからである。その生存本能のうち、最も重要な機能が良心である。集団的な良心の発露を「天意」と呼ぶのである。

権力は、常に双方向である。支配者は、統率のために強制の権能を持つ。しかし、服従する者が統率者への信頼を失えば、統率者の権能は正統性を失い、倒れる。統率者の行為が、善か悪かを判断するのも良心である。良心が、人の群れの目的を定義する。それは、人の群れの生存であり、それを構成する者の幸福である。

　このような政治の動態や本質を理解しようと思うなら、『孟子』がよい。また、西欧思想では、ロックの『市民政府論』（岩波文庫）がよい。『市民政府論』は部分訳であるが、最近、全訳の『統治二論』が岩波文庫から出た。その上で、急進的で、擬制がすぎるルソーの『社会契約論』（岩波文庫ほか）を読むとよい。ロックを読めば穏やかな経験主義に基づいた民主主義がなぜ重要なのかがわかるであろう。同時に、ルソーを読めば思想の急進化がもたらす危険についても理解できるであろう。

7　安全保障戦略を考える

　日本周辺の地域における安全保障問題を考えるには、まず『防衛白書』をきちんと読む必要がある。日本の安全保障を理解するための最低限の知識が凝縮されている。

　外交と防衛を組み合わせた国家戦略、あるいは安全保障戦略については、20世紀末までよく「日本には存在しない」などと言われてきたが、今世紀に入ってから優れた著作が発表されている。例えば日本の戦略不在を嘆き、戦略構築を提案する著書として『検証 国家戦略なき日本』（読売新聞政治部編、新潮文庫）がある。安全保障のみならず、海洋問題など幅広く国家の基本問題に関して戦略構築を提言している。『日本に国家戦略はあるのか』（本田優、朝日新書）は、安全保障戦略の欠落を指摘する好著である。

　今世紀に入って発表された国家戦略論としては、鳩山総理が諮問した「新たな時代の安全保障と防衛力に関する懇談会」が次の菅総理に答申した「新たな時代における日本の安全保障と防衛力の将来構想──『平和創造国家を目指して』──」（2010年8月）が非常に優れている。また、これに先だって東京財団が発表した「新しい日本の安全保障戦略」（2008年10月）も、日本の安全保障戦略の議論を活性化させた文献である。この他、国家戦略に関

読書案内　493

しては、『日本の国家戦略』（高畑昭男、駿河台出版社）がある。戦略的なものの考え方を鍛錬する教科書としては、古典であるがモーゲンソーの『国際政治』（福村出版）がよい。

　憲法問題、特に集団的自衛権の問題については、安倍総理が諮問した「安全保障の法的基盤の再構築に関する懇談会」が答申した「安全保障の法的基盤の再構築に関する懇談会報告書」（2008年6月）が、戦後初めて政府が取り組んだ集団的自衛権をめぐる解釈の再検討の結果であり、貴重な資料となっている。

　地域の安全保障を考えるには、朝鮮戦争と台湾問題を外すことはできない。朝鮮戦争に関しては、90年代中葉の第1次朝鮮半島核危機を描いた『二つのコリア』（オーヴァードーファー、共同通信社）が必須である。その他、今日の視点から朝鮮戦争を描いた『ザ・コールデスト・ウインター　朝鮮戦争』（ハルバースタム、文藝春秋）、当時の視点で描いた『朝鮮戦争』（リッジウェイ、恒文社）がある。また台湾に関しては、一般的な台湾の理解のために『台湾　変容し躊躇するアイデンティティ』（若林正丈、ちくま新書）や『台湾の政治──中華民国台湾化の戦後史』（著者同じ、東京大学出版会）があり、また、軍事的側面から台湾海峡問題を理解するには、『台湾問題』（平松茂雄、勁草書房）がよい。中国軍に関しては好著がたくさんあるが、あまりにも変貌が早いので、毎年の『防衛白書』を読むのが一番よいであろう。

8　その他

　日本の近現代外交史を通観するのであれば、『日本外交の軌跡』（細谷千博、NHKブックス）、『戦後日本外交の証言（上）（下）』（下田武三、行政問題研究所）、『陸奥宗光とその時代』（岡崎久彦、PHP文庫）、『小村寿太郎とその時代』（同）、『幣原喜重郎とその時代』（同）、『重光・東郷とその時代』（同）、『吉田茂とその時代』（同）、『宰相吉田茂』（高坂正堯、中公クラシックス）がある。古典であるが陸奥宗光の『蹇蹇録』（岩波文庫）や朝河貫一の『日本の禍機』（講談社学術文庫）は外交を志す者であれば、一度は読まねばならない本である。

　なお、私の書いたものに興味のある方がおられれば、外務省のオピニオン

雑誌であった『外交フォーラム』（廃刊）に発表した「日本外交の過誤を解読する（御厨貴東大教授、坂元一哉阪大教授との鼎談）」（2004年1月号〜4月号）、「外交官ケナンと戦略企画の始まり」（2006年2月号）、「『美しい国』の『主張する外交』が目指すもの（坂元一哉阪大教授との対談）」（2007年3月号）、「21世紀の外交を担う君たちへ」（2007年11月号）、「積極平和主義への転換──9.11から海上自衛隊インド派遣へ」（2008年11月号）、「机上の法律論から現実の外交論へ（田中均東大大学院特任教授、本田優朝日新聞記者との鼎談）」（2009年5月号）などがある。また、『海外事情』（2008年7・8月号）に「日本外交の『価値』、『利益』、および『国益』」が掲載されている。

巻末資料❶　主要国の総合国力比較

台湾
- 面　積：3万6188km²
- 人　口：2297万人
- ＧＤＰ：3,490億ドル
- 軍備費：97.8億ドル

ロシア 核／安保理常任理事国
- 面　積：1708万8242km²
- 人　口：1億4185万人
- ＧＤＰ：12,307億ドル
- 軍備費：410億ドル

韓国
- 面　積：9万9828km²
- 人　口：4874万人
- ＧＤＰ：8,325億ドル
- 軍備費：245億ドル

中国 核／安保理常任理事国
- 面　積：959万6561km²
- 人　口：13億3146万人
- ＧＤＰ：49,855億ドル
- 軍備費：703億ドル

日本
- 面　積：37万7930km²
- 人　口：1億2756万人
- ＧＤＰ：50,675億ドル
- 軍備費：526億ドル

米国 核／安保理常任理事国
- 面　積：962万9091km²
- 人　口：3億700万人
- ＧＤＰ：141,563億ドル
- 軍備費：6,936億ドル

オーストラリア
- 面　積：769万2024km²
- 人　口：2187万人
- ＧＤＰ：9,248億ドル
- 軍備費：201億ドル

ASEAN
- 面　積：448万km²
- 人　口：5億8092万人
- ＧＤＰ：14,854億ドル

インド 核
- 面　積：328万7263km²
- 人　口：11億5534万人
- ＧＤＰ：13,102億ドル
- 軍備費：358億ドル

- ・ベトナム　　（28億ドル）
- ・タイ　　　　（51.3億ドル）
- ・マレーシア　（40.3億ドル）
- ・インドネシア（35億ドル）
- ・シンガポール（82.3億ドル）
- ・フィリピン　（11.6億ドル）
  　　　　　　　　　　　　など
（　）内は各国軍備費

北朝鮮 核
- 面　積：12万0538km²
- 人　口：2405万人
- ＧＤＰ：N/A
- 軍備費：N/A

イラン
- 面　積：162万8750km²
- 人　口：7290万人
- ＧＤＰ：3,310億ドル
- 軍備費：95.9億ドル

NATO
EU

英国 核 / 安保理常任理事国
- 面　積：24万2900km²
- 人　口：6183万人
- ＧＤＰ：21,745億ドル
- 軍備費：624億ドル

フランス 核 / 安保理常任理事国
- 面　積：63万2759km²
- 人　口：6261万人
- ＧＤＰ：26,494億ドル
- 軍備費：478億ドル

ドイツ
- 面　積：35万7114km²
- 人　口：8187万人
- ＧＤＰ：33,003億ドル
- 軍備費：465億ドル

イタリア
- 面　積：30万1336km²
- 人　口：6021万人
- ＧＤＰ：21,178億ドル
- 軍備費：230億ドル

スペイン
- 面　積：50万5992km²
- 人　口：4596万人
- ＧＤＰ：14,603億ドル
- 軍備費：117億ドル

ポーランド
- 面　積：31万2685km²
- 人　口：3815万人
- ＧＤＰ：4,300億ドル
- 軍備費：86.3億ドル

トルコ
- 面　積：78万3562km²
- 人　口：7481万人
- ＧＤＰ：6,146億ドル
- 軍備費：99億ドル

【出所】筆者作成

巻末資料 2　主要国概要値一覧

	日本	ロシア	米国	中国	EU	インド	韓国
国土面積	1 38万km²	45 1,708万km²	25 963万km²	25 960万km²	11 434万km²	9 329万km²	0.3 10万km²
人口 (2009年)	1 1.27億人	1.1 1.42億人	2.4 3.07億人	10.4 13.31億人	3.9 5.01億人	9.1 11.55億人	0.4 0.48億人
GDP (2009年)	1 5.1兆ドル	0.3 1.23兆ドル	3 14.1兆ドル	0.97 4.98兆ドル	3.6 18.39兆ドル	0.3 1.31兆ドル	0.2 0.83兆ドル
GNI/C (2009年)	1 3.8万ドル	0.2 0.93万ドル	1.2 4.63万ドル	0.1 0.36万ドル	1 3.88万ドル	0.03 0.12万ドル	0.5 1.98万ドル
石油 生産量 (2009年)	1 1.5万 バレル/日	660 1003.2万 バレル/日	480 719.6万 バレル/日	250 379万 バレル/日	150 223.9万 バレル/日	50 75.4万 バレル/日	0.7 1.1万 バレル/日
天然ガス 生産量 (2009年)	1 37億立米	140 5,275億立米	160 5,934億立米	20 852億立米	50 1,903億立米	10 393億立米	0.1 2億立米
総兵力 (2009年)	1 23万人	4 103万人	7 158万人	10 228万人	9 201万人	6 132万人	3 69万人
国防費 (2009年)	1 526億ドル	0.8 410億ドル	13 6,936億ドル	1.3 703億ドル	—	0.7 358億ドル	0.5 245億ドル
国家予算 (2008年)	1 1兆 8,230億ドル	0.2 3,835億ドル	1.6 2兆 9,790億ドル	0.5 8,686億ドル		0.1 2,053億ドル	0.1 2,306億ドル

	日ロ	日米	日中	日EU	日印	日韓	中露	韓露
貿易額 (2008年)	—	1 298億ドル	7 2,135億ドル	9 2,665億ドル	6 1,796億ドル	0.4 131億ドル	3 885億ドル	1.9 559億ドル	0.6 183億ドル
人的往来 (2008年)	—	1 15万人	26 402万人	29 445万人	—	1.4 22万人	31 476万人	26 394万人	1.6 24万人

【出典】世界銀行HP、EU統計局HP、ミリタリーバランス2010、
BP Statistic Review of World Energy 2010 IMF, Direction of Trade Statisticsより

【著者紹介】

兼原信克（かねはらのぶかつ）
在大韓民国日本国大使館公使
1959年山口県生まれ、80年外務公務員採用上級試験合格、81年東京大学法学部第二類卒業、同年外務省入省。条約局法規課課長補佐、欧亜局ソヴィエト連邦課課長補佐、欧亜局ロシア課首席事務官、北米局日米安全保障条約課首席事務官、国際連合日本政府代表部参事官、条約局法規課長、総合外交政策局企画課長、北米局日米安全保障条約課長、在アメリカ合衆国日本国大使館公使、総合外交政策局総務課長、欧州局参事官、総合外交政策局参事官を経て、2011年より現職。09-10年早稲田大学法学部非常勤講師

戦略外交原論

2011年4月14日　1版1刷
2011年7月6日　　2刷

著者
兼原信克

発行者
斎田久夫

発行所
日本経済新聞出版社
〒100-8066　東京都千代田区大手町1-3-7
電話（03）3270-0251（代）
http://www.nikkeibook.com/

印刷・製本
シナノ印刷
組版
タクトシステム

©Nobukatsu Kanehara 2011
ISBN978-4-532-13405-1

本書の無断複写複製（コピー）は、特定の場合を除き、著作者・出版社の権利侵害になります。

Printed in Japan

マネジメント・テキストシリーズ！

生産マネジメント入門（Ⅰ）
──生産システム編──

生産マネジメント入門（Ⅱ）
──生産資源・技術管理編──

藤本隆宏 [著] ／各巻本体価格2800円

イノベーション・マネジメント入門

一橋大学イノベーション研究センター [編] ／本体価格2800円

人事管理入門（第2版）

今野浩一郎・佐藤博樹 [著] ／本体価格3000円

グローバル経営入門

浅川和宏 [著] ／本体価格2800円

MOT［技術経営］入門

延岡健太郎 [著] ／本体価格3000円

マーケティング入門

小川孔輔 [著] ／本体価格3800円

ベンチャーマネジメント［事業創造］入門

長谷川博和 [著] ／本体価格3000円

経営戦略入門

網倉久永・新宅純二郎 [著] ／本体価格3400円